·四川大学精品立项教材·

新闻评论教程：
原理、方法与应用

（第2版）

XINWEN PINGLUN JIAOCHENG: YUANLI
FANGFA YU YINGYONG

操慧 等 编著

四川大学出版社

图书在版编目（CIP）数据

新闻评论教程：原理、方法与应用 / 操慧等编著
. — 2 版. — 成都：四川大学出版社，2023.12
四川大学精品立项教材
ISBN 978-7-5690-6619-7

Ⅰ.①新… Ⅱ.①操… Ⅲ.①评论性新闻—高等学校—教材 Ⅳ.①G210

中国国家版本馆 CIP 数据核字（2024）第 038803 号

书　　名：	新闻评论教程：原理、方法与应用（第 2 版）
	Xinwen Pinglun Jiaocheng: Yuanli、Fangfa yu Yingyong (Di-er Ban)
编　　著：	操　慧　等
丛 书 名：	四川大学精品立项教材

选题策划：罗永平
责任编辑：罗永平
责任校对：张伊伊
装帧设计：墨创文化
责任印制：王　炜

出版发行：四川大学出版社有限责任公司
　　　　　地址：成都市一环路南一段 24 号（610065）
　　　　　电话：（028）85408311（发行部）、85400276（总编室）
　　　　　电子邮箱：scupress@vip.163.com
　　　　　网址：https://press.scu.edu.cn
印前制作：四川胜翔数码印务设计有限公司
印刷装订：四川煤田地质制图印务有限责任公司

成品尺寸：185 mm×260 mm
印　　张：22.5
字　　数：529 千字

版　　次：2019 年 1 月 第 1 版
　　　　　2024 年 2 月 第 2 版
印　　次：2024 年 2 月 第 1 次印刷
定　　价：66.00 元

扫码获取数字资源

四川大学出版社
微信公众号

本社图书如有印装质量问题，请联系发行部调换

版权所有 ◆ 侵权必究

再版序

2023年，时值我国媒体融合发展十周年。十年间，媒体融合的在地实践与全球汇流令社会的信息化、生活的网络化走向深度互构，它深刻影响并投射到人们的思维与行动逻辑层面，并外化为人们日常利益表达的一种"全天候"线上线下交织状态，可以说它代表着网络时代观点表达的新进阶。置身这样的新传播语境与接受生态，传统意义上的新闻评论不仅从内容与形式上发生了变迁，更是从专业参与和社会体认上转进为一种独特的社会话语机制。它一方面表征着时代、技术与人的新的连接及表达，另一方面也对传统的新闻评论实践规范提出了新的要求。这样的变化感知及实践感悟成为本教材修订再版的重要因由。

从2015年6月24日四川大学教务处网站公示"2015年度四川大学拟立项建设精品教材书目"到2019年1月《新闻评论教程：原理、方法与应用》正式出版，这部我用近五年的时间和我的研究生团队认真完成的教材，不仅凝聚着我从教20多年的教学思考，而且也令我在主编的过程中不断发现"未完"的续写空间及激发与时俱进的完善愿景——我想这就是新时代、新发展、新进步所带来的新表达在新闻传播教学中的新命题与新期待。时光在急速的时代列车中掠过，定格留下的也许可以被称作"规律"的划痕总是启示我们要去探问究竟。对于教育工作者来说，实践生态的反照、学生们的积极反馈、社会发展的现实需求犹如推动革新的晴雨表，它指引着我们有所担当且必备自觉。这就意味着中国式现代化进程中的新闻自主知识体系的构建必将中国故事的表达纳入其中，同时也昭示我们：对其"教"与"学"的更新、创新，必然离不开教材建设的敏锐跟进与扎实拓进。由此动因所驱，本教材在五年后的今天得到学校、学院、出版社及同行同仁与各类读者的肯定及众力支持，且于2022年获得四川大学教材建设成果一等奖（文科），这使我和我的编著团队深受鼓舞。我们以此为基，对教材内容进行了细致修订，欲以再版作为对新闻评论教学教育探新的回应。我们深感网络时代的教学，其实早已是一种协作式知识生产与传播的对话；而网络时代的自主性学习，亦提示我们须更加注重夯实根基和具化思想人文的价值观引领。

长期以来，在常规的教学角色定位与效能进程的视野观照下，教材被视作更加讲求规范、强调系统知识传授的匠心之作。这意味着在其构架中，体用并重的目标预期实现在客观上需要一定的时间来予以验证，即教材的使用者的理解、消化及践行因人而异，它需要不同的时间来转化和体现"致用"。从"教"与"学"的非同步时间差规律来看，教材的编著有其自身特点，它将不可避免地存在程度不一的"遗憾"。无论是内容考量的周密还是形式选择的贴近，都存在无法达至完美的距离，但编著者的努力却不能因此而停滞甚至停止。所谓"止于至善",这是教育与教学者的不懈探进及其心境的价值追求写照。对此,作为本教材的第一编著者,我更真切地感受到教材是基于匠心的用心之作,至少是带着思考的求索结晶;它既是常用常新,也是常学常新,它对编著者和使用者都提出了如何遵循规律协进对话且不负时代使命的要求。自本教材于2019年第一版问世至今,新闻评论的实践实态显示:新闻评论写作因新闻的边界融合而走向了更广义层面的公共表达与对话,而评论主体、评论客体以及相互的关系也迈入了更深广的互动与互构。一方面,新闻报道的观点化、社交化使新闻评论既有的构思、表达更具个性化、感性化色彩;但另一方面与之伴生的是,透过事实的解读,寻求最大范围的共识和趋于事实本质的理性导向又成为众声喧哗中评论价值实现的难点。如何在这样的评论生态中将规律解析清楚透彻、易于理解,并结合鲜活的典型案例呈现写作与表达的思路、方法,不仅是教材所需要承担的教学要义,也是新时代新闻评论教学育人的着力点,因为我们的教学对象已然具有愈加鲜明的网民特征——其个体意识与自主能动使其更加看重自我的利益表达、情感抒发,但如何辩证说理、聚合共意、理性说服,还亟待教学者的善学与治学并进。换言之,就是教学者要以立德树人的责任感与使命感关切社会、心系民生;要以不断学习、知行合一的治学自觉,专注评论规律流变、求解问题思辨、创新实践思维与技能的演绎,进而依托于教材能够提供课堂内外进行专业学习与思悟的参照。因此,本教材的此次修订更加突出马克思主义新闻观的价值引领与方法论指导,在每一章的案例选用上坚持传统经典与现代新变相结合并注重基本规律的演示之原则,对于实例的讲解引入了我作为主讲教师和学生的评论实践,从而力图让评论的教育成果转化更加直观和贴近,这对于激发学习者的专业兴趣和亲身实践是一种必要和原创的示例,它也构成本教材修订后的特色之一。

本着不求近功、但求唯实的编著立场和务实探新的教学定位,2023年12月,基于平时的专业学习积累和对评论实践的追踪,我开启了本教材的修订工作。参与此次修订的团队成员是我指导的已经毕业的博士及在读的博士生、硕士生、本科生。我们通过高效的沟通与讨论,对修订内容与重点做了清晰的分工。各章分工如下:第一章,操慧、夏迪鑫;第二章,操慧、李玮;第三章,操慧、宋巧丽、张诗萌;第四章,操慧、高敏;第五章,操慧、林丽;第六章,操慧、王薇、彭可诣;第七章,操慧、郑秋;附录,操慧、刘朋燕、王尚。其中,博士李玮、高敏、夏迪鑫、宋巧丽、林丽现已任教于国内大学的新闻传播院系,她们既有第一版教材的参编者和使用者阅历,也有本次修订的参与者经历,她们从教、学、研等角度提供了诸多宝贵的意见和建议,而且还有意识地融入了一些跨学科视野的研究成果,提升了教材的学术性;博士生张诗萌、郑秋、王薇和硕士生彭可诣及本科生刘朋燕、王尚,她们结合自身参与媒体训练营的参赛及作品发表的心得,为本教材的修订亦提供了生动的实例,这在一定程度上丰富和延展了写作的经验分享,体现了青年人的思维特点和充满朝气的说理能力。我以为对你们付出的辛勤劳动的致谢,就是能够让这一修订成果转变为更多的助益——助益那些我们似乎看不到的更多的曾经的你们,让其通过阅读和学习本教材能够理解评论、写作评论,进而服务社会主义文化建设。此外,我们还对附录中的评论获奖作品、栏目资料及参考文献进行了更新,增强了自学的便捷性;同时也体现了立足本土凸显评论实践的中国特色、中国精彩的教学立意与实践导向,我以为这是对评论教学在观点交锋中全过程贯通课程思政的身体力行。

感谢四川大学教务处、四川大学文学与新闻学院、四川大学出版社对教材建设始终如一的支持与指导,感谢部校共建机制对新闻传播学科课程与教材革新所提供的帮助,感谢本教材的责编罗永平女士敬业与专业的服务,感谢那些因教材而结缘的师友、读者。学无止境,教学相长。我坚信,教材恰如一座无形而奇妙的桥,它以知识的传播连接你我,又通过你我的连接走向智慧的共识。在我所保留与沿用的第一版后记中,就是对这样的教学互动、教学相长的美好连接的记录与感念。

本教材修订告一段落之际,恰逢立春,巧合之中,应是对我们求索永远在路上的策励。期待下一个春华秋实,我们能在可持续的教学相长中心智兼修,学以致用,服务社会。

操慧

2024年2月4日

目　录

第一部分　原理

第一章　界说·定位 (3)
- 第一节　新闻评论释义 (3)
- 第二节　新闻评论的写作定位 (15)
- 第三节　新闻评论的功能定位 (34)

第二章　脉络·转进 (57)
- 第一节　近现代以来中国新闻评论的发展脉络 (57)
- 第二节　中国新闻评论写作的实践转进 (71)

第三章　角色·素养 (84)
- 第一节　新闻评论员的角色定位 (84)
- 第二节　新闻评论员的角色素养 (91)

第二部分　方法

第四章　选题·立论 (111)
- 第一节　新闻评论的选题 (111)
- 第二节　新闻评论的立论 (137)

第五章　结构·表达 (153)
- 第一节　结构：新闻评论的文本生成 (153)
- 第二节　论证与文风：新闻评论的文本表达 (166)

第三部分 应用

第六章 分类·样态 (197)
第一节 新闻评论的分类 (197)
第二节 报纸新闻评论样态 (202)
第三节 广播新闻评论样态 (240)
第四节 电视新闻评论样态 (250)
第五节 网络新闻评论样态 (260)

第七章 融合·演进 (267)
第一节 新闻评论的融合演进之态 (267)
第二节 新闻评论的融合演进之思 (282)

第八章 示例·贯通 (297)
第一节 评论实训个案简介 (297)
第二节 "博物馆离我们有多远"实训例解 (299)
第三节 贯通性综合实训的启示 (323)

附 录 (337)

参考文献 (347)

后 记 (349)

第一部分　原理

第一章 界说·定位

内容提要：

新闻评论是大众媒体评述新闻事实、传播观点、表明态度和立场的一种公共表达。长期以来，学界和业界对新闻评论有多种界定，但都强调评论主体为大众媒体、评论客体为新闻事实与现象，其主体对客体的观点具有倾向性和引导性，并且对新闻评论的新闻性、政论性和大众性三大主要特征达成了共识。与新闻报道相比，新闻评论是透过对动态事实分析说理的意见性信息的传播，能够引导舆论、实施监督、表明态度、深化报道；与媒介批评相比，新闻评论可以借助其分析说理的角度、方式与侧重，检视自身的评论实践，以媒介批评的他律促进自身的自律，从而理性引导利益表达，助力构建健康的舆论生态。

第一节 新闻评论释义

一、新闻评论的主要界说

新闻评论是什么？社会认知规律及方法表明，任何实践对象的学理都是从实践经验中积累和显现的，不同的思考角度和分析路径都将有助于我们全面、客观、辩证地把握对象，顺应规律，有所创造。新闻评论是写作者对新闻发表的观点，也是基于新闻事实所传递的个人意见，同时，它还是一种带有主观化态度、个人化立场以及感性化倾向的表达。对新闻评论写作而言，理解它的内涵，定位它的体裁特征，既是我们把握其写作规律的起点，也是学习并创新其写作技能的前提。学习新闻评论的最终目标是能够把握新闻评论写作规范、写好新闻评论作品。基于此，科学定位新闻评论的内涵显得尤为重要。

目前，国内学界有关新闻评论的定义大致可以分为三类，即种属说、信息说、报道说。

（一）种属说

"种属说"属于逻辑学术语，是一种常规的认知逻辑的界定法。从逻辑学上讲，它是对某一事物下定义的方式，即明确被定义的概念之属概念（即"属"，此为外延），且揭示被定义概念与其同一属概念之下的种概念间的差别（即"种差"，此为内涵）。

种属关系的概念一般出现在"是"字句中，即以"是"为关键字的判断句式中，且一般主项是种概念，谓项是属概念。相应的，当主谓项颠倒后，命题所指称的种属关系也在变。再如"苹果是水果"这个判断，苹果的外延小于水果的外延，被水果所全部包含；相反，如果说水果是苹果，则不是种属关系的表达。

参照一些教材和相关论述，我们将这类新闻评论的"种属"定义选摘如下：

（1）新闻评论是就当天或最近报道的新闻，或者虽未见诸报端但确有新闻意义的事实，所发表的具有政治倾向性的，以广大读者为对象的评论文章。①

（2）新闻评论是针对现实生活中新近发生的、具有普遍意义的新闻事件和迫切需要解决的问题而发议论、讲道理、直接发表意见的文体。它包括社论（本台评论）、评论员文章、短评、编者按语、专栏评论、述评、杂感随笔、广播评论、电视评论等体裁，是报刊、通讯社、广播、电视等新闻媒介的评论文章（或节目）的总称。②

（3）所谓新闻评论，是传者借用大众传播工具或载体，对新近发生或发现的新闻事实、问题、现象直接表达自己意愿的一种有理性、有思想、有知识的论说形式。新闻评论在报纸、广播、电视和网络上有不同的表现形式，或文字，或声音，或音像结合，或图文并茂，在新闻传播中发挥着重要作用。③

（4）新闻评论是新闻体裁中重要的一类，它表达人们对新闻事件的判断，以及对由新闻引发的各类社会问题的思考。④

（5）"新闻评论，顾名思义，是对相关新闻的评述、议论。作为信息传播的一种方式，它是针对新闻报道中的重要事实或社会现象及人们思想中的突出问题等，在新闻媒体上发表的具有一定倾向的言论，是新闻传播媒体发布的各种言论的统称。"⑤

（6）"新闻评论，是媒体编辑部或作者对最新发生的有价值的新闻事件和有普遍意义的社会现象、热门话题，运用分析和综合的方法，就事论理，就实论虚，具有鲜明针对性和思想启迪性的一种新闻文体，是现代新闻传播工具报纸、广播、电视、网络经常采用的社论、评论、评论员文章、短评、编者按、专栏评论和述评等的总称，属于论说文的范畴。"⑥

上述界定均把新闻评论归结为评论文章、论说形式、新闻体裁、言论的统称，新闻评论，无论其间的修饰性、限制性的定语为何，每一个定义的主谓关系都无变化，明确了新闻评论的属概念（外延）。可见，采用"种属说"旨在强调新闻评论的宏观概念范畴，即从宏观角度揭示其文体特征：它是议论文，是大众媒体对新近发生的事实发议论、谈看法，表明立场、态度、倾向；是各种媒体上社论、编者按语、述评、短评等各种新闻体裁的总称。

---

① 范荣康：《新闻评论学》，人民日报出版社，1988年版，第5页。
② 胡文龙、秦珪、涂光晋：《新闻评论教程》，中国人民大学出版社，1998年版，第1页。
③ 赵振宇：《论新闻评论的根本特性》，《新闻大学》，2006年第1期。
④ 马少华：《新闻评论教程》，高等教育出版社，2007年版，第3页。
⑤ 薛中军：《新编新闻评论》，上海交通大学出版社，2008年版，转引自曾丽红：《新闻评论定义的语义学探讨》，《新闻爱好者》，2010年第2期。
⑥ 丁法章：《当代新闻评论教程》，复旦大学出版社，2012年版，第18页。

（二）信息说

第二类具有代表性的界定方式是"信息说"。信息的概念产生于自然科学领域。1948年，美国数学家申农在其论文《通讯的数学原理》（"A Mathematical Theory of Communication"）中明确提出："信息是用来消除随机不定性的东西。"[1] 从信息的角度来看，该定义将新闻评论视作一种非物质、非能量的信息，是集符号与意义的统一体。

有学者认为，媒介新闻评论的定义，即"以媒介为载体，及时或适时针对变动的、对公众有知悉意义的事实发表的宣传性、意见性等主体化信息"[2]。也有学者提出："新闻评论是各种大众传播媒体普遍运用的、面向受众传播的有关新近（或正在发生的）事实的意见性信息。"[3] 由此视之，"信息说"从信息科学的角度拓展了新闻评论认知与研究的深度和广度。

强调"信息说"的学者认为，新闻评论不仅是传播者对事物的主观评价，更是在传递一种信息，这种信息及传递行为本身具有消除不确定性的作用。从受众的视角来分析，人们对于每天接收到的海量信息，总是有着对其成因、背景、关系以及态度等信息元素的深度诉求，人们更期待这些深度信息能够回应关切，洞悉逻辑，感知态度，明了走向。因此，新闻评论作为基于客观事实分析的意见类信息，要满足受众的这些深度诉求，就要以消除不确定性为己任，坚持并善于用事实说话，不仅提供合情合理的对事实的说明，同时也能够揭示其内在规律，表达看似主观的"己见"，实则是立足于信息的基本功能来提供人们所需要的对表象的多元化和理性解释。

（三）报道说

一直以来，学界与业界存在将事实与观点、报道与评论进行清晰区分的取向。何谓"报道说"？本书认为，报道说是从新闻报道的主体与客体的关系出发，着眼于主体对客体的专业性作为，即新闻记者及其所属媒体等报道主体对事实与观点的传播，以此满足受众的需求。这里所指的"报道"，既包含对事实与观点等信息的传播过程，也包含传播所形成的静态作品。因此，"报道"从传受互动的关系看，是作为传播过程和传播作品的动态和静态的一体化。不可否认的是，在此过程中，传播主体的态度、立场和倾向将不可避免地融入对事实与观点的选择中，并呈现于报道作品。针对新闻评论这样的对新闻事实发表意见和看法的观点类信息，其评论行为及其作品就体现了报道主体对新闻的观点和态度，同时也体现了新闻媒体的立场与态度，进而在广义的报道层面实现了舆论引导，体现对受众认知需求的满足。可见，媒体或报道者对客观存在的事实的报道，由于存在作为认知主体的主观性，因而不能也没有必要做到绝对地"去主观化"，这些带有主观认知特点的信息，包括鲜明的观点类信息在体现主体的能动性时也呈现与实现了主体的认知能力及价值。在此过程中，新闻事实的客观属性规限了评论者对其评价、认知的边界。因此，所形成的新闻评论一定基于客观事实的观点与态度表达，是依据受众需求从主体出发而实现的游走于事实与观点之间的报道选择。以第26届中国新闻奖

---

[1] 申农：《通讯的数学原理》，《贝尔实验室技术杂志》，1948年第27卷。
[2] 殷俊等：《媒介新闻评论学》，四川大学出版社，2005年版，第10页。
[3] 李法宝：《新闻评论：发现与表现》，中国传媒大学出版社，2005年版，第3页。

二等奖的评论作品为例。

怎么证明我妈是我妈![①]

"该怎么证明我妈是我妈!"这是北京市民陈先生的一句感慨。听起来有些好笑,却是他的真实遭遇。

陈先生一家三口准备出境旅游,需要明确一位亲人为紧急联络人,于是他想到了自己的母亲。可问题来了,需要书面证明他和他母亲是母子关系。可陈先生在北京的户口簿,只显示自己和老婆孩子的信息,而父母在江西老家的户口簿,早就没有了陈先生的信息。在陈先生为此感到头大时,有人指了一条道:到父母户口所在地派出所可以开这个证明。先别说派出所能不能顺利开出这个证明,光想到为这个证明要跑上近千公里,陈先生就头疼恼火:"证明我妈是我妈,怎么就这么不容易?"而更令陈先生窝火的是,这一难题的解决,最终得益于向旅行社交了60元钱,就不需要再去证明他妈就是他妈了。

陈先生的遭遇并非孤例,很多人在办事过程中遇到过类似令人啼笑皆非的证明:要证明你爸是你爸,要证明你没犯过罪,要证明你没结过婚,要证明你没有要过孩子,要证明你没买过房……这样那样的证明,有的听起来莫名其妙,办起来更让人东奔西跑还摸不着头脑。

为什么需要这么多的证明?近日,本报在《关注改革"最后一公里"·聚焦社区治理》的报道中一针见血:证明过多过滥,除了审批事项太多外,还因为原本应由相关职能部门之间相互核实,但同级职能部门之间却互相推诿。说白了,就是要审批的事项很多,可谁也不愿担责。笔者办事就曾遇到过"部门A说需要部门B的证明,而部门B说没有部门A的证明我用什么来证明",就像是你要给我蛋,才能孵出鸡,而我说你要给我鸡,才能生下蛋。这样的僵局,往往托人才能打破。

然而当我们对一些证明感到不可理解,去问工作人员为什么要这个证明,得到回答往往是"就是这么规定的"。诚然,必要的证明是应该的,但花点钱、找找人就行,或者在没有知情权的社区盖个章也行,这也从一个侧面说明,其实不少证明并非非要不可。因此,各级政府部门有必要结合简政放权的时代要求,与时俱进地对需要当事人提供的材料事项进行梳理,能免的就免、能简的就简,从源头上减少对证明的需求。

让数据多跑路,让百姓少跑腿,信息化为现代社会治理提供了这样的可能和便利。解决证明过多过滥问题,当务之急需要打破政府各职能部门之间的信息"壁垒",通过一定的规则和权限设置,让公民基本情况实现共享。这样,老百姓就不会再为各种证明四处跑腿,更不会出现"需要证明我妈是我妈"的尴尬。

这篇评论文章一经刊发就引起热议,"奇葩证明"也在一时间成了社会焦点。李克强总理在国务院常务会议上还特别讲述了这个"证明我妈是我妈"的故事,推动了大量简政放权的便民政策的出台。纵观评论文章,以观点穿插事实,以事实证明观点,

---

[①] 黄庆畅:《怎么证明我妈是我妈!》,《人民日报》,2015年4月8日第17版。

利用典型事例，剖析职能部门相互推诿之根源，主观态度与客观事实交融，有力地支撑了作者的立场，表达了观点，引起了广泛关注，形成了传播强势。

与评论相比，新闻报道更侧重对新闻事实的客观呈现，它将观点隐于所选取的报道内容之中，如腾讯大苏网转载《现代快报》的这篇报道：

泰州一男子办理赔遇证明"我妈是我妈"难题①

"该怎么证明我妈是我妈！"这是泰州靖江市民包先生的一句感慨，听起来有些好笑，却是他的真实遭遇。《现代快报》记者获悉，日前，靖江的包先生持户口簿至保险公司办理母亲车祸理赔相关事宜，却被要求证明户口本上的自己的妈妈确实是出车祸的那位。听了这个奇葩要求，派出所给保险公司发函，请该公司依法办理相关事宜。

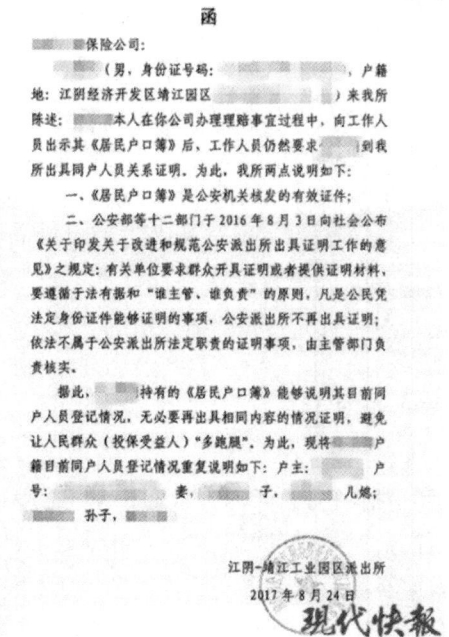

图1-1 派出所给保险公司发函，要求其为包先生办理相关业务 通讯员供图

8月24日上午，包先生来到靖江市澄靖园区派出所户籍大厅表明来意，原来，包先生母亲遭遇车祸，在保险公司办理理赔事宜时出示居民户口簿，但工作人员仍要他去派出所出具同户人员证明，证明他妈是他妈，并表示若无该证明，则无法办赔。

急坏了的包先生连忙又赶到澄靖园区派出所，向民警说明来意。民警仔细核对了包先生的身份证、户口簿，发现信息完全正确，而保险公司所要求出具的同户人员证明通过户口本内页上的户号就可以核准，无须另外开具证明。

针对包先生的情况，澄靖园区派出所向保险公司发函回应，将有关规定进行了说

---

① 《泰州一男子办理赔遇证明"我妈是我妈"难题》，2017年8月31日，参见腾讯·大苏网 http://js.qq.com/a/20170831/153969.htm。

明。根据公安部等十二部门 2016 年 8 月 3 日向社会公布的《关于印发关于改进和规范公安派出所出具证明工作的意见》有关规定，有关单位要求群众开具证明或者提供证明材料，要遵循于法有据和"谁主管、谁负责"的原则，凡是公民凭法定身份证件能够证明的事项，公安派出所不再出具证明；依法不属于公安派出所法定职责的证明事项，由主管部门负责核实。

靖江市澄靖园区派出所相关负责人说，希望保险公司遵从规定，减少奇葩证明，方便群众办事。同时，为避免让包先生再跑冤枉路，顺利办理理赔业务，派出所将包先生户籍目前同户人员登记情况在回函中一并进行了说明。

由上可见，新闻报道虽然以事实呈现为主，但只要是经过报道者的中转和表达，就不可避免地会夹带不同程度的态度、立场、情感等主观表态，只是在长期的写作中形成了事实占主要比重的"约定俗成"；相对应的，在以意见信息为主的观点类报道中，新闻评论所包含的事实是分析和评价的由头、前提与基础，而评价的观点才是重点，其所占比重更大，这是对事实和观点不同处理所形成的报道常态。也因此，对事实和观点的选择性叙事策略也可视作广义的新闻报道文体划分的重要依据。如此，所谓的"游走"，其实是体现依据不同的认知诉求而对作为信息类别的事实与观点的报道策略。在此意义上讲，对信息的不同处理方式是作为认知主体的人的报道的目的与形态演进的根本动力，报道所形成的作品不论是新闻消息还是新闻评论，在一定的条件下都可以互相转换，这也折射出写作规律与表达目的之间的弹性空间。

二、新闻评论的内涵与外延

顾名思义，"内涵"就是指内在的涵养。从理论学习的角度来看，对任何事物的界定，或者说任何事物作为认知对象都可以形成一个相对独立的概念。而一个概念所反映的事物本质属性的总和，通常可对应于自身的内涵和外延。从逻辑上讲，下定义就是要明确被定义概念的属概念（外延），同时揭示被定义概念与其同一属概念之下的种概念之间的差别，即种差（内涵）。用公式表达，即被定义概念＝种差＋邻近属概念。其中，"种差"是指同一属概念之下的种概念所独有的属性（即和其他属概念的本质差别），"邻近属概念"是指包含被定义者的最小属概念。目前我们了解的有关新闻评论的一些定义，就是从新闻评论概念的内涵和外延上加以概括把握并引申得出的。新闻评论的"种属说"就是对其内涵与外延的本质把握。随着新媒介的迅速发展，传统媒介生态急剧变化，新闻报道正走向新闻信息化与信息新闻化的胶合趋势，作为对观点信息报道的新闻评论，其内涵与外延也随之不断拓展与更新。

（一）内涵：议论文＋新闻报道

在逻辑学的范围内，概念的逻辑结构分为"内涵"与"外延"。内涵内化于事物的本质及特性，外化为一种认知的识别与感觉。探究新闻评论的内涵，在此，我们对上述提炼列举的相关定义中的关键词进行必要的辨析。

表 1-1 新闻评论定义中的关键词

评论主体	媒体编辑部 作者个人
评论对象	新闻事件　紧迫问题　社会现象　思想倾向
表达形式	阐述观点立场　发议论讲道理　判断思考
主要特征	政治倾向性　引导性　针对性
传播载体	现代传播工具　大众传播媒介
服务对象	读者　受众

如表 1-1 所示，对于评论主体、表达形式、传播载体、服务对象这四组关键词，学者们的看法相对一致，同时显示，评论主体、评论对象与传播载体都直接与新闻及新闻报道有关，这就体现了新闻评论内涵中的新闻性。具体而言，新闻评论的评论主体可以是媒体编辑部，代表整个编辑部的观点与立场，比如社论；也可以是评论员个人，谨代表其个人的判断思考，比如专栏评论等。可见，评论主体的范畴直接划清了新闻评论与其他评论文章的界限，如文艺评论、影视评论、在线评论等。新闻评论之所以被称为"新闻评论"，除了是对新近发生的新闻的评价和观点，还具有依托大众传媒诉诸受众的特点，它既是发表观点的议论文，同时也是遵循大众传媒传播规范的公共表达，因此，它区别于专门的研究性论文和口语评论，具有自己的专业性和传播特性。其次，在表达形式和主要特征的指向上，现有界定中对新闻评论的主要特征均强调了"政治倾向性""倾向性"以及"宣传性"，明确了新闻评论是对观点类信息的传播，是一种能动性的报道行为，它必然依托新闻事实，同时又必然传递主体的态度、立场与倾向，是有关新闻的价值及社会意义的解释、揭示，体现了事实的认知价值和人的认知能力，是政论性的议论文。所谓"政论性"，就是从马克思主义的基本立场、观点和方法出发来辩证分析和看待事物的一种思想导向和方法特性，它是对新闻价值的指导性功能的规约和保障，也是区别于一般议论文和一般新闻事实动态的认知取向。从议论文和新闻报道互动的认知调适实践可见，这是新闻评论作为一个独立对象的内涵范畴，也是新闻评论作为一个不断发展的概念的基本边界。简言之，新闻性和政论性表征了新闻评论的本质属性。

（二）外延：体裁＋大众媒介

"外延"这个概念来自语义学，也适用于其他领域。一个想法或（语言）表达的外延由它所适用于的事物构成。与"内涵"相对，"外延"适合于某一概念的一切对象，即概念的适用范围。如"人"这一概念的外延是古今中外所有的人。"一般情况下，中国学者所指的'新闻评论'与西方学者所指的'社论（Editorial）'或'观点（Opinion）'相对应，二者既有重合，也有不同，中国学者的'新闻评论'概念外延应在社论和观点之间。"[①]

分析前述列举定义的差异，我们发现，这是由它们所属的不同"种"而引起的不同定义。对此，我们将其分为两组，第一组的关键字为"论"，包括评论文章、论说文、

---

① 杜涛：《新闻评论的定义之争与研究路径整合》，《新闻界》，2013 年第 22 期。

论说形式、言论、意见性信息；第二组的关键词为"新闻"，包括新闻文体、新闻体裁。

表1-2 新闻评论的"属概念"

"论"	评论文章　论说文　论说形式　言论　意见性信息
"新闻"	新闻文体　新闻体裁

如表1-2所示，第一组中词语的表述形式虽然不同，但实际语义相差不大。细考究，其中"论说形式""言论"的语义相较"评论文章""论说文""意见性信息"等词语更为宽泛，而新闻评论在约定俗成中，强调的是一篇完整的文章，我们以范畴较小的评论文章、论说文来界定更为适宜。

第二组词语中，"新闻文体"与"新闻体裁"在语义上是相通的，它们均强调在新闻的外延范畴中的一"种"，与以事实性传播为主的新闻报道相区别。我国著名报史专家戈公振认为，"报纸者，报告新闻，揭载评论，定期为公众而刊行者也"[①]。甘惜分教授曾指出，"新闻是报道或评述最新的重要事实以影响舆论的特殊手段"[②]。可见，新闻评论被视作一种新闻体裁由来已久。

比较分析这两组词语间的关系，不难发现，"评论文章"与"新闻体裁"之间存在着交叉重合，即指刊载于大众传播媒介上的具有新闻价值的评论文章。

综上辨析，本书将新闻评论的内涵与外延定义为：新闻评论是由大众媒体（含媒体编辑部、评论员、评论写作者）针对新近发生的事实（既包括新闻事实，也包括社会现象、社会问题、思想倾向等）而进行的观点类的信息传播，具有一定的引导性、倾向性，是一种政论性的新闻体裁。

三、新闻评论的主要特征

新闻评论，无论是作为一种对特定信息的传播行为及过程，还是这一信息传播所形成的文体作品，都具有自身的特性，体现其内涵和外延的特征。现将有关其主要特征的代表性论述，选摘如下：

新闻评论是一种具有新闻性、政治性和群众性等显著特征的评论文章。[③]

新闻评论的主要特点为：鲜明的政治性、强烈的新闻性、广泛的群众性和严格的科学性。[④]

新闻评论的特性突出表现在政论性、新闻性和群众性三个方面。[⑤]

新闻评论本身的特点主要是：(1)强烈的新闻性；(2)鲜明的政治性；(3)广泛的群众性。[⑥]

---

① 戈公振：《中国报学史》，上海古籍出版社，2003年版，第8页。
② 甘惜分：《新闻理论基础》，中国人民大学出版社，1982年版，第50页。
③ 范荣康：《新闻评论学》，人民日报出版社，1988年版，第5页。
④ 秦珪、胡文龙：《新闻评论学》，中国人民大学出版社，1987年版，第8~15页。
⑤ 胡文龙：《现代新闻评论学》，四川人民出版社，1997年版，第9页。
⑥ 王兴华：《新闻评论学》，浙江大学出版社，1998年版，第39~46页。

新闻评论的主要特点可以概括为四个方面：新闻性、政治性、群众性和指导性。①

新闻评论的根本特征似可归纳为三点：即论题的新闻性、论理的思想性、论说的公众性。②

新闻评论的特性大致有以下几点，这就是新闻评论依赖事实的新闻性，新闻评论传播的时效性，新闻评论论说的理论性，新闻评论内涵的思想性，新闻评论传播知识的有益性。③

纵观上述归纳发现，尽管新闻评论的实践伴随时代的发展与时俱进，体现出更多的受众适应性，但它的主要特征仍然紧扣并反映新闻评论内涵与外延的基本定位，表现为依附于新闻事实的新闻性、论说的政论性与传播的大众性。

（一）新闻性

新闻评论的新闻性主要包含两个层面：一是依托于新闻事实而存在，二是体现新闻时效性。

依托于新闻事实这一要件，是新闻评论不同于其他评论的鲜明特点。陆定一在《我们对于新闻学的基本观点》一文中说："新闻的本源乃是物质的东西，乃是事实，就是人类在与自然斗争中和在社会斗争中所发生的事实。因此，新闻的定义，就是新近发生的事实的报道。新闻的本源是事实，新闻是事实的报道，事实是第一性的，新闻是第二性的，事实在先，新闻（报道）在后。"④ 从该论述来看，事实是第一性，评论是第二性。新闻评论所要依托的事实一定是具有新闻价值的事实，或是已经被媒体报道、传播的事实，或是未被媒体捕捉到、但在现实中大量存在的社会现象等。

新闻评论的新闻性不仅体现在以新闻为由、以事实为据，还须体现新闻的时效性。2015年，一份有关36份报纸评论版发刊词的研究显示，大众媒体均对新闻评论的时效性高度重视。我国报纸第一个评论版——《深圳特区报》的群言版发刊词宣称"关注最新发生的政治、经济、社会事件"。《南方都市报》评论版在2002年开版和2003年扩版时，都提出点评要"及时"。《羊城晚报》评论版在2004年扩版时，强调"时事评论希望做到两个'新'字，一个是新闻的'新'，即时效性；另一个是观点的'新'"。这种对时效性的重视和追求，相应地表现在对"时评"这种文体的偏爱。在这些发刊词中，"时评"一词出现频率高达65处，还有7个评论版名为"时评"。⑤ 这种在新时代、新语境中各媒体对评论文体的共性偏好，实质上反映了社会对新闻评论新闻性、时效性越来越高的要求与追求。

国内外业界皆如此般。如美国彭博社的股市新闻评论享誉全球。"当一家上市公司的年报或季报发布前，彭博社就会准备预留'空白'的新闻稿样本，并预约专家做好评

---

① 吴庚振：《新闻评论学通论》，河北大学出版社，2001年版，第22页。
② 丁法章：《新闻评论教程》，复旦大学出版社，2006年版，第28页。
③ 赵振宇：《论新闻评论的根本特性》，《新闻大学》，2006年第1期。
④ 陆定一：《我们对于新闻学的基本观点》，转引自复旦大学新闻系新闻史教研室：《中国新闻史文集》，上海人民出版社，1987年。
⑤ 杨娟、赵振宇：《新世纪中国新闻评论的发展与变化研究——以36份报纸评论版发刊词为例》，《新闻大学》，2015年第4期。

论准备。公司报表发布后，几秒钟内相关报道就会发布出去；几分钟后，一篇有理有据的经济评论就会呈现给客户。"①

与中国新闻评论侧重于表达观点的写作方式不同，西方新闻评论强调依据事件评判当事人的行为，由此突出报道的新闻性和社会价值。如2010年荣获普利策新闻奖的社论"Bleak House —Who owns these southern Dallas eyesores?"（《荒凉山庄——谁是达拉斯南部这些碍眼住宅的主人》），文章主体部分对不同的房主进行了详述，结论部分提出观点："如果缺席的房主在享受别处美好生活的同时，对于这些碍眼的住宅视而不见，任其恶化，那么达拉斯的南北差距只可能变得更大。"作者还给出了具体的解决方法，列出具体网址，号召市民"链接达拉斯中心评估区域数据库，通过虚拟视频浏览一下达拉斯南部那些亟待修缮的房屋"②。该评论试图通过对事件和新闻主体的评价，表达一种观点和舆论引导方向，继而强化新闻评论文本的现实针对性。

有必要加以区分的是，新闻评论中的时效不等于新闻报道中的时效。换言之，时效性不只是对时间速度的追求和把握，还要注重效能的转化与实现。具体而言，在新闻传播实践中，新闻评论一般晚于新闻报道刊播，这是由新闻传播规律遵循事实发生第一性而决定的。对新闻事实的观点的传播总是在事实的报道之后，即便是网络时代的及时评、快评等，也与新闻时事的传播存在一定的时间差，因为人的主观认知是建立在对客观对象的感应过程中，两者作用必然有先后。对此，传媒行业在竞争中总是要求记者、编辑将评论与报道之间的时间差尽量缩小，甚至从"及时"变成"即时""实时"，例如广播、电视、网站等平台开辟的直播节目，就力图做到评论与报道的同步。在此过程中，"快"只是满足受众求新的浅层信息需求，准确、深刻、前瞻的分析评价才能满足信息高度共享环境下的受众诉求，因此，做到兼顾速度与效率才是新闻评论时效性的题中之意。由此推知，新闻评论的时效性理应包括和体现其传播的公信力、引导力和前瞻力，唯有如此，评论作为议论文最基本的说服功效、认知贡献才能得以实现。

（二）政论性

政者，政治也；论者，议论也，两者结合叫"政论性"。新闻评论作为新闻传媒的旗帜和灵魂③，往往针对国内外的重大事件表明态度和立场，并提出完成各项工作的条件与方法，其内在具有政治性与说理性的双重特征。

新闻评论就内容和表达而言，带有强烈的政治倾向性，可以代表某一阶级、阶层或民族的利益。其鲜明的政治性，主要表现在三方面：一是新闻评论往往针对现实生活中发生的政治事件或政治问题、思想问题发表评论；二是有些新闻事实、新闻事件虽然不是政治问题或政治事件，但新闻评论针对这些问题的论述阐释并不是就事论事，而是从政治思想的角度，提纲挈领地表明观点；三是新闻评论的舆论引导功能，内在规定其必须强调政论性，即透过现象说本质，从而形成一种良性发展的循环。

社会主义新闻事业的本质特征决定了我国新闻评论始终以"党性"为统领，主导着

---

① 杜涛：《新闻评论：思维与表达》，知识产权出版社，2013年版，第39页。
② 顾建明、王青：《中美报纸新闻评论表达方法的比较》，《新闻大学》，2011年第2期。
③ 赵振宇：《现代新闻评论》，武汉大学出版社，2005年版，第42页。

新闻评论生产与传播的走向。历届中国新闻奖获奖篇目显示，关系国计民生、关系社会走向的宏观内容更易赢得价值共识。如获得第 26 届中国新闻奖文字评论特别奖的作品《凝聚当代中国的价值公约数——论培育和践行社会主义核心价值观》、一等奖的作品《中国故事，更精彩的书写还在后面》等，皆着眼大国大势，以眼界的广度、思想的深度、书写的力度不断创作经典，引人深思，令人回味。

"论"，即论理、说理。区别于新闻报道的就事叙述，新闻评论更具理论性与深刻性，其主要针对社会生活中存在的现象、出现的问题，以清晰的逻辑、创新的思维进行完整的表达，有序、有理、有据地分析论证，直指问题本质，表明媒体或作者的立场，起到舆论引导、媒体监督、深化报道的功能，这既是疏导民众情绪的有效途径，也是满足其利益诉求、表达自我的媒介渠道，以此形成多元、融合、互动、可持续发展的社会意见表达与对话的循环系统。

此外，政论性还尤其强调"论理"中的"理"，即"符合历史唯物主义和辩证唯物主义的观点，在论述时遵守论说的一般规律"与"论说要有理论根据，而这种理论也是经过历史检验的，是科学的"。[①] 本书认为，除此之外，还应包含"思想内涵"这一有机构成，才能让评论文章掷地有声、磅礴大气；也有学者认为，"思想内涵"在新闻评论中应当被理解为"思辨性"，如有的研究者所言，"任何评论文章，无论文字上多么花哨，文笔多么华丽，但如果剥开这层漂亮的外衣，本质上没有独立的思想，都不能算是好的评论文章。新闻评论者最终传递给受众的是自己的思想，而不只是笔头上或口头上的功夫"[②]。换言之，一方面"思想内涵"是新闻评论的灵魂所在，贯穿于判断一个新闻事件或一种舆论倾向的全过程；另一方面，时代与社会思想的发展延续，要求新闻评论的思想观点在深度、广度上与时俱进，做到应时而变、应势而变，这样才能以理服人、以理导向。

新闻评论无法脱离政治而独立存在，强调新闻评论政论性的政治性与说理性双重特征，是历史与现实的选择。在政治民主化、经济全球化和信息网络化的当下，受众对新闻评论实践提出了更高的要求，我国新闻媒体的评论须坚定和坚守党性原则和人民性原则，并主动回应政论统一、独具匠心、深入浅出的新闻评论创新的挑战。

（三）大众性

首先，新闻评论的大众性具有丰富的内涵，它包括基于新闻传播的公共属性和公益属性而具有的参与的广泛性、表达的多样性。具体而言，以大众传播媒介为平台的新闻评论，注定了其在议题的选取上具有公共性，或谓之公益性。新闻评论欲实现正确的舆论导向，就须聚焦社会进步、国家稳定、人民幸福，助益国家民族大计与大义。"新闻本身就是一种社会性的产物，新闻评论自然也是社会性的。读者所关心的问题，是有关社会上公共利益的问题，所以新闻评论应该以有关社会公益的问题为主要着眼点，它绝不是为某一个人讲话，亦非专为一件事而发言。"[③] 也就是说，公益性是检验新闻评论

[①] 赵振宇：《现代新闻评论》，武汉大学出版社，2005 年版，第 44 页。
[②] 李希光、孙静惟、王晶：《新闻采访写作教程》，清华大学出版社，2011 年版，第 762 页。
[③] 林大椿：《新闻评论学》，台北学生书局，1978 年版，第 4 页。

社会效果的重要指标之一,尤其是在社会重大转折关头,新闻评论所产生的重大社会影响,尤其是对社会公众的日常生活所产生的巨大影响,是其他新闻体裁甚至其他一切文体无法相比的。从这个意义上说,新闻评论的公益性就显得非常突出,报纸是"为公众而刊行"[①]。其次,新闻评论是面向大众的内容生产,要深入浅出,通俗易懂。媒体应当面向最广大的公众。新闻评论可以缘事析理,解疑释惑,提供认知参考,它依托大众媒体,"从论题到论理,从语言到文风,都要面向最大多数的受众"[②]。这就要求其消除命令性、指导性的俯视姿态,多用平易近人的语言说清道理,同时于通俗之中高屋建瓴、深化主旨,为多数受众提供信息的深度价值导航。此面向多数和深入浅出的形态也体现出评论写作的对象性与服务意识,此即大众性的第二层含义。最后,新闻评论为媒体与大众互动以及社会对话提供了媒介可能。拉扎斯菲尔德提出,新闻媒体通过自己的建构,为人们营造了一个"媒介现实",虽然"媒介现实"永远不会等同于"真实现实",但它会对真实的世界产生重要的影响。作为意见性信息,新闻评论是评论者有意识的社会参与,也是一种公共对话。人们需要参与社会共识的凝聚过程中,实现公民的媒介使用权和参与权,同时,评论的"发言"与"表达"也会促使不同阶层、不同利益群体的发声及互相倾听,对个体意识崛起的媒介参与来说,评论的大众性无疑转变为一种聚合社会认同的重要机制,因此,评论所具有的大众性是其发展动力与活力所在,是多元参与和广泛互动的发展趋势。如《泉州晚报》评论版的发刊词所言,"本报今天推出的'评论'专版,为干部和群众、庙堂和草根提供互动和交流的平台";也如《甘肃日报》评论版提出,要"打造成各界议政的平台、汇集民智的高地"[③]。

互联网的广泛使用创造了一种开放的信息传播环境,媒介不再是信息的垄断者,受众通过网络获得了发表且广泛传播言论的途径。如人民网的《人民时评》《网友说话》等栏目,如强国论坛、发展论坛、天涯社区等,网友可就某一事件、现象、问题直接发表自己的观点,从而以多元形式完成大众传播中的"受众反馈"(美国数学家诺伯特·维纳提出控制论,并指出"反馈是控制论的核心"),它体现出公民的评论素养和媒介素养提升的互促关联,是新闻评论发展的重要资源及深远价值所在。

党的十八大和十八届三中全会均对深化文化体制改革做出部署,2014年2月推出《深化文化体制改革实施方案》,强调坚持"二为"方针,即"为人民服务,为社会主义服务";强调一切进步的文化创作生产都源于人民、为了人民、属于人民。依循此理,媒体在新闻评论的生产实践中,更应倾听民声,关注民意,体察民情,这是将大众化贯穿融入新闻性、政论性的具体化要求和创新实践的导向。

---

① 殷俊等:《媒介新闻评论学》,四川大学出版社,2005年版,第117页。
② 丁法章:《新闻评论教程》,复旦大学出版社,2002年版,第34~37页。
③ 杨娟、赵振宇:《新世纪中国新闻评论的发展与变化研究——以36份报纸评论版发刊词为例》,《新闻大学》,2015年第4期,第67页。

第二节　新闻评论的写作定位

一、与新闻报道的比较

新闻评论就文本特性而言，由前述其内涵界说和基本特征规约，在具体写作中，受到媒体符号系统、受众认知习惯等因素的多重影响，形成了作为议论文范畴的体裁表达范式。针对新闻评论的写作实际，我们将其置于新闻报道、媒介批评的写作比较中，以期把握文本写作的定位，从而再次深入探究其体裁特征。

无论是新闻报道还是新闻评论，均可视作认知主体对客体的反映及理解，都离不开事实和观点这两大基本载体。按照功能属性划分，信息可以分为事实类信息和观点类（意见类）信息，前者更多是新闻报道的构成元素和功能载体；而后者则更多为基于客观事实的一种主观实在，是人的认知成果与价值判断，是新闻评论的构成元素及功能载体。从两者写作特征和传播功能做主要区分，可以归纳如下（见表1-3）：

表1-3　新闻报道与新闻评论的主要区别

分类　　比较项	新闻报道	新闻评论
传播内容	新闻事实	观点、态度、立场
传播方式	白描、直叙	议论、抒情、叙事
传播功用	告知事实	引导舆论，帮助认知事实

对此，我们根据写作实际，从写作意图、写作深度、写作方式三个层面比较新闻报道与新闻评论的差异。

（一）报道事实与表达意见

新闻报道是对新近发生或正在发生的事实的报道，以传播事实性信息为主，因而新闻报道强调尊重事件的本来面貌，要求按照事实发生的客观规律来做如实呈现，通过陈述"5W"要素，告知发生的变化；新闻评论则是基于新闻事实所发表的观点、看法，夹杂着主观的态度、立场与倾向，是以观点性信息为主的传播。

以下面这两篇文章为例，我们来对比了解新闻报道与新闻评论的异同。

小西湖街区获颁亚太遗产保护奖[①]

大河流域历史城市，如何进行可持续保护与发展？11月25日，作为2023长江文化南京论坛的重要组成部分，大河文化遗产论坛在扬子江国际会议中心举行。来自全球

[①] 邢虹、李子俊、程锦欣、王艺璇：《小西湖街区获颁亚太遗产保护奖》，《南京日报》，2022年11月26日第A2版。

的专家学者，线上线下聚焦流域城市历史文化遗产保护的挑战与应对，从理论探索、整体保护、实践经验等多方面展开学术交流，共同探讨推动大河流域城市文化遗产保护与可持续发展的国际方案。

中国文化遗产研究院研究员、副院长，中国古迹遗址保护协会副理事长李向东建议，可以从整体保护、系统保护、微观保护3个方面入手，构建长江文物整体展示体系，创建国家文物保护利用示范区，建设国家考古遗址公园，打造文物主题路径游。

据介绍，未来的城市化发展将呈现"长江经济带+文化带"的趋势，而南京是长江文化带和大运河文化带黄金水道十字路口地区。专家学者在论坛上深入探讨，希望把遗产保护和城市化未来发展整合起来，形成新的保护和发展态势。

"未来的南京滨江空间结构将呈现三大特色：蜿蜒壮美的生态自然景观、源远流长的历史文化资源、丰富多元的城市公共空间活动。"南京市规划和自然资源局副局长刘青昊表示，南京将做好长江文化保护传承弘扬，将长江两岸塑造成集自然生态、历史人文、现代风尚于一体的国际一流的滨水空间。

关于大河流域城市文化遗产保护与可持续发展，一些城市更新项目已经进行了成功探索，其中就包括南京的小西湖街区。由东南大学建筑学院教授韩冬青主持设计的中国南京小西湖街区、由东南大学建筑学院教授童明主持设计的中国上海贵州西里弄，获颁联合国教科文组织亚太遗产保护奖（2022年度），论坛现场举行了颁奖仪式。颁奖词评价小西湖街区实践是一场具有变革性的"公共—私人—居民"合作项目，展示了一种多管齐下复兴南京历史地段的方式，在社会和技术创新方面提供了可复制的重要经验。

这篇消息用725个字阐述了小西湖街区获得亚太遗产保护奖的文化价值与历史意义，高度契合特色文化"走出去"的传播诉求。报道开篇提出"如何进行可持续保护与发展"的疑问，通过当前与历史的交融，客观展示了大河流域城市文化遗产保护的可复制经验。文中多次借用专家学者的观点与特有名词对此事件进行事实性描述，将媒体对新闻价值的看法隐藏于事实中，以"事实"说"意义"，观点在后台。

与之相呼应的是下面这则相同选题的新闻评论——

变"一刀切"为"一刀一刀切"[①]

11月26日，2022年联合国教科文组织亚太地区文化遗产保护奖正式公布，南京小西湖项目荣获创新设计项目大奖。这是自2000年该奖项设立以来，江苏省首次获奖。

小西湖项目，是南京开展"有温度的城市更新"的一个范例。它成功的关键，就在于跳出老城改造的传统路径依赖，如同做外科手术般，"一刀一刀切"，小尺度、渐进式、逐院落进行更新。改造之后，昔日破旧衰败的老城南棚户区，人居环境品质得到显著改善，成为原住民与新业态共生共荣的街区、市民游客争相前往的"网红打卡地"。

目前，在城市更新中存在"一刀切"现象。其具体表现是：从规划、设计到施工，大拆大建、方式粗放，"手一挥，推推推；脚一跺，拆拆拆"，追求短平快效应，一切了

[①] 刘大山：《变"一刀切"为"一刀一刀切"》，《南京日报》，2022年12月14日第A12版。

之。在"一刀切"的背后,是单向的管理者思维,政绩观、权力观扭曲,官僚主义、功利主义作祟;工作中,每每以长官意志、行政命令代替民主决策、科学决策,脱离实际、脱离群众。城市更新因此走样变味,沦为形象工程、面子工程,或千街一面、万楼一貌,或仿古崇洋、不伦不类,让城市添了几多遗憾,更得不到群众认同。

"一刀一刀切"则不然。它要求我们在城市更新中,瞄准科学化、人性化、精细化目标,着眼城市可持续发展,统筹考量各方利益,因地制宜、量体裁衣,走小步走稳步,慢工出细活。与"一刀切"相比,"一刀一刀切"对城市管理者要求更高,在执行过程中难度更大,但最终效果也有着天壤之别。

"一刀一刀切",每一刀都不简单。小西湖项目从调研、立项、实施到正式亮相,历时七年之久。在此过程中,相关部门跑断腿、磨破嘴,广泛听取居民的意见建议,充分尊重他们"迁"与"留"的自主选择;设计团队扎根街巷,反复推敲,坚持"一院一策""一户一案",有的甚至更新了20多版设计图纸。七年磨砺,"每一刀"都是政府部门、设计团队、建设单位以及居民沟通协商、不断磨合的结果。正是这种"慢"与"精",让小西湖的更新改造充满情感与温度,实现了多方共赢,各得其所、美美与共。小西湖项目也以其"微更新"的创新性与示范性,为全国提供了可推广、可复制的经验。

变"一刀切"为"一刀一刀切",本质上是城市治理理念的变革。城市的核心是人。城市更新不是一场"建设行动",而是城市治理能力与水平的展现;不只是城市建筑的拆与建、管与修,更关乎人民群众生产生活的需求。"一刀一刀切",出发点是坚持人民至上,满足群众对美好生活的向往。无论是服务民生的"保障性更新"、以老旧厂房改造为主的"功能性更新",还是围绕历史文化街区的"保护性更新"等,目标导向各不相同、利益诉求千差万别,惟有从群众中来、到群众中去,问需于民、问计于民,广泛收集民意,形成最大公约数,才能统筹兼顾、协调各方,把"以人为本"落到实处、贯穿始终。

习近平总书记强调:"城市是人民的,城市建设要贯彻以人民为中心的发展思想,让人民群众生活更幸福。"把人民群众的宜居宜业放在首位,以"一刀一刀切"式的匠心巧思,绵绵用力、久久为功推进城市更新,城市将会更优雅地生长,人们也将更诗意地栖居。

该评论通过深入分析城市更新中存在的"一刀切"和"一刀一刀切"两种做法,探究其背后原因,揭示了坚持以人民为中心的发展思想。这篇评论聚焦近年来全社会高度关注的城市更新话题,立论鲜明、逻辑清晰、切中肯綮、举一反三、层层推进,整体饱满又有力度,从意见类、观点类信息传播的角度解答了新闻的"为什么"以及"意味着什么"。

(二)呈现现象与挖掘本质

2016年1月25日,一段名为"女孩怒斥医院号贩子"的视频在网上热传,引发高度关注。事发于北京的一所医院,一名外地女孩排队两天未能给瘫痪的妈妈挂上号,在视频里,她大声斥责票贩子与医院保安里应外合将300元的号炒到4500元。作为一则普通的新闻报道，至此便可画上句号，或者可对该事件进行后续追踪；而如果以此事为由发表一篇新闻评论，则需全面准确了解相关背景及过程，以此深究事件本质。新闻报道如下：

广安门医院回应"女子怒斥黄牛"：保安未参与倒号①

　　港媒称，近日一段"外地女子北京看病怒斥黄牛"的视频在微博流传，片中女子怒斥"黄牛"将300元的挂号费炒到4500元，并指医院、保安与"黄牛"里应外合。

　　据《香港商报》网站1月26日报道，涉事的北京广安门医院25日发布声明称，事发后已安排该女子到其他专家处就医，医院初步调查此事无保安参与倒号的行为及证据。目前警方已介入调查。

　　据悉，该段热传视频时长2分55秒，片中一名身着白色羽绒服、操东北口音的女子在医院大厅声嘶力竭怒斥，指一大早就到医院排队等候，但快放号时突然出现10多个号贩子插队。女子一直情绪激动，说到最后已经哭了。

　　视频一发出就引发热议，大部分网友对"黄牛炒号"现象深恶痛绝。事件再次将"黄牛"倒卖票号行为推向公众视野。去年北京警方在儿童医院抓获号贩子245人，今年刚过去的三周里就抓获11个。但倒号、卖号行为依然屡禁不止，北京卫计委工作人员表示，已介入此事进行调查。

　　该新闻报道"5W"要素齐全，来龙去脉交代清晰，作为动态告知已经完成了一半消息写作的使命。

　　对比《人民日报》1月29日第5版的相关评论《如何挤压号贩子生存空间？》②：

　　前几天，一段"女子怒斥黄牛"的视频热传网络，引发了社会对医院号贩子的广泛关注。28日，北京市公安局抓获12个号贩子，涉及广安门中医院在内的多家医院，并表示"对号贩子等违法行为组织开展专项打击整治行动"。精准的打击，果断的行动，既回应了视频中女子的愤怒，相信也会给更多求医者带来信心。

　　该评论开篇以"女子怒斥黄牛"的新闻事实为由头，启呈下文。在这一段中，作者概述了新闻事实及后续处理，自然引出想要评说的内容——

　　大医院门前，号贩子的存在就像幽灵一般，神出鬼没又善于隐藏。为了拿号，他们拿着板凳、抱着铺盖，混入患者的排队行列；拿号之后，他们又故作神秘、坐地起价，在高价倒卖中大赚其财。对号贩子的打击从未停止，仅在去年5、6月份，北京警方就接连组织开展50多次专项打击，但暴风骤雨之后，号贩子为何仍如此猖獗？

---

　　① 《广安门医院回应"女子怒斥黄牛"：保安未参与倒号》，2016年1月27日，参见参考消息网http://www.cankaoxiaoxi.com/china/20160127/1064243.shtml。

　　② 李拯：《如何挤压号贩子生存空间？》，《人民日报》，2016年1月29日第5版。

作者强烈反问，既然在如此高压的打击态势下，是什么原因导致号贩子如此猖獗？字里行间流露着作者的质疑。紧接着，作者分析了几个可能存在的原因。

技术漏洞难辞其咎，比如说一些医院的实名制挂号"名存实亡"，记者随便以一个虚构的名字都能成功注册，更遑论八面玲珑的号贩子了；管理混乱也助纣为虐，一些医院内部人员与号贩子里应外合，在利益的诱惑下对专家号进行倒卖。而刑法对医院号贩子缺少针对性的处罚，也让号贩子有恃无恐，轻易就越过了本就不高的法律门槛。技术漏洞、管理漏洞、法律漏洞，这些漏洞的叠加，足以为号贩子提供生存空间。

但问题并非如此简单，作为一种社会现象，号贩子的产生也算其来有自。公立医院的专家号动辄炒到数十倍，反映出优质医疗资源的稀缺，也折射出医疗领域供需之间的不平衡，这正是专家号奇货可居的原因，也是号贩子赖以生存的土壤。有人据此提出"号贩子经济学"的观点，认为公立医院的平价挂号并未反映医生的劳动价值，恰恰是号贩子"发现了真实价格"，并以"价高者得"的方式，实现了优质医疗资源的价值，并实现了让出得起钱的人有机会看病的"另一种公平"。

诚然，从大医院门前车水马龙的长队就可以判断，优质医疗资源确实供不应求，具有极强的稀缺性。但是公立医院采取平价挂号，正是为了确保最基本的公平，让普罗大众也能享受优质医疗。更何况，公立医院本质上是公共资源，有着很强的公益性。凌晨排队挂号确实辛苦，但是人人都有机会与可能性，号贩子炒高价格则挤占了穷人获得优质资源的空间，把这种付出辛苦就能获得的机会也熄灭了。因此，医疗资源供需失衡确实需要改革，但药方不是"号贩子经济学"的逻辑，号贩子上下其手，侵蚀着公立医院的公平性。

因此，从根本上治理号贩子现象，既需要从技术层面专项整治，也需要从社会层面釜底抽薪。其中的关键，就是从供给侧和需求侧两端发力，逐步缩小供给与需求之间的鸿沟。从供给侧而言，可以鼓励社会资本进入医疗行业，以民营医疗机构增强供给的多样性与灵活性，同时增加优质医疗资源的整体供给；从需求侧而言，可以尝试推动分级诊疗制度，提升需求的针对性与有效性，让社区医院分流部分需求，避免病人一窝蜂涌向大医院。专项整治与医疗改革双管齐下，才能从根本上消除号贩子的生存土壤。

"这是北京，首都啊！"视频中女子声泪俱下的这句话，是情绪的抒发，又何尝不是对公平正义的期许？相关部门确实应该有所行动了。

虽然技术漏洞、管理漏洞以及法律漏洞并存，但是更深层次的问题则是优质医疗资源的稀缺，是医疗领域供需不平衡的矛盾。医院中专家的平价挂号并未反映出医生的价值，而号贩子抬高价格则恰恰是"发现了真实价格"，并遵循以"价高者得"的市场规律。但这真的是医疗资源改革的良方吗？作者不以为然。"号贩子经济学"扰乱的是医院为民服务的公益性，侵蚀的是公共资源的公平性。据此，评论从供给侧与需求侧两方面提出了医疗改革的举措，指出只有专项整治与医疗改革双管齐下，才能从根本上消除号贩子的生存土壤。而文章中最后一段话，不仅是视频中女子的期许，也道出了作者的期许。

对比分析可见，新闻报道着眼于用具体事实再现事件的来龙去脉和事件的本来面目，着眼于动态发生和过程再现；而新闻评论则由表及里、由浅入深地对事件进行分析，深挖现象背后的实质，着眼于探究"为什么"，试图解答"意味着什么"，是对新闻价值与意义的能动揭示与解释，旨在延伸报道，启迪思考，理性引导。

（三）叙述描写与议论说理

新闻报道和新闻评论的上述区别导致了两者在写作中的表达方式有差异，前者主要运用叙述、描写等叙事手段，要求事实真实、准确；后者主要诉诸议论说理，可以适当抒情，要求论点正确、论据充分，论证合理。

芦山地震灾区校舍主体结构完好局部受损[①]

今天，是芦山地震的第七天。经过 S210 省道各地运送救援物资的车队正源源不断地进入震区，各受灾区县也正在与时间赛跑，积极谋划和部署灾后安置、学校复课及灾区重建等工作。

就在社会各界众志成城抗震救灾之时，4月23日有媒体援引芦山县委宣传部一份通报称全县各学校"校舍倒塌面积达4000平方米"，引发社会对校舍安全质量的一片质疑，也引起芦山县的震动。

"我不知道校舍倒塌的信息从何而来？"在紧急安排学校复课及灾后学校重建的芦山县教育局临时办公的帐篷内，几名芦山县教育局领导和工作人员一边语气急促地在电话里指挥各乡镇学校，一边临时中断电话转身焦急地处理校舍倒塌的相关传闻。

在这场突如其来的地震中，芦山震区学校校舍真实的受损状况究竟怎样？本报进入灾区的前方记者分赴震中的芦山县多地展开了实地调查。

【回应】

• 芦山县教育局：汶川震后重建校舍主体框架结构均8度设防，未发现施工质量问题

芦山县教育局党委副书记乐军，是该县汶川地震灾后教育重建的负责人，也是芦山地震灾后教育重建的负责人。

"此次芦山地震就像是对汶川地震灾后重建和国家校安工程建设起来的校舍建筑，进行了一次猝不及防的'验收'——这些灾后重建校舍经受住了残酷的考验，迄今未发现一名师生在校失去生命，这着实让我们松了一口气！"乐军告诉记者。

汶川地震后，芦山县作为受灾县之一，新建、重建25所中小学，总面积约12万平方米。乐军说，按照当时国务院学校重建规划及标准，芦山县所有学校均是"以7度乙类设防"。依据当时参与学校重建的建筑设计院解释，学校采用的全框架建筑中，建筑物承重的主体框架结构要略高于7度，达到8度。但主体框架结构内的填充墙面没有达到8度。然而，根据中国地震台网播报的此次芦山地震监测数据是7级，烈度达到9度，破坏性已经超出当初的设计上限。

[①] 柯进、高毅哲：《芦山地震灾区校舍主体结构完好局部受损》，《中国教育报》，2013年4月27日第1版。

"根据我们多方汇总的初步数据显示,目前还没有接到有学校主体结构倒塌的信息,绝大部分校舍都是建筑主体框架还大体完好,填充墙出现不同程度的损毁、开裂。"乐军说,"从目前我们对校舍展开初步排查所掌握的情况看,并没有证据表明这批在汶川地震后重建的学校校舍存在建筑施工质量问题"。

"依据目前教育局所掌握的统计数据,虽然建筑方面的鉴定组专家初步鉴定结果尚未汇总出来,但我可以很确定地说,芦山县汶川地震灾后重建的校舍不仅没有发生倒塌现象,而且依然还是全县最为安全的建筑。不然,数万灾民不可能在地震发生后第一时间不约而同地跑进附近学校,将学校作为他们心目中最安全、可靠的避难所!"在芦山县教育局临时搭建的一间帐篷办公室,乐军语气肯定地对本报记者说。

与乐军的说法几乎不谋而合。雅安市防震减灾局副局长陈勇表示:"现在受灾相对严重的几个区县,我们的校舍还是最安全,也是最坚固的建筑物。"

【调查】

• 芦阳二小:砖混结构教学楼承重墙现裂缝,框架结构教学楼主体框架基本完好

芦阳二小地处芦山老县城中心地带,全校共有613名学生、在岗教师39人,震前校内有一栋建于1990年的两层砖混结构办公楼、一栋建于1995年的三层砖混结构教学楼和一栋建于2005年的框架结构教学楼。

4月25日上午,记者在该校看到,学校的办公楼和三层砖混结构教学楼的承重墙和地面已出现严重变形;而三层砖混结构教学楼与全框架结构的教学楼原本紧密黏合的相接处,如今出现了4至5寸的大裂缝,全框架结构的教学楼主体框架基本完好,但每间教室框架梁之下的填充墙内外墙面均出现了不同尺寸大小的裂缝,有的墙面甚至还出现了小范围的位移,门窗也基本变形。学校红砖垒砌而成的围墙已有160多米倒塌,学校门卫室也出现一指多宽的裂缝。

据该校杨校长介绍,4月23日,省、市建筑部门专家组到校初步排查鉴定认为,两层砖混结构的办公楼受损程度为"三级"。"学校现有的其他两栋教学楼还有待专家组的进一步鉴定,但从目前情况来看,我个人觉得,2005年兴建的全框架结构的那栋红色教学楼,还可以继续加固使用,但最终结果还得由专家鉴定后再做决策。"

• 芦山中学:教学楼填充墙墙面出现裂缝,学生食堂大楼顶楼上的护墙墙体出现部分塌陷

占地150亩、有着约1500名学生的芦山中学,位于芦山县教育局办公大楼斜对面,是汶川地震后由澳门特区政府援助重建的一所新学校。该校于2012年10月建成后正式投入使用。

"这次地震虽然烈度比较高,但学校建筑还是经受住了'考验'!"该校教师王泽云说,除个别楼房出现了险情,其他建筑主体基本无大碍,不会伤及目前在学校扎营避难的3000多名灾民的安全。

记者沿着该校建筑间的走廊,对学校教学楼、办公楼等逐一进行了查访。在学校校门正对面的两栋连体式教学楼内,记者只看到连接两栋教学楼之间的走廊处大约2平方米见方的填充墙墙面出现了一段较大范围的破裂。透过这处长约1米的裂缝,记者还能清晰看见墙背后教室内的部分黑板。其他墙体,除部分填充墙墙面出现不规则的裂缝

外，承重的框架梁柱并未发现任何开裂迹象。

在该校一栋集室内运动场和学生食堂于一体的大楼内，记者看到，整栋楼主体框架梁柱没有任何异动，填充墙的墙面上留有多道大小不一的裂痕，大楼正门上的天花板脱落在地；原来环绕顶楼天台一周而建起来的单体砖墙部分摇摇欲坠地"粘"在上面，有多段墙体出现了坍塌。

这是《中国教育报》在芦山地震后刊发的一篇报道，篇幅较长，本书截取了"回应"与"调查"两个部分，供大家参考。"回应"部分直接或间接使用了采访对象的话，符合新闻报道交代信源的基本规范；而对雅安市防震减灾局副局长陈勇的采访，则是以多个信源来保证新闻事实的真实，使报道的观点总体均衡。"调查"部分浓墨重彩地描述了现场见闻，平淡朴实的文字还原了地震后楼房的基本情况，白描是主要写作方式。

对比《中国教育报》获得第24届中国新闻奖一等奖的评论作品《把校舍真正建设成第一避难所》。

把校舍真正建设成第一避难所[①]

针对一些媒体在芦山灾区拍到的汶川地震后重建房墙体开裂、脱皮等情况的照片，记者就此进行了采访和求证。专业人士表示，对有些校舍墙体的开裂、脱落要科学认识，主体结构受损才能算危房。芦山县初级中学部分建筑物的墙体受破坏在预期之内，达到《建筑抗震设计规范》要求的小震不坏、中震可修、大震不倒的抗震设防目标。另据《中国教育报》4月22日报道，在芦山地震发生时，该县在汶川地震后修建的校舍无一坍塌，有效保障了在校师生的生命安全。

汶川地震中的校舍坍塌事故可谓教训惨痛，后续的诸多声音为中国的国家形象抹上了厚厚的阴影，校舍安全问题一时间成为灾难报道中的一个敏感话题。相比较而言，芦山地震中"在汶川地震后修建的校舍无一坍塌"值得肯定。它传递了一个暖人的警示信号：安全不再是一种奢望，而是一种自然而然的状态和结果，我们完全有能力将生命寄托在一个安全的地方。在灾难面前，给生命一个安全的承诺，不仅是可能的，而且是现实的。

"要把学校建成最安全、家长最放心的地方。"中国政府于2009年实行中小学校舍安全工程，在全国范围内开展了新一轮的校舍安全排查工作，对校舍安全做出了明确的防震级别和安全指数要求，以期推进农村中小学标准化建设。在这次芦山地震中，新建校舍承受住了七级地震的摇晃，它托起的不仅仅是生命本身，更是一种新的希望。

学校是孕育理想和希望的地方，保障校舍安全，关乎民族的未来。在校舍安全问题上，如何强调都是理所当然的。在地震频繁的日本、智利、美国等国家，政府不遗余力地推动校舍安全的民生保障立法进程，学校被列入了紧急避难场所的建设范畴，校舍的安全标准因此更为"苛刻"。

1933年，美国长滩发生6.3级大地震，众多校舍被毁，加州政府随即通过"菲尔

[①] 刘涛：《把校舍真正建设成第一避难所》，《中国教育报》，2013年4月26日第3版。

德法案"，详细规定了建筑设计标准、监管机构、审查程序、惩罚措施等内容。在智利，为了推行更高标准的建筑抗震规定，政府出台了完善的责任追究机制，确保所有校舍都能够"按抗9级地震设计"。日本早在1923年的关东大地震后就着手制定校舍安全政策，1995年阪神大地震后开始实施"校舍补强计划"，对不具备抗御7级地震的校舍进行加固，2008年中国汶川地震后，日本政府迅速启动了面向45万所公立中小学的"五年补强计划"。

这些国家的防震思路非常清晰，学校是所有灾难的第一避难所，无论地震有多严峻，孩子们的校舍不能倒。一旦发生灾难，学校的功能不仅仅是保护孩子们的安全，更是立即成为人们避难的中心。

国外的成功经验进一步提醒中国，加强校舍安全建设，必须走法制化道路。其实，中国的校舍安全政策并不是一片空白，从1986年发布的《中小学校建筑设计规范》开始，目前发布的有关校舍安全建设的政策和规定不下二十个。其中，汶川地震后，多部委联合颁布的《关于做好学校校舍抗震安全排查及有关事项的通知》成为最具分量的一份指导性文件，要求"在全国范围内对各级各类学校校舍进行一次全面排查"。

在校舍安全问题上，每一次灾难发生，总是促使我们重新审视相关的法律或政策保障问题。然而回过头来才发现，相关的政策并不是没有，也不是很少，而是早早地搁在那里。在如此之多的政策框架内，为什么校舍安全事故无法根除？原因当然是多方面的，除了政府投入不足、政策制定时对现状估计不足、对校舍抵抗自然灾害的能力认识不足、校舍安全的责任主体比较模糊之外，更为关键的是，相应的监管机制未能跟上。许多政策依然停留在"规范"和"呼吁"层面，虽然对校舍安全指标给出了明确界定，但鲜有惩治性的监管措施。

在坚固的混凝土结构深处，把校舍建设成真正的第一避难所，同样意味着要赋予校舍一个特别的人文关怀维度。在牢固的建筑中间，流动着的是某种暖人心扉的细节，这才是安全的全部真谛所在。在美国加州，校舍规划之初，就划定了存放求救哨、安全帽、应急水、耐火救生绳、逃生呼吸器等防震设备的特别区域，以备紧急之需。教室墙壁和课桌外侧都增设了特殊的储藏装置，那里存放着花生、牛肉干之类的高能量食品。显然，这些人性化的细节设计，不仅给了孩子们紧急求生的希望，还给了孩子们日常生活中的淡定，因为"心中有数"，所以不再惧怕地震，这种可贵的从容恰恰是校舍安全在人文关怀维度上的微妙注脚。

《把校舍真正建设成第一避难所》一文简要回顾了新闻事实，以观点立论，以事实为据。评述逻辑上，该评论角度独特，强调了校舍安全的重要性，这不仅仅是政策、法治、公共服务建设的重要内容，更是对生命的承诺，是对国家形象的塑造。因此，作者在开篇不久便明确提出论点："学校是所有灾难的第一避难所，无论地震有多严峻，孩子们的校舍不能倒。"校舍如何能够屹立不倒？作者深挖细读国内外的相关资料，在横向视野上立足美国、智利、日本等地震多发国家对校舍安全的制度设计和成功经验，并纵向梳理我国1986年以来二十多部相关法律政策，提供了一系列的事实论据。既然我国对校舍安全的管理并非一片空白，为何每一次灾难发生校舍安全事故却无法避免呢？

作者并没有对政策、法律等方面的保障问题泛泛而谈,而是深入到监管、惩罚层面上。政策、法律若没有了监管与惩罚,无非就是一纸空文。相关论述并非空乏地呼吁,而是言之有物、层层深入,在罗列事实、强调细节的同时,既强化了评论文章论证的科学性,又提出了一系列可供参考的建议。评论最后,作者从"加强校舍安全建设,必须走法制化道路"上升到"在坚固的混凝土结构深处……同样意味着要赋予校舍一个特别的人文关怀维度"。由此可见,评论中虽然夹杂着叙述描写的方式,但叙述描写是为议论说理做铺垫的,"论"是写作手法,也是最终目的。

此外,及时性也是新闻报道与新闻评论的区别之一。一般来说,新闻报道对时效性的要求更强。随着媒介技术的发展,新闻已由"今日新闻今日报"到"现场新闻现场报",特别是面对重大突发新闻事件,时效更是各大媒体报道的竞争所在。相比而言,新闻评论也讲时效性,但它是依托新闻报道的事实来发言,据事析理,需要一定的时间进行理性观察和深度思考,总体上讲,其写作和发布的时间要晚于报道,当然,就传播效用来说,第一时间也并非新闻评论的着力点,时宜性是其更重要的写作考量。

二、与媒介批评的比较

媒介批评,从字面上看,由"媒介"与"批评"两个词构成,它是一种评论视野,也是一种评论方法。与新闻评论相比,它的发展更具传统,形成了相对成熟的写作范式。

所谓"媒介","是双方(人或事物)发生关系的人或事物"。在英语中,媒介"media"是"medium"的复数形式,大约出现于19世纪末20世纪初,指"使事物之间发生关系的介质或工具"。从广义上看,"媒介即万物,万物皆媒介",媒介是人身体的延伸;从狭义上讲,媒介可代指大众传播媒介,它区别于符号、形式、渠道而存在。所谓"批评",即"对于事物加以剖解并评定其是非优劣也"[①],在希腊文、德文、英文等其他语言中有"裁判""判断""辨识"之意。此处的"批评",既包括寻美的批评,也包括求疵的批评,既是一种表达方式,又是一种表达思维,二者并不矛盾,而是统一在媒介批评的实践活动中。因此,媒介批评(Media Criticism)是对大众传播媒介的传播内容和形式,以及媒介活动、媒介社会效果等的判断与评价,是以他律方式帮助媒介自律及健康发展的实践活动。媒介批评在写作中表现为以下三方面主要特征。

(一)对现象的评论与媒体的批评

新闻评论的对象包括新闻事件、社会现象和社会问题,而媒介批评的对象则是针对新闻媒介的报道及其相关活动的各个领域与社会反馈。其中,新闻报道的主体和写作的具体过程,包括新闻作品、体裁、类型、受众的接受活动,以及新闻在整体上与社会的联系和它的选择规律等,都会进入批评的视野。刘建明在《媒介批评通论》中阐释媒介批评的对象时提出了两个概念,分别是"域内对象"与"域外对象"。以各种大众传播

---

① 舒新城等:《辞海》,中华书局,1981年版,第1213页。

媒介为载体传播的媒介内容，即新闻工作者所生产出的新闻作品以及新闻生产行为就是域内对象；域外对象则更"注重记者对环境反映的真实度和方式，评价新闻如何透视社会的变化，以及媒体如何认识社会"①。

以新华社的《以绿色发展迎击雾霾之痛》与《中国新闻出版广电报》的《雾霾报道：从信息传播转向知识传播》两篇文章为例，对新闻评论对象与媒介批评的对象进行比较分析。

以绿色发展迎击雾霾之痛②

新华社北京12月20日电（记者张建、付昊苏）　"世界上最远的距离，是牵着你的手却看不到你的脸。"面对汹汹而来的新一轮雾霾，诸多类似调侃道出了多少人的无奈。迎击雾霾之痛，不仅需要短期的应急措施，也需要着眼长远综合治理，让绿色发展深入人心。

党的十八届五中全会提出了绿色发展在内的五大发展理念。强化绿色发展，是发展理念和发展方式的深刻变革，其核心是要处理好发展与资源环境之间的关系。贯彻落实绿色发展理念，是破解环境资源约束的有效路径，有利于加快建设资源节约型、环境友好型社会，使经济社会发展与自然环境禀赋相协调。

当前，频频出现的雾霾和江河污染等生态问题，已经严重影响到广大群众的生活幸福指数。这些生态问题尽管生成的原因复杂，但更重要的则是经济发展方式相对粗放，能源结构不尽合理。生态环境的现实状况迫使我们早日摒弃高能耗、高污染的发展模式，转向绿色发展。

贯彻绿色发展，要凝聚各方共识，除掉思想上的"拦路虎"。应该看到，有些地区仍过分看重经济指标，常常不自觉地牺牲环境来换取经济增长。良好的生态环境是最普惠的民生福祉，绿色发展就是通向这一目标的康庄大道。坚决纠正唯GDP的片面政绩观，改变把发展经济同保护生态环境对立起来的错误认识，才能为绿色发展扫清障碍。

贯彻绿色发展，要在推动低碳、循环发展等方面见实效。加快能源技术创新，建设清洁低碳、安全高效的现代能源体系，主动控制碳排放；同时，坚持节约优先，树立节约、集约、循环利用的资源观，还要加大环境治理力度，以提高环境质量为核心，实行最严格的环保制度，形成政府、企业、公众共治的环境治理体系。

不谋万世者，不足谋一时；不谋全局者，不足谋一域。防治雾霾是一场持久战、攻坚战，要想取得最后的胜利，圆百姓的蓝天白云梦，就必须坚决把绿色贯穿到发展方式和生活方式中去，让绿色发展的理念深入人心，推进建设人人受益的美丽中国。

---

①　刘建明：《媒介批评通论》，中国人民大学出版社，2001年版。
②　张建、付昊苏：《以绿色发展迎击雾霾之痛》，2015年12月20日，参见新华网 http://news.xinhuanet.com/comments/2015-12/20/c_1117518617.html。

雾霾报道：从信息传播转向知识传播[①]

12月1日，北京PM 2.5指数在几个小时内直接破千，这很容易令人联想到不久前发生在我国东北的大面积严重雾霾，略有不同的是，因为这种情况发生在首都北京，其影响也更为广泛。

纵观此次北京雾霾事件，报刊的报道大致可以分为三类：第一类是以《人民日报》《中国青年报》等为代表的党政机关报刊，主要聚焦于对雾霾成因及其处理过程的问责，即原因层面。比如《人民日报》刊发文章发问雾霾为何这么重，为何不发红色预警，直指雾霾成因和环保部门的责任。《中国青年报》则通过《雾霾吞噬的那五天北京为何没启动红色预警》的深度报道对追责问题进行探究。这比较符合两者全国性报刊的区位特点，往往在地方性事件中，非属地报刊多发的是评论或者深度报道，而属地报刊则以信息为主。

第二类是以《新京报》《北京青年报》等为代表的北京都市类报纸，报道重点集中在雾霾的阶段性发展情况、成因分析、防控措施以及未来发展等方面。比如《新京报》刊发的《北京"最严重雾霾"天气明日结束》，《北京青年报》刊发的《12月北京预计还有两次雾霾》等报道。值得注意的是，很多本地报纸都不约而同地把信息传播转换为知识传播。例如，告诫北京人出行应戴口罩，报道此次雾霾与天气的关系等。当这种报道的转化获得成功时，它至少能够起到安抚民众的作用。从理论上说，国际报道一般比国内报道更容易转化为知识传播，在这中间，距离是一个比较关键的元素。在这次北京雾霾事件上，全国性报纸比北京本地报纸更容易转化为知识传播。新闻传播和知识传播也有不同的规律，尤其表现在报道阶段上，如果能够缩短信息传播和知识传播的转换时间，效果就更加理想。

第三类是以《中国日报》和中国新闻社等为代表的国际传播媒体。他们肩负对外传播的职能，报道以消息为主，呈现短、平、快的风格，比如中新社的《北京遭遇重度雾霾》，用较为客观的数据和语言报道新闻。

就视觉而言，通过新闻报道所在的版面，可以直观地看出该报道在当天报纸所有议题中的重要程度。《新京报》从11月29日至12月2日连发《今起北京连续三天重污染》《今年首发重污染橙色预警》《"最严重"雾霾预计明日结束》《北风连夜吹霾空气变优良》4篇报道作为报纸的头版头条。而《北京青年报》则是在12月2日发表《环保局回应连续雾霾为何无红色预警》作为当天头条。与《新京报》《北京青年报》不同的是，《中国青年报》将关于雾霾的新闻放在最后一版的每日新闻中。这次北京雾霾发生的时候，正值世界气候大会在巴黎召开，也算是一种巧合。在一些"小报"上，更多看到的是北京的雾霾报道，而在"大报"上，则突出的是巴黎气候大会，对比鲜明。

对报纸来说，报道体裁是重要的表现形式。在此次雾霾报道中，消息类的报道占主导地位，其次是深度报道。特别需要指出的是，多家媒体在报道北京雾霾的过程中采用了大幅图片，特别是《新京报》和《北京青年报》在头版头条采用了雾霾图片配以简短

[①] 刘宏、彭酉婷：《雾霾报道：从信息传播转向知识传播》，《中国新闻出版广电报》，2015年12月8日第7版。

文字的方式，且图片内容涵盖了雾霾发生时的道路状况，雾霾结束后人们在奥林匹克公园放孔明灯等多种场景。

按理说，报纸头版用大照片已经是一种标配，都市报就更是如此，不过，用大照片来表现新闻场景和实时状态也是报纸的一种新动向，这就好比是电视的天气预报直播。毕竟"大报"和"小报"的头版头条是不可同日而语的，甚至可以说今天的"小报"已经无所谓头版头条，因为他们的头版基本上就是一条，或者说是主打一张大幅图片。因此，选择什么样的头版图片在某种程度上就代表了该报的立场和态度。

对比这两篇文章可见，新闻评论是对新闻事件的评论，而媒介批评则更多是对新闻作品的批评。在实际应用中，新闻评论本身亦可作为媒介批评的对象，因此，媒介批评的对象和范围更广。

（二）学理性评价与非学理性分析

学理性评价"是一种由充分理论支撑着的批评，而且具有一定的原则与立场"。非学理性分析相对于学理性评价而存在，多就事论事，更多从经验认知的角度出发评价和分析。2015年下半年，腾讯新闻"机器人新闻写作"掀起了一场传媒界的微地震。不久以后，新华社的机器人记者"快笔小新"上岗，主要负责体育赛事中英文稿件和财经信息稿件的自动撰写。为什么机器人可以写新闻？机器人写新闻是抢了记者的饭碗还是解放了记者？着眼传媒业的一系列变局，新闻工作者应如何应对？对此，各类媒体纷纷发言：

机器人1分钟写稿抢记者饭碗？业内：机器和人各司其职是进步[①]

财经评论员张春蔚：以前记者是要靠做量，这样的常规报道是量的构成，这种量的工作被取消了，第二是常规报道记者可以消耗几十年做同样东西的机会没有了，换句话说，以前有些记者靠实习生来完成的业务没有了，但更重要的是，人工创造重新回到一个更准确的定位上来。用简单的模块化就可以让记者从劳务性的工作当中解脱，我倒觉得并不是抢了记者的饭碗而是使记者的工作效率得到提升。

使用dreamwriter的腾讯财经也与张春蔚持相同观点，他们在回应中写道我们更希望让机器来解放记者，让记者从事更具挑战和智慧的工作。事实上，一段时间以来，互联网已经消解了媒介作为"二道贩子"的职能，对于新闻的粗浅加工即使没有机器人，也会由新闻源直接供给受众。换句话说，新闻媒体作为传声筒的职能也许会随着技术的革新逐渐退化，但价值、审美功能却应该相应提升。

[①] 张闻：《机器人1分钟写稿抢记者饭碗？业内：机器和人各司其职是进步》，摘自《新闻纵横》，2015年9月11日，参见央广网 http://china.cnr.cn/yaowen/20150911/t20150911_519842286.shtml。

机器人考验媒体人的玻璃心[①]

最近几天,很多媒体人士都在传播一条老调重弹的新闻,说的是机器人会写新闻稿,今后可能要抢记者的饭碗。有人看到这条消息后调侃说"已经哭晕在厕所",危机感很快蔓延,媒体行业再次上演苦情戏。机器人真的会抢记者的饭碗吗?对于这样一个问题,圈内圈外反响截然不同,圈内人相对悲观,不少人信以为真,从中感受到危机,这很大程度上是受到"标题党"的影响,对危机的想象大于客观事实;而熟悉机器人技术的专家则一次次地打预防针,表示机器人将来不可能彻底替代人,记者们大可不必担忧。

机器人已经成为一个网络热词,回顾它的"走红"历程,其实最初它是带着使命而来,前些年沿海地区出现"用工荒",农民工返乡现象极为普遍,沿海地区工厂用工成本大幅上升,正是在这样的背景下,机器人技术受到期待,这样的社会背景注定了它和历史上的技术变革存在较大的差异,可不像过去工业革命时期那样,工人们因为机器替代人力而对机器产生抱怨情绪。总体来说,人们讨论它的时候,从来不会担心它会威胁我们的饭碗,相反是为了解决目前存在的现实问题。

可是机器人技术一旦进入到媒体行业,往往就会收到不一样的反响,过去已经多次出现机器人写新闻稿这样的报道,每一次都能成为行业热门话题。这一方面与媒体的角色有关,那些关系到本行业发展的重要趋势,无疑会被媒体放大;另一方面显然还与媒体界当前的处境有关。屋漏偏逢连夜雨,近年媒体行业可谓危机四伏,开始是受到互联网的影响,传统媒体影响力大幅下降,如今机器人崛起,媒体人的玻璃心难免又要经受考验。但机器人真的要抢记者的饭碗吗?还是惊弓之鸟们心态在作怪?

面对业界的担忧,有媒体人就表示,很多人甚至在未读完报道内容就开始表达"衰落恐惧",不是机器人技术使他们感到担忧,而是很多人此前已经有了这种情绪,"机器人写稿"的报道只是成为这种情绪爆发的契机。随着媒体行业困境的加剧,近年的确存在这样一种迹象,大凡有点风吹草动,大到某家媒体与读者告别,小到某家企业的人事调整,业内人士往往都要借此自黑一番,大肆渲染行业悲观论调。圈外人难以体会媒体人的担忧,只会从后者的发言去了解当前的趋势,久而久之,担忧似乎就成了客观事实,媒体行业仿佛即将被时代所抛弃。

有的行业衰落过程往往是悄无声息,而媒体行业因为掌握了话语权,行业的处境会受到外界特别的关注。媒体行业的衰落或许没有记者们想象的那样快,但是,有关衰落的担忧今后可能只会逐渐加剧,没办法,有话语权的人就是这么任性,无论是步入巅峰还是走向没落,都会显得轰轰烈烈。

这两篇评论都是基于对客观事实的分析解读,再利用概念、抽象、推理来表述观点,比如《新闻纵横》播出的《机器人1分钟写稿抢记者饭碗?业内:机器和人各司其职是进步》一文,标题中便直接表明观点;《新民晚报》刊发的评论《机器人考验媒体人的玻璃心》,则从另一个角度展开讨论:机器人本是一种科学的进步,但为何一旦踏

[①] 何小手:《机器人考验媒体人的玻璃心》,《新民晚报》,2015年9月14日第A5版。

入媒体领域便让人惶惶不安？只因为"媒体行业掌握了话语权"，轰轰烈烈的但又并不意味着媒体人的衰落，只是一次次地在考验着媒体工作者。

再看一篇关于"机器人写新闻"的媒介批评：

"机器新闻写作"带动传媒新变局[①]

决定中国传媒业发展的三大基本动因是体制面、市场面和技术面的改变。而技术导引着实践发展是最近10余年来传媒业发展的一个突出特征。从社会发展的逻辑上说，人类社会的技术进步犹如有机体的进化一样，一旦发生便具有其发展的不可逆转性。我们面对它的唯一正确态度就是："用勇气改变可以改变的事情，用胸怀接受不能改变的事情，用智慧分辨两者的不同。"

时下声名鹊起的"机器新闻写作"对于未来传媒业的影响应该如何评估？我们应该如何应对？在这个问题上任何僵化的观点和抱残守缺的态度都是我们应该竭力避免的。

我们知道，互联网的发展已经由最初的网络化（所谓"连接一切"）、数字化（大数据方法应运而生），演进到今天的智能化发展（譬如作为今天热点的"机器新闻写作"）阶段上。未来网络发展和竞争的高地就是对于广域网络空间中的人与人、人与物、物与物实现其价值匹配与功能整合的高度智能化。这是社会生产方式和运作方式以及"游戏规则"的深刻改变，这是以人工智能技术为代表的下一轮次的互联网发展给我们带来的新挑战和新机遇。

新闻生产显四大变化

"机器新闻写作"是人工智能技术在新闻传播领域的一个现象级的发展。仅就内容生产而言，"机器新闻写作"至少可以做到以下四点：

其一，对于规格化的新闻资讯，例如，灾害、体育、财报等动态信息，可以做到精确、迅捷地生成和发布，时间一般不超过30秒，且差错率远低于人工写作，这是机器处理的强项。

其二，通过对于不同语料库语言风格的智能化学习，可以自动生成适应不同人群语言习俗的表达方式，比如，专门针对"90后"人群的报道方式、专门针对女性人群的报道方式、专门针对低文化人群的报道方式等。这会使同样一条新闻报道在不同用户群体的语言风格多样性方面实现自动匹配，使得具有鲜明个性的新闻表达方式对于各种渠道和终端实现渗透。

其三，对于海量的内容生产实现智能化标签、聚类、彼此匹配，甚至为每一条信息来源做出是单一消息来源抑或多重消息来源的判断和自动标注，以便于使目前显得杂乱无序、良莠不齐的个人生产资讯传播纳入一个拥有某种生态意义的传播框架和平台上，有利于个人的传播能力被激活后，新闻资讯的传播领域形成"互相核对、互相补充、互相延伸、互相纠错"的"无影灯效应"。

其四，建构全局视角，即通过对于大数据和碎片化文本的总体性处理，形成结构性的分析结论，将单个看意义不大的数据和文本的社会价值挖掘出来，给人以总体性的全

[①] 喻国明：《"机器新闻写作"带动传媒新变局》，《中国新闻出版广电报》，2015年11月17日第6版。

新视角。这种方式如果再加上人工智能中的"可视化"技术的表达，则可以使局于一隅的人们有一种超乎局部观点和眼界的全局视角。

新闻人角色正在升迁

"机器新闻写作"一经问世，机器人会不会跟媒体人抢"饭碗"的问题就成为人们热议的话题。其实，至少在当前和未来相当长一段时间内人工智能还远不能替代人的智能。关键的问题实际上是人和机器如何在人机对话中实现功能的互补和价值的匹配。机器的特长在于对海量的资讯素材在规格化、模式化处理等方面能够显出极高的效率和精准的处理。但是，在大跨度的复杂变量的处理和判断方面、在微妙情感关系的处理和表达方面，尤其是在价值规则的制定和参照框架的选择方面，人的智能和介入不可或缺。因此，随着"机器新闻写作"的成熟和应用，就新闻人的角色升迁至少表现在两个方面。

一方面，动态性的报道已经不再是新闻人需要处理的对象，他们的工作重心将集中在两点：一是重点挖掘和采集"机器新闻写作"所无法完成的调查性报道、深度解释性报道；二是如何通过连接更多的社会人成为新闻生产的来源和节点进行组织、策划、激励和整合，成为新的发展阶段上新闻生产的组织者和新闻来源系统的建构者、维护者。

另一方面，着眼于构建能够充分吸收多个新闻源的新型新闻传播平台，从框架设计到运作法则的制定，从纷繁杂芜的事实信息的聚类方式到多元意见信息流通的"自由市场"，构建一个具有平衡和再平衡能力的信息场，实现对于互联网时代多元信息的生态化导流和管理。

平台型媒体将成主流形态

平台型媒体是指既拥有媒体的专业编辑权威性，又拥有面向用户平台所特有的开放性的数字内容实体。简言之，这种平台型的媒介不是单靠自己的力量做内容和传播，而是打造一个良性的平台，平台上有各种规则、服务和平衡的力量，并且向所有的内容提供者、服务提供者开放，无论是大机构还是个人，其各自的独到价值都能够在平台上尽情发挥。这便是以"机器新闻写作"为标志的人工智能技术的崛起对于媒体形态的基本改变。这种既是一个平台，同时也是一个有"把关人"的"平台型媒体"的特点在于——它是吸引和掌握着海量流量的开放平台。这一开放平台为以个人为基本单位的传播能量被激活的微资源提供了互联互通、全新聚合的基础系统。互联网技术赋予平台信息传播效率高、呈现形式丰富、传播范围可宽可窄的优势。同时，从根本上变革信息筛选模式，即不再取决于少数人的价值取向，而是增加用户的主体性，运用大数据实现个性化、精准化定位，减低或减除用户接触信息的时间及机会成本。并且，随着技术垄断打破和接入成本的降低，用户在海量流量的开放平台上得以便捷有效地分享知情权、参与权、表达权、监督权。

个人、利益组织和专业新闻机构成为联结信息的节点。互联网平台上的个体和组织都被高度节点化，节点成为信息联结的关键"接触点"，传统媒体地位下降到与个人一样，成为错综复杂网络中的一个个节点。平台赋予所有信息节点的技术地位是平等的，可以连接一切。各节点实际能够联结的数量、辐射的范围和发挥的作用因自身资源禀赋和竞争力差异而不同，并对他者形成影响。节点间的空间分布是流动的，不同节点因为共同关注的议题成为暂时性的集合,平台由无数个流动的小共同体组成,某些节点充当不同共同体间的信息搬运工。供求关系是信息流动、节点互动的基础,不同节点间呈现合作态势。

专业媒体的角色要从传播领域的生产者、控制者转型到社会传播生态的共建者。在人工智能构建下的互联网所构造的新的媒介生态中,媒体的角色应以一种全新的面貌出现,将自身作为融入大生态中的一分子,而不是一个高高在上、一元单向的"大家长"。媒体要思考的不再是"我该怎么控制和占有这个系统",而是"我作为其中的一个行动主体,应该怎么维持这个系统的有序性和良性运行"。

这种新思路强调的是,专业媒体应当理性地放低自身姿态,从"垄断组织"进化到"共建生态",实现容纳社会多元主体的共同管理。具体来说,专业媒体首先应为系统建立一套最基本的游戏规则,这套规则应该是底线性的、建设性的、保障性的,保障整个系统的稳定平衡运行。同时,参与协调搭建安全的、开放的、流畅的公共平台,鼓励多种主体共同参与、贡献力量,平衡各方观点和利益,媒体机构不再是站在所有人之上的控制者,而是成为协调者、组织者,为系统内的"玩家"们处理纠纷、解决困难、提供公共服务,尤其是规则服务。

这篇文章并未针对机器人写新闻这一现象进行单一、浅显、就事论事的评论,而是从学理角度进行系统分析,体现了科学性与前沿性。文章开篇便指出,机器新闻写作只是人工智能的一个现象级应用,然而人工智能对传媒格局的影响是全方位的;紧接着,作者总结了新闻生产的四大变化,阐明了机器新闻写作的必要性与重要性;面对人工智能的应用,作者分析了新闻人角色的变迁,进而从专业角度指出未来主流媒体的形态是平台型媒体,在此基础上论述了平台型媒体的思路和运作方式。我们对比这三篇文章,可以发现,媒介批评尤其是学术型的媒介批评,具有主题专精、强调理论、学理性强的特点。

(三)引导大众舆论与检视媒介行为

如前所述,新闻评论与媒介批评都要传播意见信息,由于其定位和写作方式的不同侧重,所起到的传播功效也会有所不同。媒介批评更多担负的责任是对媒体报道及其效果的监督,其批评方法源自文学评论的分析法,意在实现对媒体发展的一种"他律"检视。

面对灾难　媒体该注意什么[①]

"东方之星"倾覆在长江,牵动了每一个国人的心。悲剧发生之后,新闻媒体也迅速行动起来。面对这场救援工作艰难复杂、事故原因尚待厘清的重大灾难,如何在追求新闻时效性的同时,做到客观报道,对每一家媒体而言都是一种挑战。

对于此次沉船事件,媒体最初的报道集中于事故的基本信息,包括发生时间、地

---

① 储宝:《面对灾难　媒体该注意什么》,《中国新闻出版广电报》,2015年6月9日第6版。

点、天气、当地地貌等，同时也包括遇难人数的实时更新、救援工作的进展等。此后，媒体通过深度调查和多方采访，对造成事故的原因进行剖析，可圈可点。

但不可回避的是，这次报道中一些引起争议的不当操作仍值得媒体警示和反省。

避免关键问题"闹乌龙"

在"东方之星"颠覆的前20个小时里，《湖北日报》随即通过微博发布事故的最新情况，其中，《国务院表示事故为"因大风大雨造成的沉船事件"》这一消息被各大媒体转载，第二日该报发布道歉声明称"这个结论只是源于一次内部会上专家的阶段性分析，不准确、不权威"。

事故原因到底是什么？这是灾难到来之时悬在所有人心头的一个疑问。亦如上海交通大学媒体与设计学院媒介转型研究室主任魏武挥所言，网络时代，人们对"反馈"的要求是史上最高的，"人们意图最快知道为什么"。

恰恰因为如此，媒体更应警惕未经核实过早做出定性判断。就像网友"@韩东言"微博所说："出现灾难，出现事故，媒体不要着急报道并不权威的事故原因，这样的新闻，除了会引发不必要的舆情外，也会误导判断。"

此外，《湖北日报》官方微博道歉时的"卖萌体"也引起大众质疑。微博、微信上使用的网络语言固然可以拉近媒体与受众的距离，但并非适用于所有场景，在沉重的灾难新闻面前，这种卖萌就显得不合时宜。

专业的报道是对逝者最大的尊重和缅怀。专业意味着，记者对事件的信息必须力求准确真实；意味着报道语言当严谨，尊重逝者的人格尊严；意味着在采访和报道过程中，不可不顾及逝者家属的感受，要避免新闻对其造成二次伤害。

避免过度煽情适得其反

沉船事故的原因至今仍在调查中。对于遇难者家属与民众而言，也许只有这个答案能稍许抚平他们的悲怆。此前很多媒体大手笔着墨于救援细节，《生为国人，何其有幸！》《救援一线，中国最帅的男人都在这儿啦》《4天3夜，那些感动我们的瞬间》……大量的煽情报道占据着媒体头条，不免令人产生媒体为争夺眼球而消费灾难的不适感。

争分夺秒的生死营救固然有很多值得点赞的人与事，然而，当媒体的聚焦点过度倾向于感动和感恩，这种报道所带来的反作用会影响事实本身的呈现，且传播效果往往是南辕北辙。媒体需要思考的是，大众真正关切的疑惑我们能做出多少解释。

正如《环球时报》在《媒体：追责不应被感恩喧宾夺主》文中指出的："此刻，哀悼和反思、调查甚至追责，不应该再被过多的'感恩'，喧宾夺主。"那400多名遇难的同胞，才是这场悲剧的主角，当遇难者生还这一最大的期望落空了，也许只有对这起严重事故的坚实调查报道才能成为遇难者家属和公众重新走向坚强的依靠。

新京报社社长助理、新京报传媒研究院执行院长朱学东认为，灾难事件已成为人类无法回避的一种生存状态。灾难中遇难者的报道，不仅是传统意义上对消逝生命的追怀，也已经成为媒体人突破阻力，尽可能向读者呈现灾难局部真相、铭刻记忆的一种努力。披露还原事件过程，呈现关怀，警示世人——理应成为媒体在灾难报道中的本分。

这是一篇典型的媒介批评文章，针对 2015 年 6 月 1 日"东方之星"号客轮在长江湖北石首段倾覆后一些媒体表现出的报道失范而进行评论。由于在报道过程中出现了有违职业道德与专业准则的行为，一些媒体被指有"消费灾难"之嫌。6 月 9 日，《中国新闻出版广电报》刊发《面对灾难 媒体该注意什么》一文，系统而深入地分析了当前的媒介现象，反思了新闻报道的失当。

需要补充的是，在实际应用中，媒体为了提升新闻生产的效能，也会委托第三方进行专业评价，以提供新闻阅评的方式参与媒介批评，从而构建专业性的媒介批评机制，这类新闻阅评可以视作指导新闻生产的专业性媒介批评。笔者多年担任《四川日报》、成都传媒集团新闻阅评专家，也作为特邀专家对《光明日报》改版进行阅评，现将此阅评文章选录如下，供学习参考。

时政报道与民意话语的互动融合①
——光明日报 2015 两会报道创新点简析

置身全球传播格局，网络社会的崛起正在重构人们的"时效观"和"时政观"，其中，以新型政治沟通和公民参与式传播为走向的"大时政"新闻视野已经体现在我国两会报道的范式转型之中。

光明日报 2015 年的两会报道在接续以往政治两会、民生两会、文化两会的报道特色基础上，今年尤为注重《两会特刊》中的话题策划与话语互动，使会议新闻的叙事注入了鲜活的社会生活表达，具有时代感的网络热词与充满个性的代表委员新论交相映衬。很多专栏的设置，从主题到构架及文风，均突出平等的对话、沟通与交流，形成了新闻白描与民意表达有机互动的话语实践，提升了时政报道的亲和力、传播力与影响力。如《天下事三人谈》专栏，以两会热题构架记者与三位代表委员的对话，问题切入有现实针对性，采访对象的回应深入而深刻，给人启迪，延伸了两会议题的社会价值。又如《名家看两会》专栏，邀请各界名人以两会为契机，以论代"看"，发表相关议题的见解，实际上是对意见领袖精英话语的传播，他们对社会转型期问题的解析具有深刻性和思想性，彰显出光明日报两会报道的思想理论话语价值。

《知识界代表委员之声》《表民意》《提案议案追踪》《主题访谈》等专栏围绕政府工作报告、民生热议等，从参政议政角度结合媒体的提问，突出富有问题意识的民意表达，在版面内外、线上线下引发交流互动，形成了聚合民意的中国表达，不仅丰富了报道内容，还呈现出中国社会的多种声音、协商民主，这无疑凸显出光明日报在构建新型主流媒体中的社会责任与创新自觉。

相比光明日报融媒体平台推出的融媒体产品《炫融特刊》，《两会特刊》中推出的《两会知识你问我答》《E 问我答》《他声音》等小专栏虽看似平常，却设计精巧，颇具吸引力。因为它们均从受众需求出发，通过知识传播解疑释惑，通过其他媒体的新论选编开启民智，既增加了两会报道的信息量，也搭建了一种政治沟通的新型话语平台，使

---

① 操慧：《时政报道与民意话语的互动融合——光明日报 2015 两会报道创新点简析》，《光明日报》，2015 年 3 月 22 日第 8 版。

媒体的"大民生"与"微服务"有机互动成为可能。

令人欣喜的是，光明日报此次两会报道中的标题，多以代表委员的论点为题，令人一目了然，鲜明直观，符合网络时代的阅读习惯。它在体现时政采写时效性和客观性的同时，注重呈现报道对象的个性化见解，记者在现场的见闻有效映衬了报道对象的话语来源，也使民声与民意在媒体话语中融合互动为一种大时政视野下的社会参与，恰如《两会特刊》发刊词《春天的构思》所象征的："这是我的诗情中国，这是我的画一样的中国。春风送暖。祝福盛大。一个巨人蹲下来，系了系鞋带，他正在为一个伟大的目标，助跑；他从历史中走来，正在为历史，镌刻新的高度。"光明日报两会报道正是以大时政特色熔铸中国话语，为助推有效的政治沟通创新实践。

由上可见，媒介批评的写作角度通常以剖析和反思为主，是对新闻报道中的得失、记者的职业素养以及作品或活动的社会效果的多角度评价，它能够帮助媒体审视其专业行为和社会效果，旨在提升其公信力，是外化于新闻生产视角的一种社会监督和行业他律，有助于媒体行业的可持续健康发展。

根据上述的对比分析，参考有关媒介批评研究的成果，我们可以将两者在写作中的异同做如下归纳（见表1—4）。

表1—4　新闻评论与媒介批评的异同

比较项目	不同点			相同点
	评价主、客体	评价目的	评价方法	
新闻评论	评价主体：新闻从业人员 评价客体：新闻事件、新闻事实	通过对社会中有价值的新闻的评价；促进人们对某一问题的正确认识	基于客观事实的分析，利用概念、抽象、判断、推理来表述观点	主体对认识客体的评价；都属于意见信息的表达；引导、影响社会舆论
媒介批评	评价主体：社会、公众、媒介 评价客体：媒介活动、媒介产品	通过对媒介行为的监视；促进新闻传媒的自律	应用批判理路，采用内涵分析（类型研究、心理分析方法、美学分析、叙事体分析、社会学分析以及神话分析）、情境脉络分析等角度来进行评价	

第三节　新闻评论的功能定位

新闻评论在传播意见信息的过程中，一方面代表着媒体的立场及观点，以有形的意见直接指导人们的工作与实践；另一方面也表达着公众的声音和态度，以无形的舆论引导人们的生活。因此，全面且正确地认知新闻评论与社会的关联，了解并预估新闻评论的社会影响，是我们把握其内涵与外延，顺应其体裁特征的前提，也是我们提升其传播效能的着力点。

本节分别从舆论引导、媒介监督、深化报道、利益表达、情绪释放五个方面来定位新闻评论的主要功能，并结合具体案例，说明其在不同语境下所体现的相应功能。

一、舆论引导

（一）传播信息与引导舆论

"信息科学认为，信息是物质的普遍属性……一切'表述'（或反映）事物的内部或外部互动状态或关系的东西都是信息。"新闻评论既指评论者对新闻发表的意见类信息，也包含发表这样的信息的行为及过程，因此，它是在信息传播中实现信息的功效，以此达成传播预期（评论预期），具体表现如下：

1. 传播事件的自有信息

自有信息是指事物本身具备的事实性信息，包括事物特征、事件经过、事件后果等。新闻评论是针对新近发生的重要事实及问题的观点表述，任何一种媒体评论都会在表达个人价值判断的同时，还原事件的自有信息，再伴随评论文本的传播，将这类信息传递给受众，从而不同程度地对舆论产生影响。

2. 传播事物的本质信息

新闻评论在说理过程中通常针砭时弊，通过剖析现象来揭示事物本质。即新闻评论写作一般从现象入手而又要高于现象，以务虚的手段解释传播事物的本质信息，满足受众深层次的认知需求。在此过程中，新闻评论不仅要直击事物的本质，也要传递对事物本质进行揭示与分析的信息，而这类本质性信息能够影响社会认知及公众理性。只有揭示事物的本质，才能够在引导舆论时提供深度解释，也才能在引导舆论时起到积极作用。

（二）引导舆论的体现

新闻评论的舆论引导功能是针对社会发展中的突出问题或某种现象及时解析、理性阐释、积极回应，寻求社会最大公约数的价值认同。如《光明日报》发表的《三观岂能跟着五官走》所进行的舆论引导，着眼于现实，提供了启示性解读。

三观岂能跟着五官走[①]

在娱乐产业化的时代，偶像诞生就像是资本运作逻辑下一件商品的问世。为了推销这件商品，"颜值即正义"的畸形价值观正在悄然流行。在这种不良社会思潮影响下，部分人的三观跟着五官走，认为长得帅或美可以代表一切。只要颜值够高，即使犯了罪也有人同情。粉丝对偶像这种"无脑式"的追捧行为，形成一波又一波的舆论热点，引发了社会各界的关注讨论。

因变现快、获利高，近年来偶像产业成了资本眼中的香饽饽。在"偶像养成"模式下，经纪公司与各大网络视听平台以打造偶像团体为目标，将年轻、貌美、帅气的男孩女孩们送上综艺选秀节目、文艺晚会等曝光度高的平台，获取高关注度和粉丝量，从而

[①] 牛梦迪：《三观岂能跟着五官走》，《光明日报》，2021年8月6日第9版。

实现流量变现。在这个过程中，偶像养成类选秀节目迅猛崛起。这些节目重点聚焦选手的成长过程，追求"让粉丝看着自己所喜爱的偶像慢慢长大"的效果。为了让自己喜欢的选手脱颖而出，一场场喧闹狂躁的投票大战在粉丝之间拉开帷幕，让节目制作方、广告商赚得盆满钵满。尝到甜头之后，艺人经纪公司如雨后春笋般涌现出来，很多老牌公司也转变业务方向，纷纷将目光放在偶像市场的发展上。这些公司的实力良莠不齐，大公司选拔有潜力的年轻人，并依靠自身资源对其进行培养和包装；而中小型公司更像是以手中的艺人为赌注，在偶像市场进行一场赌博。

从2018年到2021年的四年间，选秀类综艺节目一共打造了7组偶像团体，输送了数十位新晋偶像。这些选秀节目中对高颜值的追逐倾向十分明显，一些导师在评价选手时秉持"颜值即正义"的理念。有导师甚至在节目中直接对选手说："你长得好看就够了，不需要会别的。"很多观众给选手投票时，也不看选手专业能力和文化水平。有的选手根本没有接受过专业训练，唱歌跑调，跳舞跟不上节奏，业务能力惨不忍睹，更别提文化修养和精神涵养了。但这些选手却能凭借高颜值过五关斩六将，在激烈竞争中"躺赢"。

为了维持公众的高关注度和高讨论度并转换为高流量数据变现，经纪公司、平台和艺人挖空心思立人设，想尽办法做数据，费尽心机争取各种影视剧、综艺节目的露脸机会，刷存在感。在这个过程中，他们发现"饭圈"蕴藏的巨大潜力，于是使用各种方法诱导年轻粉丝群体投票打榜，将其培养成天然的流量制造群体。于是，一次次围绕"颜值即正义"的营销就此展开，一场场为了"颜值"奋不顾身的"饭圈"行为让人瞠目结舌。

从某种角度来看，偶像是粉丝自己梦想的投射，其所承载的是粉丝对美好的想象和向往。然而，一些在偶像工业体系中打造出来的"爱豆"是空有其表的花架子。这些人大多数尚未成年就离开学校，进入经纪公司当练习生。他们将时间更多花在表情管理的训练、讨好粉丝的话术、应对采访的技巧上。有的年少成名，在人生观、价值观形成的关键时期没有受到良好的文化教育，而是在名利场浸泡，被粉丝们追捧。于是，一部分人开始膨胀，对自我的认知和人生的定位逐渐发生偏移，甚至做出了代孕、吸毒等触犯国家法律的行为。可见，一个偶像的打造，应该将重点放在教育而不是包装上，应对其文化水平、专业能力、道德修养等方面都有专业且全面的规划。真正的优质偶像未必有无懈可击的容颜、潇洒婀娜的体态，却一定要具有善良、谦逊、敬业等优良品质，时刻以"用精品力作回馈粉丝期待"来严格要求自己。

三观岂能跟着五官走？"颜值即正义"背后，反映了不良倾向下价值理念的跑偏。我们应坚决抵制这种肤浅媚俗的讨论模式，少谈一点颜值，多谈一点文化；少做一些伪流量，多传播一些正能量。

2021年，中央有关部门开展"文娱领域综合治理"，在此背景下，《光明日报》开设专栏"营造风清气正的网络环境"。作为该栏目的第四篇文章，《三观岂能跟着五官走》深入剖析并批评了文娱领域的不正之风——"颜值即正义"的畸形价值观，指出这种价值观导致粉丝对偶像的"无脑式"追捧行为。文章从"造星""选秀""追星"三个层面出发，分析了偶像诞生的逻辑及其中的问题，一针见血地指出，"颜值即正义"背后是不良倾向下价值理念的跑偏，倡导"少谈一点颜值，多谈一点文化；少做一些伪流量，多传播一些正能量"，最终提出用精品力作回馈粉丝期待的主张，为中央有关部门开展"文娱领域综合治理"工作提供了有力的舆论支持。

中西方媒体的传播实例显示，新闻评论在世界各地媒体的运用中都发挥着舆论引导的作用。以美国著名传播学者李普曼1957年在美国《纽约先驱论坛报》发表的著名评论《月亮的启示》(The Portent of the Moon)[①] 为例，该评论在当时产生了极大的社会反响。

月亮的启示[②]

有资格而且有能力理解这些事情的少数几个人说，这样一颗硕大的卫星发射升空意味着苏联在发展火箭导弹方面比美国超前了一大步。苏联的领先发展不可能是灵机一动的小发明，而是因为他们有一大批科学家、工程师、生产工人，以及高度发达的辅助工业，这些工业管理成功、配合默契、资金充足。

简言之，我们在发射卫星的竞赛中已经输给了苏联，这表明我们在生产弹道导弹的竞赛中也在输给对方，这也意味着美国和西方各国的科学技术落在了后面。

这是一个可怕的事情。之所以可怕，至少在我看来，倒不是因为苏联在军备竞赛中处于领先地位，以至我们很快就得处于其淫威之下。根本不是因为这个。可怕的原因在于社会发展不能停顿。如果一个社会失去了自身发展的动力，就会因缺乏目标、丧失自信而败坏和堕落。

关键的问题是，我们作为一个民族，从总统以下，要就对我们文化价值的严峻挑战作出反应，这种文化价值不是指美国理想的生活方式，而实际上是指我们所一直过着的这种生活方式。我们可能作出这样的反应：从宣传方面思考这个问题，寻找方法，以惊人之举超过俄国人所做的一切。另一种反应主要是扪心自问我们的缺点，决心矫正自己，而不是去打垮俄国人。

那么问题也许能这样明确一下：一直遥遥领先的美国为什么在二次大战结束以来的12年中就输给了在二次大战结束时还一蹶不振的俄国人？毫无疑问赫鲁晓夫先生会说这是因为共产主义优于资本主义。这种回答纯属狡辩，问题不是为什么苏联发展那么快，而是为什么我们曾经发展很快，现在发展就不那么快了。我们的社会无疑是进步的，但它在战后这些年中前进得不够快。

我并非对那些对我们及我们的前途来说至关重要的问题的全部答案不懂装懂。我冒昧地以为现在我们能够找出一些趋势，这些趋势自大战以来就已在美国生活中出现，必须考虑进去。

我想，我们必须首先考虑巨大的财富，因为政客们把财富归于选民，和社会生活准则相比，个人生活准则成了至高无上的了。所谓社会生活标准，我是指诸如防务、教

[①] 国内亦有译者翻译为《月亮的不祥之兆》。
[②] 沃尔特·李普曼等：《新闻与正义——普利策新闻奖获奖作品集（1917—1997）》，展江等译，海南出版社，1998年版，第862~864页。

育、科学和艺术等不可或缺之物。我们的人民蒙受弥天大谬之误导：美国社会秩序的最高目的就是增加对消费品的享受。结果，与人口增长相比，我们的公共设施，特别是那些与教育、研究有关的设施严重匮乏。

我想，我们必须指出的第二点趋势就是普遍流行的对智慧和创造性不尊重甚至于怀疑。在其他国家，比如德国、欧洲大陆和俄国，做一名教授是公认的荣誉。而在我国，则要求一个人不要那样锋芒毕露，不要那样炫耀自己的才华，在政治上不要那样走极端，以至于对社会具有破坏性。

麦卡锡主义的所作所为对美国科学家和思想家的自信造成了战后全国性的大悲剧。损失无法估量，人为的损失极其惨重。墨守陈规的思维方式导致了这种后果，而与发明创造的不同在于它缺乏追求真理所需的那种特殊勇气。

财富充当了麻醉剂，庸人习气与麦卡锡主义横行无阻，我们的社会生活日益麻痹，漫无目标。总统（指艾森豪威尔，他在1955年9月突发心脏病，此后恢复得相当缓慢。——译者注）处于半退休状态，没人去树立人民能够信赖的准则。没人给我们规定目标，制定方针。我们就这样随波逐流，像小石城（阿肯色州首府，1957年5月发生黑人为反对种族歧视而开展的激烈斗争，遭到州政府阻挠。——译者注）一样陷入长期的不幸。于是我们发现，自己在混乱之中迷失了方向。

《月亮的启示》作为李普曼的评论力作之一，获得了普利策新闻奖。李普曼在该评论写作中透过美国在卫星发射竞赛中失败的表象，分析了背后的原因，为美国政府的战略部署提供了重要参照，起到了政策调整的风向标的导航作用。

二、媒介监督

（一）调查揭露与媒介监督

舆论监督是指"公众了解情况后，通过一定的组织形式和传播媒介，行使法律赋予的监督权利，表达舆论，影响公众决策的一种社会现象"[1]。从理论上讲，媒介监督从属于舆论监督，是指公众利用各类媒介对社会运行活动进行的监督，表现为对媒体的批评性报道，它是舆论监督的表现形式之一。在实际应用中，媒介监督和舆论监督通常可以画上约等号。[2] 1994年，以《焦点访谈》为代表的新闻评论类节目迅速崛起，备受关注。这类电视评论节目将视角和镜头对准社会阴暗面或新现象、新矛盾，聚焦敏感的民生问题。如1994年6月19日播出的节目"沉重的棉花"，揭露了河南省兰考县的一桩棉花掺假案；1996年12月1日的节目"巨额粮款化为水"，揭露黑河地区拖欠农民售粮款、挪用国家数千万元购粮资金、兴建不见效益的矿泉水厂等违纪违法问题，这些反腐力作在当时引起了极大的社会反响。朱镕基同志视察中央电视台时，为《焦点访谈》

---

[1] 童兵：《论舆论监督的政治意义及其深化措施》，《郑州大学学报（哲学社会科学版）》，2003年第4期。
[2] 陈力丹：《论我国舆论监督的性质和存在的问题》，《郑州大学学报（哲学社会科学版）》，2003年第4期。

的编辑记者写下"舆论监督，群众喉舌，政府镜鉴，改革尖兵"①的评语，表达了对该栏目有效监督舆论功能的肯定。

随着新媒体时代的到来，网络评论助推舆论监督更趋及时化、互动化。借助网络传播门槛低、速度快、交互性强等特点，媒体评论者和热衷表达的网友们利用计算机或移动终端能够快速参与评论，导致舆论监督常态化、舆论引导同步化。

此外，新闻评论的舆论监督功能还具有异地监督的特点。"评论监督的异地化一般表现为三种情况：一是本地出现的问题在外地或境外的传媒上发表评论，二是本地出现的问题在中央级的传媒上发表评论，三是本地媒体借异地评论者之笔来评论本地问题或时事。"②新闻评论监督的异地特征与媒体机构的体制、传播理念相关，它在短期内不会消除，但是随着社会民主的推进，变异地监督为本地监督，并寻求两者的互动互促，是社会民族化进程的要求，也是我国新闻舆论监督深度变迁和提升的建设方向。

必须注意的是，新闻评论的舆论监督和新闻报道的舆论监督一样，必须适度，切不可逾越法理，变味为"媒介审判"。所谓"媒介审判"又称"新闻审判"，是指新闻媒介利用其公开传播的新闻报道或评论，影响司法的独立及公正。在新闻评论活动中，也存在因其明显的倾向性，能够直接引导受众形成一种足以影响司法独立审判的舆论氛围，从而影响审判的公正性的现象。在传媒发达的当今，受主客观因素的影响，媒介审判的发生和实力屡见不鲜，如"药家鑫案""李启铭案"等先后引发业界内外的高度关注和全面反思。从事实结果来看，媒介审判扭曲了新闻媒体进行舆论监督的本质，更逾越了新闻人的角色本职，违背了新闻伦理，其实质是以新闻监督的越位干预了司法的独立及公正，这种通过媒介过度报道或不当评论造成的以道德评判取代司法审判的非理性行为，是对和谐有序的民主法治社会的阻碍，值得警惕和反省，它提醒我们回归包括新闻评论在内的新闻舆论的有限、有度的功能定位。

（二）媒介监督的体现

新闻评论针对社会发展进程中的各类动态与问题所表达的各类观点，其实都是实践主体对现实问题的认识与思考的结晶，也是体现人类认知能动性的理性建构。它通常配合各类报道而传递媒介的立场、态度和价值导向，从而具体体现其监督作用。例如，针对2022年媒体曝光的"我的县长父亲"事件。

《我的县长父亲》风波：遭遇"脑补"式嘲讽岂能一删了之？③

9月18日，山东德州市作家协会发布了"廉洁文化主题文学作品征文获奖名单"，一篇题为《我的县长父亲》的散文获得了征文一等奖。该文因取名与喜剧电影《夏洛特烦恼》中的《我的区长父亲》作品名类似，引发部分网友嘲讽，质疑此次评选的公正性，相关话题一度冲上热搜第一。随后，德州市作家协会将获奖信息删除，德州文联则

---

① 郭镇之：《舆论监督与西方新闻工作者的专业主义》，《国际新闻界》，1999年第5期。
② 谢明辉：《新闻评论研究》，人民日报出版社，2014年版，第35页。
③ 胡欣红：《〈我的县长父亲〉风波：遭遇"脑补"式嘲讽岂能一删了之？》，2022年9月20日，参见荔枝新闻 https://news.jstv.com/a/20220920/1663666378962.shtml。

回应称评选活动合规。

坦率地讲，在大力倡导反腐倡廉的当下，乍一看到《我的县长父亲》这样的标题，确实容易令人浮想联翩。但是，只要稍微浏览一下内容，就会产生完全不一样的看法。

《我的县长父亲》的作者名叫于忠东，是中国农业发展银行禹城市支行退休干部。在文中，她用朴实的笔触，通过几件小事展现自己眼中对家人"无情""抠门""一根筋"的父亲其实是受百姓爱戴的"好官""清官"。"在他五十九载的人生旅途中，当过县长，做过饮食员，干过掏粪工，一生几起几落，没给我们子女留下任何物质财富，却给我们留下了129本工作日记。"而且，所谓的"县长父亲"，并非在任县长，而是一名解放前参加工作的老干部，1988年已经离世。

"天地之间有杆秤，那秤砣是老百姓。"看完《我的县长父亲》之后，很多人不由得热泪盈眶，由衷地敬佩这位心系群众、清廉正直的老县长。这篇散文不仅写得感人，而且和征文主题非常贴切，传递了共产党人应该有的精神和风骨，获一等奖可谓实至名归。这件事也再度警示我们，切莫"望文生义"动辄玩梗嘲讽戏谑。

耐人寻味的是，面对突发舆情，德州市作家协会采取了一删了之的应对方式。网络时代，一些事情在传播过程中出现偏离原意乃至严重背离初衷，并不意外。但是，解决问题的办法不是回避问题，而是直面问题，及时拿出令人信服的证据予以回应，纠正舆论方向。

身正不怕影子斜。谨以《我的县长父亲》获奖风波为例，德州市作协只要给出一纸说明，简要介绍一下该文的情况，就足以让流言消散。哪怕啥都不说，直接把获奖文章推送到公众面前，网友们自然也会做出评判。

一删了之看起来简单，实则是一种鸵鸟政策。明明可以理直气壮反驳的事儿，这样一来反而给人以"此地无银三百两"的错觉。这种推卸责任的做法，看起来是为了"保护"作者，实则是对作者的不尊重，更失去了一次弘扬正能量的机会。幸运的是，经过网络发酵以及一些媒体的跟进报道后，鞠躬尽瘁的老县长于志明反而"因祸得福"，广为人知。

风波固然暂告一个段落，但如何应对突发舆情依然引人深思。德州市作协的做法，并非个例。不少地方和部门，一遇到网络负面舆情就自乱阵脚，怕闹大了不好收拾，难以理性分析、冷静应对。这样的思维模式不改变，就很难面对错综复杂的网络世界。《我的县长父亲》获奖风波，因其事实简单明了，当然可以清者自清、浊者自浊。但是，很多事情都可以见仁见智，如果是存在一定争议的问题，逃避能解决吗？主动放弃解释的机会，会不会助长谣言进而加剧激化矛盾？

面对复杂多变的舆情，当事人切莫被一时风向裹挟带偏，保持定力，认真倾听舆论诉求、真诚回应舆论关切；而网友们也需保持理性，多方了解事态，让每句话都掷地有声。惟愿各方努力，一同坚守正确舆论导向，让网络环境更加安全、清朗、有序。

2022年9月，山东德州市作家协会发布"廉洁文化主题文学作品征文获奖名单"，《我的县长父亲》获得一等奖，因题目引发网友对于征文真实性和评奖公正性的强烈质疑，其后主办方删除获奖名单，导致争议进一步升级，舆论场呈现一边倒的风向。荔枝新闻第一时间主动发声,多方求证事件原貌,深入探究舆情本源,及时发表《〈我的县长父亲〉风波:遭遇"脑补"式嘲讽岂能一删了之?》一文,用客观立场廓清事实真相,用理性辨析探究争议源头,用公允态度做到以理服人。文章一经发布,引发网友广泛讨论,在留言区收获了众多支持之声,起到了正面引导作用,促使依据事实的理性讨论开始重新成为舆论主流。

在短时间内,这篇文章为当时喧闹沸腾的舆论场注入了冷静公允的声音,有效引导了舆论风向转变。与此同时,从网友对《我的县长父亲》投入关注开始,舆论监督已经逐步显示出一种时代转向,更凸显出评论文本的重要性,尤其是身处舆论风暴的中心时,主流媒体既要积极发声,又要态度鲜明,更要善于把握尺度和边界。这篇评论,采用符合互联网传播规律的表达手段,在舆论狂潮冲击下,秉承传播社会正能量的宗旨,担负起努力构建清朗网络空间的责任,紧跟当下网络热点及时发声,通过温和、有力量的文字,传递公允与理性的共识,及时有力导航,引发网友的内心认同和强烈共鸣,也扩展了舆论监督的有效边界。

新闻评论的监督对象除了爆发性事件,还会揭露一些潜在的、看起来并不起眼却蕴含着一定隐患的社会现象,如荣获中国新闻奖二等奖的《湖北日报》评论《传达不过夜不如落实不打折》。

传达不过夜不如落实不打折[①]

《中国纪检监察》杂志近日刊发文章称,有的领导干部时时把上级精神挂嘴上,表态比谁都早,会议传达不过夜、一开到半夜,但抓落实干劲韧劲不足。明明是担当精神差、慢作为、不作为,却还要装模作样、大搞花拳绣腿。

在百度上搜索关键词"传达不过夜",有170多万条词条。不仅有传达中央精神不过夜、传达省市精神不过夜,还有传达某县政府精神不过夜、传达某校党委精神不过夜等等。各种"传达不过夜",不外乎是为了表明对某个会议"高度重视",对某项工作"高度负责"。及时传达有关精神很有必要,但如果光有风风火火的姿态,没有扎扎实实的行动,不见真真切切的效果,即便"传达会议不过夜,开会开到大半夜",又有什么用呢?

时下,一些地方的确存在类似问题。有的领导干部对于贯彻党的路线方针政策、上级部门的工作部署安排,胸脯拍得砰砰响、调门也起得很高,但一到具体落实,就大打折扣。有的空有表态没有具体措施,有的工作进展缓慢,长期不见成效,有的只说不做,以会议落实会议、以文件落实文件、以态度落实态度,这些都是特别需要警惕的"四风"新表现。

开会传达,是保证上级精神上下贯通的重要手段,但绝非主要手段,更不是唯一手段。相反,以具体行动扎实贯彻精神、落实部署才是最根本的。中央领导同志一再强调"一分部署,九分落实",我们都应该想一想,在时间上、精力上、力度上,是不是真正做到了呢?有没有把"一分"与"九分"弄得不协调,甚至本末倒置的情况呢?仅仅满

[①] 李思辉:《传达不过夜不如落实不打折》,《湖北日报》,2018年1月17日。

足于"传达不过夜"也并不科学。在传达精神的同时，更有必要进行深入的调查研究，结合本地的实际情况，拿出科学、可操作的办法，让落实更进一步、更细一层，而不是简单的做个传声筒。

言行一致，做多少说多少，是党员干部坚持党性原则的重要体现。"华而不实，怨之所聚也。"十八大以来查处的不收敛、不收手的党员干部尤其是一把手，如黄兴国、周本顺、万庆良、王敏等，都是言行不一、光说不练的典型；甘肃省委原书记王三运经常把牢固树立"四个意识"挂在嘴边，也热衷于表态，然而实际工作中并没有真正抓好落实，以致祁连山生态环境遭到严重破坏。把喊喊口号、表表态、开开会当作"对党忠诚"，是一种自欺欺人。担当才见忠诚、落实才见忠诚、把蓝图变成现实才见忠诚，否则半点忠诚都没有。

栗战书同志曾在《秘书工作》上刊文提到："习近平总书记要求我们干工作要'案无积卷、事不过夜'。总书记自己也是这么做的。"都是"不过夜"，与其注重"开会传达不过夜"的形式，不如践行干实事"事不过夜"的扎实。把自己摆进实干的队伍中，做领飞云天的头雁，带出务实重行、言行合一的队伍，确保落实中央精神不打折。

面对政策落实过程中"抓落实干劲、韧劲不足"的问题，该评论一针见血地指出表态积极，落实却不到位的形式主义，揭示了公职人员应该调整工作重心的紧要境况，以此敲响警钟，进行舆论监督。

三、深化报道

（一）配合新闻与深化报道

新闻评论不仅是对新闻发表意见，表明态度和立场，还在这一过程中深化报道，凸显新闻所蕴含的社会价值和现实意义。从受众本位出发，评判媒体传播效果的好坏在于受众是否愿意接受媒体输送的信息。如果新闻报道是一种无形的意见，那么新闻评论就是一种有形的意见，两者配合相长，能够全面、深入、辩证地提供更丰沛的信息和理解的参照，在延伸报道的同时让受众体悟事实告知之外的"意味"。

一般来说，对于党和政府的方针、政策的宣传，以及对一些重要会议、事件的报道，媒体会通过评论员或邀请专家为报道配发评论，及时挖掘新闻的价值，呈现事实背后的意义，以此延伸报道空间，以期提高与转化传播效能。媒体根据新闻价值大小和社会关切的必要性，从舆论引导的实际需要出发，逐步形成了配发新闻评论的报道选择取向。

第一，政策方针类报道。党和政府发布的方针政策与人民群众的生活息息相关，且因为其重要性和指导性需要媒体及时解读和贯彻落实，构成媒体配发评论的选题计划。如党代会、两会、中央经济工作会议等，我们时常会配合会议议程报道及时配发评论，阐释其意义和指导性，提供社会动员，凝聚社会共识。

第二，监督类报道。监督类新闻的报道对象通常是一些敏感的社会问题。对于社会转型期来说，多重矛盾的凸现会带来发展阻力或造成发展危害，亟待准确、及时地回应。针对这类新闻，配发评论可以解疑释惑，积极引导，凸显监督的建设性立场，让舆论监督赢得更多的社会支持与认同。

第三，话题争议类报道。这类新闻报道所关注的是社会民生与利益关联度高的事件、现象或问题，容易形成话题和舆情，有的媒体对此也时常会展开舆情调查并发起社会参与性讨论，试图将民间议题转变为媒体议程，帮助公众认知和助力政府决策，因此，会配发评论，呈现社会多元观点和态度，以求形成理性共识，这也是深化报道的媒体选择。如关于各类收费听证会的报道、个税起征点的讨论报道、高考改革涉及各地考生利益的报道等。如 2018 年两会期间，澎湃新闻刊发报道《财政部就提高个税起征点答澎湃：将完善个税征税模式》[1]，请权威人士及时介绍国家"提高个税起征点，增加子女教育，大病医疗等专项费用扣除，合理减负等相关工作计划"[2]，同时，发起"关于各税起征点的动态调整，你怎么看"[3] 的讨论，吸引各界人士参与表达，将报道引向深入和深度。可见，面对这类暂未定性的新问题，不同个体的立场、态度各有不同，容易引发争议和矛盾，因此，针对性地配发评论或发起讨论，可以搭建起对话协商的平台，可以解疑释惑、认清实质，促进问题和矛盾的转化，使之趋利避害。

（二）深化报道的体现

新闻评论是针对新闻事件的言论和观点，它依附于新闻事件，以新闻事件为背景和评论由头，同时又需要高于新闻事件。依据新闻报道发表评论，不仅可以配合报道构建一种完整性信息整合，也可以提供必要的深度的扩展，以此呈现更加全景深透地对新闻的价值判断和理解，使配发新闻评论成为有效处理信息和引导舆论的手段。如 2018 年首届数字中国建设峰会在福建福州闭幕，《人民日报》刊发了及时动态消息《首届数字中国建设峰会闭幕》[4] 和会议综述《放眼未来世界　汇聚创新力量》[5]，如图 1-2 所示。

---

[1] 赵实：《财政部就提高个税起征点答澎湃：将完善个税征税模式》，2018 年 3 月 7 日，参见澎湃新闻 https://www.thepaper.cn/newsDetail_forward_2020332。
[2] 赵实：《财政部就提高个税起征点答澎湃：将完善个税征税模式》，2018 年 3 月 7 日，参见澎湃新闻 https://www.thepaper.cn/newsDetail_forward_2020332。
[3] 参见澎湃新闻"问吧" https://www.thepaper.cn/asktopic_detail_10011284。
[4] 钟自炜、刘志强：《首届数字中国建设峰会闭幕》，《人民日报》，2018 年 4 月 25 日第 4 版。
[5] 钟自炜、刘志强：《放眼未来世界　汇聚创新力量》，《人民日报》，2018 年 4 月 25 日第 4 版。

图1-2 《人民日报》2018年4月25日第4版

同时还配发了评论《腾"云"驾"物"引浪朝》。

腾"云"驾"物"引浪潮[①]

漫步海滩,近观漫卷而来的层层叠浪,远眺一望无际的辽阔壮美,总会畅想乘风破浪的豪情壮举,也会冷不丁冒出一个疑问:海上为什么会有波浪?也许有人会说,无风不起浪。然而,深入考究,"涛之起也,随月盛衰",真正原因则是太阳和月亮带来的潮汐能量。善用大海的力量,就必须把握潮汐规律,在"数字世界"也是如此。

当今中国,数字化浪潮滚滚向前。历经互联网快速发展20多年,我们从一条网速仅有每秒64千比特的网线出发,抓住数字化一波波浪潮乘势而上,来到了以数据的深度挖掘和融合应用为主要特征的智能化"风口"。近日,福州"数字中国建设峰会"展区热闹非凡,仿佛时代缩影。前来参观的百姓经过漫长排队,雀跃地跨入"数字未来"。穿梭于新奇技术的"数字经济",感受攻克办事难、慢、繁的"电子政务",徜徉在各种

---

① 姜赟:《腾"云"驾"物"引浪潮》,《人民日报》,2018年4月25日第4版。

便利生活的"数字社会"……穿越每个展区所代表的发展节点,摩肩接踵的人流,映射出因技术变革而起、由应用创新而落的数字中国浪潮。

数字中国,潮起东南。2000年,一份《"数字福建"项目建议书》摆在时任福建省省长习近平的案头,他对此作出了批示。习近平在批示中写道:"实施科教兴省战略,必须抢占科技制高点。建设'数字福建',就是当今世界最重要的科技制高点之一",并随后亲自担任"数字福建"建设领导小组组长。"数字福建"的昨天与"数字中国"的今天,就在这样一个时空碰撞中产生必然交汇。习近平总书记当年在数字化领域的先行探索,体现了对信息化进程的远见卓识,让众多互联网企业家感叹不已。要知道,当时中国还处在互联网推广早期,腾讯创立不到三年,阿里巴巴成立不足两年,百度诞生不满一年。

如今,云端课堂可带领山里孩子迈过"数字鸿沟",物联网助力打造智慧社区,互联网政务"让群众少跑腿",共享模式带来便捷舒适……人们之所以能够腾"云"驾"物",获取生活的便利、工作的高效、发展的机会,不仅得益于模式创新的风口之助,还受惠于助推新动能的政策之帆。从《国家信息化发展战略纲要》到《"十三五"国家信息化规划》,从党的十九大吹响数字中国建设的号角,到今年全国两会部署具体举措,各地区、各部门优化创新环境,聚力建设数字中国,不仅会助力实现高质量发展,更会推进国家治理体系和治理能力现代化。

然而,无论是借助风口之力,还是仰仗政策之帆,最终还要依靠核心技术革新的潮汐之力。正如习近平总书记所说,"信息化为中华民族带来了千载难逢的机遇",现在是全球数字技术竞争的关键时期。作为国之重器的核心技术,若受制于人则会埋下大隐患。尽管中国数字经济规模已居世界第二,当今世界互联网十强企业,中国占有4席,然而核心技术、核心元器件却依赖外国。进入新时代,赶潮推浪必须自主创新攻克核心技术难题,否则就是在别人的墙基上砌房子,再大再漂亮也可能经不起风雨,甚至会不堪一击。

潮起当击楫中流,风来要扬帆远航。踏上数字中国建设新征程,挥洒"闯"的汗水,播下"创"的种子,为经济社会发展、为国家治理澎湃起数字浪潮的潮汐力,这理应成为大企业当仁不让的责任、研发者坚定不移的追求。

针对一些新闻话题配发评论也是对新闻报道有效深化及舆论的正确引导,如《成都商报》2016年1月28日为专题报道《家长微信群发红包 老师到底该不该抢》配发的评论《红包不在大小 问题不在钱上》(如图1-3所示)。

图 1-3　《成都商报》2016 年 1 月 28 日第 7 版

红包不在大小　问题不在钱上[①]

微信的普及，让师生之间、教师与家长之间的交流，愈发便捷高效。而现在玩微信的人，很少不知道、不涉及微信红包的。在群里抢红包、发红包，不仅是一种时尚，而且已成为一种新风俗。既然已是蔚然成风，那么在形形色色的师生、家长群里，教师可不可以"与民同乐"，加入发红包、抢红包的行动中呢？

这个问题，见仁见智。如今社会越来越开放，大家的观念也早已今非昔比了。诚然，微信群里发红包、抢红包，数额虽小却也不无刺激，大家乐此不疲甚至废寝忘食，主要也就图个开心。何况还可以活跃群里气氛，"说正事"前发个红包，可以调动大家参与讨论的积极性。虽然微信红包里装的也是真金白银，但谁也没把它当多大一回事，不指望靠它"发财"，也不担心发了红包、少抢了几毛就"破产"。

但是，什么事都不能绝对，啥事都有例外。教师在师生、家长群里参与抢红包（也包括发红包），虽然也是数额极小，远扯不上"行贿受贿""收受礼金"，但毕竟不妥当。

其一，教师终归是有师道尊严的，洁身自好才能受到尊重。红包虽小也是红包，具备鲜明的标签意义。你领了家长甚至学生的红包，你们之间就"亲密无间"了，必要的敬畏感也将随之荡然无存。说实话，这并不是最有利于教师"传道授业解惑"的理想状态。

---

① 朱达志：《红包不在大小　问题不在钱上》，《成都商报》，2016 年 1 月 28 日第 7 版。

其二，师生群、教师家长群，毕竟不是朋友群、家人群、同事群、工作群，在其中发红包、抢红包当然有图乐子、融气氛的因素在，但还是要考虑群中所有家长和学生的个体感受。他们中当然有相当多的人喜欢发红包和抢红包，但也不能排除有相当多的人并不好这口，那么基于教师和学生、教师和家长之间某些特殊且微妙的关系考虑，他们或许会被并不情愿地裹挟进发抢红包的"狂欢"中。

其三，学生，尤其是中小学学生之间的金钱游戏，虽然也是无伤大雅，但毕竟不值得鼓励。而教师在师生群甚至家长学生同在的群里发抢红包，难免刺激学生和家长的攀比心理，自身也不一定能百分之百跳出人情世故的氛围之中，有意无意地在学生中分出亲疏远近。

当然，这里说的只是在群里公开发抢红包，并不包括点对点的授受行为，那绝对是违规甚至违法之举。

《成都商报》这一新闻报道起初只是较为中立地提出问题，辅以各方意见来还原事件全貌，但并无定论。相较于新闻报道，所配发的评论立场则相当鲜明："教师在师生、家长群里参与抢红包（也包括发红包），虽然也是数额极小，远扯不上'行贿受贿''收受礼金'，但毕竟不妥当。"评论的事实依据来源于报道，并且结合报道中采访对象的观点进行分析，从中阐明发微信红包对教师、对家长、对学生都是弊大于利的论点。如此配发，将有助于受众在了解新闻事件之余，还能够获取意见性信息，从而加深对新闻报道的印象，延伸对报道的思考，两者配合互动，共同深化了新闻的社会意义。

除了传统纸媒会根据报道价值适时配发评论，新闻网站在专题中配发评论也是普遍之举，其目的都是凸显新闻的价值和社会效用，如人民网《依法整治"网络敲诈和有偿删帖"》这组专题报道。

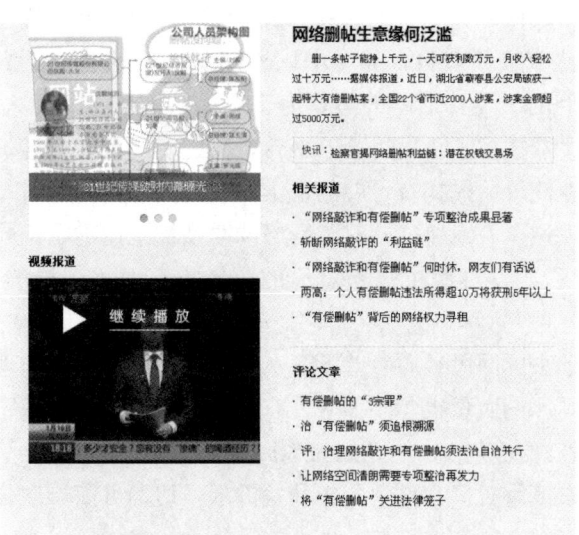

图1-4　人民网《依法整治"网络敲诈和有偿删帖"》部分截图①

---

① 《依法整治"网络敲诈和有偿删帖"》，参见人民网 http://legal.people.com.cn/GB/43027/392570/。

如图1-4所示，右边部分由新闻和评论两部分构成，评论针对"有偿删帖"和"网络敲诈"等事件表明了否定和批评的态度，分析了其背后的成因及利益链条，并提出治理办法。这种相互配合的方式使新闻报道和评论相辅相成，形成一个互相映照、互为补充的信息有机体，使受众在了解事件原委之余更能知晓其本质。

四、利益表达

（一）利益诉求与表达路径

新闻评论是评论者意见的表达和态度的彰显，是其基于认知判断和内心感受进行的情感抒发，因此，不管是何种新闻评论，都潜藏着一种心理诉求。这种诉求实质上是不同主体从不同角度出发的利益渴望，他们希望借助这一形式表达自身或他者的要求及愿景。从每个人都是利益主体的角度看，不同的社会角色和社会责任会赋予这个主体不同的利益需求和要求，其形成的利益诉求的具体内容也会有所差异，相应的，其表达路径也会随之变化。新闻评论就是满足这种利益诉求的媒介化表达的重要路径。

随着中国改革开放的深入和民主化进程的推进，民主与平等意识已经普遍为社会大众所接受。当前，中国社会处于转型期，各阶层矛盾凸显，利益格局发生巨大变化，利益诉求作为人们维权和个体意识崛起的正当需要日益高涨。面对这样的变化，社会亟待构建平等对话、多元协商的公共空间与表达机制以疏导矛盾，探寻解决之道。如评论《一家之言：研究生选拔应慎用"复试否决制"》[①] 针对考试与教育公正的利益诉求，指出高校实施"复试否决制"须慎重，回应人民群众对高校复试环节不公、暗箱操作以及导师素质方面的担忧，以此呼吁教学公平、考试透明，力图促进教育民生惠民利民。

在传统媒体和新媒体并存的当下，各类媒体纷纷开设普通百姓发表言论、表达意见和诉求的时评专栏、专版和节目，如《中国青年报》的《青年话题》、中央电视台的《新闻1+1》、腾讯网的《今日话题》等，为普通民众提供了意见表达的机会和社会参与的路径，为普通民众搭建了自由讨论的平台，促进了民众民主意识的媒体通道。网络的开放性和低门槛性使得网民拥有足够的机会发表新闻评论，使得每个公民都享有话语权，能够在网络上表达个人意愿。同时，网络的互动性也促进了不同意见的碰撞，形成了"意见的自由市场"，使网民可以在意见的交锋中获取不一样的思维方式和不同的观点。

但是，目前由于中国网民素质参差不齐，网络上还存在一些非理性、极端性、偏激性的声音，网络新闻评论质量也参差不齐，有时情绪化表达多过理智化思考，容易造成网民话语狂欢。另外，在媒体融合发展趋势下，许多网络热点都会纳入新闻评论的选题范畴，媒体评论员应慎重对待和科学分析利益诉求，切不可简单迎合，应避免发言中的放大或误导。

[①] 曹建文：《一家之言：研究生选拔应慎用"复试否决制"》，2005年8月10日，参见人民网 http://edu.people.com.cn/GB/3604653.html。

（二）利益表达的体现

作为意见的载体，新闻评论能够直接表明态度、指出症结，以此加强利益表达的效能，从而在公众利益表达中发挥重要作用。2011年4月21日至5月26日，《人民日报》评论部陆续推出"关注社会心态"系列评论，即《"心态培育"，执政者的一道考题》《执政者当以包容心对待"异质思维"》《用公平正义消解"弱势心态"》《追求理性从哪里起步》和《倾听那些"沉没的声音"》。该组"系列评论从不同的角度，深入审视当下的社会心态，提出了一些发人深省的问题，比如以包容心对待'异质思维'、用公平正义消解'弱势心态'、追求理性从维护群众利益起步等"①。其中，《倾听那些"沉没的声音"》获第22届中国新闻奖评论作品一等奖，作为该组系列评论的收官之作，文章指出："在当今表达的'黄金时代'，仍有许多'沉没的声音'未被倾听，如有些声音被淹没在强大的声场之中，难以浮出水面；有些声音'说了白说'，意愿虽表达，但问题未解决。为政者尽可能多倾听社会各方面的声音，特别是那些'沉没的声音'，对于维护社会稳定大有好处。"② 它不仅代表了公众的利益表达，还深切呼吁新闻工作者协同政府部门关注那些"沉没的声音"，为构建和谐社会献力。

倾听那些"沉没的声音"③

有利益的表达才有相对的利益均衡，有相对的利益均衡才有长久的社会稳定，尽可能多地倾听社会各方面的声音，对于维稳大有好处。以政府之力，维护弱势人群的表达权，使他们的利益能够通过制度化规范化渠道正常表达，这是共建共享的应有之义，是构建和谐社会的关键所在。

在今天的中国，能听到各种声音。两会会场中代表、委员纵论国是，报纸杂志上不同思想交流探讨，新闻评论跟帖动辄上千条，近2亿网民随时写下140字微博……条条声轨，汇成合奏，呈现这个时代多元多样的复杂图景和蓬勃活力。

我们迎来了表达的"黄金时代"，但仍有许多声音未被倾听。一方面，有些声音被淹没在强大的声场之中，难以浮出水面；另一方面，也有些声音只是"说也白说"，意愿虽表达，问题未解决。这些都可谓无效表达，有人称之为"沉没的声音"。

无效的表达，不是没有表达，更不是不愿表达。广州市领导公开接访，市民带上铺盖卷、排队3天，就是为了能跟领导"说上话"；首位农民工全国人大代表胡小燕公开自己手机号，却因每天上千个电话、上千条短信被迫关机。那些为网络关注、被媒体聚焦的热点事件，只是"冰山的一角"，海面之下这些体量更大的冰块，才是让冰尖浮出水面的庞大基石，也才是决定社会心态的"潜意识""核心层"。

在一定程度上，表达上的弱势群体，也是现实中的弱势群体。在社会层面，他们既

---

① 潘洪其：《让"沉没的声音"自由言说》，2011年5月27日，参见凤凰网 http://news.ifeng.com/opinion/politics/detail_2011_05/27/6663100_0.shtml。
② 潘洪其：《让"沉没的声音"自由言说》，2011年5月27日，参见凤凰网 http://news.ifeng.com/opinion/politics/detail_2011_05/27/6663100_0.shtml。
③ 本报评论部：《倾听那些"沉没的声音"》，《人民日报》，2011年5月26日第14版。

缺乏影响公共舆论的资源，又鲜有参与政府决策的渠道，甚至无法得到与自身密切相关的信息，表达和追求自己利益的能力同样薄弱。因此，尽管可能人数不少，他们的声音却很难在社会中听到。

听见与被人听见，本是"社会人"的基本诉求；说话与听人说话，更是现代文明的基本共识。当表达权已成为一项基本的政治权利，重视这些声音，是协调利益关系、理顺社会心态的起点。在一个有着13亿人口、正经历着急剧社会转型的国家，广大群众的声音被聆听、被重视，尤为重要。

大部分沉没的声音背后，都有未被满足的诉求，都有被压抑、待纾解的情绪。儿子车祸致残，云南父亲欲法院"自爆"走上极端维权之路；幼女身患绝症，湖北母亲参与"跪行救女"网络炒作……让舆论哗然的事件，都肇始于被忽视的声音。不可倾诉、不被倾听、不能解决，如果不主动"打捞"，太多声音沉没，难免会淤塞社会心态，导致矛盾激化。

发出声音，是主张利益的基础。有利益的表达才有相对的利益均衡，有相对的利益均衡才有长久的社会稳定。事实表明，诸多矛盾冲突事件背后，往往是利益表达机制的缺失。从这个角度看，维权就是维稳，维权才能维稳。尽可能多地倾听社会各方面的声音，兑现社会公众的表达权，对于维稳大有好处。

在众声喧哗中，尽可能打捞那些沉没的声音，是社会管理者应尽之责。以政府之力，维护弱势人群的表达权，使他们的利益能够通过制度化规范化渠道正常表达，这是共建共享的应有之义，是构建和谐社会的关键所在。只有这样，才能让"说话""发声"不仅是表达诉求的基本手段，更成为培育健康社会心态的重要环节，成为社会长治久安的坚实基础。

新闻评论在紧跟政策动向、解读时政大事之外，更应立足民生，体察民情，把维护和保障广大人民群众的根本利益作为评论着眼点，通过营建健康舆论氛围推动相关部门为其分忧解难。如2022年6月28日发表在《安徽日报》上的评论。

少些"群里吼"多些实地走[①]

《半月谈》近日报道，在北方某县，一个400多户籍人口的村子常住人口只有80人，60岁以上人口占七成多。如今，基层干部普遍开启"线上群众工作"，方便与外出务工人员加强联系。但有的基层干部逐渐产生"路径依赖"和"治理惰性"，以电话联络、微信群聊取代传统意义上的进村入户。

这是基层干部脱离基层、脱离群众的一个缩影。实事求是看，除部分群众常年不在家外，这一现象背后还有其他客观原因：一是，尽管基层减负取得一定成效，但仍有地方考核任务重、"留痕留印"多，基层干部人员不足、分身乏术；二是，不少乡村偏远，加上油价高、补贴低，基层干部不愿自费开私车办公事；三是，群众意见大、投诉多，基层干部考核指标中"群众满意度"占比却很高，有的地方问责一刀切，导致基层干部

[①] 韩小乔：《少些"群里吼"多些实地走》，《安徽日报》，2022年6月28日第5版。

第一部分 原理

面对群众习惯往后缩，陷入"不想为""不敢为"状态。

客观原因之外，"逃离基层"的主观原因应引起重视。有的基层干部习惯眼睛向上看，面对群众诉求却睁一只眼、闭一只眼，对群众疾苦漠不关心。比如，一些地方抗疫工作中"层层加码"，导致司机下不了高速、农民进不了田地。有的基层干部虽然走入了群众家门，却没走进群众"心门"，布置工作草草了事，传达精神走走过场。还有的"本领恐慌"，对政策掌握不足、对基层了解不够，"多一事不如少一事"，害怕与群众当面沟通。

"面对面"才能"心贴心"。随着基层治理现代化程度提升，互联网成为新的实践场，虽然基层干部利用政务App、微信群传递信息更便捷，但缺乏现场调研，容易对实际情况产生误判。更何况，一些农村老人不会使用智能手机，他们的意见和诉求往往被忽视。人们常说，脚下沾有多少泥土，心中就沉淀多少真情。无论何时，当面了解情况、分析问题、解决问题，都是基层必不可少的工作方式方法，也是与群众增进感情的有效途径。认为仅靠发几条信息、打几个电话就能做好群众工作，显然低估了基层工作的特殊性和复杂性。打通为民服务"最后一公里"，破除干群之间"玻璃门"，深入基层、深入群众，才能知心、知情，服务好群众。

人的精力是有限的。基层实践中，上级只有任务布置成本，下级则面临完成任务成本。基层干部从无谓事务中解脱出来、从无用材料中解放出来，才有时间和精力去一线走访为民办实事。这也是想方设法为基层减负的目的所在。向基层放权赋能、精准减负过程中，尤其要警惕"加码式减负"、文山会海反弹回潮，导致劳"干"伤财，最终形成庸政懒政。

与基层减负相配套，需要完善考核机制。无论是只求"对上负责"、把"领导满意"作为唯一评价标准，还是没有调查不问是非的滥问责，都是因为没有树立正确的考核导向。一方面，考核重点应放在经济社会发展质量、效益和结构改善上，落脚到民生、环境和社会发展上，多听听群众意见。另一方面，厘清任务指标，规范考核评比，避免单一评判依据，科学使用"痕迹管理"，严格慎用"一票否决"，避免问责一刀切。为担当者担当、为负责者负责，既让实干者得实惠、又向不为者亮剑，才能给基层干部更多激励，引导他们主动走进群众家门，做好群众工作。

乡村振兴离不开群众智慧。与群众打交道的能力，很大程度上反映出基层干部的工作能力与服务水平。真心系在群众身上、能力用在服务提升上，制定的举措才既"接天线"又"接地气"，政策执行才不跑偏、不走样。加强教育引导，帮助干部端正心态，创新工作方法，缩小自身能力与时代发展、工作需要之间差距，以新思路、新视野、新办法减少本领恐慌，少些"群里吼"、多些"实地走"，才能贴近群众、服务好群众，赢得群众信任。

基层工作，说到底是做人的工作。充分发挥"键对键"传递信息便捷高效作用的同时，始终重视"面对面"与群众交流交心，平衡好治理效率与治理温度之间的关系，让服务越来越深入、工作更实更细，群众的满意度和幸福指数才会越来越高。

文章以"少些'群里吼'多些实地走"为主论点引领3个分论点，以精准减负放权、完善考核机制、提升工作能力3个分论点评析烘托主论点,运用典型的事例、史实、数据等事实论据,挖掘基层干部脱离群众的深层原因,评析基层工作要加强与群众交流交心,平衡好治理效率与治理温度的关系,树立起激励干部担当作为的实干导向。这则评论代表了《安徽日报》的媒体立场,同样也替群众发声,强调基层工作始终要重视"面对面"、实地走。

除了媒体评论员的发声,网民们也可以借助网络平台发表自己的观点。如各类新闻网站评论端口的出现,新闻类App评论专区以及社交媒体留言区的设置,为广大人民群众提供了便捷化的利益诉求渠道。与此同时,媒体评论员及记者、编辑也可密切关注网友评论,及时进行必要的回复,从而完善新闻评论的受众反馈环节,增强利益诉求的互动性和导向性。

五、情绪释放

(一) 社会心理引导与情绪疏导

在社会心理学中,社会心理是指在特定时期内群众普遍流行的精神状况,是人们在现实生活中对其他社会环境、外部关系最为直接的反映,"是未经理论化和系统化的、处于混沌状态的自发社会意识"[1],同时,也是整个社会的心理状态及情绪基调。社会心理状况来源于社会生活实际,最终又会对社会生活产生反作用。因此,社会心理是社会发展走向的晴雨表。

当前,我国正处于社会转型期,在城市化、工业化进程中,社会矛盾被激发,利益格局发生变迁,各种社会心理问题随之涌现。2009年5月,人民论坛"千人问卷调查"分别采访了党政干部、白领阶层、大学生及农民工等不同群体人士,并联合新浪网、人民论坛网调查了2070人的社会心理状态。结果显示,有70.8%的人觉得自己心理压力过大,认为自己的工作生活状态"绷得很紧",而仅有17.4%的受调查者选择"比较闲适"[2]。如果对这种社会心理熟视无睹,便会积累更多负面情绪,将会带来很多社会隐患。在此背景下,大众传媒需要担当与时俱进的社会责任,要重视和创新疏导社会心理积极健康发展的工作。其中,新闻评论对社会心态和公众心理的正面导向责任义不容辞。

现代心理学研究发现,公众及时有效的意见宣泄有利于社会情绪保持在理性水平,以维持社会力量的平衡和稳定。[3] 新闻评论是针对新近发生事实的观点表达,所针对的都是中国转型和市场经济发展中的重大问题和事件,它不仅能够反映外界的变化,也能折射与我们自身发展的关联,从而形成价值影响。因此,新闻评论的实时解读和深入分析可以消除人们由于社会变动的不确定造成的心理压力,也可以缓解社会快速发展带来

---

[1] 李明华:《作为社会意识的社会心理》,《现代哲学》,2006年第6期。
[2] 陈阳波、杨轲:《70.8%的受调查者认为自己"绷得很紧"——"紧绷"状态下不同群体感受调查》,《人民论坛》,2009年第10期。
[3] 周灿华:《网络新闻评论的特点及影响》,《现代视听》,2008年第3期。

的发展焦虑及精神失落感等问题，它能够起到"排气阀"作用，即面对社会发展变迁中的"疑难杂症"，关注和关心公众情绪，以突出真善美和人文关怀的方式传递正能量，重构精神家园，疏导和抚慰公众心灵。也就是说，"在新闻评论的构成要素中，情感是一个非常重要的要素，并经常作为事实信息和意见信息的黏合剂或发酵剂"[①]，我们应该加以善用，以此引导公众建立适应现代社会要求的健康心理。如2012年央视网曾刊发"最美乡村教师"系列评论，颂扬默默付出、坚守乡村的教师群体的奉献与大爱，倡导乡村教师们"心中有爱，生活就是富足的，工作就是愉快的，人生就是美丽的，事业就是有成的"这种精神状态，以最美乡村教师的坚守为社会公众树立奋斗的价值标准，以正能量感动人、鼓舞人、激励人。

（二）情绪释放的体现

新闻评论能够针对新近发生的新闻事实进行解读，揭示其本质规律，这就有助于受众获取更为全面的信息，从而缓减受众因认知不完整和不确定形成偏激、焦虑、浮躁等心理情绪。同时，新闻评论对国家政策的解读和鲜明的媒体态度可以给予大众希望，通过传递新信息、新观点来防止产生片面和极端的社会心理问题。如2022年各类平台所嘲讽的"建议专家不要建议"，其内里表达的是一种大众对专家身份与观点的质疑，以及对事件反转、意见频出的舆论关切，《工人日报》及时发表《"建议专家不要建议"，是希望专家好好说话》，既是为了替广大人民群众释放情绪，也是为了提醒所谓的专家们坚持求真务实，理性发表观点。

"建议专家不要建议"，是希望专家好好说话[②]

最近，"建议专家不要建议"的话题两度冲上热搜——

先是5月19日，"专家不建议年轻人掏空六个钱包凑首付""专家称买房比租房划算""专家称今年6到10月是购房好时机"，这三个与买房有关的话题同时上了热搜，随后，"建议专家不要建议"冲到热搜第一；

再是5月24日，"专家建议：不要多用空气炸锅"上了热搜，随后"建议专家不要建议"再次上榜，还有媒体设置议题"年轻人为什么反感专家建议"。

尽管在第二个新闻中，有网友出来澄清说专家没有这样建议；涉事专家表示，没有接受过相关媒体采访。但这些声音几乎都被淹没在"建议专家不要建议"的汹涌舆情中。

网友们的态度明确：说得不好，下次别说了！

专家到底惹谁了？

首先有必要明确，当人们排斥一些专家的言论时，针对的往往只是专家这个群体中的少数人，而少数人是不能代表这个群体的整体素养和形象的，也就是不能一竿子打翻一船专家。

然后，我们再来讨论，那些被建议"不要建议"的专家，到底出了什么问题。

---

① 李法宝：《新闻评论：发现与表现》，中国传媒大学出版社，2005年版，第11页。
② 龚先生：《"建议专家不要建议"，是希望专家好好说话》，《工人日报》，2022年5月26日。

综观以往类似新闻事件，不难发现，人们反感的专家建议主要有几类：

其一，有些专家建议的含金量偏低，多是"正确的废话"。

在公众看来，专家的话应该是专业的、深刻的，是大多数人不了解、不掌握的信息和知识，而有些专家的建议往往达不到这个预期，有的建议还自相矛盾——上午有专家说"喝咖啡有利于身体健康"，下午就有专家主张"喝咖啡可能导致骨质疏松"……

其二，有些专家建议不接地气、不食人间烟火。

前段时间，一段专家建议低收入者把闲置的房子租出去、用私家车出去拉活儿的视频被曝光，不少网友看后惊掉了下巴——低收入者不仅有房有车，而且有闲置房？如此"站在云端、指点民众"的专家，说出来的话自然给人"何不食肉糜"之感。

其三，有些专家建议可能是拿人钱财、替人说话。

一种保健品到底有没有效果、一个设备到底有没有技术突破和创新、一种举措有没有推行的必要……对这些问题，有些专家可能并不是站在专业角度、实事求是地给出判断，而是受到资本的裹挟、权力的干预或者其他因素的影响。

当然，还有这样的情况，有些专家的建议本身没有问题，但媒体在报道时，断章取义，假专家之名，语不惊人死不休。更有甚者，只是打着专家的旗号，说了自己想说的话。在流量为王的背景下，类似情况或许不在少数。换句话说，有些专家是"背锅"了、被冤枉了。

"建议专家不要建议"，一方面表达了人们对一些专家建议的不满意、不服气，对其能力和水平的质疑；另一方面反映了人们对专业、科学、严谨的高质量专家建议的渴盼，对专家建议有指导性、权威性，能够真正为人们解疑释惑、指点迷津的期待。

事实上，在专家这个群体中，并不缺乏令公众尊重、崇拜、信服的专家。就像有的法学专家能够用通俗易懂的语言和案例，告诉公众哪些行为违法、什么事情做了要面临法律制裁；有的物理学教授能够化身科普达人，用铁锅、扫帚、气球等简单的道具，向公众讲解"中国天眼"怎么工作、太空中的宇宙射线长啥样、火箭怎么上天……

这些专家之所以能够成为网红，收割无数粉丝，除了有"有趣的灵魂"，更重要的是有深厚的专业根基，有坚定的职业操守。

"建议专家不要建议"，不是让专家都"闭嘴"，而是希望专家能好好说话——多一些"爱惜羽毛"，多一些审慎科学，多一些设身处地，多一些人文关怀。

在特定情况下，当公众权益受损义愤难平时，新闻评论可以也应该站在受众立场上表达观点，排解、疏导民众的负面情绪，伸张正义。如下面的评论。

货拉拉道歉：每次改进都用生命来换，代价太惨痛！[①]

在23岁的车女士坠车身亡半个月后，货拉拉终于道歉，承认对此负有不可推卸的责任。

2月6日，长沙的车女士通过货拉拉平台预约搬家订单，当晚9时许在跟车搬家途

[①] 龚先生：《货拉拉道歉：每次改进都用生命来换，代价太惨痛！》，《工人日报》，2021年2月24日。

中坠出货车，头部受伤，医治无效身亡。据货车司机周某称，车女士是自己从车窗跳出去的。

2月21日，此事在网络上引起关注，货拉拉通过其官方微博首次做出说明。随后几天，关于这起事件的各种说法纷纷传出，比如，"货车行驶过程中3次偏离导航规划路线""车女士在坠车前6分钟还在与同事聊工作""事发现场没有急刹车痕迹"等等。由于货车内外和货拉拉App里没有录音录像设备，一时间，各种猜测、推断让一起本就不幸的意外又多了扑朔迷离的色彩。

2月23日，周某因涉嫌过失致人死亡被公安机关刑事拘留。2月24日上午，货拉拉就该事件道歉，表示在跟车订单的行车录音等问题上存在关键缺失，并将进行包括上线强制全程录音、上线逾期未完成订单预警系统、强化已有安全功能等整改。

当悲剧发生、生命消逝才想起填补漏洞，这样的操作流程，龚先生实在觉得很眼熟。

随着近年来网约车业务的兴起，不时有行车途中司机骚扰乘客，或乘客威胁司机安全的新闻发生。2018年5月和8月，滴滴平台下的顺风车业务接连发生两起乘客被司机杀害事件，把这种新兴行业的安全隐患曝光在大众面前。

至今，暂停的顺风车业务尚无恢复时间表，普通网约车车内有了录音、录像功能。无论是司机还是乘客，若遇到意外，还可以通过设置的紧急联系人和一键报警功能及时求助。

借助移动互联网、对接资源的供给和需求、促成交易行为发生，类似的创新不仅有网约客运、网约货运，还涉及保洁、餐饮、外卖等多个行业，其中大多可能出现上门服务或与陌生人独处的场景。在提供就业岗位、为消费者带来便利的同时，如何保证交易双方的安全，是绕不开的问题。

针对此次车女士坠车事件，有人纠结于司机周某的诸多疑点，有人觉得年轻女孩不该夜里独自搬家。相比起来，龚先生认为更值得关注的是，在明知"人"的因素不可控时，相关平台为什么没有及时借助技术手段，升级、完善自己的服务？

且不说网约车从乱到治的过程本可以给货拉拉以启发，在其过去的运营中，也不时有真实案例在敲警钟。2020年5月，有网友曝光货拉拉搬家司机中途加价，系统预估的440元被加至5400元，消费者无奈之下支付了3440元；2018年，有消费者在使用货拉拉服务后遭司机长期骚扰、辱骂和恐吓。这两起事件经舆论发酵后，货拉拉也只是简单采取了封号、免单等措施了事。

为了抢占地盘扩大规模，一再降低从业者门槛；为了盈利，砍掉所有不能直接来钱的预算和支出。一旦遇到纠纷，要么靠钱息事宁人，要么就以"平台对各方都不负有责任"为说辞甩锅。不只是曾经的滴滴和如今的货拉拉，不少新行业新企业在野蛮生长阶段，都有类似的想法与做法。

要知道，这一方面是对自身信用、形象的透支，最终会损害行业和企业发展；另一方面，随着我国相关法律的健全，保障相关方人身、财产安全，正在成为、也终将成为平台不可推卸的责任。

对货拉拉来说，车女士事件或许是第一个"血的教训"，或许也能让这台一直向前冲的货车慢下来、调一调方向。希望这次惨痛的教训能引起更多类似平台的警觉，别让每一次改进都得用生命的代价来换。

该评论从"女子跟车搬家途中坠亡"的新闻切入，探讨新兴行业发展过程中消费者与从业者人身安全话题，选题关乎人群范围广，具有鲜明的现实针对意义，且跳脱出围绕新闻表面的争议，直指个案所折射出的行业内部深层次问题。面对互联网经济中出现的乱象，若大众媒体不对此发声，大众舆论中涌动的愤恨情绪更难宣泄或排解，对于个体和社会来说都是有害而无益的。因此，新闻评论理应运用自身的传播优势为其合理权益说话，以人文关注和专业分析进行社会情绪的积极疏导，缓冲矛盾，进而维护社会稳定。

思考与练习

1. 请简述新闻评论的内涵与外延。
2. 请举例说明哪些因素影响了新闻评论的界定？
3. 请举例说明新闻评论与新闻报道的联系与区别？
4. 如何看待新闻评论与媒介批评的定位及作用？请结合实例分析两者异同和使用范围。
5. 请联系实际，举例阐述你对新闻评论功能的理解。
6. 新媒体时代，你认为新闻评论的功能出现了哪些变化？

第二章 脉络·转进

内容提要：

自1840年鸦片战争爆发至今，中华民族历经起伏，沧桑巨变。伴随着近代到现代的历史变革，我国新闻评论事业在不知不觉中走过了百余个年头。新闻与历史就像一对孪生兄弟，新闻是明天的历史，而历史则是昨天的新闻。古人认为当时是"新闻"的，今天已成史料；今人认为现在是"新闻"的，明天也将成为历史。整体观之，中国新闻评论史是映照百年中国的一面镜子，从旧民主主义革命时期到新民主主义革命时期，再到中华人民共和国成立至改革开放前，以及改革开放至今，每个历史时期，新闻评论都扮演着至关重要的角色。戈公振先生曾说："所谓报史者，乃用历史的眼光研究关于报纸自身发达之经过，及其对于社会文化之影响之学问也。"本章节对近现代新闻评论史做一梳理，希望广大新闻学子能对新闻评论有更深入的认知，进而创作出更多优秀的评论作品。

第一节 近现代以来中国新闻评论的发展脉络

一、旧民主主义革命时期的新闻评论

我国新闻评论的话语实践始于近代。1840年鸦片战争爆发，西方文明以"船坚炮利"敲开了中国的大门，带来西方的价值观念与意识形态，古老封闭的中国经历了现代文明的冲击与洗礼。统治集团内部的一部分开明官员及爱国知识分子开始认识、反省自身，展开对时政的议论，提出改革主张。

随着两次鸦片战争、甲午中日战争、太平天国运动的相继爆发，我国民族危机和阶级矛盾日益尖锐，此时国内形成了资产阶级维新派和资产阶级革命派两大政治派别，他们纷纷创办报刊，设立言论专栏，以鼓吹自己的政治主张。在民族危难深重之际，两派借由报刊展开了一场关于中国前途问题的政治论战。各派报刊在激烈的言论斗争中发展壮大，报刊言论进入新闻评论时期。

（一）《循环日报》与王韬的政论

中国报刊评论最早由一批外国人创办近代中文报刊而兴起。19世纪初期，不少传教士陆续来到中国传教，创办报刊，登载论说。1815年，英国传教士罗伯特·马礼逊

和威廉·米怜在马六甲创办了我国第一份近代化中文刊物《察世俗每月统记传》，内有一篇《负恩之表》，虽无时效性，却被普遍认为是我国新闻评论的起点。1833 年，《东西洋考每月统记传》在广州发行，其言论开始涉及社会问题，重视现实问题，但文章时效性差，仅是新闻评论的雏形。1868 年，《万国公报》在上海创刊，其主要编辑和撰稿人为美国传教士林乐知、英国传教士李提摩太等。这类宗教性报纸的言论大多旨在传播西方文化，鼓吹殖民政策，传播"天国福音"，缺乏对社会现实问题的关注。

19 世纪 70 年代以前，中国文人未能独立创办近代化报刊，但他们通过两种方式直接或间接成为报刊言论的撰稿人：一为外报撰写言论稿件（《遐迩贯珍》《六合丛谈》《上海新报》《教会新报》《申报》等）；二为受雇于外国主编，担任其助手乃至报刊主笔，编辑和撰写言论。其间最突出的是香港和上海的报纸评论。如林乐知于 1861 年在上海创办的第一份近代化报纸《上海新报》，被誉为"早期报刊评论的标本库"，其登载的言论评说时局，针砭时弊。

我国第一批自办报纸中历史最长、影响最大的报纸《循环日报》于 1874 年 2 月 4 日创刊，由王韬在香港集资创立。这是我国第一份宣传变法改良的报纸，也是我国第一张以政论为主的报纸。该报每天的新闻专题必有一篇政论文。王韬被公认为是中国近代以来第一位报刊政论家。

《循环日报》创刊不久，王韬就把论说放在报刊《中外新闻》栏目的首位，几乎每日一篇，有时两三篇，初期多由其本人撰写。为扩大影响，每月还出版中国线装书式月报一册，并单独发行，以汇编日报的要闻与论说。1874 年至 1884 年，王韬担任主笔十年，不署名或先后用"天南循叟""弢园老民""欧西寓公"等笔名发表了《变法》《重民》《洋务》《变法自强》等数百篇政论。① 王韬的政论继承发展了古代论说文的传统，突破了八股程式局限，强调文章是"载道之器"，鼓吹学习西方，变法自强，抵御外辱，革除时弊，反映资产阶级改良派的政治主张，成为以报刊政论宣传变法的先声。同时，王韬的文字以词能达意为主，倾向写实，清新流畅，短小精悍，雄辩有力，议论风发。这些政论被许多报刊转载、效仿，对报刊政论的发展和政论文风的改观均起到开拓和奠基的作用。②

(二) 维新派办报热潮与梁启超的"时务文体"

1894 年，甲午中日战争以中国战败告终，标志着"师夷长技"以救国的洋务运动宣告失败。资产阶级维新派伴随维新运动走上历史舞台，催生了国人第一次办报高潮。以康有为、梁启超为首的维新派于 1896 年 3 月在上海创办了《时务报》，半年内，维新派在澳门创办了《知新报》，在长沙办《三湘报》，在天津办《民间报》，体现其对言论的重视。

这些维新派报刊纷纷设立言论专栏，发表大量宣传变法维新的政论：《时务报》设《时务报馆文编》，天津《国闻报》开辟《本馆论说》，《湘报》设《南学会问答》。其政论论题现实针对性强，观点新颖且富于进取精神。在表现形式上，发展了多样的评论文体，

---

① 涂光晋：《时代之"声"——新时期中国新闻评论研究》，中国人民大学出版社，2011 年版，第 18 页。
② 涂光晋：《时代之"声"——新时期中国新闻评论研究》，中国人民大学出版社，2011 年版，第 18 页。

传统的序、跋在政治性文体中也得以沿用,评论形式更随和自然,迎合了政治需要。

梁启超是继王韬之后中国近代报刊史上最具影响力的报刊政论家。他办报众多,积极改革报纸政论之体。通过著书立说,他宣传西方资产阶级的民主思想,倡导民主政治,全面介绍西方的政治、经济、文化、哲学和历史,主张变法维新,其言论对当时的社会产生了重要影响。

《时务报》《清议报》是梁启超发表言论最多、影响最大的报纸。维新派的政治团体强学会解散后,梁启超在上海创办《时务报》,刊载大量政论,如《论报馆有益于国事》《变法通议》《论中国积弱由于防弊》等。据统计,《时务报》共刊载政论133篇,其中60篇出自梁启超之手。[①] 后来梁启超又在《清议报》和《新民丛报》撰写了不少政论,如《少年中国说》《呵旁观者文》等。其文感情充沛、气势磅礴、思路开阔、文笔犀利而极具感染力和鼓动性,形成独树一帜的"时务文体",他将报刊政论推向前所未有的高峰。[②] 梁启超总结"时务文体"有三大特征,分别是:"纵笔所至,略不简述""务为平易畅达,时杂以俚语、韵语及外国语法"以及"条理清晰,笔锋常带感情"。其政论的缺点为:"略不简述"带来铺陈过度、篇幅冗长的问题,如《论报馆有益于国事》长达七万余字;"笔锋常带感情"导致立论不够严谨,主观色彩过于浓厚;此外,大部分文章更像是论说文,选题和事实性论据的时效性不强,不具备新闻性,但相较于传统论说文,它已具备现代文之评论雏形,是由古代的论说文向现代新闻评论过渡时期的产物。[③]

(三)革命派办报热潮及其对报刊评论发展的推动

19世纪末20世纪初,帝国主义加剧经济侵略,民族危机更加深重,《辛丑条约》的签订使清政府沦为"洋人的朝廷",资产阶级革命派走上历史舞台。

1900年1月25日,《中国日报》在香港创刊,这是我国资产阶级革命派的第一份机关报,旨在传播资产阶级革命思想。《苏报》(1897年)、《时报》(1904年)、《民报》(1905年)、《神州日报》(1907年)等有影响力的报刊先后创刊,掀起了国人第二次办报高潮。

上海《苏报》创办于1896年。1903年5月,章士钊担任主笔,改良报纸内容和版面,扩充评论栏目,以"鼓吹革命为己任",《苏报》逐渐成为激进的革命派报纸。1903年6月,其刊载章太炎文章《康有为与觉罗君之关系》,称光绪皇帝为"载湉小丑,不辨菽麦",惹怒朝廷到苏报馆抓人,《苏报》被封。1909年5月,同盟会会员于右任在上海创办《民呼日报》,声称"大声疾呼为民请命",抨击时弊的激烈言论让该报只存在了92天便遭停刊。不到两个月,《民吁日报》在上海法租界面世,近一个月内接连发表了60多篇反日言论,唤起民众的爱国热情。11月19日,该报被查封。之后,于右任设法在上海筹建《民立报》,邀请宋教仁任主笔,特设置《社评》专栏。于右任的报评文辞瑰丽,将散文和论文融为一体,名噪一时;宋教仁笔势矫劲,议论鞭辟入里,显示

---

① 方汉奇:《中国新闻事业通史》,中国人民大学出版社,1996年版,第558页。
② 杨新敏:《新闻评论学》,苏州大学出版社,2007年版,第42页。
③ 涂光晋:《时代之"声"——新时期中国新闻评论研究》,中国人民大学出版社,2011年版,第20页。

了丰富的社会科学知识与杰出的写作才华。这些评论在社会上产生了广泛影响，青年时的毛泽东也从《民立报》中有所获益。

针对是否推翻帝制、建立民国的问题，维新派和革命派借由报刊展开了关于中国前途问题的政治大论战，其突出代表是孙中山领导的《民报》和梁启超为首的《新民丛报》。论战双方围绕核心问题"要不要用暴力革命推翻清王朝"进行了旷日持久的激烈论战，形成了报刊评论史上的小高潮。该时期"可说是我国政论本位的新闻评论之黄金时代。无论是社论、专论、短评到此均逐渐成形"，报刊言论开始进入了新闻评论时期。

二、新民主主义革命时期

1919年"五四运动"爆发至1949年中华人民共和国成立这30年间，大批高呼自由解放的知识精英纷纷建立思想言论阵地，以白话文为主的新闻评论实现大步跨越，无产阶级新闻评论逐渐形成了特有风格，同时，该时期的自由主义知识分子对政治表现出极大热情，他们主要以组织党派和以民间精英的身份通过两种大众传媒方式参与政治。[①] 以陈独秀、李大钊为代表的早期无产阶级新闻评论以及在《大公报》执笔15年的张季鸾的民营报刊新闻评论和以储安平为代表的自由主义新闻评论均体现了该阶段的评论特色。此外，以鲁迅为代表的杂文类评论文体，以邹韬奋为代表的"小言论"的平民化风格评论样式，以毛泽东为代表的党报新闻评论闪耀中国评论界：黄远生、邵飘萍、陈独秀、恽代英、毛泽东、陈布雷、邵力子、张季鸾、邹韬奋及范长江、胡适、张友渔等评论家，谱写了我国报刊言论史崭新的篇章。

（一）以《新青年》为代表的"五四"时期的报刊言论

1919年的"五四运动"掀起了一场思想革命的巨浪，以《新青年》为代表的报刊言论表现突出。"五四"时期报刊言论的内容大多集中在对国家民族出路的求索及对新思潮的引入上，以爱国、民主和科学精神为总主题和灵魂。[②] 无产阶级报刊评论开始崭露头角。

"二次革命"失败后，中国时局的变化使陈独秀深受刺激，他认为欲"救中国，建共和，首先得进行思想革命"。经过努力，1915年9月15日，陈独秀在上海创办《青年杂志》，彰显出横扫一切旧思想、旧文化、旧风俗的姿态。1916年9月1日，《青年杂志》易名为《新青年》出版，第一次举起了"民主""科学"两面大旗。陈独秀在时评《一九一六年》中极力倡导民权。此后陆续发表《敬告青年》《宪法与孔教》《文学革命论》等文章，致力于破除封建迷信，倡导民主精神。

"五四运动"后期，先进知识分子对科学精神的探索走向对马克思主义科学世界观和革命观的认识和接受。其中功绩最大的当属李大钊。他先后发表《庶民的胜利》《布尔什维克的胜利》《法俄革命之比较观》等系列时评，宣传科学社会主义。此外，他还与胡适通过时评先后展开了三次论战，使马克思主义在中国得以充分传播。

---

① 蒋含平：《从〈观察〉看储安平的自由主义新闻理念与新闻实践》，《现代传播》，2007年第1期。
② 蒋瑞森：《五四时评与五四精神》，湘潭大学硕士学位论文，2013年。

(二) 国共对峙时期的报刊言论

1927年，南京国民政府成立，标志着国家实现了形式上的统一。1928年北伐成功，北洋军阀政权宣告彻底瓦解。形式上的"一统江山"使得政治、经济和社会获得了相对稳定的发展，为报业经营提供了较充足的物质和文化条件。20世纪30年代民营报业的发展达到历史鼎盛期。

民营报刊中最杰出的代表当属新记《大公报》，该报曾被美国密苏里新闻学院授予最佳新闻事业服务荣誉奖。《大公报》由英敛之于1902年创办，1925年宣布停刊。1926年，吴鼎昌、张季鸾、胡政之合组新记公司，接办《大公报》，在天津复刊。由张季鸾执笔的创刊词《本社同人之旨趣》提出了著名的"四不"方针："不党、不私、不卖、不盲。"此后，《大公报》以评论为武器，以敢言著称，从续刊时发行量不足2000份，到1936年突破10万份，逐渐成长为全国一流的新闻纸和舆论重镇。复刊以来，《大公报》每天都在显著位置发表对国内外重大新闻的评论，而后十年，其评论立场经历了由"批蒋"到"拥蒋"的变化。1927年《大公报》发表《蒋介石之人生观》一文，将蒋宋联姻放在大批兵士殉生的时代背景下做对照，揭露蒋介石的虚伪面目。后来，《大公报》评论重心发生了变化，中日关系和抗日战事等内容在《大公报》的评论中比重较大，还发表了著名记者范长江的西北通讯，首次披露了红军长征情况。这些评论既有对日本侵略的声讨，也有对民族英雄的赞扬，极大鼓舞了民心士气。但该时期，随着张季鸾与蒋介石的结识，《大公报》开始站在"拥蒋"立场。西安事变后，《大公报》更是接连发表多篇评论，指责张学良等人的行为，将"拥蒋"言论提升到空前高度。从报刊言论的发展观之，《大公报》的成功离不开总编辑张季鸾文笔犀利、议论精辟的社评。张季鸾是继王韬、梁启超之后影响较大的资产阶级报刊政论家之一。他的政论不下3000篇，不乏脍炙人口的上乘之作。其评论讲究时效，往往针对当前的热点事件发表评论；行文逻辑严密，多采用新鲜的事例与生动活泼的比喻，有较强的感染力和说服力；语言酣畅淋漓，简洁晓畅，议论声情并茂。

同时期在全国产生重大影响的报纸还有《申报》。《申报》由英国商人美查于1872年4月30日在上海创办，至1949年终刊，是近代中国存在时间最长、最具影响力的民营报纸。史量才于1912年接手《申报》，自此开启"史家办报"的"黄金时代"。《申报》于1909年开设《时评》栏目，开设初期既不署名也无题目，枯燥无味。史量才盘下《申报》后，改进业务，高薪聘请陈景韩出任总主笔。陈景韩主张用言简意赅的时评文体取代《申报》传统的"论说"。他每日一议、尖锐泼辣的时评文章赢得了读者的喜爱。然而，陈景韩个人思想渐趋保守，《时评》逐渐丧失原有的锐气，他最终在1930年辞去了总主笔职务。随后张蕴和接任《时评》主笔，其时评文章谨小慎微，少有对当局的批评。

(三) 抗日战争时期的国共报刊言论

"九一八事变"前后，史量才不能容忍《申报》的沦落，他一改往日保守的言论风格，积极主动地宣传抗日救国思想，抨击蒋介石"攘外必先安内"的政策。《时评》常被置于要闻后的第四、五版。为方便读者阅读，《时评》采用更通俗的白话文，丰富了

《时评》的写作。1931年9月23日，《申报》发表了著名时评《国人乎速猛醒奋起》正式表明自己的态度。1932年6月末，蒋介石用对日妥协换来了"围剿"红军的机会，《申报》连续发表《剿匪与造匪》《再论剿匪与造匪》《三论剿匪与造匪》三篇时评表示反对。然而，激烈的言论和拒绝被当局收买的态度招来了杀身之祸，1934年11月，史量才在回上海途中遭国民党特务暗杀，不治身亡。失去了这位灵魂人物，《时评》栏目黯然失色，于1937年在《申报》版面上消失。

在抗日战争时期，中共报刊成为中国共产党对内对外宣传的最主要工具。中国共产党在敌后抗日根据地、日伪沦陷区、国民党统治区、香港和海外等地创办大量的机关报和各级地方报，架构起强大的宣传网络。在国统区，1937年8月19日《抗战》在上海创办，8月24日《救亡日报》创办，还有《文化战线》《战时教育》《真理》等先后创办；在抗日根据地，中国共产党在延安创办了机关报《新中华报》(《解放日报》前身)、《解放》周刊；在沦陷区，中国共产党以各种名义发行了《译报》《导报》《华美晨报》等报刊；在海外，则有巴黎的《救国时报》、菲律宾的《建国报》等。其中，中国共产党在国统区内唯一公开出版的政治理论刊物《群众》周刊备受关注和推崇，周恩来担任直接领导人，集结了当时党内最优秀的理论家和编辑出版家。随着战争形势的不断推进和演变，《群众》周刊言论内容也随之发生变化。这些报刊言论宣传自己的抗战主张、政策和方针，为构筑抗日民族统一战线、争取抗战胜利做出了重要贡献。

国民党对报刊强大的舆论作用也有深刻认识。据1944年6月7日国民党中宣部统计，国统区的报纸共有1000多家，其中国民党党部、军队、三青团的报纸共计670多家，占全国报刊总数的一半以上，不少报刊依托国民党各省党部纷纷创立分社分版，形成了中央党报系统、军报系统的网络。[①] 国民党的中央机关报《中央日报》，为维护蒋介石集团的独裁专制统治，发表过大量的社评、社论诋毁共产党，破坏国共合作。尽管如此，它发表的一些社评、社论对战事起到了积极作用。[②] 对内宣传上，《中央日报》发表了大量抗日言论，如社论《敌寇罪行的调查》一文就严词斥责日寇破坏民众经济、文化生活；《敬告藏族僧民代表》呼吁全国各族同胞团结一致，共御日敌。在对外宣传上，聘请专业军事评论员分析了欧美各国在太平洋的利益受损情况，要求美国尽快加入中国对日战争，为中国争取国际地位制造舆论攻势。

简言之，国共两党控制下的各类报刊在抗战时期，虽政策主张各不相同，但共同主旨都是为了进行战时动员，两党报刊言论的总主题均强调民族主义情怀。

(四) 解放战争时期的新闻评论

1945年8月15日，日本正式签署投降书，抗日战争终获胜利。国共两党政治军事对峙局面形成，在两大政治势力间，小部分知识分子选择进入政党系统，以求施行其政治理念，如陈布雷等；小部分联合组党，因而出现了民盟、民建、九三学社、中国农民党等民主党派；更多的知识分子则力图保持政治独立，通过民间的报纸杂志呼吁和平统一、期盼民主建国。

---

① 方晓红：《抗日战争和解放战争时期中国报刊事业简论》，《南京师大学报（社会科学版）》，1998年第3期。
② 张曦文：《〈中央日报〉抗日宣传手段及其作用研究（1937—1945）》，天津师范大学硕士学位论文，2012年。

1946年9月1日，储安平在上海创立《观察》周刊，汇聚了当时著名的自由主义作者：曹禺、胡适、卞之琳、周子亚、宗白华、吴晗、季羡林、柳无忌、马寅初、梁实秋、冯友兰、傅雷、费孝通、张东荪、傅斯年、朱自清、钱锺书等人，《观察》成为自由主义知识分子在20世纪40年代下半叶最主要的舆论阵地。《观察》仅存两年多，以言论为主，平均每期约6万字。篇头《专论》是其主要栏目，以发表政治时论、文史哲及经济方面的学术论文为主。《专论》作者大多来自储安平的"拟约撰稿人名单"，名单前后约计78人，绝大部分为名校教授，个别为著名报人及政府官员。他们多从所属领域出发，或介绍西方思维、制度、经验，或对国内某领域某问题提出意见和建议。议题上，《观察》时论主要涉及对国内时局、国外事务的观察及评价。国内时局专栏文章的内容主要是对国共两党、民盟等几大政治力量的评价，以及宣扬和平建国理念，另外则是对各地民乱、国大会议、学生运动、抢米风潮、黄金风潮等重大热点新闻事件的评议。国外事务的观察重点是苏联、美国，涉及美苏对峙、马歇尔调停、魏德迈来华等时事，分析战后苏美两国的外交政策及对华影响，还有部分时论谈到英、德、法、日等国的政局变化及对华影响。储安平不仅编辑了大量优秀的时论文章，且是出色的评论者。他行文气魄宏大，卓有见地，所关注的大多是与国家、社会根本有关的重大问题。他一直是理性的倡导者，其评论格外看重事实论据，所做判断皆有依据，且就事论事，不以言论做攻击他人的工具。其时论文章开门见山，言辞犀利，针砭时弊，也不乏讽刺幽默之笔。此外，储安平对英国的社会历史、政治制度有很深的研究，时论文章常拿西方做中国的比照，以现代的思维方式分析当前时局，宣扬自由主义的价值观念。相比于同时期自由主义知识分子的时评写作，储安平的时论存在夸大时论和理性的现象，有时也存在逻辑论证的矛盾，这是其时评观的局限所在。

1948年12月，蒋介石亲自下令查禁《观察》，并逮捕《观察》工作人员。至此，绵延半个多世纪的"文人论政"终归沉默。

三、中华人民共和国成立到改革开放前

中华人民共和国成立后，中国共产党成为执政党，新闻评论结束了民国时期多元化、自由主义的发展路径，走上了党管新闻评论的轨道。[①] 在此新闻制度下，新闻评论作为党和人民的喉舌，备受重视，在推动民主革命、倡导国家富强、促进社会转型等方面发挥着重要作用。

1949年10月至1978年12月，以党报为载体的新闻评论，一度势头昂扬，而后又沦为政治斗争的武器，发展曲折。由于中华人民共和国成立后广播电台只摘编报纸和通讯社的评论，没有形成特色评论，虽然后来各地电台陆续开设评论节目，如湖南电台聘请特约评论员点评重大事件，但在"文化大革命"中戛然而止，[②] 因此，本书对此发展阶段的脉络梳理以报纸为主。

[①] 张永炳：《新中国成立以来大陆新闻评论观念的变迁》，华中科技大学硕士学位论文，2010年。
[②] 李法宝：《新闻评论：发现与表现》，中国传媒大学出版社，2005年版，第263页。

(一) 中华人民共和国成立初期的新闻评论

中华人民共和国成立后，国家面临政治、经济等各方面的恢复、整顿和改造，新闻评论在宣传方针政策、调动人民积极性等方面发挥了巨大的助推作用。1953年，私营或公私合营的报刊全部收归国有。[1] 新闻报业建立以中国共产党各级党报为核心，多种报纸并存的报业结构。党报新闻评论成为主流，它紧密配合党和国家的重要决策和行动，积极宣传国民经济恢复中的各项社会改造运动、过渡时期总路线。[2]

该时期的新闻评论以政治、经济为主，出现了编辑部文章的体裁、解释型评论、鼓舞型评论和批判型评论。[3] 其评论内容一是及时、准确宣传党的路线、方针、政策和各阶段的新任务；二是重点宣传经济建设中的成就，指出问题，也褒赞成就；三是评论先进人物和先进经验，鼓舞广大群众建设社会主义。尽管新闻评论很受重视，团结了群众顺利开展各项工作，但由于其面对新政权、新形势和新问题，多种声音转变为一种声音，民间声音基本消失，且评论侧重单一的政治经济方针等的正面宣传，缺少贴近群众的日常选题的评论。

(二) 社会主义改造基本完成时期的新闻评论

1956年，我国农业、手工业和资本主义工商业的社会主义改造进入尾声，主要矛盾由敌我矛盾转变为人民内部矛盾。毛泽东提出"百花齐放，百家争鸣"的双百方针，号召进行批评与自我批评，新闻评论开始注意"鸣放"的宣传，以党报为龙头的新闻评论体系已初步建立。

1956年7月1日《人民日报》率先进行新闻改革，胡乔木撰写社论《致读者》，将改版内容归为三方面：第一，扩大报道范围，将4版扩充为8版；第二，开展自由讨论；第三，改进文风。[4] 改版使自由讨论趋于活跃，带动了新闻评论迅速发展，报刊评论数量激增，达到每日一篇，涌现出一批从实际中提出问题并进行批评的好文章。

1957年上半年社会主义改造基本完成，中共中央发出《关于整风运动的指示》，在全社会监督下开展整风运动，"大鸣大放"达到高潮。在政策鼓舞下的新闻评论汇集了基层的意见和愿望，同时不再局限于做正面宣传，指出了决策措施中诸多失误和偏颇。

(三) 反右斗争与"大跃进"时期的新闻评论

1957年下半年，整风运动逐步转化为反右派斗争。随后，由于党对形势估计得过于严重，把大量的人民内部矛盾当作敌我矛盾处理，导致反右派斗争扩大化，并演变为"大跃进"运动，最终导致了反右倾斗争。在极左思潮泛滥的政治环境下，新闻评论背离了实事求是的路线[5]，对政治局势的恶化有不可推卸的消极影响。

1957年6月8日，《人民日报》发表社论《这是为什么?》，揭开了反右派斗争的帷

---

[1] 方汉奇：《中国新闻事业通史（第3卷）》，中国人民大学出版社，2004年版，第26页。
[2] 廖艳君等：《新闻评论》，清华大学出版社，2010年版，第47页。
[3] 范荣康：《新闻评论学》，人民日报出版社，1988年版，第127~135页。
[4] 江苏佳、赵云泽：《人民日报1956年改版社论〈致读者〉》，《新闻界》，2013年第15期。
[5] 殷俊等：《媒介新闻评论学》，四川大学出版社，2005年版，第70页。

幕。反右派评论分为纵论政治形势，阐发反右方针、批驳右派言论两类。[①] 前者语言辛辣，措辞尖刻；后者评论常掐头去尾，歪曲引申，不讲究科学分析。

1958年到1960年"大跃进"时期的新闻评论以严重浮夸为特征，农业上夸大人的主观能动性，工业上的评论最典型的是宣传全民大炼钢铁，所报道的新闻违背科学常识。

1959年8月，从《人民日报》发表《克服右倾情绪　厉行增产节约》的社论开始，新闻界又卷入了"保卫三面红旗"（社会主义建设总路线、"大跃进"和人民公社）的斗争。报纸上发表了一批反右倾评论，强词夺理，歪曲事实。

（四）国民经济调整时期的新闻评论

由于政治思想冒进，国民经济陷入了危机。1961年中央执行"调整、巩固、充实、提高"八字方针，新闻评论出现了短暂好转。一是出现不少就实务虚、就事论理的评论。如《向老农问计》，提倡把农民视为"熟悉本乡本土自然情况和农事活动的专家，他们的经验是在各地的特殊环境下形成的"。二是重视思想讨论，如《人民日报》社论《一切经过试验》，指出了"实践是真理的标准"。

专栏小言论和杂文也是一抹亮色。它们吸取"大跃进"浮夸风的教训，以远离重大政治问题的小事件为由头，论述中知识性胜于现实批判性。如1960年年初《文汇报》设立《石岱虚》和《闻亦步》两个小言论专栏。"石岱虚"是报社教科部的集体笔名，取以实带虚之意；"闻亦步"是报社文艺部的谐音。它们被称为《文汇报》的"两只眼睛"，具有短、广、实、活、快等特点，代表着当时小言论的兴起。与此同时，较有名的杂文专栏也蓬勃发展，如《北京晚报》1961年设立的《燕山夜话》，作者邓拓以"马南邨"为笔名，内容深刻、富有知识性和趣味性；《前线》的《三家村札记》，由邓拓、吴晗、廖沫沙执笔，共同笔名为"吴南星"；《人民日报》的《长短录》，作者有夏衍、吴晗、廖沫沙、唐弢、孟超。然而，"文化大革命"初期，这些刚复苏的专栏、小言论及其作者遭到迫害，新闻评论事业发展再次倒退。

（五）"文化大革命"时期的新闻评论

1965年11月10日，《文汇报》发表姚文元的评论《评新编历史剧〈海瑞罢官〉》，引发政府对文艺界的肃清。随后"两报一刊"（《人民日报》《解放军报》和《红旗》杂志）被"四人帮"控制。1966年6月1日，陈伯达在《人民日报》发表社论《横扫一切牛鬼蛇神》，误导全国舆论，混淆是非。新闻评论被"四人帮"过分利用，沦为"借刀杀人"的工具。这些评论误将自己理解为政府权力机关，粗暴干涉司法独立，充斥着政治命令式和武断定罪的词句。

从形式上看，该时期主要由"两报一刊"掌控舆论，新闻评论失去独立主张，成为阶级斗争的工具；众多报刊停刊，由群众组织创办的《红卫兵报》《战斗报》等小报大量出现，刊发宣扬自身利益的新闻评论。

从内容上看，这些评论多使用大批判笔法，形成了一整套腐朽恶劣的"帮八股"文

---

① 范康荣：《新闻评论学》，人民日报出版社，1988年版，第136页。

风：空话连篇，牵强附会，断章取义，片面绝对，专横武断。它们严重损害了新闻事业的功能价值，有悖新闻评论的理性功能，值得反思。

四、改革开放后

粉碎"四人帮"后，1978年12月召开了十一届三中全会，我国实行对内改革、对外开放政策。新闻评论由前30年以报刊为主，发展为报刊、广播、电视、网络等多元类型并存格局，评论全面参与社会发展和建设，有力推动了我国政治民主化进程。

（一）政治经济变局中的新闻评论

1978年5月11日，《光明日报》发表了特约评论员文章《实践是检验真理的唯一标准》，引发真理标准大讨论，引领评论大胆揭露错误，对新闻评论健康发展影响深远。此后新闻评论显现出勃勃生机。

1. 评论类型渐次丰富

无论是报纸还是广播电视，评论类型都取得了创新突破。报纸从"老三类"（社论、本报评论员、短评）的单调面孔[①]，拓展出特约评论员文章、编者按、新闻述评、专栏评论、时评等多种形式。在思想解放的环境下，人们渴望通过媒体来表达民意[②]，不仅专栏评论得到复兴和繁荣，而且杂文再度崛起，理性批判精神复活；不仅揭露批判"文化大革命"的暴行和丑恶伎俩，还揭示了"左"的实质和危害。

改革开放前广播评论一直学别人走路。1979年4月26日，中央人民广播电台《全国联播》播出了第一篇署名"本台评论员"的文章《改善中越关系的根本办法》。1980年中央人民广播电台成立评论组，广播评论开始走自己的路，不仅有了本台评论和本台评论员文章，还摸索出符合自身传播特点的特殊评论样式，取得了四点突破：一是形成对话和谈话方式为主的新闻评论，亲切自然，很快成为广播新闻评论的主流；二是评论员主持评论；三是将音响引入广播评论；四是以说为主的评论模式的出现。

1980年7月，中央电视台创办专题栏目《观察与思考》，标志着第一个新闻评论栏目诞生。此后各地方电视台纷纷推出评论栏目或节目，如《18分钟经济·社会》运用隐性采访，《BTV夜话》引入演播室访谈等，不断探索电视评论的传播规律。

2. 评论内容现实性较强，针砭时弊，呈现多元声音

整体观之，该时期的新闻评论选题内容从单一的政治、经济范围扩展到历史、文化、教育、社会等各个领域。各地报纸评论紧贴实际发声，同时针砭时弊，增强了现实针对性，越来越多地呈现群众的声音。尤其是报纸专栏中的群众性言论专栏和个人署名专栏，内容广泛，贴近生活。如《解放日报》创办的鼓励不同观点交流的《解放论坛》，《人民日报》头版开辟的号召自由投稿的《今日谈》，《羊城晚报》开设的《街谈巷议》专栏等，这些评论常用第一人称叙事说理，有强烈的个人色彩。

---

① 范康荣：《新闻评论学》，人民日报出版社，1988年版，第168页。
② 符建湘：《新闻评论》，湖南大学出版社，2007年版，第333页。

（二）舆论引导与舆论监督的多元共存

1992年1月18日至2月21日，88岁高龄的邓小平到武昌、深圳、珠海、上海等地视察，发表了系列重要讲话，即南方谈话。这标志着改革开放进入了社会主义市场经济发展的新阶段。该时期，新闻评论以邓小平的中国特色社会主义理论为指导，出现了大批具有指导意义的评论佳作。[①] 由于市场经济开放，新闻评论成为报纸、广播、电视媒体取得市场竞争优势的有力武器，新闻评论事业蓬勃发展。

1. 评论思想愈发深刻，有效发挥舆论监督功效

1992年2月20日至3月6日，《深圳特区报》连续发表了8篇署名"本报编辑部"的评论，被称为"猴年八评"，文中许多观点是南方谈话中邓小平的原话。[②] 3月12日至4月3日，《深圳商报》推出8篇系列评论"八论敢闯"，深入解读南方谈话精神。这些系列评论文章思想透彻，文笔老练，洞察敏锐，提升了报刊评论的分量，积极引导舆论，促进后来的评论文章越加重视和彰显评论的思想性和深刻性。

1993年5月，中央电视台开设了第一个以主持人姓名命名的评论专栏《一丹话题》，体现专栏的个性化。1994年4月1日创办《焦点访谈》栏目，以舆论监督见长，揭露社会中的不正常现象[③]，该栏目被认为是中国电视评论类节目大发展的开端。[④] 受其带动与影响，各地方电视台相继创办和改版的评论节目多达30个，形态和样式更加丰富，如河北电视台的《社会纵横》、深圳电视台的《今日视点》等。

2. 新闻述评火热兴起，以深度见长

该时期评论开始不限于评论员或编辑的"专用"体裁，新闻记者主动运用述评对新闻事实进行分析和深度报道。如1994年10月1日，中央人民广播电台推出了新闻评论性节目《新闻纵横》，不设主持人，由采编人员主持，实行采编合一的运作方式。系列评论、连续评论是《新闻纵横》常采用的播出方式。[⑤] 直至今日仍于中央人民广播电台的黄金时段播出，成为广播新闻评论类节目的里程碑，并获得"中国新闻名专栏"的荣誉。

1996年3月，中央电视台新闻评论部推出电视谈话类节目《实话实说》，崔永元担任主持人，让受众直接参与演播室谈话过程，互动性、开放性、参与性强[⑥]。此后，各类电视谈话类评论节目纷纷创办，如上海东方电视台的《东方直播间》等。

1998年3月19日起，《南方日报》连续刊登《当前形势怎么看》等系列述评，针对人们普遍关心的几个热点问题，该报记者采写了《速度是快还是慢？》《消费市场是冷还是热？》《银根松了还是紧了？》《等饭吃还是找饭吃？》等文章，具有时效性和深广度。

3. 开始走向专业化

1995年元旦，我国第一份都市报——《华西都市报》创刊，开创中国报业的"都

---

① 仲富兰：《广播电视评论教程》，复旦大学出版社，2007年版，第5页。
② 涂光晋：《时代之"声"——新时期中国新闻评论研究》，中国人民大学出版社，2011年版，第61～62页。
③ 杨新敏：《新闻评论学》，苏州大学出版社，2007年版，第57页。
④ 胡文龙：《中国新闻评论发展研究》，中国人民大学出版社，2002年版，第385页。
⑤ 涂光晋：《时代之"声"——新时期中国新闻评论研究》，中国人民大学出版社，2011年版，第215页。
⑥ 胡文龙：《中国新闻评论发展研究》，中国人民大学出版社，2002年版，第394页。

市报时代"。南方谈话前,党报评论占据言论主要阵地。随着社会主义市场经济体制的确立,都市报迅速兴起。报纸纷纷扩版,迎来了"厚报时代"。专栏评论开始出现思想评论、经济评论、文化体育评论,并进一步体现专业化。"随着经济建设和法制建设的深入开展,经济评论和法治评论专栏尤为兴盛。"[1] 如《人民日报》的经济评论专栏几年内就发展出了十几个,《中国青年报》的专栏也有15个之多,其中,生活娱乐类的专栏就有《品味生活》《生活杂谈》《星期谈》《直言》《谈东道西》等。

(三)言论主体多元与网络评论的兴起

1998年被誉为我国新闻评论革新年。《中国青年报》推出专栏《冰点时评》,掀起又一轮"时评热"大潮;搜狐、网易、新浪网站都在这一年成立,网络评论蓬勃兴起。公民的言论话语权渐次伸张,新闻评论不再是评论员和编辑们的专属,新闻评论呈现出意见多元化和参与"草根"化的特征。

1. "时评热"再度兴盛

1998年开始,报纸出现大量时评专栏,掀起第三次"时评热"(第一次是19世纪末《时务报》掀起的"时评热",第二次是20世纪40年代,以《大公报》的《星期社评》为代表)。"时评热"始于1998年11月1日《中国青年报》推出《冰点时评》专栏。真正步入高潮是以2002年3月4日《南方都市报》开办时评版为代表,成为都市报评论的舆论先锋。2002年下半年《南方周末》在头版新辟《方舟时评》,同期各大都市报纷纷开辟时评专栏、专版。报纸新闻评论的舆论引导和监督的影响巨大。时评依据近期发生的新闻事实及时评说、解读、引申、剖析、挖掘新闻事实背后的原因,简明扼要地提出观点,短小精悍,推动了新闻评论短小化、轻型化的发展。

广播时评时效性增强。相比于报纸印刷和电视的拍摄、剪辑,广播时评制作耗时少,普及率高,能快速对当天甚至几分钟前发生的新闻事件做出评说。如中央人民广播电台2007年推出《两会时评》栏目,"快"成为时评的第一生命力。新闻刚发生,时评随即而出,能够有效引导舆论。

电视时评节目形态更加多样。一是主持人时评。主持人担任主持和评论员,如1999年8月凤凰卫视《时事开讲》,曹景行点评数则国际国内重大新闻。[2] 二是对话类时评。主持人与评论员进行对话,评论新闻事件。如2003年5月1日中央电视台推出《央视论坛》,邀请资深专家学者对重大现象进行深度讨论。三是漫谈类时评。主持人加上多个评论员进行时事漫谈,观点多元,视角广阔。如广东卫视的《财经郎眼》、凤凰卫视的《锵锵三人行》等。四是辩论类时评。选取有争议的社会热点事件为辩题,邀请多名嘉宾和大量的现场观众进行辩论,由主持人把控辩论大局,形成观点激烈交锋,提升与受众的互动,如凤凰卫视的《一虎一席谈》等。

短短三四年,时评呈现井喷式繁荣,报刊每日有时评专栏、版面,广播电视出现大量时评类节目,网络上更是呈现随时评论的现象。2003年,网易主办了中国时评大赛,进一步推动全国时评发展。时评极大地改变了新闻生产的构成,不仅走向专业化,还走

---

[1] 殷俊等:《媒介新闻评论学》,四川大学出版社,2005年版,第85页。
[2] 杨新敏:《新闻评论学》,苏州大学出版社,2007年版,第58页。

向品牌化。

"时评热"的兴起与社会环境密不可分，随着市场化进程加快，社会利益分化明显，受众对市场平等竞争和社会公正有强烈的诉求，迫切需要自己发言的空间，加之我国的公共话语空间日渐宽松，报纸把扩张时评作为重要发展战略。① 另外，由于互联网带来信息大爆炸，媒体在同质化竞争中意识到兼具时效和独家观点的传播能够突出重围，因此，观点类的时评报道顺势发展，大有可为。

2. 报纸评论专版驱动主体多元化

1999年11月1日，《中国青年报》创办了首个言论专版《青年话题》（属时评专版），注重草根性，评论作者除专家、学者、特约撰稿人外，更多为普通读者。此后各级报纸纷设评论专版，个别报刊甚至每天有两三个评论专版。

从2002年起，报纸言论版进入快速发展期，其中都市报开设的言论版最多。掀起热潮的《南方都市报》，2002年设立时评版、来论版，属创举。其来论版下设多个栏目，如《马上评论》《一家之言》《第三只眼》《众说纷纭》等。同年，《羊城晚报》开辟专版《七日时评》。2003年《广州日报》新辟《都市早茶》《今日时评》专栏，《新京报》开辟评论专版，围绕重大新闻事件发表时评。2007年6月21日，《南方周末》推出4个版的评论专版，"叠"形式的评论专刊面世。② 此外，党报、机关报也重视言论版的打造。如《人民日报》2010年1月7日推出言论版《观点》，搭建官民对话平台；2013年1月4日又推出新闻评论版，它在《致读者》中指出，"这是一个千帆竞发的多元社会，也是一个百舸争流的观点时代。创办新闻评论版，既是为了回应期待、服务读者、方便阅读，也是为了更好地传递党心民意、建构理性思想、凝聚社会共识"，体现了党报对言论的重视和定位。

身处社会转型期，层出不穷的新矛盾、新问题为新闻评论提供了丰富的话题与选题，各类媒体广开言路、兼容并蓄，主动吸纳不同观点是评论发展的动力，也是作为利益表达渠道的必然。

3. 新闻评论需求加剧分众化与专业化

随着网络信息化的加速发展，受众的信息需求和媒体期望日趋分化和多元。为顺应这样的变化，新闻评论的生产走向专门化、对象性已成为必然，这也为新闻评论的发展提供了可为空间。2002年年初至今，新闻评论朝着专业化发展大步迈进。从形式上看，针对某话题展开多样化评论，如编者按语、编后、述评、个人专栏、记者观察、特约评论员专栏等。从内容上看，评论写作更加强调深度与精确，更加注重深入分析及客观全面地判断。如《21世纪经济报道》高度重视专业化的评论写作，内容上关注热点财经新闻，尤其注重对政府新出台的财经政策的解读和评论，具有宏观视野和政策导向性。

与此同时，广播评论、电视评论也开始加快专业化转型。如1999年，中央电视台以"频道专业化、栏目个性化、节目精品化"为核心进行全面改革，明确频道传播内容和目标受众。此外，同一领域的评论节目也凭借不同的风格、包装、品牌、评论员等，

---

① 杨新敏：《新闻评论学》，苏州大学出版社，2007年版，第58页。
② 涂光晋：《时代之"声"——新时期中国新闻评论研究》，中国人民大学出版社，2011年版，第186页。

开拓出不同的发展空间①，使其日益走向品牌化建设的道路。

4. 网络新闻评论的兴起与媒体融合的推进

1998年中国互联网开始普及，网络新闻被称为"第四媒体"。1999年美国轰炸中国驻南斯拉夫大使馆，人民网建立论坛（后称"强国论坛"），网民谴责北约暴行，形成强大舆论场，10天内该论坛跟帖4万多条。强国论坛标志中国网络评论破土生长。而后各网站纷纷建立论坛和网评频道，进而改变了"谁向谁说话"的单线状态，构建起公众意见的交流平台。传统媒体也建立起新闻网站，开设评论栏目。2001年，新华社首次设立专门播发评论类稿件的专栏《新华时评》。②

何谓网络新闻评论？有人认为，它是"网友就当日重要新闻在网上发布的个人署名的言论"；也有人说，它是"网络媒介编辑就最近重要新闻，在新闻网页上所设立的观点、论点、评论等言论专栏里发表或发布的署名评论"；还有人认为，"网络新闻评论是以互联网为载体，针对新近发生的新闻或变动的事实，利用文字、链接、图片、影音等手段，发表的宣传性、意见性的主体化信息"。可见，网络新闻评论的界定伴随着时代的发展和网络技术的革新而不断变化。我们在此暂将网络新闻评论定义为在互联网上发布的关于新闻事件或某类现象、事物、活动、问题等的所有观点及言论。

根据网络对新闻信息的发布方式，可将其分为两类。一类是传统媒体的延伸，及营利性的新媒体有组织、计划地发布的新闻评论，大多出自专业网络编辑或特约撰稿人之手。如人民日报社所属人民网的评论专栏《人民时评》，光明网的《评论员专栏》，搜狐新闻的《在线时评》，等等。另一类是受众在网络上自由发表的言论，即网民在网络社区等媒介平台上就某一新闻、现象、问题等发表观点。

商业网站刚开始由于缺乏强大的采编团队，主要采集加工、转载传统媒体的新闻信息。网络利用其速度快、范围广、言论自由度高的优势，发展原创评论，势头迅猛。20世纪90年代中后期，论坛如雨后春笋般快速发展，如百度贴吧、天涯论坛等，摆脱了传统媒体言论垄断的束缚，网民表现出极大兴致和热情，自主性、参与性、活跃度高。然而网络评论形式零散，内容流动速度快，不能满足网民的个性化需求。此时，强调个性的博客应时而生，拓展了评论长度、广度和深度，构建出高水平的舆论场。

伴随着科技的发展和进步，智能手机在人们日常生活中逐步普及，"两微一端"渐渐渗入大众生活，为网络评论创造出更广阔的发展空间。2009年微博成为网络评论发展的重要平台，用户可针对当下时事热点进行百余字的短评论并转发，扩大了新闻辐射面，形成了不可忽视的舆论力量。网易、腾讯、搜狐等新闻门户网站相继开设微博。腾讯2011年推出的微信发展迅猛，朋友圈好友的私密评论和公众号的自由言论深受欢迎。总体观之，微信、微博这类评论具有开放性、互动性、意见多元性、争鸣性等优势，但也存在评论言辞情绪化、随意化、碎片化，质量良莠不齐、用语暴力，易引发谣言等缺陷。纵观微博、微信中不少喧嚣一时的评论，由于前提事实的残缺或被证伪，其评论往往成为网络浮云。

---

① 殷俊等：《媒介新闻评论学》，四川大学出版社，2005年版，第437页。
② 杨新敏：《新闻评论学》，苏州大学出版社，2007年版，第60页。

从与传统媒体互补的角度看，网络新闻评论是对传统新闻评论的延伸和深化，它依托平台优势和参与的大众性、广泛性凸现出更加交互的表达特点，是新闻评论融合发展的新方向。具体而言，一方面，传统媒体利用网络平台和立足公信力，能够快速传播权威而理性的观点，有效发起互动讨论，正确引导舆论，如《人民日报》官方微博"粉丝"数近5000万，《中国青年报》的《冰点周刊》、《南方都市报》的《南都评论》、《新京报》的《评论》等积攒了很高人气，《南方周末》评论专版"观点"子栏目《网眼》，在网站论坛、社交媒体上搜集思想热帖，不超过100字但很受青睐，这些都是传统媒体评论融合发展的良好基础；另一方面，网络传播的特性所带来的观点传播形态的多样化、体验化、形象化以及立体化，会对传统媒体的新闻评论创新注入动力与活力，是构建观点融合传播的有效平台及突破口，能够体现以人为本的传播效能。如浙江卫视的《新闻深一度》就利用网络3G连线技术，与网络电视观众现场连线，网络观众可在"九宫格"中发表自己的观点。越来越多的报刊新闻报道在结尾附上网民短评，网络上越来越多的民间声音也日益出现在传统主流媒体上，这种媒介融合的传播格局必将推动新闻评论的深度创新。

第二节　中国新闻评论写作的实践转进

纵观中国新闻评论写作的实践发展，不难发现，其经历了从近现代"文人论政"到无产阶级革命家重视并参与评论写作，再到精英与大众互动参与评论写作的思维扬弃、行为选择与传统优化的转进。

一、对近现代言论实践中"文人论政"的反思

（一）"文人论政"的历史内涵

参照方汉奇先生的论述，"文人论政"是"知识分子对国家兴亡的关注和他们以匡扶时世为己任，将'天下兴亡，匹夫有责'的忧患意识贯穿到言论当中，力图以言论来指引国家的走向"[1]。它"一方面延续儒家自由主义的传统，以天下为己任，以言论报国；一方面代表转型现代自由知识分子积极参与社会"[2]，是中国文人的言论实践传统、近代中国历史语境以及西方报业实践相结合的产物。

首先，"文人论政"源于儒家清议传统。正如傅国涌所描述："中国的士（或曰儒生、读书人）一直有清议的传统，'天听自我民听，天视自我民视'，臧否人物，议论时弊，以儒家的原则不断地弹劾往往向法家倾斜的帝王。……明辨是非，敢言直谏，体现了中国古代读书人身上的风骨，是他们'迂'也是他们的可爱之处。"[3] 有学者指出：

---

[1] 方汉奇：《〈大公报〉百年史》，中国人民大学出版社，2004年版，第2~3页。
[2] 李金铨：《文人论政：知识分子与报刊》，广西师范大学出版社，2008年版，第20页。
[3] 傅国涌：《"文人论政"：一个已中断的传统》，《社会科学论坛》，2003年第5期。

"儒家文化'家国天下'的传统熏陶致使中国知识分子具有强烈的社会责任感,'位卑未敢忘忧国'的政治意识使他们对于国家大事予以很多关注。"[1]

1905年废除科举制度后,旧知识分子由于科举入仕的大门被关闭,被迫在体制外寻找新的生存空间。此时,"文人论政"就成为文人政治冲动和政治情绪的释放渠道,以及他们反抗强人政治的空间压迫、摆脱社会边缘化困境、争夺话语权的一种努力。[2]尤其是开"文人论政"之先河的王韬,他通过创办《循环日报》重建价值并最终由一个落魄文人变成一个有政治影响力的社会人物的成功经历,对中国传统文人影响深远。

其次,西方报业实践的影响,尤其是西方严肃大报对公共事务的关心,对公民利益的关注,对国家社会负责的精神以及强大的舆论力量,对"文人论政"的兴起具有良好的示范作用。王韬创办《循环日报》之前在英国的生活经历,让他深切受感于英国报刊的舆论之盛,"如英国之泰晤士,人仰之几如泰山北斗,国家有大事,皆视其所言以为准则,盖主笔之所持衡,人心之所趋向也"[3],以致他在《循环日报》发表论说也"自觉仿照英国报纸的体例"[4],力求"立论一秉公平,居心务期诚正"[5]。鸦片战争后,西方传教士、商人等在中国创报时"经常发表时事评论、重要法令、条约以及外报译文"的做法,也为国人自办报刊所自觉学习、仿照。

作为中国新闻评论历史上独有的文化现象之一,"文人论政"有其独特的历史内涵与文化特征。如李金铨教授所述:其一,现代中国知识分子抱着"以天下为己任"的精神,企图以文章报国,符合"立德、立功、立言"的"三不朽";其二,他们感染儒家"君子群而不党"的思想,无党无派,个人主义色彩浓厚,论政而不参政;其三,自由知识分子和国民党的关系暧昧,殊堪玩味。[6]

(二)"文人论政"的三个典型

从1874年王韬创办《循环日报》开"文人论政"之风起,自1948年储安平的《观察》被国民党查封,"文人论政"至少绵延了75年。以报业观之,《大公报》将文人论政推向巅峰,而《观察》成为文人论政的绝响。

第一,《循环日报》开"文人论政"之先河。

王韬创办的《循环日报》,以独树一帜的报刊政论名重一时,被誉为"'文人论政'的第一个样板"[7],开启中国新闻史上文人论政的先河。

王韬生活的时代,一方面,清朝经济衰退、矛盾激化、社会问题严重;另一方面,以英、法、美、俄为代表的西方资本主义列强的政治统治制度、科学技术和社会经济得到长足发展,且不断发动对亚、非、拉地区的侵略战争。1840年鸦片战争迫使中国开

---

[1] 吴廷俊、范龙:《〈大公报〉"敢言"传统的思想基础与文化底蕴》,《新闻与传播研究》,2002年第3期。
[2] 郑林:《〈观察〉周刊与中国20世纪40年代下半叶的自由主义文人论政》,厦门大学硕士学位论文,2007年。
[3] 傅国涌:《"文人论政":一个已中断的传统》,《社会科学论坛》,2003年第5期。
[4] 傅国涌:《追寻失去的传统》,湖南文艺出版社,2004年版,第293页。
[5] 傅国涌:《笔底波澜:百年中国言论简史》,中华书局,2013年版,第7页。
[6] 李金铨:《文人论政:知识分子与报刊》,广西师范大学出版社,2008年版,第4~6页。
[7] 张育仁:《自由的历险——中国自由主义新闻思想史》,云南人民出版社,2002年版,第77页。

放口岸、割地赔款，签署一系列不平等条约，中国逐步沦为半殖民地半封建社会，"救亡图存""变法自强"成为时代的主旋律。

王韬在其创办的《循环日报》上发表政论，主张变法自强。对于是否要变法，王韬最初拥护洋务派的"坚船利炮"论："今日急务在平贼，平贼在于治兵，治兵必先习西人之所长，使之有恃无恐，兵治、贼平而已器精用审矣。"[①] 后期，他开始转向批评洋务运动对西方的学习是"仅袭皮毛""徒具虚名"[②]。对于如何变法，王韬批判封建君主专制制度，提出君主立宪制；批评"重农轻商"，主张发展资本主义工商业；批评洋务派"坚船利炮"论，主张造械制器与练兵规制的全面革新；主张废除科举制度，以经世致用的实学代之；批评了清政府的投降主义政策，主张不卑不亢原则。王韬"借报立言"，其对政治、经济、军事、文化、教育及外交的主张通过政论写作传播出去，直接启蒙和影响了一批具有言论救国理念的知识分子。

第二，《大公报》将"文人论政"推向极致。

肇始于1926年9月1日的《大公报》时代，代表着中国近代报纸专业化程度的高峰，其主编张季鸾的"文章报国"思想为知识分子"言论救国""文章救国"提供了绝好的施展空间，将"文人论政"实践推向极致。1931年1月1日，《大公报》在要闻版显著位置刊出特别启示："本报今年每星期日，敦请社交名家担任撰述'星期论文'，在社评栏目刊布。"即每个周末由报馆外的知识分子来执笔写评论。在《星期论文》栏目存在的15年，有200多位来自各方的人物，先后撰写了七八百篇评论。这种以大学教授为主的作者群，以及以自由主义观念为底色的思想基调，决定了《星期论文》论题的广泛性与观点的歧异性。1940年5月10日，《大公报》发表社论明确倡导文人论政："今日中国知识文化中心之一的上层知识分子，必须脱去沉默旁观态度，坚握当前的政治责任，发为声音，造成独立健全的舆论，方能与政治相辅相成，并轨前进。"[③] 1941年5月15日，《大公报》在接受美国密苏里大学新闻学院授予的"新闻荣誉奖章"时发表声明称："中国报，有一点与各国不同。就是各国的报是作为一种大的实业经营，而中国报原则上是文人论政的机关，而不是实业机关……以本报为例，假若本报尚有渺小的价值，就在于虽按着商业经营，而仍然保持文人论政的本来面目。"[④]

由于经历了国共两党的对峙与合作、日本入侵的残酷和抗日战争的惨烈，《大公报》的"文人论政"呈现出与王韬资产阶级改良主义不同的立场。它始终执着于"大公精神"和"国家中心主义"："大公报不属于任何党派，它的地位是独立的，却不是一般所谓的'中立'。大公报有自由主义的传统作风，大公报同人信奉自由主义；我们无大野心，却有极大热忱，愿为国家建设做些填土工作。"[⑤] 基于这种价值追求，《大公报》对时政批评与事实的判断，体现了"公""诚""勇"三原则："一是'公'，指动机无私，

---

① 王韬：《操胜要览仿制西洋船炮论》，转引自王韬：《弢园文录外编》，辽宁人民出版社，1994年版，第7页。
② 王韬：《弢园文录外编》，辽宁人民出版社，1994年版，第25页。
③ 《上层知识分子的责任》，《大公报》，1940年5月10日第1版。
④ 张季鸾：《季鸾文存：第2册》，大公报馆，1947年版，第127页。
⑤ 《政党、和平、填土工作》，《大公报》，1948年2月6日社评版。

评述问题竭力将'我'扯开，尽到客观探讨。二是'诚'，指诚意，尽研究之功，谙利害得失之数，而发诚心为国的言论。三是'勇'，指勇于发表，包含'不畏强权'与'不媚时尚'两义。重视对政治的言责，与对社会扶助匡道的责任。"① 此外，该时期的"文人论政"已由某个文人的偶然行为变为以报纸为中心开展的有组织、有规划的制度性行为。

第三，《观察》周刊为"文人论政"之绝响。

1946年，抗战刚获胜利，国共两党势均力敌、国际政治形势多元，中间派的自由知识分子有一定政治空间。民间报刊仍重视"言论报国"，知识分子仍延续"文人论政"的热情，只不过论政方向由"抗日救亡"转向了"民主建国"。② 《观察》周刊应运而生，其卷首语即指出："我们这个刊物第一个企图，要对国事发表意见。意见在性质上无论是消极的批评或积极的建议，其动机则无不出于至诚。这个刊物确是一个发表政论的刊物，然而绝不是一个政治斗争的刊物。"③ 在《政府利刃，指向〈观察〉》一文中，储安平再次强调："我们创办刊物，献身言论，其目的无非想对国家有所贡献……我们不仅认为执政人物，假如他们政策错误或不尽职责，可以令之去职，同时，对于过问国事，我们坚决认为，这既是我们的权利，亦复为我们的义务。"④ 在此定位下，左、中、右各种倾向的知识分子都成为《观察》的特约撰稿人，《观察》也因此能超越党派界限来发表政论。如《中国的饭局》一文，一方面认为国民党政府统治腐败，但仍盼望他们进行改良；另一方面认为中国共产党表现出朝气向上的势头，但对其集权组织与权威风气感到担忧。鉴于此，自由知识分子希望能像西方一样实行"多党制"，国、共两党可根据民主程序使执政党与在野党履行政府管理与民间监督职责。而《观察》中所有谈及内战的文章，都呼吁国、共两党在谈判协商的原则下实行国内和平。储安平及《观察》也因此被誉为"自由主义的奉行者"。

1948年12月《观察》被国民党查封，这"标志着一个旧的时代的终结，曾光耀百年新闻史的富有民族特色的'文人论政'传统轰然中断，消失在苍茫的地平线上"⑤。

（三）"文人论政"的两面性

作为中国近现代的重要报刊实践，"文人论政"有其两面性。如有学者所指出的，"文人论政"影响了民主政治发展的趋向，在一定程度上推动了近代化的进程；同时，"文人论政"又易成为政党舆论斗争的工具，在一定程度上为清末民初政治乱象埋下隐患。⑥

就进步性来说，"文人论政"首先推进了国家与社会的进步。身处社会各界的知识

---

① 赖光临：《七十年中国报业史》，第128页，转引自郭若平：《〈大公报〉编辑理念与"文人论政"》，《中共福建省委党校学报》，2003年第8期。
② 林洁：《中国近现代报人的"文人论政"研究——以王韬、张季鸾、储安平的新闻实践为例》，郑州大学硕士学位论文，2013年。
③ 储安平：《我们的志趣和态度》，《观察》，1946年9月1日，第1卷第1期。
④ 储安平：《政府利刃，指向〈观察〉》，《观察》，1948年7月17日，第4卷第12期。
⑤ 傅国涌：《"文人论政"：一个已中断的传统》，《社会科学论坛》，2003年第5期。
⑥ 杨晓娟、靳潇：《文人论政与清末民初政局变迁》，《河北经贸大学学报》（综合版），2015年第3期。

分子借助现代传播媒介为国家和社会的建构提出了许多前瞻性的思路。其次，它推动了近现代报业思想与实践的发展。在近现代知识分子心中，"报纸的天职就是散布新闻、指导舆论和代表舆论的"[1]，因此，他们也一直相信可以利用现代报刊构造一种中心舆论来指导政治与社会。特别是张季鸾，他将报纸定位为"采访事实、介绍舆情"的"国家公器"，跳出了将报纸仅视为"政治工具"的狭隘视野。"文人论政"启蒙了新闻"舆论监督"思想[2]，营建了"'文人论政'引领的公共领域"[3]。最后，它还推动了传统士人参与国事的现代转型，文人借助现代报刊"立言""报国"，实现了个人价值的再造。

就局限性来说，"文人论政"的主体既受到西方自由主义思想的冲击，也带有传统社会的烙印，既把"士志于道"作为最高的人生理想，又受到儒家思想的影响而表现出浓重的权威崇拜。它过于强调舆论宣传功能而忽略信息传播功能，势必将报刊导向"政党化"的道路。

二、无产阶级革命家重视并参与评论写作的实践示范

（一）国际无产阶级革命导师的报纸言论观

国际无产阶级革命导师马克思、恩格斯确立了无产阶级党报的党性原则。1842年，《莱比锡总汇报》因发表批评国王的书信而遭查封。对此，马克思写下《评普鲁士最近的书报检查令》《普鲁士出版法批判》等文，以犀利的笔锋对普鲁士书报检查制度进行深刻揭露和批判，针对反动当局钳制舆论、罗织罪状的行径给予强烈驳斥，拉开了无产阶级新闻评论实践的帷幕。1848年，马克思和恩格斯创办了被列宁称为"革命无产阶级最好的机关报"[4]的《新莱茵报》，并为该报撰写各种评论200多篇，内容涉及支持巴黎工人六月起义、民族解放斗争等，号召无产阶级联合民众为建立统一的德意志共和国而斗争。《新莱茵报》停刊后，马克思、恩格斯又转而为美国的《纽约每日论坛报》撰写评论500多篇。

马克思、恩格斯在实践中对报刊的性质、任务、作用、编辑原则以及伦理精神等做过诸多论述。马克思、恩格斯认为，报刊宣传从来都是无产阶级革命事业的一部分，无产阶级报刊应是人民的报刊。因此，党报的任务"首先是组织讨论，论证、阐发和捍卫党的要求，驳斥和推翻敌对党的妄想和论断"[5]，报刊的使命"是社会的捍卫者，是针对当权者的孜孜不倦的揭露者，是无处不在的耳目，是热情维护自己自由的人民精神的千呼万唤的喉舌"[6]。

---

[1] 曾虚白：《报纸与政治》，《报学季刊》，1934年创刊号，第11页。
[2] 王永亮：《文人论政与新闻舆论监督》，《当代传播》，2011年第4期。
[3] 蔡会：《中国近现代报刊"文人论政"传统的嬗演》，内蒙古大学硕士学位论文，2011年。
[4] 中共中央马克思恩格斯列宁斯大林著作编译局：《列宁全集：第21卷》，人民出版社，1959年版，第60页。
[5] 中共中央马克思恩格斯列宁斯大林著作编译局：《马克思恩格斯全集：第4卷》，人民出版社，1958年版，第300~301页。
[6] 中国社会科学院新闻研究所：《马克思恩格斯论新闻》，新华出版社，1985年版，第234页。

列宁是布尔什维克党刊的创办者、组织者，又是党刊的编辑、记者和撰稿人，一生编辑过的报刊达四十多种，撰写的新闻和述评数以千计，其关于办好党报的论著、书信和讲话，奠定了布尔什维克报刊工作的基本原则。① 1900 年 12 月，列宁创办了《火星报》，以"行看星星之火可以燃成熊熊之焰"为报纸题词，开创了全俄马克思主义报纸的新纪元。之后列宁相继在《前进报》《工人报》《无产者报》《新生活报》以及俄国布尔什维克党中央机关报《真理报》上发表大量政论。列宁认为，报纸的基本属性是党性。在《党的组织和党的出版物》中，列宁指出，"出版物应当成为党的出版物"，"报纸应当成为各个党组织的机关报"，"写作事业应当成为社会民主党有组织的、有计划的、统一的党的工作的一个组成部分"。② 至于报刊党性该如何组织和实现，列宁指出，"一切报纸、杂志、出版社等都应当立即着手改组工作，以便……它们都能以这种或那种方式完全参与到这些或那些党组织中去"③，"出版社和发行所、书店和阅览室、图书馆和各种书报营业所，都应当成为党的机构，向党报告工作"④。在报纸的社会定位上，列宁指出："报纸不仅是集体的宣传员和集体的鼓动员，而且是集体的组织者。"⑤

（二）我国党报的评论实践

1921 年中国共产党成立，以《新青年》的改组、《共产党》杂志的秘密创办、"劳动者"系列报刊的相继创办为标志的无产阶级新闻事业随之诞生，李大钊、陈独秀、瞿秋白、恽代英、邵飘萍等无产阶级政论家的党报评论实践成为我国党报评论传统的有机构成。

李大钊作为"我国无产阶级政论传统的开启者，他的政论是我国无产阶级政论宝库的一个重要源头"⑥。在其短暂的一生中，发表了近 500 篇政论与带有政论性质的理论文章，践诺了"铁肩担道义，妙手著文章"的人生理想。如俄国十月革命后，李大钊即发表《新的！旧的！》《庶民的胜利》《布尔什维主义的胜利》等文章。他在政论中肯定了无产阶级人民群众的力量，并强调要达成阶级斗争的目的，必须要人民群众自己解放自己。他的政论文章成为传播马克思主义、宣传十月革命的有力武器和舆论载体。

无产阶级报刊政论家陈独秀，曾在《安徽俗话报》《新青年》《每周评论》《共产党》等报刊发表过大量爱国忧国的政论文章。在《安徽俗话报》时期，他撰写了《瓜分中国》《说国家》《亡国篇》等论说，激发民众抵御外辱、奋发图强的爱国精神。在五四新文化运动时期，他发表《敬告青年》《偶像破坏论》《劳动者的觉悟》《马克思的两大精神》等文章，抨击封建伦理道德，提倡西方自由、平等的政治道德观，主张社会主义和

---

① 秦中河：《列宁——"职业：新闻记者"》，《新闻大学》，1985 年第 11 期。
② 《马恩列斯论报刊》（下编），第 111~112 页，转引自傅显明：《列宁是卓越的报刊活动家和理论家》，《国际新闻界》，1984 年第 1 期。
③ 《马恩列斯论报刊》（下编），第 115 页，转引自傅显明：《列宁是卓越的报刊活动家和理论家》，《国际新闻界》，1984 年第 1 期。
④ 《马恩列斯论报刊》（下编），第 112 页，转引自傅显明：《列宁是卓越的报刊活动家和理论家》，《国际新闻界》，1984 年第 1 期。
⑤ 《马恩列斯论报刊》（下编），第 49 页，转引自傅显明：《列宁是卓越的报刊活动家和理论家》，《国际新闻界》，1984 年第 1 期。
⑥ 胡文龙：《中国新闻评论发展研究》，中国人民大学出版社，2002 年版，第 63 页。

阶级斗争学说。虽然后期陈独秀因大革命时期的右倾机会主义和投降主义而备受争议，但其前期犀利流畅、尖锐激烈、通俗易懂、简洁明快的无产阶级政论，仍对国人产生了很大影响。

瞿秋白是伟大的马克思主义者和无产阶级政论家。五四运动爆发时，20岁的瞿秋白发表人生第一篇政论《不签字后之办法》，揭露政府的对外妥协政策，彰显其爱国情怀与卓越的才华。而后瞿秋白创办了《新社会》《人道》等刊物，并发表《革新的时机到了》《小小一个问题——妇女解放问题》等政论，倡导社会改造、妇女解放和民主进步。1923年，他旅俄两年回国后，开始在《新青年》《向导》等共产党报刊发表大量政论，深入宣传党的路线、方针、政策，为无产阶级革命斗争做宣传鼓动和舆论导向工作。

此外，无产阶级革命家、编辑家和宣传家恽代英实践并初步确立了党报的政论传统。他提倡原则上，报刊言论活动应坚持党性原则，用马克思主义指导新闻宣传活动；实践上，应善于联系群众、联系实际，致力于报刊宣传的通俗化，并勇于开展自我批评。

（三）毛泽东与中国气派的党报评论

毛泽东曾说："十月革命帮助了全世界的人，也帮助了中国的先进分子，用无产阶级的宇宙观作为观察国家命运的工具，重新考虑自己的问题。走俄国人的路——这就是结论。"[①] 他认为，参照学习马克思、恩格斯、列宁等无产阶级革命导师的方式——创办革命报刊并亲自撰写报刊评论，是知识分子参与革命的最好途径。

毛泽东就是以从事报刊评论活动为起点开展革命生涯的。1919年毛泽东创办《湘江评论》，亲自撰写评论，内容涉及国内外时事政治与社会问题，着力宣传革命思想。在国共合作的短暂时期，他作为国民党中央宣传部代理部长，不忘以国民党中央宣传部名义创办《政治周报》，积极发表政论、时评，开展对帝国主义、军阀及国民党右派的斗争。革命战争年代，毛泽东虽肩负党中央领导重任，仍以报人身份撰写各种文体的评论。抗日战争时期，他曾领导《共产党人》《中国工人》《解放日报》等报刊的创办和出版，并主动撰写和修改重要的社论、评论稿件。这期间，他提出全党办报的思想，强调党报工作的党性原则："党报不但要忠于党的总路线、总方向，而且要与党的领导机关的意志呼吸相关、息息相通，要与整个党的集体的呼吸相关、息息相通。"[②] 解放战争时期，毛泽东不仅亲自撰写、审阅、修改了许多社论，为新闻工作者提供了学习典范，还发表了系列对新闻工作的指示，完整阐明党报的作用和任务，以及全党办、群众办报的新闻工作路线。中华人民共和国成立后，毛泽东作为党和国家的主要领导人，依然重视新闻评论的写作、审阅和修改，但凡有关《人民日报》、新华社的重要评论，一般要经过他过目、审定和修改。他不仅亲自参与新闻评论实践，还对新闻评论工作做出了杰出的理论贡献。关于如何写评论，毛泽东在和吴冷西的交流中表示：首先，写评论要结合形势，结合当时的政治气候。要看得准，抓得快，抓得紧，转得快。其次，评论要

---

① 中共中央文献研究室：《毛泽东选集》第4卷，人民出版社，1991年版，第147页。
② 毛泽东：《党与党报》，《解放日报》，1942年9月22日。

写得中国化,有中国气派,不要欧化,不要洋八股,不要刻板,要生动活泼。再次,形式要多样化,有编者按语,有短评、时评,有言论、社论,有评论员文章、观察家文章、编辑部文章,等等。最后,评论是说理的,但不排斥抒情,最好是理情并茂。① 这些思想与论述对今天的评论写作仍具有重要的指导意义和参照价值。

整体观之,毛泽东的评论风格独树一帜,用他自己的话来形容就是具有"中国作风""中国气派"。具体表现为:第一,评论视野上的宏观格局性。毛泽东总是善于把事物放在历史角度、政治层面和国际形势中进行辩证观察,帮助群众把握大局、提高认识,明确工作目标和任务。第二,评论目的上的战略指导性。毛泽东认为,新闻事业是革命事业的一部分,两者不可分离,新闻评论对引导中国革命斗争、指导中国社会主义建设具有重要战略性指导意义。第三,评论文风上的深入浅出、新鲜活泼特性。毛泽东曾指出:"洋八股必须废止,空洞抽象的调头必须少唱,教条主义必须休息,而代之以新鲜活泼的、为中国老百姓所喜闻乐见的中国作风和中国气派。"② 在评论写作中,他特别注意使用老百姓熟悉的口语、俗语、成语、历史典故,运用富有中国语言特点的对仗、排比、比喻、设问、反问等修辞方法,注意语言的长短句搭配、平仄搭配,大大增强了文章的可读性、生动性、感染力和影响力。

三、精英与大众参与新闻评论的实践互动

新闻事业的发展表明,在相当长的历史时间内,新闻评论是报社内成员的"职业写作",报社的外部人员难有机会参与。改革开放以来,随着社会利益格局的变化和社会公民教育的提升、传播技术的日新月异,"公众对意见性信息需求的增长比评论自身的进步要快"③。基于此,不少媒体愈加重视和加强新闻评论。20 世纪 80 年代初期开始,不同类型的评论专栏蓬勃兴起,90 年代初期的"星期刊""周末版"蔚为大观,21 世纪之交各种言论专版争先创办……不仅吸引了大量知识精英参与评论写作,更扩展至大众的观点表达,形成新闻评论的新形态和新格局,新闻评论的公共性、公益性属性增强,赋予新时期新闻评论的实践活力,由"窄"至"宽"、由"专"至"广"的大众化、群言性参与构筑起新闻评论作为社会利益表达的写作新走向。

(一) 精英参与新闻评论实践

改革开放后,一批富有专业知识背景和具有现代社会理念、对社会问题能够发表负责任见解,并在公众中逐渐享有一定知名度和声望的新闻评论作者群体开始孕育成型。该群体常被称为"公共知识分子",其本质即精英人士,包括社会的知识精英与行业精英。

精英参与新闻评论写作的早期代表是《人民论坛》。1985 年《人民日报》开办《每

---

① 吴冷西:《忆毛主席》,新华出版社,1995 年版,第 55 页。转引自胡文龙:《中国新闻评论发展研究》,中国人民大学出版社,2002 年版,第 114 页。
② 王娉娉:《毛泽东新闻评论理论与实践研究》,河南大学硕士学位论文,2008 年。
③ 涂光晋:《时代之"声"——新时期中国新闻评论研究》,中国人民大学出版社,2011 年版,第 144 页。

周论坛》专栏，1989年更名为《人民论坛》。《人民论坛》自创办之初就定位于精英评论，其作者群体主要有四类：第一类是报社的领导、评论员、记者和编辑，以及社外媒体人士和各领域专家学者。如曾任人民日报社社长的许中田，曾任总编辑的李庄、范敬宜，曾任副总编辑的翟向东、丁济沧、郑梦熊、李仁臣、张虎生、谢宏、梁衡、丁宁、米博华等人，都曾积极为《人民论坛》撰稿。第二类是各级政府部门的领导干部，如孙起孟、项南，以及回良玉、高扬、许士杰、高占祥等。第三类是知名学者，如季羡林、何祚庥、张志公、罗国杰等。第四类是知名记者和有影响的言论作者，如南振中、艾丰、李庚辰、储瑞耕等。[①]

《南方都市报》时评板块中的社评版、个论版等精英化评论模式是行业典范。《南方都市报》对外公布的选稿标准表明："一是要紧跟新闻的评论，尤其是能够折射出社会转型变动脉络与得失的时事时局评论；二是能够表达独特认知价值的新闻评论；三是在特别强调独特认知价值的同时，我们还期待文本价值，也就是那些精心布局、费心行文的漂亮文章。"[②] 至于要如何才能取得上述要求的稿子，《南方都市报》时评部负责人李文凯曾这样表述："这显然不应当是以某个职业为界限的划分，而应当以是否掌握系统的认知工具为界限的划分。'公民写作'时代，为数不少的人都有表达的欲望，也具备一定的表达能力，但这其中的许多发言，多是以知识的碎片为工具，论证的角度、过程与结论也因此往往难有独特价值。与此相对，那些具有系统经济学、法学、政治学、社会学、历史学、哲学等知识背景的研究人员与知识分子，以及具备丰富阅历感知的经验主义媒体人，则能够有完整的知识架构与成体系的评说工具，这其中高度关注时事的人，便是我们需要的作者对象。"此外，《法制日报》的《法治论坛》的作者主要由一些法律界专业人士（包括高校法学教授）中的主干力量构成。《人民日报》的《人民时评》和《南方周末》的《自由谈》等评论栏目中，也广泛吸纳来自各方面的专家、学者、媒体人士、意见领袖等精英人士参与评论写作。

综上可观之，报纸上的"精英评论"（新闻业内人士、各领域专业人士及部分"意见领袖"的评论），或以社评、观察家评论等形式（不署名或以特约评论员的身份）发表，或以专栏文章的形式在个人专栏或集体专栏中发表。[③] 而在广播电视节目中，精英参与评论写作的模式为：领导、专家、学者等精英人士，要么接受采访发表评论，之后以资料的形式出现在节目中；要么受邀为节目嘉宾，通过互动谈话参与到新闻评论节目中。

精英参与新闻评论的广播节目，如中央人民广播电台2001年改版后的《午间半小时》注重邀请嘉宾与现场听众参与节目讨论；上海人民广播电台1992年创办的《市民与社会》，每期都会邀请党政领导、专家学者到电台直播室担任嘉宾，同打进电话来的听众进行对话讨论。中央人民广播电台《中国之声》频率，为加大新闻评论和深度解读的力度，更是建立了专家库，可供连线访谈的专家学者达1500余人。该节目专门聘请

---

① 于宁：《〈人民论坛〉编者的感激之情》，转引自谢宏：《今日谈精粹》，中国人民大学出版社，1998年版，第14~16页。
② 李文凯：《重要的是形成风格——南方都市报时评的理念与操作》，《中国记者》，2005年第4期。
③ 涂光晋：《时代之"声"——新时期中国新闻评论研究》，中国人民大学出版社，2011年版，第192页。

曹景行、姚景源、金一南、陈杰人、叶檀等媒体观察员和评论员，正式向每人颁发了特约观察员聘书。①

电视评论中的精英参与，最早如1980年中央电视台评论性栏目《观察与思考》，其栏目时常邀请专家、领导对节目对所涉问题进行适时点评，再如1994年《焦点访谈》注重通过领导的表态与重申、专家权威的分析与预测等来达到借他人之口评论的效果。电视谈话类节目出现后，领导、专家、权威等社会精英以"谈话嘉宾"身份，更大比重地出现在评论性节目中。如中央电视台的《国际观察》栏目，北京电视台的《BTV夜话》、中央电视台《经济半小时》中的《今日视点》子栏目、凤凰卫视中文台的《锵锵三人行》等节目，每期均邀请嘉宾对国际新闻的背景、前景和内幕发表观点，进行分析、提供预测，其评论体现了精英的专业性和权威度。

（二）大众参与新闻评论实践

随着受众的主体地位日益增强，报纸读者已不是单向的信息接收者，而是有了更多表达的需求。在此情势下，报纸评论"靠报社评论员打天下不行，需要大量来自读者的，也就是非专业写手的评论"，需要做到让"大嘴小嘴都说话"②。因此，除精英参与评论写作外，具有鲜明群众性特征的"草根新闻评论"也成为新闻评论领域一道亮丽的风景。普通大众参与新闻评论实践，"突破了言论仅仅是编辑、职业评论家、知识精英写作的专利的局限，已有越来越多的普通读者拾笔，写'我'所想，书'我'所感"③。

普通大众参与评论写作，在报纸上多以署名的、个人化的专栏评论及读者来信等形式出现。以《人民日报》之《今日谈》为代表的群言性小言论的蓬勃兴起，代表新闻评论群众性的第一次拓展。《今日谈》创办之初就定位于"为广大读者所共有"，号召自由投稿，择优录取。作者有普通工人、农民、知识分子、解放军官兵、基层干部、社会各界的知名人士以及少量"农民评论员"。其间，类似的小言论专栏如雨后春笋般生长，如《天津日报》的《津门小议》，《羊城晚报》的《街谈巷议》，《四川日报》的《巴蜀小议》，《解放军报》的《集思广益》，《光明日报》的《大家谈》，等等。

20世纪90年代以来，由于电视与网络等新型媒体的崛起、报业自身对同质化竞争突破的需求以及受众权利意识的觉醒等因素影响，观点类、意见性信息成为报纸媒体寻求创新的突破口。1998年9月4日，《深圳特区报》首开《群言》专版。作为开放式的言论专版，《群言》上的文章以媒体外人士的投稿为主，发表时均注明作者姓名、单位或简要住址。与《群言》相似的《中国青年报》的《青年话题》言论专版则明确表示："《青年话题》是一个发表意见的场所，一只张开听您说话的耳朵。无论是脱口而出，还是深思熟虑，我们欢迎不同形式、不论长短的观点和意见，关键是'不同'。"④

21世纪以来，规模化与大众化的言论更是成为各类媒体增强核心竞争力的关键点。2002年3月4日，《南方都市报》先后开辟时评版、来论版，来论版所有言论皆来自公

---

① 涂光晋：《时代之"声"——新时期中国新闻评论研究》，中国人民大学出版社，2011年版，第237页。
② 陶峰：《报纸时政评论分析》，复旦大学硕士学位论文，2008年。
③ 陶峰：《报纸时政评论分析》，复旦大学硕士学位论文，2008年。
④ 马少华：《倾听》，《中国青年报》，1999年11月1日第8版。

众评论，且每篇文章都会注明作者的真实姓名、所在城市、个人职业等。而《新京报》在创刊伊始就开设了社论/来信版与评论版，"欢迎读者在此栏目发表社论文章，提出批评、质疑、补充、反对等意见"①。《南方周末》除《读者来信》栏目给予读者、网友以评论空间外，还增设了《少年中国说》栏目，供孩子们发表意见。广播评论中的大众参与和精英参与同步发展。1986年，珠江经济电台改革，在广播谈话节目中融入了热线电话与主持人直播等要素。②此后，主持人与听众直接或间接交流，成为广播谈话节目的构成要素。北京人民广播电台的《新闻2001》，开辟了开放式《听众来论》子栏目，它鼓励北京各行各业、各阶层的老百姓，拨打电话发表对新闻事件、社会现象或身边问题的看法。《中国之声》频率下属的《新闻纵横》《新闻观潮》《今日论坛》节目中，也常引入听众手机短信、声讯平台、网络平台等多渠道的参与和互动。2010年，《中国之声》再次改版，听众参与成为其评论的重要元素。

电视评论中的大众参与最初是作为采访资料被穿插在节目中播出。在20世纪90年代的《焦点访谈》节目中，群众作为评论主体获得更多机会，可以直接在节目中袒露心声。而在中央电视台《实话实说》、北京电视台《国际双行线》、河北电视台《大众话题》等节目中，不同年龄、职业、文化程度、社会背景的观众都有机会在节目中参与讨论和表达不同的意见。他们的参与和介入凸显了评论节目人际交流的特点，增强了节目的现场感和参与感，营造出"场效应"和"类交流"互动的评论场。

"广播电视评论，特别是电视评论的兴起，为评论群众性特征注入了新内涵。首先，它最大限度地拓展了评论类节目意见性信息的发出者与接受者的范围，即使不具备文字识度能力的人，也能面对摄像机和话筒直接开口谈话，或收看、收听节目。其次，电视评论节目丰富了评论群众性的表现方式，变零散的群言为集纳式群言；变被动等待群众谈论为主动采集群众的意见性信息；变媒介'代民立言'为媒介'借口说话'……通过对直接出自群众之口的意见性信息的选择、加工与传播，辅之以主持人或记者的评点，体现媒介的立场和态度。"③

（三）两种参与的范式互动

在传统媒体时代，无论是媒体内部成员撰写的新闻评论，还是邀请知识精英或普通大众参与写作的新闻评论，都不可避免带有大众传播"由中心向四周辐射"的单向传播属性。而网络传播的自由性、交互性与开放性，赋予普通受众更便捷和充分的话语权，使他们能通过网络，及时发表和反馈关于社会生活、公共事务的观点和看法，成为更主动的意见发布者。因而，网络时代的新闻评论写作凸显了不同阶层、不同群体的多元声音，"众声喧哗""各抒己见"成为评论参与的常态和互动特征。

以"强国论坛"为代表的网络论坛体现了上述的互动性。通常，网络论坛的互动方式表现为：一是媒体与受众间通过电子邮件、BBS或聊天室进行沟通，受众可直接表

---

① 《时事评论征稿》，《新京报》，2013年11月11日。
② 曹璐：《珠江模式——广播改革的新视野》，转引自曹璐：《解读广播——曹璐自选集》，中国传媒大学出版社，2004年版，第40页。
③ 胡文龙：《中国新闻评论发展研究》，中国人民大学出版社，2002年版，第397~398页。

达对媒体工作的意见与建议，或为媒体提供新闻线索；二是受众通过简单的投票形式表达对某新闻事件或问题的态度和意见；三是论坛邀约专家、学者、明星或有关负责人等就某主题或某事件通过 BBS、聊天室等与网民互动。正是这些形式的互动，使网络论坛具有"新闻的集散地""观点的集散地"和"民声的集散地"三大特征。[①]

此外，网络跟帖大大促进了大众的新闻评论参与，具有更强的主动性和可实现性，也使专业媒体、知识精英、普通大众间的互动变得更频繁和热烈。如熊澄宇所言："在网络空间，一方面网民可各自发表意见，另一方面通过超链接，将发布各种观点的新闻网站呈现在大众面前。"[②] 有了网络跟帖，普通大众可不受到太多技术、文字、逻辑能力及经济能力的制约，通过复制、改造、转发信息等方式参与到整个网络信息传播过程，促进了热点话题的传播和网络舆论热潮的产生。虽然普通大众转发的信息多为专业新闻媒体或者知识精英所生产，但正是在此转发和评价中，不同说话主体间的观点和情绪的交流与互动得以实现。

无论是网络论坛的单篇文章，还是网络跟帖的散碎帖子，一定程度上都只是说话主体的自发行为，很容易被后来的帖子淹没覆盖。网络媒体以专题和频道形式对意见平台的自主搭建，则体现了网络媒体对知识精英、普通大众网络言论进行深度整合的一种自上而下的自觉。这种整合使网络言论从散碎走向聚合、从单枪匹马走向万马奔腾。如今，"评论""言论""观点"等频道的设置，对网站来说已是必不可少，对受众来说则已是习以为常。

相较于网络评论专题自上而下的整合性互动特征，博客与微博中的互动更多是由网民自下而上发起的。如博客，任何想通过意见表达来参与社会讨论的个体，都可在博客空间发表文章，网友可进入其空间留言或发纸条（私信）来交流互动。然而，由于博客对作者文字写作水平、作者自身的号召力和影响力都有所要求，因此，在博客中产生较大影响力的多限于名人、精英博客，普通网民多充当"客人"角色。相比之下，微博的字数限制，大大降低了说话主体的准入门槛，使更多网民能以"主人"身份尽情发表意见。它不仅能对名人或精英发布的微博内容进行留言评价，还可通过发布网站评论、博客评论摘要和链接的方式来促进这些评论的二次传播，最重要的是，网民还可自由发表原创性言论。如"宜黄拆迁案""邓玉娇案"等事件的自媒体传播显示，网络言论早已突破了原来新闻评论体裁上的规定性，使意见性信息成为新的传播形式，得到了更大范围与更大频度的深度交流、有效互动与自觉汇聚。

由上可见，改革开放以来的知识精英、普通大众，不管以何种形式参与到新闻评论写作中来，都是时代文明进化与个体表达意识觉醒的互动产物，具有强烈的时代感和现实意义。如《人民日报》评论部陈家兴所言："只要你作为一个掌握了一定知识具有思考和批判精神的现代公民，只要你关注着国脉民瘼、国计民生，操守着良知与公正，你就可以自由地发表意见，实现自己的话语权，形成有效的舆论。这一点在社会学者和民

[①] 涂光晋：《时代之"声"——新时期中国新闻评论研究》，中国人民大学出版社，2011 年版，第 331~332 页。

[②] 熊澄宇：《信息社会 4.0：中国社会建构新对策》，湖南人民出版社，2002 年版，第 120 页。

主政治学者看来，实在是一件值得鼓励的幸事。这些无处不在的观察与思考，在观察与思考中不断提高着作为现代公民所必须具备的素质，无疑是推动社会进步的一个重要力量。"①

思考与练习

1. 两次国人办报高潮形成的动因分别是什么？对新闻评论的发展有何促进作用？
2. 早期的"论说"是如何逐渐脱离传统的言论形式而演变为"时评"的？
3. 中华人民共和国成立到改革开放前的新闻评论经历了哪几个发展阶段？各有何主要特征？
4. 改革开放后的新闻评论取得了哪些新的发展与突破？其背后的原因是什么？
5. 1998 年至今，新闻评论的言论主体出现了哪些变化？其表现形态是什么？
6. 如何辩证地看待"文人论政"的历史成因。
7. 请结合实例谈一谈无产阶级革命家参与评论写作对党报评论传统的示范意义。

---

① 陈家兴：《时评，让公众思考着》，《新闻记者》，2003 年第 11 期。

第三章　角色·素养

内容提要：

新闻评论员，从狭义上讲，是新闻评论工作的行为主体；从广义上讲，是评论实践的推动者和特殊的"意见领袖"。新闻评论工作的专业性和专属性，要求新闻评论员需借由专业的观点传播和舆论引导来实现这一职业角色的社会期待。媒体新闻评论员通常由资深记者或编辑担任，他们所具有的职业素养和角色规范，既是新闻评论工作的要求使然，更是新闻评论走向公共表达与社会实践的前提。作为评论实践活动的媒体参与主体，新闻评论员所需具备的思维素养、通识素养和专业素养，贯穿其新闻工作和评论写作的全过程，它们不仅体现新闻评论工作的规律、功能及未来创新的可能，也体现新闻评论员的职业担当和社会责任。这些素养的化育需要学习思考、调查研究的互动积累与结合实际的不断拓新。

第一节　新闻评论员的角色定位

一、新闻评论实践活动对评论员的角色规约

人类物质与精神的生产活动及成果构成社会实践的总体内容。其中，生产力的不断发展催生愈加精细的社会分工，由此也产生与社会分工权益相匹配的社会角色。"角色"一词由拉丁语"rotula"派生而来，最早出现于20世纪20年代社会学家格奥尔·齐美尔的《论表演哲学》一文中，直到30年代，"角色"一词才被专门作为戏剧舞台用语，指代演员在舞台上照剧本规定所扮演的某一特定人物。人们从中发现，舞台戏剧正是人类现实社会的缩影。[1] 美国社会学家米德和人类学家林顿则将"角色"这个概念正式引入社会心理学研究，角色理论也成为社会心理学理论的组成部分。[2] 从社会心理学出发，可以发现角色是一套社会行为模式，其由人的社会地位和身份所决定，并符合一定社会期望（如社会规范、责任、义务等）。简言之，角色即"一定社会身份所要求的一

---

[1] 乐国安：《社会心理学》，中国人民大学出版社，2009年版。
[2] 乐国安：《社会心理学》，中国人民大学出版社，2009年版。

般行为方式及其内在的态度和价值观基础"①。在现代社会中，角色是集中体现社会分工及其职业要求的特定社会实践的产物，任何一个职业角色都会受到其实践活动的规约，新闻评论员作为一种社会职业角色，也自然会受到新闻评论实践规律与特点的影响及规约。

（一）新闻评论实践活动的含义与特点

实践是指"改造社会和自然的有意识的活动"。任何社会实践都蕴含着符合事物发展的逻辑与规律，也伴随着实践者的需要而被认知与解释。从本书第一章对新闻评论的界定可知，作为一种观点信息的传播，新闻评论具有目的性、专业性和大众性，内蕴"改造社会和自然有意识的活动"的特性，它可以影响社会舆论，也可以在互动表达与观点交汇中凝聚共识、导向合意，超越零散的个体化的认知，从而实现广泛的理性层面的认同并构建价值归属。因此，它具有很强的实践性与社会性，可被视作一种特定的有关价值传播的实践活动。

作为一种观点或意见信息的公共表达，评论实践活动伴随媒介技术的发展和人们利益表达诉求的与时俱进，形成了广义和狭义的内涵。广义上的评论实践活动，是指评论主体对评论客体发表看法的表达活动，它既包括大众媒体从业人员（新闻评论员）发表的社论、评论员文章、短评、编后、专栏评论、述评等言论，也包括公众在社交媒体或其他渠道发表的对某一事件、现象的各种形态的见解。狭义的评论实践活动，则专指大众媒体的评论员发表评论文章的整体过程。本书侧重于探讨狭义层面的媒体评论实践，包括媒体评论员的写作定位、基本规律和主要应用。

基于此，本书将评论实践活动界定为：新闻评论者以政论说理的方法及视野，遵循议论文写作的基本规范，对新近发生或发现的事件、问题及现象进行分析评价，从而揭示其意义，解释其规律，提出深入独到的观点，并经由大众媒体面向公众进行传播的过程与活动的总称。

当然，新闻评论天生所具有的交流传播特性使其实践活动成为编码过程，即新闻评论者将自身或所属媒体组织机构的价值判断寓于一套完整的论述体系中，其观点提炼、案例选取、标题制作等都围绕中心论点展开，以论述道理、引发讨论、促进共识。如评论员曹林所言："看评论，一般人都注重看评论的结论，看评论者对一个事件或人物的判断。这是外行人阅读评论的习惯。而在内行人眼中，作为判断的结论当然重要，但他们更注意的是方法论，即作者是通过什么'方法'得出这个结论的，论据能不能支撑结果，论证和推理合不合规则，引用的事实是不是真的。如果'方法'不对，结论再怎么符合公众的期待，都不是一篇成功的评论。"② 可见，评论实践活动实质上是一项涉及评论者个人素养、媒体机构既有倾向和社会价值取向的系统性联动。

与新闻报道比较，新闻评论也同样强调新闻时效性，同时，还须体现对新闻价值及其社会意义的阐释，其最终呈现出的面貌，是评论者个人、媒体机构和社会环境相互作用的结果，针对同一新闻事件进行的评论也往往会因为评论者、刊发媒体和地域环境等

---

① 乐国安：《社会心理学》，中国人民大学出版社，2009年版。
② 曹林：《时评写作十讲》，复旦大学出版社，2011年版，第143页。

主客观因素的不同而呈现出显著差别。评论从文本写作到公众参与表达的实践活动,是新闻的事实传播与评论的观点及情感传播在媒介技术发展支撑下的时代结晶,也是信息化进程中人们处理信息方式更加多元的发展趋势之一。新闻评论员作为新闻评论实践活动的主体,其思维和行动必然共同体现其角色定位和责任素养的内涵要求。

（二）新闻评论活动的实践主体：新闻评论员

广义层面的评论主体,既是利益的表达者,又是观念的分享者。"评论"是人认知能动与交流表达的天性所在,也因此,人人都是"评论者"。进入互联网时代,新媒体的普遍使用为公众言说提供了技术可能,使观点表达和利益维护能够有效联动,并逐步打破媒体专业评论的垄断,转向评论的大众化生产及社会化传播。由此,广义层面的评论者可以指所有参与评论实践活动的个人,一方面,他们通过互联网与新媒体关注各类公共议题,通过公开、互动的形式进行公共讨论,实时发表、分享观点,多形式地参与到社会公共事务中,使评论行为与活动呈现出传播速度快、参与范围广、主体交互性强的特点;另一方面,由于公众个体媒介素养的差异性,他们在参与利益表达时,难免存在情绪极端、认知偏激等失当之处。对此,主流媒体需对特定话题展开切实有效的舆论引导,以降低公众失范表达中可能引起的舆情风险。对于互联网时代因各种主客观因素而助推产生的一些"意见领袖",他们看似能在一定程度上影响社会舆论走向,得到公众认同,但更多时候是对公共问题的有限参与,这也是广义层面的评论者的实践特点之一。

与之相对,媒体机构内部负责新闻评论写作的专业人士被称为新闻评论员,即狭义上的评论者。新闻评论员从职业归属上讲,是媒体机构的从业者,具有合法化社会职业分工赋权的专业素养,他们既要遵循法律和伦理道德,也要遵守新闻传播的职业准则及媒体组织机构的管理纪律。基于其作为社会人、媒体人的双重身份角色定位,新闻评论员的评论实践活动并非完全的个人意志活动,而是受到所在新闻媒体的制度、管理、定位及职业道德要求的专业性新闻传播活动,其实践特性具有且体现出显著的新闻传播规范和媒体评论写作规范。与公众参与的即时、碎片化利益表达相区别,新闻评论员的职业角色要求其评论实践具有专业性、权威性、公共性,能够体现社会发展趋势和正确的舆论导向,并且能够始终遵循以人为本的价值准则。具体而言,新闻评论员在评论实践活动中须坚持理性原则并展现人格化姿态,立足客观,保持中立,避免偏颇,克服个人情绪影响,实事求是,辩证分析,同时能够准确和灵活地使用演绎、归纳、类比等逻辑推理方法进行说理论证,以全面呈现观点、态度,从而有效引导舆论。

二、新闻评论员的角色认同

"认同"源自心理学,是指人们对自己同一特性的意识或自我界定。认同分为个人认同（personal identity）和社会认同（social identity）两大类别。个人认同是指个体对自身独特性的认识；社会认同是指个体对自己属于一定社会群体、社会类别的认识,它使个体能够意识到自己在一定社会范畴内与一部分人类似,而与另一部分人存在差异。按照心理学的解释,认同的基本方式是角色认同（role identity）,即个体对自己在社会结构中所处特定社会位置的意识和认可。① 对新闻评论员而言,"评论者"这一角色认同是其本人对自我职业身份和社会参与特性的界定。科学的角色认同可以有效规范新闻评论员的评论动机、评论行为,也能够体现新闻评论员的专业规范与职业素养,是避免新闻评论越位或失范的重要保障,也是确保新闻评论员角色被社会认同的自律性前提。

(一) 新闻评论员的自我角色建构

1. 新闻评论员在顺应组织角色中建构自我角色

新闻评论员的自我角色建构是指新闻评论员对个人职业角色的界定与认同,即构建具有个人风格和独立品格的职业素养。个人风格是指新闻评论员由于生活背景和经历、生活方式、工作方式的不同而形成的不同的工作特征,它表现为新闻评论者独特的语言风格、文字特征、论述技巧等。独立品格是指作为新闻评论的认识与实践主体,应具备的自主思考和决断的品性和品行。② 可见,个人风格和独立品格既是新闻评论员人生阅历的结晶,也是遵循媒体职业与工作要求的产物。虽然不同类别和性质的媒体具有差异化的工作定位,但是新闻评论员作为媒体组织机构的一员,必然要与媒体的基本立场保持一致,即新闻评论员的声音能够代表媒体的声音。与此同时,媒体组织对新闻评论作品的把关处理过程,也是个人角色认同走向组织角色"同化认同"的过程,因而,我们借由媒体及其评论作品所感受到的,不仅是新闻评论员的个人风格,更是新闻评论员将个体与集体的诸多倾向、要求等融合内化后的一种外化呈现。这是个人角色与社会角色在认同中的普遍"同化"机制,新闻评论员的自我角色建构也是顺应这一机制的过程。

2. 新闻评论员建构自我角色的主体意识要件

新闻评论员建构自我角色时所需的主体意识要件,通常包括个体意识、责任意识、客观意识以及反思意识。

新闻评论员的个体意识是建构自我角色的内部驱动,即在与他者比较时,对自身与他者之间共性与个性的感知。在此层面,新闻评论员结合自己的认知与体验,可充分发挥主观能动性,从而完成个性化的原创性评论作品。长期以来,我国媒体涌现出的许多优秀新闻评论员,以其鲜明的个体特征而得到认可。如中央电视台主持人白岩松,他以"脱口秀"的形式进行时事点评,同时在自己的著作、演讲以及其他节目中发言,角度新颖,信手拈来,深入浅出;再如时任《中国青年报》新闻评论员曹林,其评论时常聚焦社会热点和舆论议题,善于剖析冲突,解疑释惑,可读性强。

新闻评论员的责任意识是建构自我角色的职业担当。新闻评论员面向媒体受众和社会发言,既要回应社会关切,又要体现负责任的传播自觉。它要求新闻评论员能够从国家、社会、集体的根本利益与共同利益出发,以公心、利他为评论的出发点和落脚点,能够实事求是,以理服人。同时,也能主动积极地搭建上下通达、内外沟通的对话平台,助力社情民意的正向聚合。比如,针对国际事务和重大国内问题的形势分析,新闻

---

① K. Deaux, A. Reid, K. Mizrahi, K. Ethier. "Parameters of social identity", *Journal of Personality and Social Psychology*, Vol. 68, No. 2, 1995.

② 赵振宇、邓辉林:《新闻评论者的独立品格及培养初探》,《国际新闻界》,2008年第12期。

评论员在一定程度上扮演了政府发言人的角色，他们须准确解读国家的方针、政策、路线，表明我国的态度和立场。

新闻评论员的客观意识是建构自我角色的专业要求。新闻评论员的各类评论须认清发言语境，辨明表达坐标，这意味着其能够在"众声喧哗"中打捞沉默的声音，也能够在繁杂的信息迷雾中寻求代表民意的最大利益公约数。作为社会认知系统中重要的"意见领袖"，新闻评论员不仅要善于兼听则明，还需具有对真理、真相、真知、真情的主见与坚守，即一种综合体现辩证方法论的客观观察与洞见。简而言之，就是能依据对客观事物的调查研究，保持用事实说话的专业意识与专业思维。

新闻评论员的反思意识是建构自我角色的创新动力。新闻评论员针对社会问题和人类自身发展所进行的理性反思与深刻批判，是区别于一般评论参与者的职业角色特性所在。能够在舆论声浪中保持警醒、在网络语言暴力中明察秋毫、在争议探讨中冷静思辨等，都是新闻评论员自我角色的自觉和创新能力的体现。随着互联网时代的到来，高度共享的信息时常让人们感到真理、真知、真相渐去渐远，如何做好环境监测和"气候"（主要指舆论与社会心态）预警，亟待新闻评论员的质疑、追问、慎思、求解。唯有这样反思意识的自觉，新闻评论员的自我角色建构才会与时俱进，获得创新提升的不竭动力。

（二）新闻评论员的社会角色建构

1. 社会、公众、媒体的期待共构新闻评论员的角色认同

从社会角色的形塑来看，社会期待是公众对某一特定角色或身份形象的认同要求，它能反映该角色的社会认同度及认同标准。可以说，社会角色是社会、公众对其角色建构的评价与共识。由此可见，新闻评论员兼具媒体人和社会人的双重身份，对社会舆论引导起着重要作用，其所具备的职业素养是对社会期待的满足，也是对评论需求的一种动态回应。离开了社会角色建构的社会识别与社会肯定，新闻评论员的职业认知和定位也会偏离既定轨道，走向无序和失重，这将不利于其职业生态的可持续发展。时任《四川日报》评论部主任向军认为："现在人们对评论的要求不一样了，（新闻评论员）不仅要知其然，还要知其所以然。仅仅简单的知识积累，没有系统化的学习，对问题的认识浅薄，怎么可能提出独到的见解，得到高端群体的认可？"的确，伴随媒介技术的发展和传受关系的深度变革，观点传播与利益表达正在重构新闻评论的职业生态，在此趋势下，社会、公众、媒体对新闻评论员的期许及要求均随之变化，亟待新闻评论员通过自身努力及优秀的评论作品来赢得社会认可，并借助社会建构的合力再构新闻评论员的角色认同。

2. 新闻评论员之社会角色认同的个案解析

2016年记者节前夕，第26届中国新闻奖揭晓，新华社评论员文章《中国故事，更精彩的书写还在后面》荣获一等奖。这是一篇新华社在纪念抗战胜利70周年系列活动圆满收官之际推出的评论员文章，文章根据习近平总书记系列重要讲话精神，结合历史进程和"九三"大阅兵等新闻事件，透过纪念活动深刻论述与阐释民族复兴的历程、和平正义的潮流、民族精神的凝聚，诠释中国人民抗日战争胜利的伟大意义。现将全文呈现如下：

中国故事，更精彩的书写还在后面[①]

九月的阳光，洒在中国大地上，也照进爱好和平人们的心里。

时光飞逝中，历史新的书写已经开始。回望刚刚结束的纪念抗战胜利70周年的国家盛典，历史将会记住什么？是铁流滚滚、战鹰呼啸的胜利日大阅兵，还是中国裁军30万的铿锵宣示？是抗战老兵微微颤抖的军礼，还是国歌响起时中华儿女心中涌起的波澜？无数的瞬间与场景，无数的掌声与感动，汇成了一个个精彩难忘的中国故事，写在了我们心灵深处，凝结成新的集体记忆。铭记历史、缅怀先烈、珍爱和平、开创未来，此刻的中国，无比坚定地向前行进；此刻的世界，倾听着来自东方的讲述。

这是一个民族复兴的故事。天安门广场，长安街，浓缩一部中国近现代史。在这里，曾闯入八国联军的队列，曾踏进日寇的铁蹄；在这里，也迸发出"外争国权，内惩国贼"的呐喊，发出了新中国成立的庄严宣告。落后与挨打，抗争与奋起，高耸的华表见证这一切，红墙黄瓦又承载多少兴衰成败。

历史，何尝不是饱含感情的回忆？这些天，有两幅颇具深意的图片在网上流传甚广，令不少国人观之泪下：一是周恩来总理站在天安门城楼上的历史图片，一是邓稼先、钱学森等亮相大阅兵的假想画。有网友配文："这盛世，如你所愿。"这是怎样的一个宏愿？只有重温甲午年"四万万人齐下泪"的巨痛、柳条湖的惊天一爆、卢沟桥畔的枪声，我们才能深切感受70年前神州沸腾、喜极而泣的胜利喜悦；才能深刻理解，一个饱受磨难的民族，一个在现代化进程中奋起直追的民族，为何如此渴望独立与富强，为何如此不懈追求文明与进步。

100多年前，两位法国摄影家拍下了天安门广场的第一张彩色照片：残破的城楼下，一辆人力车冒着寒风，匆匆而过。今天，那个积贫积弱的旧中国早已远去，一个日益繁荣昌盛的新中国挺立于世界东方。漫步在游人如织的天安门广场，感怀巨变，仰望苍穹，人民英雄纪念碑上赫然刻着，"由此上溯到一千八百四十年"。沿着无数先烈铺筑的复兴之路前行，那豪迈的宣言——"中国人民从此站起来了"依然让人热血沸腾，那不变的呼声——"愿相会于中华腾飞世界时"依然让人热泪盈眶。

这是一个和平与正义的故事。14年抗战，中国人民执干戈以卫社稷、洒热血以捍尊严，既为了"中华民族永存世界上"，也为了拯救人类文明、保卫世界和平。那场关系中国命运、世界走向的大决战，昭示了正义必胜、和平必胜、人民必胜的伟大真理。古往今来，中国乃至人类发生的无数次战争中，从未像这场战争这样深刻地决定了现在、影响着未来。

"战争是一面镜子"，它照鉴一个国家如何回首走过的路、如何开启前行的路。历经战火摧残，中国从中感悟的不是弱肉强食、穷兵黩武，而是更坚定地珍爱和平、维护和平，义无反顾选择和平发展道路。一个国家的强大，靠的是实力；一个国家的伟大，凭的是胸怀。"相互尊重、平等相处、和平发展、共同繁荣，才是人间正道。"天安门城楼上，中国声音再次传遍世界，打动了无数企盼和平、向往正义的心灵。一个崇尚"协和

[①] 詹勇、王甘武、李学梅：《中国故事，更精彩的书写还在后面》，2016年8月29日，参见中国记协网 http://www.xinhuanet.com//zgjx/2016-08/29/c_135641628_2.htm。

万邦"的文明古国，一个走向世界、海纳百川的现代中国，一个你中有我、我中有你的当代世界，从未如此紧密地融为一体。千百年来，诗人们畅想"安得壮士挽天河，净洗甲兵长不用"，哲人们期盼"永久和平"的降临。今天，"人类命运共同体"的理念与实践，和平发展的浩荡潮流，让人们看到了希望的曙光。和平的阳光下，中国正与各国一道携手前进；中国的发展壮大，必将是世界和平力量的发展壮大。

七十年过去，当年的孩童，已是古稀老人。"周虽旧邦，其命维新。"正是在这70年中，中国的变化"天翻地覆慨而慷"。当中国从危亡走向复兴，重新回到世界舞台的中心，读懂中国故事、思考中国奇迹，日益成为一个世界性议题。

观察和理解中国，民族精神始终是一个重要维度，这正是中国故事的根与魂。1941年，海明威来到中国，看到10万农民唱着号子建造机场的壮观场景不禁感叹，中国人民有勤劳勇敢、不怕艰难牺牲的精神，必将取得最后胜利。硝烟散尽，精魂永存。气壮山河的抗战精神，早已融入雄壮激昂的旋律——"我们万众一心，冒着敌人的炮火，前进！"就是在这旋律中，我们赢得了抗战胜利，我们举行了开国大典，我们开始了改革开放，我们创造了中国奇迹，我们迎来了港澳回归、北京奥运、上海世博等百年盛事，我们和世界分享着胜利日的荣光。不论时代如何变幻，以爱国主义为核心的伟大民族精神，永远是中国人心灵的灯塔，总能汇聚起磅礴的力量，照亮民族复兴的光明未来。

历史不会终结，我们仍在路上。中国故事远未结束，更精彩的书写还在后面……

据中国新闻奖参评作品推荐表介绍，该文刊发后，社会反响强烈，被数十家报纸和网络媒体刊载，得到多个微信公众号转发，在新闻客户端上的浏览量近百万人次。从受众的反馈来看，该评论文章凭借主题与立意的重大高远，观点与言说的生动有力，揭示了中国故事的根与魂、中华民族复兴的光明前景，成功讲述了一个令人喜闻乐见、深受启发的中国故事，融通了评论写作的深度、温度与厚度，在对抗战精神的深刻解读中凝聚了社会共识。深邃的思考与创新的叙事不断激活并深化着这篇评论文章的传播力、公信力与影响力，更唤起了公众与评论员之间的情感共鸣与价值认同。一些读者和媒体用户评价，这篇评论"有思想也有文采"，"原来主旋律也可以写得很好看""体现了国家通讯社的评论水准"。究其根本，这样的社会认同根源于评论思想与公众期待的和谐共振，它离不开评论文章清晰的叙事逻辑、生动的细节刻画以及独到的说理论证，由此实现了宏大主题的巧妙"落地"，对历史事件的条分缕析，以及对中国故事的创新体认，最终将评论文章延展为"践行主流价值　厚植家国情怀"的智识传播与公共表达，借此引导社会舆论，凝聚思想共识，使得伟大的"抗战精神"可见可感，"中华民族伟大复兴"的使命梦想入脑入心。这一过程也反映了评论员对自身社会角色与职业责任的深刻理解，如该文章的评论员之一、新华社总编室评论部副主任詹勇对该评论文章的总结与省思："评论不是冷冰冰的逻辑推演，而应是理性与情感交融的贯道之器、思想之花。……见事贵乎明理，感人在于情深。只有深入历史的真相、新闻的真实、人心的深处，摆脱说教口吻、指令强调、僵硬表达，锻造生动鲜活、融通中外、情理交融的评论语言，评论的故事才能讲得精彩，讲得人们爱听爱看。"[1] 从中我们不难看出，一篇评论作品从构思到表达，均渗透着评论员对新闻事实与议题的深入钻研，对职业身份和角色责任的思辨洞悉，对媒体定位的合理把握以及对社会公众需求的准确判断与适时响应，这些写作考量共同凝结为新闻评论员社会角色与职业使命的内涵释义与现实注脚。透过文本，我们可以真切体会到社会、公众、媒体对新闻评论员的期待；同时，通过还原新闻评论员的写作思考过程，进一步加深对新闻评论员社会角色识别与认同机制的发生逻辑的感知。这一双向构建的过程表明新闻评论员的角色内涵由社会、公众、媒体之需求互动形成，并受到这一互动需求变化调适的规约，因而也赋予该角色创新的活力。作为创新主体的新闻评论员，理应具备这一角色所内蕴的素养和要求。

第二节 新闻评论员的角色素养

一、新闻评论员的思维素养

（一）思维素养释义

通常意义上的思维涉及所有认知或智力活动，它是人类所具有的高级认识活动。最初它是人脑借助语言对客观事物的概括和间接的反应过程。思维以感知为基础又超越感知的界限。它探索事物的内部本质联系和规律性，是认识过程的高级阶段。按照信息论的观点，思维是对新输入信息与脑内储存知识经验进行一系列复杂心智操作的过程。[2] 简言之，思维是大脑对客观事物的本质和事物之间内在联系的规律做出概括和能动的反应。思维活动在具体实践中虽然因人而异，但主要包括分析与综合、比较与分类、抽象与概括这三组思维过程，表现形式有感性具象思维、抽象逻辑思维和理性具象思维。

思维素养是人类所具有的思维能力，它既带有个体先天的思维特点，更需要后天的实践学习，即可以通过系统科学的训练而培养构建。思维能力因个体差异和后天习得而各不相同，思维素养又是在思维能力基础上有目的地规划、建设得来的结果，其既是思维的成效，又是使思维上升为心智能力的一种积淀，它可以内化为人的综合认知能力。

对新闻评论而言，从选题立论到结构表达，再到文本生成与效果预估，都与思维能力及素养息息相关。在评论实践中，新闻评论员的思维素养主要表现为问题思维、创新思维和逻辑思维三个方面，它们作用于评论客体，呈现于评论文本，反馈于社会评价，是对新闻评论技能的统领和有效组织。

---

[1] 詹勇：《在创新中讲好评论的中国故事》，《传媒评论》，2017年第1期。
[2] 刘颖、苏巧玲：《医学心理学》，中国华侨出版社，1997年版，第27页。

（二）思维素养的主要表现

1. 问题思维

问题思维的养成首先需具有问题意识。问题意识既可以指遇到问题时主动探究的思维状态，也可以指从寻常现象中发现值得探讨的议题的能力。其具体包括发现问题、界定问题、综合问题、解决问题、验证问题①几个环节。

问题思维推动新闻评论员发现社会生活中人们习焉不察的隐性信息，并能及时指出存在的问题，分析问题的成因，让读者收获富有价值的判断和认知。众所周知，一个具体的新闻事件中，总会涉及多个主体，其中又往往伴随着利益冲突与观点交锋，新闻评论员该形成何种立意、表达何种观点，都与问题思维密切关联。可以说，每一篇评论作品都是新闻评论员问题思维的外化与回应。

问题思维的核心是新闻评论员对事实和价值的准确判断。事实判断是判断事情是什么、为什么、会怎么样以及事实之间关系的能力。价值判断是以一定价值尺度衡量事实的价值，或针对事实提出一种价值观，它是对事实与人之间关系的判断，即事物之于我们有着怎样的价值。事实判断是价值判断的前提与基础。②

胡适曾在《努力周报》1922年7月17日至23日的《这一周》里写道："这一周中国的大事，并不是董康③的被打，也不是内阁的总辞职，也不是四川的大战，乃是十七日北京地质调查所的博物馆与图书馆的开幕。"④ 与常人关注财政总长被打、内阁总辞职、四川大战不同，作为教育者，胡适认为"博物馆与图书馆的开幕"是"中国大事"，认为思想启蒙在价值观中居于很重要的位置，这就是胡适对事实与价值的判断与一般人的区别所在。同样，每一个专业研究人士，理论上应该具备不同于常人的专业敏感，这样才能够发现评论的价值和社会意义，也才能够找准现象背后的问题内核，从而表达真知灼见。

问题思维作为新闻评论员的思维起点，不仅是其专业积累、思维训练与具体写作的作用面，还是新闻评论员角色价值实现的重要前提。通过对事实的分析和价值判断，新闻评论员形成了自己的观点，并能通过论证来展示合情合理的逻辑认知。在论证推理环节，新闻评论员需要考量与检查自己的推理是否合理、论证说明是否清晰。写作中，新闻评论员心中应有一个问题清单：评论的论题和结论是什么？论题的针对性何在？其结论是经验推论还是逻辑辨析的结果？哪些结论是价值判断？哪些结论是事实判断？理由是什么？有无替代原因？推理过程中有无谬误？采用的证据效力如何？有无重要信息被忽略？这一清单可以让新闻评论员站在第三方的客观立场上，重新审视新闻价值和评论意义，进而推敲论证逻辑的科学性，再结合已有的主要论据和背景，选择贴切的结构方式和文风。从中可见，问题思维贯穿写作的全过程，而且直接显示评论员的评论敏感、

---

① 劳凯声：《人文社会科学研究的问题意识、学理意识和方法意识》，《北京师范大学学报（社会科学版）》，2009年第1期。
② 马少华、刘洪珍：《新闻评论案例教程》，中国人民大学出版社，2008年版，第72页。
③ 董康为当时的财政总长。
④ 胡适：《胡适文存　贰》，华文出版社，2013年版，第343页。

思考力;同时,问题思维也能通过评论文本的质量高低得到反馈。

2. 创新思维

思维的形成有一个发展沉淀的过程,同时,思维对人的态度、行为的影响也有一个相对稳定的阶段,在此过程中如若不对已有经验和知识进行整合重构,则很容易陷入思维固化或思维定式。因此,创新思维就成为思维发展更新的"动力来源"。创新思维的核心在于突破既有思维定式,根据事实核查与全局把控做出客观判断;同时,也应摒弃造成思维定式的从众心理,如迷信权威、盲目从众等。保持思维的开放性和辩证性是克服思维定式和从众心理的评论员自觉。由此可见,新闻评论员的创新思维是指打破思维定式,基于事物本质规律来发掘论证角度、发现实践问题、发挥逻辑推理能力以写作新闻评论的思维能力。

实践中,为避免新闻评论成为附属于新闻事件的观点陈述,在构成新闻评论主要内容的立意、角度、观点、信息与表述中,也应具有"新意",这也是新闻评论员创新能力的表现。新的立论与表达往往能够丰富读者理解问题的角度,拓展他们认知社会现象的全局视野。当下,受众需求的多元化及媒体市场竞争的加剧导致新闻评论功能不断拓展,这对从业者的业态创新提出要求。[①] 从媒介融合背景下新闻评论的实践变化来看,媒体与用户以及用户间的实时互动,促进生成去中心化的多级传播以及传播中的观点再构,这也提示新闻评论员需注意提升评论文体的内容"聚合度",以避免不必要的误读和异读。此外,新闻评论的形式变化如图片、视频、音频等多模态表达方式的介入也对评论创新提出挑战,新闻评论作品须把握新媒体的传播特性,加入开展滚动式、互动式评论,以提升评论形式的丰富性。[②] 总之,新闻评论员的创新思维也需兼顾读者本位的问题思考,在传播观点中把握"以人为本",引导公众思考、释放情绪、解决痛点问题,以在"急人所急"中找到"新方案"。

3. 逻辑思维

从词源上说,"逻辑"最早可以追溯到希腊语中的"逻各斯"(logos)。"逻各斯"的基本词义是言辞、理性、秩序、规律,"秩序"和"规律"是其核心。[③] 狭义上的逻辑既指思维的规律,也指研究思维规律的学科,即逻辑学。广义上的逻辑泛指规律,包括思维规律和客观规律。逻辑思维是指人们在长期的社会实践中,对客观事物的内在规律和相互关系进行判断、推理、抽象、概括的能力。逻辑分类简图如3-1所示。

[①] 曾建雄:《转型期新闻评论功能的拓展与内容形式创新》,《国际新闻界》,2012年第12期。
[②] 赵永多、周杨、李佳:《新媒体环境下新闻评论的创新策略》,《今传媒》,2017年第12期。
[③] 陈波:《逻辑学十五讲》,北京大学出版社,2016年版,第24~25页。

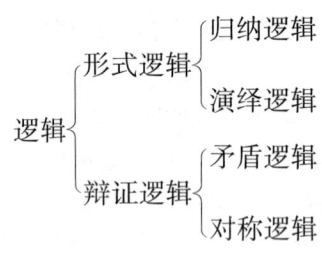

图 3-1 逻辑分类简图[1]

新闻评论员的逻辑思维表现为自身对评论对象的逻辑把握和对该逻辑的呈现考量。这个逻辑既包括客体的规律，还包括呈现规律的方法，是评论主体与客体的有机统一。新闻评论员需要拥有理解评论对象的逻辑把握能力，还需要拥有将其按照议论文表达规范有序呈现出来的能力。就思维在大脑中的运行过程来说，这一思维能力就是理解力和解读力，具体到新闻评论写作与文本中，就是构思与表达的规律遵循、范式演绎。因此，对新闻评论员而言，逻辑既是思维方法，又是论证手段。逻辑推理和行文论证相辅相成，在新闻评论的论证过程中，所涉及的逻辑过程主要有演绎推理、归纳推理和类比推理。[2]

（1）演绎推理。

演绎推理又称演绎法、三段论推理，是根据已知的一般原理、原则推导出个别、具体事物的结论，是从一般到特殊的推理方法。演绎推理的核心可归结为三段：大前提、小前提、结论，即由两个作为前提的已知判断得出一个新的判断（结论）。但是这两个前提必须发生联系，否则不能得出结论。

演绎推理的典型案例是毛泽东在《为人民服务》中的一段论证：人总是要死的，但死的意义有不同。中国古时候有个文学家叫作司马迁的说过："人固有一死，或重于泰山，或轻于鸿毛。"为人民利益而死，就比泰山还重，替法西斯卖力，替剥削人民和压迫人民的人去死，就比鸿毛还轻。张思德同志是为人民利益而死的，他的死是比泰山还要重的。这段论述可以归纳为三段：

为人民利益而死，就比泰山还重（大前提）；

张思德同志是为人民利益而死的（小前提）；

他的死比泰山还重（结论）。

演绎推理是评论写作中常用的逻辑推理方法，在实际写作中，它内嵌于论述的段落架构而得以逐层展现。

（2）归纳推理。

归纳推理是以个别或特殊性知识为前提，推导出一般性知识结论的一种推理。如果说演绎是抽象的过程，那么归纳就是一个经验的过程。鲁迅先生在其《经验》一文中

---

[1] 陈世清：《对称经济学术语表（二）》，2015年6月，参见大公财经 http://finance.takungpao.com/mjzl/mjhz/2015-06/3016212.html。

[2] 关于演绎、归纳、类比推理法，会在本书的"方法"部分进行写作层面的讲解，在此只做思维素养层面的说明。

说:"大约古人一有病,最初只好这样尝一点,那样尝一点,吃了毒的就死,吃了不相干的就无效,有的竟吃到了对证的就好起来,于是知道这是对于某一种病痛的药。这样地累积下去,乃有草创的纪录,后来渐成为庞大的书,如《本草纲目》就是。"[①] 它表明经验积累成为一般性的知识,就是一个归纳的过程。

演绎思维的出发点是一般,归纳思维的出发点则是特殊。这就意味着新闻评论员在日常工作、学习与生活积累中,需要从新闻报道中发现一般性或共性的事物,并能将个体与个性特征升华为某种规律性的结论。

(3) 类比推理。

类比推理是根据两个对象部分相同的属性,从而推导出它们的其他属性也相同的推理。类比推理具有或然性,如果前提中确认的共同属性很少,且共同属性和推导出来的属性无关,那么类比推理不可靠,且容易陷入"以喻代证"的逻辑谬误。类比强调的是在相似事物之间的推理,而比喻却是一种形容和描述。因此,类比推理时要注重对象间是否存在高度的相似性和相关性。类比推理在新闻评论中的思维重点有三种:一是纵向比较,即对同一事物发生在不同时间、地点的情况进行比较;二是横向比较,即将发生在同一时间、地点的性质相反或者差异的事物进行比较;三是对比,即对同一事物、同一人物的正反或者前后两个方面加以比较,来论证作者提出的某一观点的正确性。类比推理的结论是或然的,因而它不能独立论证某一论断必然成真,但是可以作为论证的辅助手段。

整体而言,问题思维是新闻评论员思考的基础,创新思维帮助他们开拓新的方向,逻辑思维则能实现论述的严密和有效,这些作为新闻评论员的思维素养,需要在日常生活和学习实践中注意提示和慢慢养成。

二、新闻评论员的通识素养

(一) 通识素养释义

通识,"通"指贯通、联系,"识"即见识、学识;"通识"代表着人在认识事物时能以联系的、贯通的方式来广泛涉猎知识、增长见识,从而获得具有普遍意义的知识和价值观。就此意义上说,通识是人们对事物的一种整体的、联系的、普遍的认知,它突破专业学科的界限,强调广博的、多样性的知识积累。通识素养是人所拥有的能够贯通不同学科和行业的知识和能力。如果拥有思维素养是人认识世界的能力必备,那么拥有通识素养就是人改造世界的开始。通识素养能够让人在不同的专业中得到提升,同时,人也能够依托这些综合性知识更加全面、正确、深入地认识世界,从而改造世界。通识素养所蕴含的知识和能力并非先天赋予,它需要后天有计划地学习和实践。简言之,通识就是从广博的角度学习和积累知识,它强调作为一种人格全面发展的知识背景,为人们的专业和创新学习奠定基础,是现代社会跨界学习与能力培养的必备及走向。

自 19 世纪初美国博德学院 (Bowdoin College) 的帕卡德 (A. S. Parkard) 教授

[①] 鲁迅先生纪念委员会编:《鲁迅全集:全 20 卷》,花城出版社,2021 年版,第 68 页。

第一次将通识素养与大学教育联系起来后,现代大学教育就在不断探索通识教育的可能与可为。至20世纪,通识教育已广泛成为欧美大学的必修科目,它试图通过科学与人文的知识传播与素养教化,促进人的全面健康发展。现代大学的通识教育表明,通识教育是实现素质教育的有效方式。通识教育的内容通常包括哲学社会科学素养、人文素养、自然科学与技术素养、美学艺术素养、实践能力素养等五大模块,其目标在于鼓励社会成员个体能够掌握和学习适应社会发展和激励个人创造的可持续素养育化,它成为专业教育的"底座",也是人的综合素养的来源。

新闻评论员的通识素养是其专业素养的基础和认知来源。在专业素养的构成底座上,应重视通识素养的学习与提升,它是反哺和优化专业素养的有效路径。无数优秀的评论员及评论作品所代表的评论实践经验显示,政治素养、知识素养、法律素养、人文素养和计算机基本素养等五个方面的素养培育,是通识素养不可或缺的有机构成。

(二) 通识素养的主要表现

1. 政治素养

政治素养是指导人们参与社会政治活动所必需的能力和品质,是个人政治方向、政治立场、政治观念、政治态度、政治信仰、政治技能的综合表现。新闻评论员的政治素养是指其在新闻评论实践活动中的政治立场、政治洞见、政策水平和理论修养。

大众媒体从诞生之日起就担当着价值导向和舆论引导的重要功能,在我国,媒体担当着传达党和政府的根本立场,表达人民群众的根本利益,以及传播社会主义核心价值观的重要角色。它的公信力首先体现为其政治导向与实践指导的正确性和鲜明性。评论员的观察、研判、写作等实践活动均需长期认真深入学习领会党和政府的政策、路线、方针,并需结合马克思主义理论及方法论辩证、客观、精准地理解社会发展,以对相关现象、问题、工作等做出理论阐释和回应。因此,评论员的政治素养不是抽象虚空的教条,而是建立在坚定的马克思主义理论立场、强烈的政治责任感、正确的社会价值导向基础上的立场、态度和价值认同,是能够将党的政策、路线、方针和社会公平正义做出生动诠释与具化传播的视野和能力。政治素养对新闻评论员来说,是一种博大的社会胸襟、精神境界和历史眼光,是一份社会责任感、历史使命感和职业荣誉感[1]。

2. 知识素养

知识素养是指实践主体所掌握的知识及对知识的运用能力,它是客观事物的固有属性或内在联系在人们头脑中的直观反映。作为新闻评论对象的"客观事物"包罗万象。它要求新闻评论员的知识素养注重"博杂"与"专精"的平衡,既要广泛涉猎各领域,具有跨学科的知识结构,又要具有扎实的专业知识基础和与时俱进的专业能力。

对新闻评论作品来说,知识素养是多领域知识的"综合体",评论的严密论证需要有逻辑知识,评论的巧妙构思需要有文学知识,评论语言的准确生动需要有语法修辞知识,评论的精辟论述、典故运用、背景穿插离不开历史知识。[2] 可见,新闻评论写作的

---

[1] 李彬:《政治素质 文化底蕴 实践意识——清华大学新闻教育与人才培养点滴谈》,《新闻与写作》,2008年第11期。

[2] 丁法章:《新闻评论教程》,复旦大学出版社,2005年版,第106页。

多种思维与技能运用,验证了评论员的知识素养。与此同时,从新闻评论实践所涉及的范围与传播的对象来看,其广泛性、变动性与复杂性也对新闻评论员的知识储备与文化底蕴提出客观要求。这意味着,评论实践的内外结合离不开评论员学习政治、经济、历史、文学、法律等学科的知识的自觉,而且还需要评论员能够从中学习方法论思维,进而转化为评论敏感和评论思维,以此指导自己的调查研究和写作表达。应该说,现代社会的信息化加速了知识更新的速度和广度,但也对系统、精准地把握知识规律、学习综合分析和科学研判提出了更高要求。知识素养的养成是一个学习、思考和消化的过程,是"功夫在诗外"的长期积累。

3. 法律素养

法律素养是个体了解及运用法律的能力,包括三个阶段,即法律认知、法治观念、法律信仰。

法律认知由两部分组成:一是法律规定,即法律中明文规定的内容;二是法律原理,即法学中法理层面的内容。对法律原理的认识往往基于对法律规定的认识。通常意义上的"知法、懂法",是指对法律规定的了解,但作为舆论引导者的新闻评论员,除法律规定以外,还应掌握具有普及性的一般法律原理。它是确保评论员及评论作品准确普法和精准推证的思维前提。

法治观念是指人们对法律的性质、地位、作用的认识和价值定位,其本质在于树立法律至上的信念。"法治"对应英文"Rule of law","法"是主格,即用"法"来治理政治,这是一种相对稳定的以"法"管理。[①] 其中,平等意识是法治社会建构的价值基础,也是法治观念的内核。对评论员来说,要平等、公正、求实地对待评论对象,做到不偏不倚,遵循规律,尊重法理,能够厘清评论对象的各种逻辑事理。

法律信仰是指个体对法律秩序所内含的伦理价值的信奉敬仰,能够把法律原则和规定作为自己行为的准则或要求。法律因其能够代表和维护大多数人的根本利益,能够体现社会的倡导、认同与价值取向,所以成为社会的理性规范和外在制约。新闻评论员的法律信仰应该比一般公众更为自觉和坚定,它贯穿其评论实践活动,体现法理和事理,要求评论员注重自身对法律知识的学习和以法治精神来规避诸如"媒介审判"等的评论失范。

综上可见,法律认知是基础,法治观念是支撑,法律信仰是最高阶段。新闻评论员的法律素养指新闻评论员在评论实践中对法律的认知、运用和信念,并且能够依法评论、用法评论。这就意味着新闻评论员要学法、守法,要善于用法,以理释法,在评论实践中不仅能够体现和维护公平正义,还能够利用法理的力量做好理性示范,推动社会的和谐进步。

4. 人文素养

按照《辞海》的解释,"人文"一词有两个基本义项:一是指人类社会的各种文化现象;二是指人事。[②] 前一义项源自《易·贲》中"文明以止,人文也。观乎天文,以

---

① 陈力丹:《新闻理论十讲》,复旦大学出版社,2014年版,第201页。
② 《辞海》,上海辞书出版社,1997年版,第302页。

察时变；观乎人文，以化成天下"。后一义项源自《后汉书》中"舍诸天运，征乎人文"。本书针对的显然是第一种义项。按照《辞海》中的界定，"人文"即是各种文化现象的总称。但是细分起来，它应当还有现象背后的一种"本质"，这也就是通常讲的"人文精神"。人文作为文化的范畴，是一个内涵丰富的文化系统。有学者将人类文化分为科学文化和人文文化两大类。简言之，人文文化就是自然科学、技术科学以外的文化现象。科学文化包括科学知识、科学思想方法和科学精神等方面的内容；而人文文化则包括人文知识、人文思想方法和人文精神等。人文知识是人类从事精神劳动的结晶，是人文文化的基础，它反映着人们对于社会认识的程度。人文思想方法是人们在认识社会、人生、历史的过程中所运用的基本思维方式、思想方法和思想理念。在人文文化中，人文精神是核心，它是人文文化的精神理念，是人文知识、人文素质的内化和升华。它不只是个人的理想或修养，而且还是一种终极关怀，是生命价值、精神价值的追求与体现，是人们的一种精神取向。

作为与科学精神并立的人文精神，它尊重人的价值，注重人的精神生活，强调生产的人文效益、产品的文化含量等。它的目标是求美、求善，其核心是以人为本。

源自人文精神的人文素养，其内涵是追求自身完善，谋求个性解放，并坚持理性，反对迷信和盲从。人文素养要求人们具有一种关爱他人，以社会为己任，以真善美为最高价值的精神。它肯定人的价值和尊严，主张人的全面发展和个性解放。对评论员的人文素养而言，其在评论实践中所坚守的理性和以人为本的价值关怀，主要表现为评论员的社会责任和社会关切。新闻评论相对于新闻报道，是对事实的价值判断和导向，所以在评论实践中，需要评论员秉持价值关怀；同时，还需要起到意见领袖的精神导航作用，即尊重他人、同情弱小、关切现实、倡导正义等，能够彰显人道主义关怀，弘扬社会正能量，传递真善美。

相较于内化的思维素养，通识素养旨在帮助新闻评论员贯通对世态民生的内化理解。其中，政治素养是评论员的根本担当，知识素养是其发挥评论职能的认识基础，法律素养与人文素养能为其评论表达增加专业性与人文关怀，计算机基本素养则是网络时代评论员的看家本领。相较于思维素养与通识素养，专业素养则是突显新闻评论区别于其他社会角色的专门素养。

5. 计算机基本素养

计算机基本素养是对计算机及其承载的互联网的基本知识的了解程度和应用能力，这一技术素养已经成为迈向信息社会的每个公民生存和发展的基本素养之一。评论实践涉及各类信息的接触和系统分析，因此，新闻评论员应具备计算机基本素养，以保证其实践和工作的专业水准。

通俗地说，计算机基本素养就是新闻评论员对计算机软硬件知识和互联网知识的积累，以及在新闻评论实践中能够灵活应用这些技术知识的能力。新闻评论员的计算机基本素养可分为计算机硬件及办公软件应用能力、互联网信息检索能力、互联网交互传播能力。

计算机硬件及办公软件应用能力是指新闻评论员在新闻评论实践中操作计算机并撰写新闻评论的能力。"工欲善其事，必先利其器"，它需要新闻评论员具备基本的计算机运行知识和相关办公软件的操作应用能力。

互联网信息检索能力是新闻评论员计算机基本素养的重要构成。它是指评论员熟悉检索软件，能够根据评论实践需要，借助检索工具，在海量信息中找出评论所需信息的能力。此"检索"并非简单的关键词"搜索"，它需要评论员既能够定向查找，又能够精准筛选，无论是信源还是信宿、信道，评论员都能够选择到权威可靠的资料，同时还能运用计算机统计与分析技术分类分析，为评论价值的研判提供信息技术保障。正所谓"论"从"据"出，对数据、大数据等技术素养的自觉学习和应用，已经成为当代评论员通识素养在技术层面的建设内容。

对互联网交互传播能力的认知和提升成为互联网时代新闻评论员顺应新形势的必然走向。从传播到有效传播，计算机技术提供的互动性展示了它助力评论传播的可能性，也因此，评论员无论从工作之需还是实践之需出发，都必须善于交互传播。一方面，新闻评论员要熟悉新媒体的社交功能，如论坛、博客、微博等，研究其传播逻辑与把握其传播特征；另一方面，新闻评论员还需亲身参与社交化的评论生产及互动讨论，为深入有效地参与社会化的评论实践奠定基础，创造条件，并为创新评论的参与机制和表达探索有效的路径。

三、新闻评论员的专业素养

（一）专业素养的含义与主要表现

专业素养是指由社会分工所形成的专门领域的职业能力和职业要求，是依托于专业的历时性实践而产生的具有专门性、指定性和不可替代性的素养。从内涵上说，专业素养是职业素养的内容组成，新闻评论员的专业素养则以通识素养为基础，涵盖新闻评论所涉及的专业知识、专业技能，并伴随专业实践的发展而进步与深化，最终服务于新闻评论的专业实践。

曾任新华通讯社社长的胡乔木曾言："培养一个评论员至少需要十年。"《大众日报》评论员孙秀岭认为："新闻评论员需要政治家的眼光、理论家的头脑、杂家的能力和新闻行家的本领。"[1] 可见，新闻评论员所具有的多重角色特性决定了新闻评论员不但需要具备新闻人的职业素养，还需要具备一些评论员所需的特殊素养。具体来说，新闻评论员的专业素养不是一蹴而就的，它不仅有赖于扎根专业实践过程的传媒知识与技能的学习和积累，而且离不开专业性的规范养成与伦理自省。

（二）专业素养的主要表现

1. 媒介识读

媒介识读是媒介素养的内核，它指向信息化进程中每个公民的媒介接触和信息解读能力，包括如何有效地使用媒介及其传播的信息，以及如何理解信息、判断信息，让媒介信息趋利避害、为我所用。新闻评论员是获得社会分工合法化赋权的信息处理者，这

---

[1] 孙秀岭：《评论员永远在爬坡》，《青年记者》，2007年第10期。

要求新闻评论员熟知新闻传播规律和信息传播规律，懂得传媒的组织运作、传播规范和媒体特性，能够按照信息采集、加工的流程进行专门性的传播。因此，新闻评论员对媒体、受众及其新媒介技术的认知不仅需要与时俱进且定位精准，而且还需要具备专业化的媒体识读能力，即身处海量信息之中，能够快速、准确地发现信息价值、选判评论线索、对比分析信息间的逻辑、确定信息的语用意义……进一步说，媒介识读对评论员来说，是区别于一般媒介素养的信息素养，它是善于使用媒介、有效激发评论敏感、精准解读信息的发现力、判断力、分析力、解释力和预见力的核心驱力，是体现评论员参与观点竞争的专业能力与要求。唯其如此，才能在纷繁芜杂的信息海洋中打捞"沉默的声音"，依托生活实践提炼与组织观点，进而以理性的力量唤起社会认同，构建舆论的"合意"。

2. 叙事能力与表达规范

新闻评论是游走于事实和观点之间的特殊体裁，是融通了事实和意见的传播。因此，叙事能力是新闻评论员必备的能力，也是新闻评论员专业素养的重要组成。相较于普通的新闻叙事，新闻评论员的叙事应该更加简洁清晰。新闻评论员不仅需要灵活地引述重要事实，以此阐明新闻由头，明确评论对象，更需要扎根于广泛的生活事实，洞悉和发掘关键论据，让思想源于事实，同时指导和服务现实实践。

评论员是新闻工作者，也是语言规范的示范者，承担着国家标准语和民族共同语使用的示范责任。从语言作为国家与民族共同体文化的传播与传承角度来看，新闻工作者的语言规范、语言创新也能直接影响和反映该国家、该民族的文化面貌和精神特质。

我国新闻界向来重视语言文字的规范。1951年6月6日，《人民日报》针对社会上语言运用混乱的现象，发表了题为《正确地使用祖国的语言，为语言的纯洁和健康而斗争》的社论，引发社会高度关注。近年来，新闻评论语言的规范性面临新生语言的挑战与冲击，如网络热词、地方性俗语的网络语等，长期存在的乱用错用成语典故、滥用简称，以及套话、空话、大话等乱象和怪象等问题，削弱了评论传播的精准度、严谨度，损害了评论的社会效能。这需要评论员加强和提升语言表达层面的素养。与此同时，新闻评论作为说理的艺术，需要评论员深入浅出、生动形象地表达观点、赢得认同和社会积极回应，还需要评论员夯实语言功底、锤炼修辞技艺、探索具有创意的新文风。具体来说，在遵循和示范语言规范的基础上，新闻评论员应顺应新闻传播的基本规律，令新闻评论的表达做到准确精练、情理交融、文风清新。

需要强调的是，新闻评论作为一种意见的公共表达，在语言规范和专业叙事中要更加注重两者的有机结合与有效平衡，即能够不断探索喜闻乐见的表达方式或能够提升叙事的专业性与体现创意。新闻评论的语言表达讲求简明平实、准确清晰；同时，随着信息接收方式和环境的变化，又需要贴近受众需要，注重说理论述的生动深入。如《生活》周刊主编邹韬奋曾强调"明显畅快"的平民式文字，力求通过大众化的言论语言，让初识字的妇女、孩童、农民、工人都能够看明白。这就要求新闻评论员在文风上生动活泼、富有表现力，能把抽象的理论还原为具体、形象的客观事物，并恰当运用比喻等修辞手法让事理入脑入心。毛泽东既是杰出的政治家、军事家，也是杰出的新闻人和评论家，他善用比喻，时常巧用寓言故事与小说形象来阐发道理，如把人民群众比作孙悟空、武松等小说中的人物形象，而把敌人比作纸老虎等，使文章生动传神，说服力强。由此可见，把握语言规范和专业叙事的平衡点，就要求评论员热爱生活、深入生活、立足群众、贴近实际，能够从受众的需求与文化接受的习惯出发，关注社会发展，在思想和情感上寻求对话与沟通的有效路径，让表达的规范散发说理的力度，让专业的叙事展现逻辑的晓畅，从而使评论员的论述体现公信力、充满活力、彰显格调，展示与实现社会主流价值话语的示范功效。

3. 职业道德与媒介自律

任何职业在发展的过程中都会形成自律和他律的规范与要求。对职业道德的理解存在广义和狭义之分。广义的职业道德指从业人员在职业活动中应该遵循的行为准则，涵盖了从业人员与服务对象、职业与职工、职业与职业之间的关系。狭义的职业道德指在一定的职业活动中应遵循的、体现一定职业特征的、调整一定职业关系的职业行为准则和规范。不同的职业人员在特定的职业活动中形成了特殊的职业关系，包括职业主体与职业服务对象之间的关系、职业团体之间的关系、同一职业团体内部人与人之间的关系，以及职业劳动者、职业团体与国家之间的关系。[1]

概言之，职业道德就是从业者在职业活动中应当遵循的行为准则和道德规范，是对其从业者的特定规约，需要从业者自觉维护和遵守。职业道德与职业素养不同，它是社会道德在职业活动中的体现与专门要求，作为精神层面的"道德"，它依托从业者内心的认同和行为上的自律。由此推之，新闻评论员的职业道德就是评论员在评论实践中应该遵守的职业规范和道德准则。新闻评论员要在民主、法治和社会基本价值观的底线之上，表达积极、进步，有利于社会和谐稳定发展与人民团结的各种观点，并在论证中不得使用不利于读者把握、理解事实，独立、清醒地进行判断的论证方法或修辞手段。[2]与新闻评论员应该遵循的社会公德和具备的专业技能相比，其职业道德更强调对职业属性、价值功能以及自我归属的认同和自律，并体现职业的特定价值与社会贡献、社会责任。

相对于职业道德层面的规约，媒介自律是新闻评论员作为媒体人必须遵循的规则和培育的修养。

康德认为，自律是达成积极自由的必备条件，它体现的不仅是一种意志的自我决断能力，更是每个人按照普遍法则去行动的自主能力。格里菲思（William B. Griffith）将自律看作一种"微型社会契约"，根据这一契约的协定，专业组织拥有新成员加入和确定工作标准的集体控制权。[3] 可见"自律"，就是自己约束自己。它是一种依靠自身努力，尤其是依靠非强制性的法律、法规手段而达成的符合社会、行业或活动的道德、行为层面的"应然"状态的共识，或默认性规范。它包括自我约束的意识与行为。自律是人类在适应自然、改造自然的过程中从"必然王国"向"自由王国"飞跃的一种文化

---

[1] 黄双蓉：《财经法规与会计职业道德》，经济科学出版社，2014年版。
[2] 马少华：《新闻评论的伦理责任和伦理问题》，《国际新闻界》，2005年第3期。
[3] W. B. Griffith. "Ethics and the Academic Professional: Some Open Problems and a New Approach", *Business and Professional Ethics Journal*, 1 (3), pp. 75–95, 1982. 转引自谢静：《建构权威·协商规范：美国新闻媒介批评解读》，复旦大学出版社，2005年版，第44页。

选择。从哲学与美学的角度来看，它是人类对象化观照与超越自身的文化实践。所以，自律在各类领域、对任何人来说都是一种人文的内化和文明的进步。媒介自律是指媒介行为主体在政府管制之外而实施的自我约束，它与来自外界（主要是政府）的约束相对应。自律与政府的"他律"是并行的两种约束方式。自律对他律起到增补作用，通常被认为是更具灵活性、更有效率的约束。它可以减少立法程序上和条文上的麻烦等，因而具有其他管理方式所不具备的优势。然而，从媒介实践来看，自律并不总是成功与完善的，它也不是唯一有效的，但它的适用范围、生效机制已经得到高度重视。中西方媒介运行机制的差异以及媒介人价值取向与文化传统形成的不同认识及操作方式，使媒介自律表现出不同的指向与取向，也即是媒介人的社会责任的文化立场与实践方式的区别。

　　武汉大学罗以澄、夏倩芳转引自《联邦通信法杂志》（1995年5月）的"媒介与自律专题"，精要地介绍了美国道格拉斯·C.麦克尔教授提出的具有权威性的有效自律的四个适用原则。一是自律要取得成效，必须既有技术专长又有明确的动机。这是首要原则，动机是自律成功的基本条件。自律主体，在大多数媒介产业里，主要的动机是担心如果媒介不自律，政府将会插手管理。因此，如果法律的强制力量超过了或涵盖了自律条例，自律就会消失，因为自律条例必须高于法律的底线，否则就失去了意义。除了明确的动机愿意自律，媒介还必须具备能实施自律原则的技术专长，即拥有专门的技术手段和有经验的专门人才。缺乏技术专长，将会导致自律管理机构无法准确评估媒介行为，降低其工作效率，因而降低其权威性，自律也就难以取得成效。二是代理机构具备审查能力，媒介的自律如果同时受到政府的约束，那么更容易成功，这种自律被称为"审查的自律"。它的内容包括政府机构参与审查自律规章是否合理，检查自律的履行情况，抽查它提供的自律情况是否准确，等等。三是自律评价标准的可操作性。四是自律程序的公开性。这是指自律组织应让自律的程序和规章制度公开化，并尽最大可能使其遍及所有受影响的组织，为其提供"发言"机会。自律组织对所有在制定规章中征求到的意见必须做出积极反应。自律组织应该让公众知道，吸引公众参与规章制度的制定和执行过程，促使他们开展监督。以美国为代表的"媒介自律"，强调了制度层面与社会层面应用性的生效机制；我国的"媒介自律"也有相关的相似之处，比如有中华新闻工作者协会、《中国新闻工作者职业道德准则》等机构和行业约束的规定，但是本书还要强调媒介人作为"时代记录者"和"时代代言者"的社会文化传播与引领的开创意识，它是媒介人作为个体完善与全面发展的主体性角色定位。这样的角色寓意中国媒介人既有中国文人忧国忧民的思维传统，又有走在时代前列执笔疾呼的使命意识，它是将个体与群体、自身命运与国家前途自觉相连，成为职业操守与精神价值实现的统一体。它与西方媒介人的主体性最大的区别，在于它是中华文化传统中"修身、齐家、治国、平天下"与"天行健，君子当自强不息"的人文张扬。它使媒介人走出狭小的空间，融入广阔的天地，在心理的自律与心灵的净化中实现自身的社会价值。[①]

　　有关评论员的职业道德的具体规范，可以参见《中国新闻工作者职业道德准则》等

[①] 有关媒介自律内涵的论述，参见操慧：《中国晚报文化——作为个案的〈北京晚报〉文化》，四川人民出版社，2006年版，第84~86页。

管理条例，而在新闻评论的具体业务层面，则需注意以下实践要求：

第一，新闻评论员须具备全局观、大局观，坚持"政治家办报"理念，须坚持正确的舆论导向，以构建与传播社会主义核心价值观为工作指导。

第二，新闻评论员的写作须深入调研，养成核查信源和事实论据的习惯，注重对权威信源的引用。

第三，新闻评论员须坚持"社会效益第一"的公益原则，拒绝任何形式的有偿传播，坚决抵制各种利益诱导。

第四，新闻评论员须树立伦理责任的观念，培养实事求是的理念，加强自律。学人马少华曾指出"言论是一种试图影响人、改变人——改变人的价值观、行为和信仰——的文本"[1]，即评论员需要传递负责任的观点，这一观点需反映事实的客观本质，体现认知的价值导向；同时，它也折射法治规范、伦理认同，即能够集中代表最大多数公众的根本利益。

（三）专业素养示例

1.《供给侧改革需加减法并举》评论作品原文

供给侧改革需加减法并举[2]

供给侧改革必须遵循市场化和法治化原则，让市场在资源配置中发挥决定性作用，让政府发挥更好的调控作用，为此必须既做加法，也做减法。

中共十八届五中全会提出："在适度扩大总需求的同时，着力加强供给侧结构性改革，着力提高供给体系质量和效率，增强经济持续增长动力，推动我国社会生产力水平实现整体跃升。"2015年年底召开的中央经济工作会议对供给侧结构性改革做出重点部署。供给侧改革将是2016年极为重要的改革内容。

供给与需求是经济的两个侧翼，应该协调健康发展。现在强调供给侧结构性改革，是因为供给出现了结构性问题。某些国内产品，虽然数量可观，却在质量上和结构上与市场需求不匹配。以钢铁为例，目前我国钢铁产量虽然位居世界第一，却质量不高，严重过剩，我国是圆珠笔的生产大国，但生产圆珠笔的核心部件圆珠的钢材却需要从日本进口。这就是说，我国产品供给侧出现了问题，必须调节结构，提高质量，压缩过剩产能，减少无效和低端供给，扩大有效和中高端供给，使供给能够满足市场的需求。

供给侧改革必须遵循市场化和法治化原则，让市场在资源配置中发挥决定性作用，让政府发挥更好的调控作用，为此必须既做加法，也做减法。供给侧改革做加法，是因为有些工作政府没有做好，存在缺位，需要加强，需要补短板；做减法，是因为有些工作交给市场反而会有更好的效果，也是因为政府向企业提取的税费太高影响到企业的生产能力，必须减负。

供给侧结构失衡，落后产能过剩，产品质量不高，竞争力不强，非常重要的原因是企业创新能力不足。因此，国家必须营造有利于创新的良好社会氛围和社会环境，制定

---

[1] 马少华：《新闻评论的伦理责任和伦理问题》，《国际新闻界》，2005年第3期。
[2] 梁发芾：《供给侧改革需加减法并举》，《甘肃日报》，2016年1月27日第6版。

和执行有利于创新的法律制度，维护好有利于创新的市场秩序，让有创新能力的企业在市场竞争中脱颖而出，真正从创新中获得收益。

首先要形成崇尚创新的宽松环境。无论科学技术、文学艺术，还是生产管理、社会治理，都需要不断创新，推陈出新。创新者生，不创新者死，这种优胜劣汰的自然法则也是严酷的市场法则。人类的所有创新活动，都离不开自由的心灵和宽松的环境。创新中要允许探索，允许差异，允许个性，允许出错。政府应积极制定政策，表彰和奖励有突出创新成果的组织和个人，对于有突出创新的企业，在宏观政策上予以优惠。这样就可以在全社会形成崇尚创新的良好氛围和环境，形成以创新为荣的价值观念。

其次，国家尤其要通过立法和执法，建立起保护创新的法治环境和市场秩序，尤其要加强对知识产权的保护。对于经济活动来说，创新往往意味着巨额的研发投入，如果创新的成果不被保护，研发者不能从创新中得到最大化的收益，一个新的项目和产品的推出立即引发大量的盗版和假冒，那么，企业花巨资投入的研发费用就得不到补偿，这样就不可能有创新和发明。所以，必须加强对知识产权的保护力度，必须加大对假冒伪劣产品的打击力度。当创新确确实实能够给企业和个人带来效益的时候，企业和个人的创新积极性主动性才会被真正激发起来。

政府除了必须做加法，还必须做减法。产能过剩问题，结构失衡问题，产品质量不高问题，往往与税费太高，管制太多有关，也与不当的扶持与财政补贴有关，必须通过减法将这些方面的问题减下去。

减法之一是减税。沉重的税负，不合理的收费，过高的社会保障费率，都成为企业沉重的负担，影响了企业发展后劲和活力。所以，必须减税清费，减轻企业负担。今年的减税措施主要是"营改增"和对制造业的增值税税率下调。降税的同时，还应该切实考虑降低企业背负的各种收费，包括社会保障的费率，尤其应该防止前些年影响恶劣的"三乱"的死灰复燃。乱收费、乱罚款和乱集资摊派，在经济下行财政收入紧缩的情况下，很容易重新被激活，防止"三乱"发生，是政府减法的应有之意。

减法之二是减少行政审批，简政放权，降低行业准入的门槛。近些年，通过行政审批制度的改革，各级政府已经精简、下放和取消了一大批行政审批事项，但影响企业发展的各种有形无形的管制仍然不少，政府应进一步简政放权，还权企业和社会，让企业轻装上阵，让创业者更方便地进入市场。

减法之三是停止对于产能严重过剩的国有企业的财政补贴和扶持政策。财政补贴低水平的产能过剩的国有企业，扭曲了市场配置资源的作用，使落后产能不能够被市场淘汰；也形成错误的激励机制，造成国有企业的道德风险和机会主义行为；同时，补贴落后产能也花掉大量应该用于民生的宝贵财政资金。停止对过剩的落后产能的保护，取消对落后产能的补贴，让无法在市场竞争中生存的"僵尸企业"退出市场，是极其痛苦的选择，但也是必须做出的选择，只有如此才能真正淘汰落后产能。

总之，在供给侧改革中，政府做好加法，是为了更好地发挥政府的作用；做好减法，则是为了让市场发挥决定性的作用。政府更好地发挥自己的作用，同时把本该应由市场发挥作用的交给市场，供给侧的改革就能够顺利推进。

2. 写作过程简介与启示

写好新闻评论，也是"功夫在诗外"[①]
——从一等奖评论《供给侧改革需加减法并举》谈起

一、对营造良好创新环境的呼吁，或是文章获大奖的重要原因

中共十八届五中全会提出着力加强供给侧结构性改革，2015 年年底召开的中央经济工作会议对供给侧结构性改革做出重点部署，供给侧改革这个新鲜词组进入中国人的生活。作为长期关注中国经济改革的新闻从业者、媒体评论员，对这一重大政策举措予以评论解读，是职责所系。在部门和报社领导支持下，我撰写了《供给侧改革需加减法并举》，在 2016 年 1 月 27 日的《甘肃日报》评论版刊登。

在《供给侧改革需加减法并举》一文中，我认为供给侧存在两方面的问题，一方面是创新能力不足，另一方面是企业负担太重，因此提出在供给侧结构性改革中，政府应该既做加法也做减法的建议。所谓加法是指政府应该营造崇尚创新的宽松环境，鼓励、保护和支持创新，维持市场秩序，保护知识产权；而减法是政府简政放权，降低税负，减少对过剩产能的不必要补贴等。通过改革，让市场在资源配置中发挥决定性作用，让政府发挥更好的调控作用。

对于营造创新环境的强调是这篇文章的重点。之所以强调维护创新环境对于供给侧结构性改革的重要性，也是基于长期以来的观察和思考。虽然我国一向鼓励和推崇创新，但毋庸讳言，我国社会对于创新的宽容和保护是不够的，对于差异和创见不够尊重，不够宽容，求同而不存异，以致人们的想象力被束缚，创造力被消磨。失去了宽容的环境和自由的心灵，人云亦云，亦步亦趋，哪儿能有什么创新动力呢？没有创新，产品工艺和技术等怎么能够提高和改善，参与国际竞争并取胜呢？对发明创造缺少保护，谁又有兴趣去搞创新呢？基于这些认识，我在文章中说："首先要形成崇尚创新的宽松环境。无论科学技术、文学艺术，还是生产管理、社会治理，都需要不断创新，推陈出新。创新者生，不创新者死，这种优胜劣汰的自然法则也是严酷的市场法则。人类的所有创新活动，都离不开自由的心灵和宽松的环境。创新中要允许探索，允许差异，允许个性，允许出错。"这里我提出"允许出错"的观点，在近一年之后，各地也开始出台容错机制的政策。虽然容错机制是针对领导干部和决策领域的，但对于保护市场创新同样也有借鉴意义。允许出错，鼓励创新，触动了社会的敏感点和兴奋点。我自己觉得，这篇文章能够打动评委，并获得大奖，或许就在于对营造良好创新环境的鼓呼与吁求。

二、写好新闻评论的几点体会

《供给侧改革需加减法并举》的获奖，是对我多年来新闻评论职业生涯的肯定和鞭策。借着这样的机会，我不揣浅陋，把多年写作评论积累的一点心得体会，拿出来与大家做些分享。

由于新闻评论追求时效性，也往往被人看成是速成品，急就章。事实上，正因为新

[①] 梁发芾：《写好新闻评论，也是"功夫在诗外"——从一等奖评论〈供给侧改革需加减法并举〉谈起》，《中国记者》，2017 年第 11 期。

闻评论必须追求时效，是急就章，所以要写好这样的文章就必须在平时做大量的功课，进行长时间的训练和积累。古代诗论说"功夫在诗外"，戏剧界也有"台上十分钟，台下十年功"的说法，写好新闻评论，道理是一样的。一篇好的评论，读者们能够看到的只是大洋中的冰山一角，更厚重的部分隐藏在洋面之下。

新闻评论是一种应用文体，它本身并不追求文学作品那样精美的形式，因而也无须华丽的技巧。写好新闻评论，最重要的还是观点的新颖和独到，论据的充实和丰富，论证的严密和规范。要做到这些，如下功夫是必备的。

首先，写自己真正理解的领域的评论。新闻评论的范围十分广泛，举凡政治经济文化社会思想历史生活甚至科学技术都会成为评论的内容和对象。但是一个人的时间和精力毕竟有限，专业也有分工，不可能精通所有方面。如果一个评论员对方方面面的问题都要写评论，很可能只能是泛泛而谈，人云亦云，很难做到深刻、独到、准确，弄不好会让内行笑话，让外行不知所云。我的看法是评论员还是要坚持写自己懂的东西，不要写自己不懂或者似懂非懂的东西。评论员应该根据自身情况，发挥自己所长，选择某个领域做重点突破，进行更深入的研究和思考，即使不能成为这个领域的专家，也至少要做到对这个领域十分熟悉，成为该领域的内行。达到这个水平，就能够从纷繁的线索中找出头绪，发现人们所未看到的问题，提出人们未提出的观点。这样的文章，内行看了不觉得肤浅，外行看了也有启迪。

就我自身来说，长期对国家财政税收十分留心，从2010年至今，在《中国经营报》开设专栏，发表二百多篇文章，重点关注财政税收、政府与市场关系、政府的治理能力等问题。所以，当党中央做出供给侧结构性改革决定的时候，我能够比较准确地理解改革的内涵和要点所在，并很快写出有针对性的《供给侧改革需加减法并举》一文。

要写自己懂得的内容，根本的还是要长时期地进行学习、思考、研究和积累。有些问题可能没有合适的由头和契机，并不一定马上要写成文章，但你思考成熟了，有准备了，当由头和契机出现的时候，你就可以轻松动笔，做到下笔千言，倚马可待。如果平时没有积累，没有什么想法，遇到需要快速做出评论的时候，临时抱佛脚，可能仍然是老虎吃天，无处下爪。

其次，会讲道理很关键。会讲道理是评论最重要的技巧，也是评论员非常重要的素质。即使真理在握，而真理也往往并非不辩自明的，真理也需要阐发，需要解释和论证。新闻评论最重要的还是摆事实讲道理，以理服人。我们常说摆事实讲道理，以理服人。面对基于充分的事实和严密的逻辑而得出的结论，正常的理性的人是无法拒绝的，即使先入为主地怀有偏见，也可能在事实和逻辑面前放下偏见，重新认识和考虑你的观点。

讲好道理的前提是对所评论的问题有深入研究。需要掌握大量的事实，需要对事实进行梳理和分析，找出其中的逻辑联系和因果关系。如果对问题研究不够，了解不深，所知不过皮毛，掌握的资料有限，那么在有限的材料中可能无法建立逻辑关系和因果关系。所以，会讲道理这个问题仍然和上面所说的写自己理解的东西，本质是一回事。

讲道理的第二个方面，是要有好文风。评论是写给读者看的，是要影响读者，说服读者，让读者理解和接受你的观点的。所以必须要有好的文风，要尊重读者，善待读者，必须把能够说服他人的事实和道理讲给他。我在写评论的时候，总是首先假设我是读者，要站在读者的立场，设想读者会怎么看我的观点，会怎么反驳；同时我也设想，如果读者那样反驳，我会怎么回答。如果我不能回答这些问题，我就宁可不发表也不采取强词夺理和诡辩忽悠的办法去硬凑一篇评论。

总之，平时的积累、观察和思考，对于写好新闻评论非常重要，而善于讲道理，充分尊重读者，同样是不可或缺的。

这篇文章的作者是《甘肃日报》评论部副主任、高级记者梁发芾，其评论作品《供给侧改革需加减法并举》获得第27届中国新闻奖一等奖。在这篇心得体会文中，他回顾了评论作品的写作背景，介绍了写作思考。梁发芾长期关注经济领域，因此积累了大量的相关知识。在写作中，他能够有的放矢，站在读者角度解疑释惑，并做好政策解读与确立正确导向。这篇评论作品提出了供给侧改革的建议和实施举措，对专业性政策给出了通俗解释和建言。从上文画线部分的体会可以看出，新闻评论员只有深刻把握宏观局势与社情民意，具备合理的知识机构，深耕某一具体领域，追踪与深究问题实质，才能以问题导向为切入点，解析现象背后的逻辑，或解疑释惑或洞悉前瞻，及时回应受众关切。

透过作品，我们看到了新闻评论员长期的积累和善于发现问题的评论敏感，以及具有针对性的专业表达技能，其间思维、通识、专业素养的融通，为我们昭示了新闻评论员的职业使命和社会责任的建设方向。由此可知，新闻评论员的社会角色和职业素养是一个互动互构的过程，无论是社会人还是媒体人，都需要从实际出发，从职业要求出发，结合受众的需求变迁，立足媒介发展的动态、长效建设和自觉探索因应新闻评论发展之需，锤炼具有自我特色的综合素质与评论能力。

思考与练习

1. 请结合社会学的基本理论谈一谈你对社会角色的理解。
2. 请简述新闻评论员的角色内涵。
3. 新闻评论员构建自我角色认同的途径有哪些？
4. 请结合实例分析影响新闻评论员社会认同的主要因素。
5. 请结合2000年以来获得中国新闻奖评论奖的作品谈一谈新闻评论员的角色素养以及培养路径。
6. 请根据自己的评论实践体会谈一谈新闻评论员的思维素养、通识素养以及专业素养的关系。

第二部分　方法

第四章 选题·立论

内容提要：

新闻评论的写作，即新闻评论文本的生成阶段。一般来说，构思在前，表达在后。构思是评论写作的起点，是一个思维过程以及表达的基础。本章结合具体案例对新闻评论选题与立论的含义、表现以及要求进行解析。在此基础上，从动态写作的过程说明选题与立论的关联，并提供综合考量两者关联的实践路径。

第一节 新闻评论的选题

一、何谓选题

（一）选题的含义

新闻评论的选题是对写什么的思维过程。广义上的新闻评论选题是指某一大众媒体的阶段性评论任务或者针对重要问题的评论规划，一般以报道计划或宣传计划的形式出现，也称选题计划；狭义的新闻评论选题，又称论题，是指具体的一篇新闻评论的评论对象和论述范围。前者是媒体机构或编辑部的新闻生产的内容及工作，须体现和满足媒介定位与受众需求，长期的实践可以形成稳定的评论面貌和价值取向。后者是针对单篇评论作品的写作和传播，是写作的基本起点。从新闻评论工作全局看，选题计划对单篇评论选题的取舍具有统帅、规约作用；同时，单篇选题也会反映选题计划的预期，是选题计划的有机构成，在媒体的操作层面，两者存在种属与互动关联。

（二）选题、命题与题目的比较

1. 选题与命题

选题是指评论什么，包括评论的对象和论述范围。命题在逻辑学意义上指表达判断的语言形式。写作新闻评论时，命题指确定选题的中心思想和主题，即评论作品是围绕命题而进行的具体阐述。两者的关系虽有交叉，但也有区别。具体表现为两种状况：一种是选题相同，命题互异。同是针对"浙江省教育厅出台相关规定规范网络投票活动"的选题，命题却可以不同，如《中国青年报》的评论文章《严管网络投票受益的不仅是

"朋友圈"》[1] 重在点赞浙江省教育厅的措施整改，而《钱江晚报》的评论文章《朋友圈拉票，拉来了太多烦恼》[2] 则重在分析朋友圈投票的弊端。另一种是命题相同，选题互异。同是"不合理低价旅游应该加强整治"的命题，选题可以不同。以下摘录部分媒体均以"不合理低价旅游应该加强整治"作为命题却选题各异的新闻评论（见表4－1）。

表4－1 以"不合理低价旅游应该加强整治"为命题的选题各异的新闻评论示例

	媒体	新京报
"不合理低价"是旅游业乱象根源	时间	2015年5月3日
	选题	由于不满游客消费低，云南一导游大发雷霆，大骂游客道德、良心在哪里，昨日这一视频在微信朋友圈被广泛转发。随后记者从旅游部门了解到，旅游部门已经安排人手调查处理，将严肃查处导游及所涉旅行社的行为。应该采取行业自律的形式，通过旅游业行业组织定期发布各类旅游线路的合理价格，供消费者参考，对于一些旅行社恶性竞争、低价揽客的行为，由行业组织给予公开谴责等。
	媒体	北京晨报
低价游打击之后要引导	时间	2015年10月12日
	选题	事实是相关部门的不作为，执法部门没有把工作做在平时，使得低价游屡惹事端。像前段时间的"一元钱团费"也能潇洒游昆明，最终游客以视频为证索赔500元，导游也被开除，赔了夫人又折兵。所以，在法治精神越来越深入人心的当下，严格管理不仅仅是对旅游从业人员的约束，同时也是一种保护，毕竟，无序的市场，谁都赚不到便宜。而在严厉打击的时候，对于处境维艰的旅行社，我们更需要加以引导。
	媒体	光明日报
整治低价团旅游游客为何"挨板子"	时间	2015年10月28日
	选题	低价团旅游虽屡现屡禁，但屡禁不止，根源还在于惩处力度和措施有不强和不当的地方。执法部门别光想着给低价团旅游的买卖双方打板子，当治理不力监督失察之时，罚责的"板子"也总得有那么一次落在执杖者自己身上，而后者应该也必须拥有这样的自觉和勇气。
	媒体	广州日报
斩断不合理低价游的"黑链条"	时间	2016年10月25日
	选题	乘着国家旅游局在全国范围内开展"不合理低价游"专项整治行动的东风，携程旅游主动下架100多条涉嫌不合理低价的旅游产品。在公众的千呼万唤中，旅游业各方能否以此为照，切实打破"不合理低价游"的利益链条，形成健康合理的旅游秩序，无疑才是此事的最大看点。

---

[1] 杨鑫宇：《严管网络投票受益的不仅是"朋友圈"》，《中国青年报》，2018年5月24日第2版。
[2] 高路：《朋友圈拉票，拉来了太多烦恼》，《钱江晚报》，2018年5月24日。

续表4-1

	媒体	法制日报
不怕投诉或是旅游乱象根源	时间	2017年12月21日
	选题	旅游乱象的根源或许就在于不怕投诉。负面舆情发生在云南，其他地方也不必沾沾自喜，更不必隔岸观火，不妨反躬自问一下，自己就那么干净吗？类似不怕投诉的心理，难道只是别人家的故事吗？云南省旅游发展委员会在声明中再次表明了态度，并欢迎广大游客及媒体提供线索。在此基础上，不妨推出有奖举报制度，鼓励更多人参与监督，进一步形成监督合力。

2. 选题与题目

题目又称标题，它直接规定和概括写作内容。相比之下，选题是在更大范围内确定所要评述的对象和范围。题目既是对立论的概括，也是对论述范围的限定，还是对选题的反映。一般而言，题目是在选题范围内对论述对象的选择与具化。

3. 评论对象与论述范围

选题的过程就是确定评论对象与论述范围的过程。每一篇评论文章所显示的评论对象与论述范围之间的联系是多种多样的，大致来说有三种情况。第一，评论对象大于论述范围。这类选题注重"从大处着眼，从小处着手"，即将大问题的某个侧面选为论题，突出其针对性。如有些阐述方针、分析论述社会问题或社会现象的评论，由于评论对象本身的涵盖面宽，写作中为了更好地驾驭论题，往往需要缩小实际论述范围。第二，评论对象小于论述范围。这类选题强调"小题大做，由点及面"，这是以典型事例为评论对象的评论选题常有的格局，即通过归纳法的思维方式，赋予典型事件普遍的社会意义。适当扩大论述范围能够增强论题的社会意义，是评论实际应用的常见写作选择。第三，评论对象与论述范围相当。论述实际工作中的具体问题的评论选题，多数属于这一类。这类评论着眼于分析实际问题并提供建议和对策，只要对问题和解决问题的方向、途径、措施等的论述是切合实际的，评论也就达到了写作的预期目的。评论对象与论述范围关系的评论示例见表4-2。

表4-2 评论对象与论述范围关系的评论示例

关系	示例
评论对象大于论述范围	媒体：人民日报
	时间：2018年6月28日第5版
	评论：《在毕业季播种新希望》
	评论对象：毕业季
	论述范围：毕业大学生的职业生涯规划
评论对象小于论述范围	媒体：人民日报
	时间：2018年6月25日第5版
	评论：《"东湖+"，激活城与校深层互动》
	评论对象：武汉市围绕高校资源做出建设环东湖创新经济带等新规划
	论述范围：大学与城市的深层互动

续表4-2

关系	示例
评论对象等于论述范围	媒体：人民日报
	时间：2018年6月25日第20版
	评论：《把关键核心技术掌握在自己手中》
	评论对象：习近平总书记在两院院士大会上关于将核心技术掌握在自己手中的讲话
	论述范围：实现关键核心技术自主可控，抓住千载难逢的历史机遇，有力支撑世界科技强国建设，真正发挥创新引领发展的第一动力作用

二、选题的基本要求

面对复杂纷繁的新闻事实，评论员根据工作要求、媒介定位以及受众需要，在思维层面考虑评论什么、不评论什么、以什么角度切入来评论等，在实践中积淀下约定俗成的可循规律。

（一）从立足当下、前瞻未来、价值导向出发

新闻的时新性决定了新闻评论大多以当今时代的人、事、物、现象和问题等作为主要的评述对象，它们与现实生活中的利益相关，也与大众的民生所向密切联系。例如，对当前新闻报道的贪污腐败、食品安全、教育公平、医疗改革、股市乱象等问题进行及时评论，是新闻人的社会责任所在，也是新闻具有的舆论引导和监督的功能使然。

评论员的新闻敏感与职业素养要求并促使他们自身能够透过瞬息变化的现象，站在高远的全局立场，"瞭望"那些还未引起公众注意但又可能对未来发展产生重要影响的议题，解疑释惑，未雨绸缪，科学前瞻。例如，1978年，《光明日报》特约评论员文章《实践是检验真理的唯一标准》[1]（如图4-1所示）刊出以后，引发了一场关于真理标准问题的大讨论，为否定"两个凡是"、进一步反思"文化大革命"和推进改革开放提供了纲领性指导，成为党和国家实现历史性伟大转折的思想先导，影响和推动了中国改革的整个进程。该文作者胡福明在接受采访时说道，"我跟上了时代，没有扯时代的后腿"[2]，"时代是思想之母，这是时代的产物……我写这篇文章，来推动这个历史的大转折"[3]。此言道出了评论员立足时代形势与把握时代走向的自觉、敏锐以及强烈的社会责任感。

---

[1] 本报评论员：《实践是检验真理的唯一标准》，《光明日报》，1978年5月11日第1版。
[2] 刘照普：《专访〈实践是检验真理的唯一标准〉主要作者胡福明：我只是跟上了时代和国家的需要》，《中国经济周刊》，2018年第22期。
[3] 王国平、张路延：《视频专访〈实践是检验真理的唯一标准〉作者胡福明：实践见证四十年辉煌》，2018年5月21日，参见封面新闻 http://www.thecover.cn/video/75799。

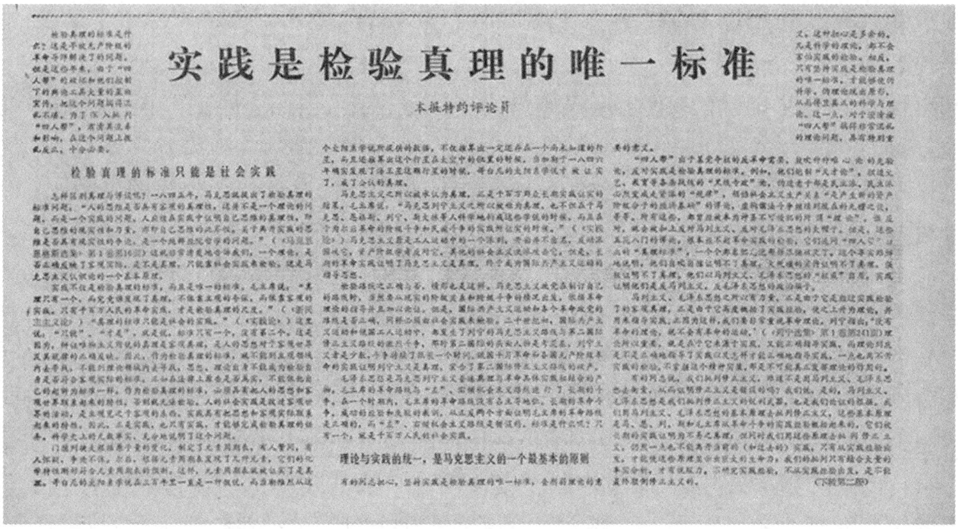

实践是检验真理的唯一标准

本报特约评论员

检验真理的标准只能是社会实践

理论与实践的统一，是马克思主义的一个最基本的原则

（下转第二版）

图 4－1　《实践是检验真理的唯一标准》文章截图

新闻评论的价值导向源于新闻事实的客观属性之于受众利益需求的关联，而对这一关联的呈现离不开评论员对评论价值的选判。所谓“价值”，就是指事物的有用性，新闻评论的价值便指向新闻评论的有用性。从横向上看，新闻价值的作用对象包括国家、媒体与受众；从纵向上看，其作用范畴包括过去、现在和未来。新闻评论的选题过程一方面要注意平衡三个作用对象的利益关系，另一方面要注重该评论选题在传播时的时空适契度。胡适 1922 年创办的《努力周报》中设有评论栏目《这一周》，他这样描述该评论栏目其中一周的选题过程：“这一周中国的大事，并不是董康的被打，也不是内阁的总辞职，也不是四川的大战，乃是十七日北京地质调查所的博物馆与图书馆的开幕。”[①] 这句话清晰地阐明了胡适在确立新闻评论选题过程中的价值选判和洞察力。在他看来，决定中国前途与命运的关键在于科学的进步，因而将北京地质研究所的博物馆与图书馆的开幕视为能够起到价值引领作用的评论选题。这种选题考虑的实例在现当代的评论写作中层出不穷。

（二）从观照现实、洞悉民生、回应舆情着眼

从新闻评论的传播效果看，一篇优秀的新闻评论作品能够得到受众认可和良好的社会反馈，必然需要反映社情民意，聚焦与回应社会发展中的热点、焦点、难点和疑点，并有效释疑与引导舆论。因此，新闻评论的选题要凸显其现实针对性，关注现实生活中出现的新现象、新人物、新事件、新问题、新矛盾、新趋势、新思想，不仅能够有效发挥新闻的环境监测和社会协调功能，而且还将助力社会现实难题的讨论和解决。以“孙志刚案”为例——2003 年，外地务工人员孙志刚在广州被违章收容致死。从 3 月 20 日起，孙志刚家人多次找有关方面反映此事，但始终没有结果。4 月 25 日，《南方都市报》刊登了题为《被收容者孙志刚之死》的封面报道，以较大篇幅首次披露了这一重大

① 胡适：《胡适文存　贰》，华文出版社，2013 年版，第 343 页。

恶性事件。该报道所配发的社评《谁为一个公民的非正常死亡负责》提出了两个问题：一是孙志刚该不该被收容？二是即使孙志刚属于收容对象，谁有权力对他实施暴力？稿件刊出当天上午就被新浪网等多家媒体纷纷转载，自此，"孙志刚案"由地方媒体报道的地方新闻升级为全国新闻，一时间成为全国关注的焦点。网友纷纷发表评论，为孙志刚之死鸣不平，置疑收容制度，敦促政府和相关部门尽快通过法律手段解决问题，反响十分激烈，社会舆论迅速形成。6月12日，新华社发表时评《孙志刚案反思："收容站"应当成为"救济站"》，指出收容遣送制度的模糊性，批评陈旧规定与中央政策和我国全面建设小康社会的目标背道而驰，认为"以'自愿出入'为原则，把'收容遣送站'变为对城市困难群体包括外来困难者的'救济站'，让需要救济、应当救济的人享受政府的救济服务，应该是改革现行收容遣送制度的基本思路"。由此，媒体对孙志刚案的舆论监督进一步深化。最终于6月20日，我国公布施行《城市生活无着的流浪乞讨人员救助管理办法》，标志着收容制度成为历史，旧的收容遣送制度逐渐被救助管理制度所代替。对此案密切关注的相关新闻评论，其选题大多对准社会现实，及时回应公众的舆论关心，层层递进，最终促使了旧制度的废除。

孙志刚案反思："收容站"应当成为"救济站"①

孙志刚被故意伤害致死案的发生，引起了人们对现行收容遣送制度的疑问：这个机构到底是干什么的？

这起引起众怒的案件，暴露出现行收容遣送工作存在的诸多问题。其中最大的问题是"自愿"与"强制"的界限模糊，使收容几乎完全变成了一种强制行为。

各地城市收容遣送站现行功能不外乎两个：一是收容救济因无力自行解决衣食住行而流落城市街头的生活困难人员；二是强制性地收容、遣送患有精神病或流浪乞讨、影响城市秩序的人员。前一种功能属于服务性质，以自愿为原则；后一种功能属于监管性质，是强制性的。把这样两种截然不同的社会管理功能纳入一个机构，看似社会管理所需，但事实上，行政法规授权的模糊性，给执行者玩忽职守和滥用权力留下了漏洞。

从各地实际情况来看，现行收容遣送制度的管理对象主要是进城务工的农民。收容遣送制度的模糊性和陈旧规定，使一些城市管理人员出现蔑视进城农民，侵犯农民工人身权益的错误做法。一些农民工初来乍到，还没有找到合适的住所和工作，未及办理"暂住证""务工证"等临时证件，即被视作"三无"人员收容遣送，根本不给他们驻足城市的机会。这种做法显然与中央政策和我国全面建设小康社会的目标背道而驰。

按照十六大精神和中央的政策，农民进城务工，农村人口向城镇转移，是增加农民收入、加快农村经济社会发展的重要举措。同时，农民工的存在和发展壮大，弥补了城市一些急需劳动力的工作岗位的空缺，为城市建设和市民生活便利做出了巨大贡献。政府各部门都应积极鼓励和支持农民进城务工和向城镇转移。

以"自愿出入"为原则，把"收容遣送站"变为对城市困难群体包括外来困难者的"救济站"，让需要救济、应当救济的人享受政府的救济服务，应该是改革现行收容遣送

---

① 《孙志刚案反思："收容站"应当成为"救济站"》，2003年6月12日，参见新华网。

制度的基本思路。从我国经济社会发展和城乡差别的实际情况来看，面向进城务工农民等流动人口建立救济机制，既是当前进城务工农民的迫切需要，更是城市管理者和城市人义不容辞的责任，也是大多数城市完全有能力承担的义务。

让收容站成为纯粹的救济机构并非不切实际的"天方夜谭"。今年年初，天津市收容遣送站首先实行了"全开放"服务模式：凡"困顿"在天津的农民工和儿童都可以自愿到收容站，接受站方安排食宿，而且"想来就来，想走就走"。收容站还为愿意在天津务工的农民工推荐就业岗位，发给市内交通费，以便农民工自行找工作。对于不愿在津务工又无钱返回原籍的人，由收容站资助其返乡。天津市的做法值得各地借鉴。

"希望我儿子这么一个血的惨案能推动法制建设，改变收容遣送现状，让更多有孩子出门在外打工的父母能够在家安心。"孙志刚的父亲在一审结束后这一沉重的心愿发人深省。在全党、全国深入学习"三个代表"重要思想之时，从国家全面发展和人民群众的根本利益出发，尽快改变收容遣送工作的现状，已成为有关部门刻不容缓的一项重要任务。

由上可见，该评论选题不仅洞悉民生，反映民情，还及时回应舆情关切，体现了新闻评论的时效性，发挥了其监督舆论、促进革新的积极作用，同时，这些社会反响也验证了评论选题的价值及社会意义。

（三）从新闻价值、宣传价值、评论价值切入

新闻评论的选题过程，就是把值得关注的社会议题置于评论价值的坐标体系中，加以比较与筛选的过程。筛选的标准主要涉及新闻价值、宣传价值和评论价值三个层面。

首先，新闻评论的选题要具有新闻价值。所谓新闻价值，指的是事实能够达成新闻的时新性、重要性、显著性和趣味性等新闻属性。新闻评论是对新闻发表议论，表达态度和立场，因此，新闻价值的高低会伴随新闻的时效性传递给评论实践，也会影响评论的关注度及重要性，换言之，新闻评论的时效性承袭与体现新闻价值的高低，两者关系密切。

其次，新闻评论的选题含有宣传价值，并可以作用于宣传价值。与生活现象，社会趋势，政府方针、政策或工作计划有关的新闻，其评论选题会内含宣传价值，也就是评论写作的起点和归宿会天然具有引导舆论、影响社会认知的特性，而这正是其宣传价值所在。从传播活动来说，宣传是一种制造同意的主观能动性很强的信息说服活动，宣传者的预期明确，当预期实现时，宣传价值就能体现，也就是新闻评论的选题可以承载宣传预期和作用于宣传效果。因此，评论选题离不开对其宣传价值的考量。

最后，新闻评论的选题综合呈现评论价值，是新闻价值与宣传价值的合成。实际上，并非所有具有新闻价值和宣传价值的新闻事实都能成为新闻评论的选题。作为观点信息的传播，新闻评论的选题客观上要求评论员"有话可说""此话该说""说了有效"。由此可见，评论价值可以理解为由新闻价值或宣传价值合成的一种信息特质，就其形成过程来看，评论价值的发现阶段涉及对新闻价值和宣传价值的寻找及开掘，因此，评论价值首先建立在新闻价值或宣传价值的判断基础上。其次，从评论价值的外在表现来看，新闻评论的选题实践是评论主体见解外化于评论客体的呈现过程，同时还要受到主

客观因素制约,具体表现为评论员须将选题结合媒体定位、社会现实、素材理论、自身条件等方面进行综合评估和选择。此外,评论价值的效果显示,新闻评论作品要获得受众认同,需要接受各类社会检验。因而,新闻评论的选题价值是动态综合选判的结晶,需要评论员长期的经验积累和专业实践。

农科院所制假坑农的多重恶劣性[①]

新华社"3·15"发稿披露,去年,仅农业部、国家质检总局、工商总局查获的假冒伪劣农资就达 22 亿元;更令人难堪的是,一些应以扶农支农为天职的农业科研院所也参与了制假售假,被点名的这些农科院所包括山东省农科院畜牧兽医所、江苏省农科院兽医所、上海市农科院畜牧兽医所、上海市奉贤区畜牧兽医站等。这件事已经远远超出了学风浮躁和科研腐败的范畴。

基层农业科研和农技推广单位的不景气已持续多年。上述农科院所制假售假的动因或许各有不同,但经济利益应是最终的目的。我在想,山东、江苏、上海等发达省份都有农科院所想着靠制假售假敛财了,更不景气的西部、老少边穷地区的农科院所更何以堪?农科院所变着法子地坑农害农了,更不景气的农民兄弟们更何以堪?

农业科研、农技推广单位的不景气有着体制、政策、资金、结构、人员等方面的诸多根源,都亟待统筹加以解决。但无论如何,"不景气"丝毫都不能成为制假坑农的理由。因为,农业作为先天性"弱质"产业,不光仍在很大程度上有着靠天吃饭的特性,更在于,在它的单元生产周期里,一切都具有不可逆转性,比如,因假冒伪劣农资而致歉收甚至绝收,这一年就完了,不像绝大多数工业产品那样可以返工重做;而这一切"不可逆转的"最终承受者,还是农民。从这个意义上讲,在当前国家空前重视"三农"问题、全国反哺农业的大趋势下,有的农科院所却玩起"制假坑农"的一套,就具有多重恶劣的性质:在社会公平方面,它在作为一个弱势群体遇到问题时,选择了转嫁于比它更弱小的群体,造成更大不公;在科学道德方面,它作为一个科学普及和技术推广的天然使者,失去了最起码的良心和责任感;在市场诚信方面,它作为一个本应以技术和服务优势立足的可信伙伴,丧失了农民的信赖……

以该评论为例分析,与之相关的是 2005 年 3 月 15 日新华社发稿披露了一些农业科研院所参与制售假冒农资的消息。《科技日报》记者于 3 月 17 日刊发了相关评论,及时对此事予以关注和点评,体现了其新闻价值。在 700 多字的篇幅中,该文充分论证了一些农科院制假坑农的恶劣行径,对这种不良风气和相关单位的工作失当起到了及时纠偏和警示作用,由此也凸显出该评论的宣传价值。与此同时,在国家高度重视"三农"问题和倡导全社会支持农业的大趋势下,该评论在"有话可说""此话该说"和"说了有效"的预期基础上又体现了该文的评论价值。

[①] 瞿剑:《农科院所制假坑农的多重恶劣性》,《科技日报》,2005 年 3 月 17 日第 1 版。

三、选题的主要类型

（一）事件类选题

事件类选题也称为"事评"，即就事论事或就事论理，是以即时发生的新闻事件作为评论对象的一种选题类型。对于事件类选题来说，选题的过程就是"选事"。近年来，事件类选题的高频出现主要得益于新闻评论由"政论本位"到"新闻本位"的转变。这些选题具备天然的新闻价值，同时能够满足受众的阅读期待，自然被新闻评论选题青睐。以2015年5月3日"成都女司机被男司机暴打"一事为例，众多媒体在事件发生后刊发了相关评论，如《人民日报》刊发评论文章《"路怒"双方均严重违法应严惩》，《新京报》刊发评论文章《成都变道女司机被打事件，自食其果谁不冤》，《北京青年报》刊发评论文章《让二货先走，让暴力慎行》，凤凰网刊发评论文章《女司机被打，为何那么多人叫好？》以及搜狐网刊发评论文章《剧情反转 女司机被打活该》。又如2018年6月20日，甘肃庆阳一名19岁女生李某跳楼身亡。针对这一热点新闻事件，众多媒体纷纷发表相关评论，如《新京报》于2018年6月25日发表评论《女孩跳楼自杀，"围观起哄"者该当何责》后，于6月29日再次发表评论《又现围观跳楼、起哄别传染上"冷漠病"》。同时间段内，《燕赵日报》于6月26日发表评论《"拘留起哄跳楼者"是一堂生动法治课》，《工人日报》于6月28日发表评论《要让看热闹不怕事大的人摊上事》，《钱江晚报》于6月28日发表评论《法律不会放过妨害救助的起哄者》，等等，它们从不同角度全面解读该新闻事件，提供辩证深入的分析。这些新闻评论都选题于当时的新闻事件，均属于事评。可以说，事评构成新闻评论选题的主要来源，是新闻评论写作的切入点。

（二）现象类选题

现象类选题主要是通过评论者的思辨分析，在众多自然现象和社会现象中选取那些具有共性和典型性的、具有新闻评论价值的现象议题进行评论。现象类选题往往是关系到公众切身利益但却容易被忽视的议题，需要评论员从纷繁复杂的新闻事实和社会生活中敏锐发现，并结合现实需要进行思辨和调查研究所得，它凝聚了评论员对社会的积极参与和深入洞悉。

如上所述，现象来自社会实践，也被新闻报道反映。评论员对这些现象的留意与思考可以代表公众的需要，提供深度解读，以满足公众认知的需求。以著名评论文章《国旗为谁而降》为例，该文发表于1998年年末，距离当年大洪水事件的发生已有相当一段时间。当时正在念研究生的郭光东在偶然情况下发现《国旗法》第十四条规定："对于严重自然灾害造成重大伤亡时，也可以下半旗志哀"，此法条令他思考——"九八洪灾"死了上千人，国家难道不该按照规定为他们下半旗吗？于是缘此探因，深入解析，便有了这篇发表于《中国青年报》的《冰点时评》栏目的评论。随着微信的日益普及，朋友圈被越来越多的人用作商品交易平台。作为"低门槛、轻成本、微创业"的互联网商业模式，"微商"在蓬勃发展的同时也出现了不少问题，如销售假冒伪劣商品、虚假宣传、涉嫌传销，甚至恶意诈骗等，扰乱了正常的社会经济秩序和人们的生活秩序。为此，众多媒体对这一社会现象进行了评论（见表4-3）。

表4-3 有关朋友圈微商售假等问题的相关评论选摘

刊载媒体	刊载日期	相关评论
南方日报	2018年6月29日	让网络假货无处藏身
广州日报	2017年8月18日	售假有风险，微商要检点
法制日报	2017年4月13日	朋友圈不是微商的法外之地
北京青年报	2017年4月10日	"杀熟"的微商并非无药可治
法制日报	2016年7月26日	微信购物不应成消保真空
北京晨报	2016年7月4日	打击微商传销得补法律漏洞
人民日报海外版	2015年12月5日	微商面临"成长的烦恼"
法制日报	2015年11月27日	微商洗牌是步入法治化的前兆
人民网	2015年11月26日	"五成微商退出市场"是去"虚火"
法制日报	2015年8月5日	微商骗局频现呼唤法治纠偏

（三）话题类选题

所谓话题类选题，就是结合媒体自身定位，以那些被大众关注并热议的且与其利益相关的话题作为评论对象的一类选题。这类选题通常经过媒体机构的提前策划和多方联动，以系列报道和专题报道的形式呈现。伴随着社会化媒体的普及，公众的言论平台与言论空间不断拓宽，这种技术性突破将促使更多的话题被纳入公共讨论的议事日程。网络空间产生的海量话题，尤其是那些赢得网民高关注和高参与的话题，成为当下新闻评论选题的重要来源，丰富了新闻评论的选题视域。

例如，《中国青年报》知名时评栏目"青年话题"即常常聚焦社会热点话题。从创办至今的二十余年中，"青年话题"所关注的话题领域广泛，覆盖了公众日常生活的多元面向，包括教育、住房、医疗、交通、食品安全等。评论选题的筛选立足报纸的青年定位，以青年群体相关的学校教育、就业创业、校园生活等话题为主体，同时兼顾了诸如"网红经济""网络暴力""逃离北上广""90后中年危机"等社会新鲜话题。[①]

（四）宣导类选题

这类选题一般来自媒介机构的宣传计划，主要是对党和政府的纲领路线、方针政策、工作任务、重大文件和重要会议精神进行论述，从而起到引导舆论、推进工作的社会功效。这类选题多与实际工作和宣传工作有关，是党媒和机构媒体的评论构成，能够及时传达党和政府的任务部署，具有宣传性和指导性，意在"上情下达"和构建社会共识。如《新华日报》在南京青年奥林匹克运动会召开前夕，策划了一组"青奥期待"系

[①] 黄帅：《媒体融合趋势下时评写作的转型探索——以中国青年报"青年话题"为例》，《青年记者》，2017年第24期。

列评论,其中包括《让青春激情点燃未来梦想》《以青奥标准回应民生期盼》《用"爱的奉献"扮靓"青奥名片"》《借青奥大考加快改革步伐》《让"平安青奥"推动长治久安》。这些评论"对青奥会在实现中国梦、改善民生、推进改革等方面将产生的影响做了盘点,产生了良好反响"[①]。又如每年的两会期间,《人民日报》评论版都会围绕与两会相关的热点议题、会议精神和工作部署等组织专题评论,以下摘录部分《人民日报》2018年两会期间的有关评论,为认识和挖掘宣导类选题提供参考(见表4-4)。

表4-4 《人民日报》2018年两会期间的相关评论选摘

日期版面	相关评论
2018年3月9日第5版	高质量发展,新时代的"强国策"(评论员观察)
2018年3月9日第5版	"给学生减负"为何牵动人心(人民时评)
2018年3月9日第5版	动能转换,是责任更是机遇(一线视角·两会时间)
2018年3月9日第5版	为创新发展奠定人才之基(新论)
2018年3月12日第5版	让未来在今天播种(我在两会)
2018年3月12日第5版	对外开放,内陆也是高地(一线视角·两会时间)
2018年3月13日第5版	在参政议政中激荡改革春潮(评论员观察)
2018年3月13日第5版	让"特色"成为脱贫"亮色"(我在两会)
2018年3月16日第5版	让法治与改革相得益彰(人民时评)
2018年3月19日第5版	高质量发展助力生态文明(一线视角·两会时间)

(五)周期性选题

周期性选题是指在固定的时间周期内出现,以重要节日或某事件、活动的纪念日为评论由头的评论对象或评论范畴。由于节日、纪念日以及议题的相对固定性、稳定性,评论在传播时间和选题范围上便可预期,因此可以提前做选题准备。对周期性选题的价值判断,既与节日、纪念日本身的重要性有关,也与其时代意义及价值导向有关。如2015年"抗日战争暨反法西斯战争胜利70周年"之际,许多党媒针对此纪念活动刊发了多篇系列评论。其中,新华网的网络专题"英烈祭民族魂中国梦"的《权威评论》栏目集纳了众多纪念抗战胜利70周年的相关评论。这些评论对抗战胜利70周年的历史意义进行了深入揭示和价值解读,属于典型历史事件周年性纪念的周期性选题。每年的4月23日为"世界读书日",一些新闻媒体会以此为由头开掘评论选题,以下选摘2014—2018年"世界读书日"的有关评论,为认识和挖掘周期性选题提供参考(见表4-5)。

---

① 翟慎良:《党报评论如何对接互联网思维》,《新闻战线》,2015年第7期。

表 4-5 "世界读书日"有关评论选摘

刊载媒体	刊载日期	相关评论
中国青年报	2018 年 4 月 24 日	阅读本该比刷手机更有诱惑力
人民日报	2018 年 4 月 24 日	越是人人写作越要深度阅读
人民日报	2018 年 4 月 23 日	人生因阅读而气象万千
北京晚报	2018 年 4 月 27 日	书店需要比"美"吗?
北京晨报	2016 年 4 月 22 日	实体书店"72 小时"不如 72 变
湖南日报	2015 年 4 月 28 日	书香社会需要更多汪国真
北京晚报	2015 年 4 月 21 日	别只在读书日关注读书
京华时报	2014 年 4 月 23 日	推动全民阅读不能止步立法
长江日报	2014 年 4 月 22 日	适当包容功利化阅读
光明日报	2014 年 4 月 23 日	给书店重新定位

四、选题的来源

新闻评论写作遵循从时代精神和社会实践的结合点中选题的基本原则,即在"上"和"下"的结合点中寻找评议对象。"上"指的是"上面的精神",包括党和政府每年的宣传工作重点、任务部署、方针政策、法律条例、会议精神等,它们反映当前形势和时代精神,是我们学习和工作的时代背景。新闻评论是媒体的旗帜与灵魂,必须准确及时地传递这些信息并进行深刻阐释。这些"上头"的信息不仅划定了重要的选题范围,而且其中的许多观点也可作为选题依据或论点来帮助构思与写作。"下"指的是"下面的情况",其范围十分广阔,包含现实社会生活中出现的一系列新情况、新现象、新问题、新矛盾等。这些信息来自人们的社会实践,反映社情民意。这类选题由于贴近生活、贴近实际、贴近群众,鲜活生动,深受传受双方关注,构成选题的主要来源。

如果单从"上头"或"下头"去寻找选题,不免割裂了两者的联系。在实际选题中,我们应注重两者的互动性和互构性,以两者结合点的"典型性"为选题切入。换言之,"上面的精神"与"下面的情况"是一个问题的两面,任何时候都不可分割。一方面,"上面的精神"反映了社会发展实际及走向,是对"下面的情况"的映照、抽象与指导。另一方面,"下面的情况"具化与演绎了"上面的精神"。两者的聚焦就是那些典型性事件与生动实践的案例,它们既是新闻报道的对象,也是评论选题的侧重点,能够集中显示评论价值。

此外,随着我国综合国力的提升,对外开放与交流步伐的日益加快,构建国际话语权和有效引导国际舆论也成为新闻评论工作的题中应有之义。因此,新闻评论还需注重从"外头"选题的重要性与必要性。"外头"有两层含义,第一层是指要结合中国的实际,扩大视野,跟进与研判国际形势,于两者结合处提炼有利于自身发展和国际对话的选题。比如针对"公款吃喝"问题,《安徽日报》结合国外解决公款吃喝的办法,刊发题为《"民主透明"是制止公款吃喝的良方》的署名评论，借助海外经验提供我国治理举措。第二层是指国内地方媒体在对本地热点、焦点问题及时回应时，要注重拓宽视野，提供"他山之石"的借鉴，拉近选题的贴近性，使其"以外促内"。事实证明，了解"外头"情况越多，选题也会得到有效拓展与创新。2021年，江西省宜春明月之声新闻综合频率101.1《周末空间》的记者在江西省丰城市采访时了解到，丰城市有六家单位因在营商环境和重大项目建设领域不作为、慢作为而被群众授予"踢皮球奖""蜗牛奖"。丰城市通过对"怕慢假庸散"等问题颁发"反向奖"，让企业、群众"码上评"，倒逼工作作风的改进。针对这一新鲜做法，宜春明月之声的记者对此进行跟踪采访，刊发广播评论《从"蜗牛"获"奖"到"码"上"服务"》。评论播出后，宜春市纪委、宜春市经开区纷纷效仿，分别推出"码上监督"平台和"红黄榜"，对于优化宜春市营商环境、服务企业群众起到了重要促进作用。

归纳上述新闻评论的选题原则，我们根据写作经验，将具体的选题方法做如下介绍。

（一）从党和政府的相关文件中挖掘选题

一定时期内党的纲领、路线、方针政策以及工作是新闻评论选题的重要指导和来源，为新闻评论选题提供了"富矿"。通常来说，评论员从党政文件中进行选题挖掘，需要学习和领会有关党和政府的重要决议、报告、文件、会议等精神，利用政务信息公开的制度化、常态化和网络化，并结合社会发展实际与大众利益诉求进行有效选题。

2015年2月2日，我国省部级主要领导干部学习贯彻十八届四中全会精神全面推进依法治国专题研讨班在中央党校开班。习近平总书记发表重要讲话，指出"四个全面"，即全面建成小康社会、全面深化改革、全面依法治国、全面从严治党，每个全面都具有重要意义，它们之间相辅相成、相互促进。《人民日报》和新华社迅速发表时评对此进行深入解读。2月4日《人民日报》发表评论员文章《担负起全面依法治国的重大责任》，2月5日新华社发表时评《绝不允许"党大还是法大"伪命题干扰政治定力》，这两篇评论选题便是从党的重要会议的重要讲话而来，深刻传达了党的重要精神和战略部署。

担负起全面依法治国的重大责任[①]

一个国家的繁荣进步，离不开法治的支撑；一个社会的和谐稳定，离不开法治的保障。对于掌舵民族复兴航程的中国共产党，全面推进依法治国是历史赋予的政治责任。

在省部级主要领导干部学习贯彻十八届四中全会精神全面推进依法治国专题研讨班开班式上，习近平总书记立足"四个全面"的战略布局，强调领导干部是全面依法治国的关键，全面推进依法治国必须抓住领导干部这个"关键少数"，这为社会主义法治体系和法治国家建设提供了重要遵循。"各级领导干部的信念、决心、行动，对全面推进依法治国具有十分重要的意义。"深刻领会这种重要意义，是各级领导干部在推进依法

---

① 《担负起全面依法治国的重大责任》，《人民日报》，2015年2月4日第1版。

治国实践中大有作为的前提。

党的十八大以来,党中央从坚持和发展中国特色社会主义全局出发,提出并形成了"四个全面"的战略布局。这个战略布局,既有战略目标,也有战略举措,每一个"全面"都具有重大战略意义。全面依法治国这一战略举措,是实现全面建成小康社会战略目标的重要保障。没有全面依法治国,国家生活和社会生活就不能有序运行,就难以实现社会和谐稳定;没有全面依法治国,我们就治不好国、理不好政,我们的战略布局就会落空。"四个全面"要相辅相成、相互促进、相得益彰,全面依法治国这一举措不可或缺。站在这个高度,才能更好地理解和把握做好全面依法治国各项工作的重要意义。

为政贵在行,关键在落实。全面依法治国不是提出个理念、制定个文件就万事大吉了,关键是要真抓实干。党的十八届四中全会制定了全面推进依法治国的总蓝图、路线图、施工图,标志着依法治国按下了"快进键",进入了"快车道"。四中全会分解确定了190项任务,许多工作正在稳步推进。作为法治建设的"责任人",作为党的执政权和国家立法权、行政权、司法权的"执行人",领导干部在全面推进依法治国中举足轻重,需要带领人民群众把各项部署落到实处。

古人说,民以吏为师。各级领导干部的示范和引领作用,决定着全面依法治国的方向、道路、进度。习近平总书记围绕领导干部发挥模范带头作用提出了具体要求,各级领导干部要在思想上进一步重视起来,坚决纠正和解决法治不彰的问题;要在行动上进一步严格起来,做尊法学法守法用法的模范,自觉为全社会作出表率;要在根本问题上进一步明确起来,正确认识和把握党和法的关系,把党的领导贯彻到依法治国全过程和各方面,在建设法治中国的进程中,自觉担负起全面推进依法治国的重大责任。

"奉法者强则国强,奉法者弱则国弱。"各级领导干部要增强使命感和紧迫感,树立法治思维、掌握法治方式,带动全党全国上下一起努力,以法治中国建设的新成效,助推中华民族伟大复兴的中国梦。

(二)从新闻报道与采访实践中搜寻选题

新闻报道重在客观陈述事实,而事实对于现实社会意味着什么,则需要新闻评论加以深入解读,讲明道理,以满足人们深层次的认识需求。新闻评论的实践表明,在一些重大新闻和典型新闻报道的同时,媒体需要及时、准确、深刻地发表评论,以挖掘新闻价值和呈现新闻的社会价值。如1980年6月15日,《人民日报》在头版登出新华社消息《山西省昔阳县"西水东调"工程下马》。该工程搞了四五年,投工近500万个,耗资达几千万元,劳民伤财,弊端丛生。《人民日报》对此配发的社论《再也不要干"西水东调"式的蠢事了》,不仅聚焦消息所反映的关键的问题"发展农业究竟靠什么"来进行评论,而且从该事实出发,由点到面,剖析了这种情况的普遍存在及其在本质上的危害:不顾经济规律、不从实际出发、发高烧式的增长很难长久,往往是欲速不达。由此,文章指出了当时迫切需要解决的问题,并针对人们的主要思想症结进行分析,不仅深化了报道,还针砭时弊,体现了必要的工作指导和思维纠偏。① 就媒体来说,许多新闻评论的选题往往源于相关的新闻报道,这不仅能保证评论来源真实可靠,同时也能依托报道进行有效的价值导航,在满足受众的多重信息需求的过程中实现媒体的社会责任。

当然,新闻评论选题来源于记者的采访实例也不在少数。这类在记者独家采访基础上形成的选题,因为有记者的亲身经历,其带着问题意识和温度所写出的评论言之有物,情真意切,现实针对性强,更易引发共鸣。如《仙桃日报》丁浩宇所撰写的新闻评论《倾听仙桃非物质文化遗产柔弱的心跳》②,其选题便来源于采访实例。这是他在采访仙桃非物质文化遗产保护现状的基础上,赶在"中国文化遗产日"当日发表的一篇新闻评论。该文提出问题、分析问题、解决问题的内容,均来自其采访素材。③ 再如著名评论员范敬宜的名篇《莫把开头当过头》④,即得益于他十年扎根农村基层生活的采访实践。针对1979年部分同志反映"农村生产队自主权强调过头"的问题,范敬宜深入农村展开调查采访才得知,情况恰恰相反。农民们对他说"现在太好了""都活起来了"。以前连种点土豆都说成是资本主义,都没活路了,现在可好了,开始有了自主权。由此写下了这篇被《人民日报》头条转载的评论佳作,在当时起到了积极的舆论引导作用。

又如"被上楼"一直是"三农"领域的焦点话题。一种观点认为,逼农民"上楼"是为了剥夺农民财富,政府赚取巨额差价;一种观点认为,村庄的凋敝令人吃惊,农民"上楼"以后,生产生活条件得以改善。《农民日报》记者夏树根据自己长期在一线的采访积累与采访观察,发表评论指出,针对农民"上楼"的两种截然不同的观点,其症结在于"被",即农民是否处于被动"上楼"的状态。夏树长期担任驻站记者,这篇荣获中国新闻奖的新闻评论便得益于他在农村的采访实践。正是因为熟悉农村情况,在具体的采访实践中善于观察与思考,才有了这篇精彩评论。

农民"被上楼"症结在于"被"⑤

农民"被上楼"已经叫停很长时间了,但对于这个问题的争论却一直没有停息过,甚至在一些公开的会议上,还时常能够听到两种截然相反的声音。

支持者的理由是,农民上楼以后居住环境得到改善,生活质量得到提高,过去吃池塘水或是井水,现在用上了自来水;过去居住分散安全没保障,现在住到小区里,有保安、有小广场、有卫生室,还有体育锻炼设施,"农民生活和城里人没两样"。他们还特别强调土地经过成片治理以后,耕地面积扩大了,生产条件改善了,特别是兴修了水利设施,基本上可以旱涝保收,便于机械化生产,实现了规模经营,提高了农业产出率。持这种观点者多为地方领导。

不能说他们讲的没有道理,但不少地方积极驱赶农民上楼的深层次动因是什么,因

---

① 刘雪飞:《在新闻报道中选择评论论题的方法》,《新闻知识》,2003年第3期。
② 丁浩宇:《倾听仙桃非物质文化遗产柔弱的心跳》,《仙桃日报》,2014年6月13日。
③ 丁浩宇:《思想·激情·文采——一名地市报总编辑的新闻评论写作体会》,《中国记者》,2016年第10期。
④ 范敬宜:《莫把开头当过头》,《辽宁日报》,1979年5月13日第1版。
⑤ 夏树:《农民"被上楼"症结在于"被"》,《农民日报》,2012年4月9日第1版。

为不便摆到台面上，他们自己是不会说出来的。那就是农民上楼以后，旧村庄被推倒了，农民的宅基地被他们拿走了，"多出来"的土地被换成"地票"，拿到城边上，卖给房地产开发商，可以轻松地赚取巨额差价，不但解决了财政亏空，还可以用来建设城市，马路越修越宽，大楼越建越高，"让城市漂亮起来"。这比在城边上低价"收储"农民土地，要"高明"得多，要容易得多。

"谁都无权剥夺农民的财产权。"反对赶农民上楼者，为什么要大声疾呼，因为他们站在农民的立场上，为的是保护农民的财产权，维护农民的切身利益。他们怀着对农民的深厚感情，觉得农民是弱势群体，农民的财产不应该被掠夺。

笔者在多年以前对安徽肥西县官亭镇农民上楼工程做过调研。这个镇在合肥城的西边，离城区只有二十多公里，但农民的生活与城市相比真是天壤之别。在一个自然村，农民住在低矮潮湿的小屋里，十几户人家共用一个池塘，塘水浑浊不堪。他们每天大清早起来，用水桶挑水，家家户户都有一个水缸。村里的路还是土路，一到下雨下雪，泥烂路滑，孩子们出村上学很艰难。治安状况更是糟糕，农民介绍说，夜里小蟊贼骑着摩托车进村，专偷鸡鸭鹅，说是偷其实就是抢，农民听到声响不敢反抗，只好在屋里敲洗脸盆。

笔者当时也对该村农民的宅基地情况进行过调查，大约每户占地一亩多。当年"学大寨"的时候，为了鼓励农民种树，提出过"庄前屋后，谁栽谁有。"应该说农民除了宅基地，还有房屋和树木。绿荫下的村庄垃圾遍地、杂草丛生。有一个农户举家到广州打工，已经多年没有回来过，木门上的铁锁锈迹斑斑，门前长出的野草有半人高。村庄的凋敝令人吃惊。

农民的宅基地固然是农民的财产，但除了房基以外，基本上被长期闲置，并没有充分发挥土地的功能，也没有给农民带来财产收益。加之农民渴望改善生产生活条件。我想这应该就是农民"被上楼"时，勉强同意和政府"签合同"的理由吧。

现在的焦点是如何对待农民的宅基地，以及宅基地上的附着物，也就是如何对待农民的财产权。农民"被上楼"关键是"被"，农民是否被动，首先取决于农民是否愿意放弃宅基地，其次是政府给予补偿的多少。坦率地说，笔者并不反对农民上楼，也不认为农民住楼就一定会不习惯。今天城市里的许多人都来自农村，也没听说多少人不习惯住楼。似乎也不能说农民住在平房里，就是田园风光，住到楼房里就不是了。正好相反，笔者非常愿意看到农民的居住条件得到改善，看到宅基地经过整理以后，得到复垦，扩大耕种面积，为国家粮食安全提供新的保障。问题在于，我们的地方政府不能掠夺农民的财产，更不能昧着良心把从农民那里拿来的财富，大搞形象工程，装点自己的"政绩"。

笔者有一个想法，地方政府可否在帮助农民改善居住条件的过程中，把农民的宅基地丈量出来，经过综合整理之后，作为承包地还给农民耕种？也可以鼓励大户流转，实现集约经营，但一定要让农民手里攥一个"小本子"，证明那是他的财产，让农民年年都有收益。对宅基地上的附着物，要确保农民有处置权。

当然，这样做需要政府拿出真金白银，更需要拿出对农民的真感情。

(三) 从生活实践和调查研究中发现选题

触及现实、深入生活、躬耕实践是新闻评论选题取之不尽、用之不竭的源泉。通过自身的实践和调查，评论员能够对这些亲身经历的现象和问题有感而发，从而形成评论选题。此类选题多从身边的生活体验与感悟入手，在很大程度上可以避免评论选题的同质化，增强了选题的原创性、新颖性和现实针对性。如《中国青年报》评论员曹林撰写的评论《特权，不要误解人们看你的眼神》[①]，便来源于他参加某地举行的一次活动，警车为其开道的亲身经历。

以《安徽日报》评论员汪言海为例，他因为多次调查国家粮食订购政策，每到农村便找干部和百姓了解相关情况。通过这些调查，他撰写了多篇关于粮食问题的评论。他提到，这些选题都是从自身调查研究中提炼而来。以下是他从生活实践和调查研究中寻觅到好选题的过程讲述。

一条轰动性新闻的背后[②]

1978年6月的一天，我作为安徽日报社驻六安地区记者站的记者在金寨县采访，偶然间发现县革委会办公室门口有一捆蔫了的魁麻（一种经济作物）。好奇心驱使我打听其由来。办公室的同志告诉我："铁冲公社一个生产队长步行70多里，扛着一捆魁麻来告他们公社书记的状。"我立即中断其他采访，转而采访拔魁麻这件事。

1977年11月，安徽省委在全国最早制定了《关于当前农村经济政策几个问题的规定》，其主要内容之一就是尊重生产队自主权。当时的生产队是没有生产自主权的，种什么、不种什么，甚至行株距都规定得死死的，不符合要求的就要拔掉。这种瞎指挥，挫伤了农民的生产积极性。公社书记带人拔掉即将成熟的魁麻，是一起典型的践踏农民生产自主权的事件。

金寨县委通讯科的同志，将我要采访拔魁麻这件事报告县委书记，答复是：已经批评公社书记，并责令他做检查，不要报道了。公开采访是不行了，但我从县信访小组了解到，铁冲公社革委会主任刘发奎已调离公社任县卫生局副局长。于是，我转而找到刘发奎采访。由于刘发奎并不知道县委书记的态度，加上他是反对拔魁麻的，所以如实向我介绍了全过程。据此，我写了一份内参，向省委反映这件事。

8月的一天，我被紧急召回报社。分管副总编告诉我，省委第一书记万里在我写的内参上批示，要严肃查处，赔偿损失，并要报社派记者调查核实后公开见报。报社决定让我速去调查。可是，当我第二次去金寨说明来意时，县委书记仍不赞成我去采访。这一次，万里的批示无疑成了我的"尚方宝剑"，但通讯科没有人敢陪同我了。有朋友劝我说，铁冲公社靠近河南省，不通汽车，要翻两座大山，一上一下都是三十几里路，去，要吃大苦的，就近找人核实吧。我说，不到现场心里没底啊！

我拿半斤粮票买了一盒饼干，借了自行车和水壶，戴着草帽上了路。山路，曾是运木头的路，坏了不通车，我或骑车或推车或扛车，一个上午才翻越一座大山。中午在沙

[①] 曹林：《特权，不要误解人们看你的眼神》，《晶报》，2009年7月28日。
[②] 汪言海：《一条轰动性新闻的背后》，《安徽日报》，2014年9月29日第5版。

河林业站吃了饭,稍事休息后又赶路。

这年,全省遭遇百年未遇的大旱,特别热,山上很多草木都枯死了。午后,骄阳似火,暑气蒸人,不一会衣服全汗湿了,能拧出水来。十几里上山路未走完,壶里的水就喝完了。头昏、心慌,让我意识到中暑了,但我明白:在这前后没有住户,绝不能停下来,躺倒是很危险的。我咬着牙一步一步往前推车,终于翻过了山岭。下午5点左右,我发现了一户人家,就像遇到救星一样。我在门前的一棵大树下停下,向农户要了一大碗盐开水慢慢喝下,足足休息了一个小时,才渐渐好转。

说来也巧,我路过的这户人家,其所在的黄塝生产队就是我的采访对象。我立即到生产队采访,把事实抓到手以后再到公社去。一听说从省城来了一位采访拔魁麻的记者,聚拢来的二三十位社员,抢着向我反映情况,重现了拔魁麻的由来、过程、现场和细节。一直谈到傍晚,我又请生产队长李祖陪我看了被拔掉魁麻的两块地,我用步子在田埂上量了量两块地的面积。天黑透了,我才往公社走去,我很累但很高兴,因为抓到了最重要的材料。

第二天,采访大队干部;第三天,开公社干部座谈会;最后找公社书记王开先采访;第四天,我满载而归。吸取来时的教训,这天我起早赶路。

稿件写出后,我按规定寄到金寨县委审查。但被推来推去,最后被退了回来。我视作默认而发稿。由于等金寨县委的处理决定,直到10月11日才见报。

在那个新闻饥渴的年代,这条迟发的独家新闻在《安徽日报》一版配评论发表后,产生了轰动效应:新华社发了通稿,全国很多报纸、电台纷纷刊播,省里各界人士座谈支持。一时间,公社书记拔魁麻成了热门话题。回想36年前的这件事,我的感悟是:这条轰动性新闻的背后是记者的使命感。有了使命感,才会在重要关头坚韧不拔,揭示重大问题,并被时代所接受。

五、选题的确立

新闻评论的选题过程要受到多方因素的制约,评论主体对选题的可行性评估既需要进行价值研判,也需要参考受众反馈,两者缺一不可。

(一)媒体及评论员的价值研判

作为新闻评论的传播主体,媒体机构以及新闻评论员的价值判断将直接影响新闻评论的论题选择和确立。从新闻评论的舆论引导功能来看,评论的选题理应担当反映舆论和引导舆论的使命;从舆论引导与满足公众知情诉求的结合点出发,则要求选题能够反映时代特征和回应大众的利益诉求。

1. 舆论引导的必需

新闻评论作为一种意见传播,是实现舆论引导的有效手段,也是社会舆论引领的强劲引擎。优秀的新闻评论既能稳定社会情绪、引领社会价值导向,又能助力社会大众客观认识社会、维护公共利益、营造和谐舆论环境。因此,新闻评论的选题理应结合实际工作中客观存在的具有普遍性的问题,解疑释惑,正本清源,理性导航。如《南方都市报》的评论专栏对专家学者的意见进行筛选,在体察民情的同时兼顾舆论引导,由此产出了一批高质量的评论作品，有力促进了《南方都市报》的公信力和引导力。2023年2月，"95后"女孩李右溪发起一个全网最冷门专业的挑战，并自曝所学的甲骨文（研究方向）有可能因导师今年退休，专业方向都没了。此条视频赢得众多网友关注及点赞。同年11月，她因一则与小学生交流甲骨文的视频再次走红，也推动了甲骨文的再度"出圈"。短视频与传统文化的结合，赋予了甲骨文新的活力。对此，《人民日报》推出评论文章《甲骨文火了，但还远远不够》提出，新型传播方式的宣传让传统文化"火起来"是一个好的开始，但也应当注意到：将公众讨论的热潮转化为学术研究的热情，还有很长的路要走。文章呼吁，社会应在热议的同时关注到甲骨文专业研究的不易，并对其提供制度保障的重要性与必要性。此评论既有现实热度又有理论深度，启发社会舆论对优秀传统文化传承的理性思考。

甲骨文火了，但还远远不够[①]

""鸟'和'鸟'差的一点是什么""3000年前的煮饭工具长什么样""原来真的有甲骨文情书""哪个字是甲骨文里的最萌表情包？"……近期，学习甲骨文的95后女孩李右溪（本名李莹）因一段交流甲骨文的视频再次出圈，甲骨文这一冷门绝学，与时下最火的传播方式短视频一结合，竟获得了意想不到的大量关注。

这并不是甲骨文第一次火出圈，一段时间以来，常人看来晦涩难懂、难以接近的甲骨文频频引发关注：从00后讲解员编排甲骨文形体舞，到演绎甲骨文的广播操在校园流行，再到甲骨文破译单字奖励10万元……究其原因：找到了优秀传统文化与现代生活的连接点。互联网时代丰富的传播手段，让刻印着民族精神密码的古老文字，成了鲜活知识，满足了民众的精神文化生活需要。

传统文化热持续升温，甲骨文获得更多受众绝非偶然，与甲骨文等相关的历史、考古类专业近年来都时有出圈的表现。冷门绝学在大众传播、产业发展、商业推广等方面"热"起来，进入大众视野，当然是可喜的事。但毋宁说是一个好的开始。大众传媒的关注点与学术研究的关键点是有一定错位的。人们感叹释字奖金高，却未必知道"考证一个甲骨文字，与在天上找一个没被发现的小行星难度差不多"；人们看到象形字有趣，却未必了解古文字的源流与发展。事实上，甲骨文仍是需要学者皓首穷经的严肃学问，每一点发现都离不开日复一日的枯燥与艰辛。将公众讨论的热潮转化为学术研究的热情，还有很长路要走。换句话说，甲骨文当下的"火"，还远远不够。

推动优秀传统文化传承发展，需要"板凳要坐十年冷"的专业研究，需要让"冷板凳"有热保障。要从制度上下功夫，在学科建设、前景规划等方面综合施策，也要在认识上做功课，扭转人们的"偏见"。由于不直接产生经济效益，甲骨文被不少人看作"无用之学"。但殊不知"无用之用，方为大用"。从读懂最早的疾病、气象记录，还原鲜活的历史图景，到为汉字演变寻根溯源，深化文字学、语言学研究，再到探寻中华文明源头，解读"何以中国"的深层密码……推动中华文明重焕荣光，让更多人从源远流长的文脉中感受到力量，恰恰需要这样的"无用之学"。换个角度看，这不恰恰是当今

[①] 石羚：《甲骨文火了，但还远远不够》，人民日报评论，2023年12月25日。

时代尤为迫切的"现实之用"?

由此,我们更能理解甲骨文录视频、进小学、入表情包的意义所在。埋下一颗种子,收获一片树林。让更多人了解学科的趣味与意义,就能期待更多有志于此的年轻人得其门径而入,成为"为往圣继绝学"的后备力量,为学科发展、文化传承注入生命力。从这个意义上说,传统文化需要专业的研究者,也需要专业的普及者。利用更丰富的形式、更时尚的语言,让传统文化"轻量化""大众化",形成传承中华文明的社会氛围,才能减少"一个人的专业",让更多冷门绝学真正活下去、火起来。

当今时代,互联网技术的高速发展进一步拓宽并重塑公众舆论场,多元声音在此得以互相碰撞,多元文化得以互相激荡,多元利益得以充分博弈。其中,热点事件因其传播快、受众广、影响大,常常演化为社会舆论关注的焦点,进而引发公众的情绪化表达,这些情绪化表达往往表现为非理性意见,亟待客观分析和有效疏导,因此也对选题提出了新的价值研判的要求,即必须综合考虑舆论引导的必要性和重要性。

2. 现实关切的必然

我国传媒发展的市场化转型要求新闻评论兼顾宣传价值和受众信息诉求,这就意味着包括评论在内的新闻生产必须树立受众意识,要将对民生的现实关切贯穿于整合传播环节。实践表明,社会热点、焦点、疑点、难点常常是民众现实关切的汇聚与舆情,理性回应这些现实关切,不仅是增强选题的贴近性,同时也能提升评论选题的时效性与针对性。

在新闻传播日益注重亲和力与感染力的今天,引人注目的评论选题必然折射媒体的现实关切和价值导向。在新闻评论实践的业务前沿涌现出的一些民生类新闻评论专栏,显示其评论选题往往从小处入手,以国家大政方针和法律法规为基本依据,集中探讨生活中与"人"相关的点点滴滴。如《南方都市报》的新闻评论的民生类选题,除了关注老百姓的心理和生活之道等日常小事,还时刻关注社会就业、医疗教育、劳动保障、食品安全、交通管理、环境保护、城市建设、土地权责等民生领域的话题或问题,全方位回应受众的现实关切。

(二)受众反馈的价值参照

从新闻评论选题的互动性选判来看,受众的积极反馈是印证评论选题价值确立的重要参照。在强调"受众中心""用户思维"的媒介新时代,受众的反馈本身也是重要的社情民意的反映,评论选题往往深受其影响。如丹尼斯·麦奎尔所言,受众的行为在很大程度上由个人的需求和兴趣加以解释。因此,新闻评论的选题的最终确立离不开媒体及评论员对其目标受众信息诉求的长期观察、分析与判断。

1. 专业调查机构的受众需求分析

受众作为信息传播两级中的重要一级,是整个传播预期的归宿和落脚点。信息是否被受众认可接受将直接影响到传播效果的达成。因此,受众研究构成信息产出链条中的关键环节。大众传播学中的"使用与满足"理论将受众视作有"需求"的个体,他们的媒介接触行为基于特定的需求而产生。随着时代发展,在市场竞争、受众研究等多方因素的推动下,受众对信息选择的自主性增强,甚至在互联网时代跃升为传受一体的"自媒体"。1982年,北京新闻学会、中国社会科学院新闻研究所进行了改革开放后第一次受众调查——北京市读者、听众、观众调查，此后，受众调查和研究得到业界内外的认可与重视，时常纳入传媒传播的各项工作中。顺应这样的发展趋势，新闻评论的选题，也开始重视对受众需求的系统性、特定性分析。借助于受众调查机构进行规范化的调查研究和统计分析，能够对受众的个性化需求进行全方位多层次的挖掘，以此增强选题的科学定位及现实回应。

2. 受众热线互动的参与分析

新闻热线作为新闻生产制的前端，"是媒体为获取广泛的新闻线索而发动受众主动参与新闻生产的有效方式"[1]。不容小觑的是，"热线"不仅是提供新闻报道的线索，也可以为新闻评论选题提供参考和指向。可以说，热线以互动参与的形式，从动态上完善了新闻评论的生产机制，大大拓宽了评论的选题视域。随着热线信息效用从新闻层面到非新闻层面的不断演进，"热线不一定带来媒体期待的新闻事实，也未必能够顺理成章地符合传统意义上新闻生产的标准。但它却意味着热线将蕴含更多的社情民意，在当下，它甚至就是一种社会舆情的排气阀"[2]。也就是说，对于热线的互动参与分析，可以成为新闻评论选题确立中了解受众现实需求与观照受众所思所想的重要环节，尤其是那些具有重大影响力的新闻评论选题，往往能体察百姓所难，针砭时弊，从而引发受众热议，将选题与议题合二为一，凸显其社会参与的独特功能。

（三）选题的可行性评估

对选题可行性进行评估，是新闻评论写作的必要前提，也是对评论选题的价值验证，这个评估须结合主客观条件和传播效果来综合考虑。

1. 考量选题针对性

好的新闻评论作品往往能准确聚焦现实关切与利益诉求，它们并不是基于理论的机械说理，也不是"不痛不痒"的空泛之论。新闻评论能否写成和刊播，需要考量诸多因素，尤以选题是否具有现实针对性为要。也就是说，该选题是否能呈现宏观、中观、微观层面各类主体需求的聚焦，是否能通过观点表达的范式顺应人们认知的规律。

对媒体机构和新闻评论员来说，判断选题的针对性首先要熟悉和判断当前的形势和大势。对当前社会发展中面临的问题、人民生活遇到的困难、现实条件下待解决的矛盾等要有全面深入的体察与调研；其次，还需要政策修养和理论知识素养来帮助确立问题意识，从而直击论述的本质和关键。

2. 权衡选题前瞻性

具有前瞻性的评论选题并未超越新闻的客观事实，而是基于客观事实并能够洞见未来的趋势或揭示事实的深层动向。它要求媒体和评论员能够通过联系和发展的辩证思维准确把握选题历史和现状，从而做出前瞻性预判。

从写作经验出发，权衡评论选题前瞻性需要注意三个方面：第一，分析选题是否能

---

[1] 操慧、高敏，《民生调查：一种新形态的党报舆情调查报道的探索与实践——以〈四川日报〉"民生调查"报道的文本分析为例》，《新闻界》，2014年第24期。

[2] 操慧、高敏，《民生调查：一种新形态的党报舆情调查报道的探索与实践——以〈四川日报〉"民生调查"报道的文本分析为例》，《新闻界》，2014年第24期。

对社会发展起到提示、警示或引导作用；第二，判断选题是否能洞见社会转型期的动因及趋势；第三，预测选题是否能在同类事物中具备独特的传播价值和认同价值。

3. 凸显选题新颖性

好的选题是评论写作成功的要件，具备新颖性的选题将在同等条件下优先受到关注，而且能够彰显新闻评论的创新性，提供更多的启示与参考，从而提升评论的可读性。

与常规选题相比较，新颖的选题能够体现新视角、新对象、新方法、新立论、新知识、新见解。如何凸显新闻评论选题的新颖性？首先，能够从群众的根本利益和平民立场出发考虑及呈现选题。这要求评论员善于在日常生活中发现和提炼选题，尤其注意通过比较分析筛选出"同中有异"的角度和着力点。其次，在评论选题的关注域上尽量多元化，能够突出选题的个性化和贴近性。比如可以选择一些本土化选题，挖掘独家视角和体现独到特色。最后，善于在评论选题中运用形象、辩证和逆向思维，并选取适当的修辞策略进行新表达——概括不同以往的独到见解。

例如，《中国教育报》"中教评论·时评"版面每周二设置"青年说"栏目，每期栏目由全国新闻院系教师作为主持人撰写"主持人语"，带领三位相关专业的大学生围绕当下热点话题从不同角度完成时评作品，从中管窥大学生对自我的认知、对社会的观察、对世界的瞭望。"青年说"栏目是一个考察同题评论视角创新的窗口，栏目由一个共同话题延伸出差异化的所思所想，实现新闻评论在选题策划、内容生产、传播效果上的协同创新，从而呈现出"共同的事件，不同的声音"。

以下摘录《中国教育报》2023年9月12日第2版"中教评论·时评"的"青年说"栏目，为同题新闻评论的差异化写作提供思维构架及采编技巧上的示范（见图4-2）。

图4-2 《中国教育报》2023年9月12日"青年说"栏目版面

新闻回放

又到开学季，迎新致辞必不可少。它犹如心灯，照亮航程，启悟思考，伴随新生在新的征程扬帆起航。9月8日，在北京大学2023年开学典礼上，北大教授杨立华寄语新生：大学阶段第一要务是找到值得奋斗终生的志业。该寄语引发网友强烈共鸣。

主持人语

操慧（四川大学文学与新闻学院副院长）

置身自主意识崛起的网络时代，志业之于新时代的大学新生，意味着如何将个人兴趣与利益之"小我"恰切融入并转化为心怀"国之大者"。由就业到事业再及志业，既体现了时代进步对人格锻造的要求，也折射了践行社会责任与服务利他的能力需求。简言之，这是知行合一的境界与心系家国的价值融合。它不仅对大学生的价值观、实践观塑造提出了挑战，更对其个人生涯规划中的急功近利、物质变现、重利轻义等发展误区、短视效应拉响了预警。本期"青年说"将聚焦如何理解与实现志业，听听青年学子们怎么说。

青年说

寻找志业　砥砺前行

张诗萌（四川大学文学与新闻学院2021级新闻学博士生）

"找到一个值得自己为之奋斗终生的志业。"杨立华教授用"志业"二字，为求学之途中的青年锚定了前行路向、立身根本。《左传》有言："是故明王之制，使诸侯岁聘以志业。"杜预为此注解："志，识也。"时过境迁，志业已为一体，然而回归词源，仍表意着一场不懈的求索。

求索，酝酿在经年累月的寻觅与打磨中。"何以为业？"年幼的吴玉章就曾发出此问。家国危难和少年热血指引他上下求索，却还是困顿于社会改良的艰难。"不辞艰险出夔门，救国图强一片心。"登上远渡东洋的航船前，他留下此句，决心用此后岁月探问前路。等待他的是辗转多地的坎坷和近三十载的寻觅。1925年吴玉章加入中国共产党，他高兴地感慨："我踏上了一条正确光明的革命大道。"志业得立，自此不渝。

求索，贯穿于对话自我的省思与修行中。"我志为何"，始终是"志能成业"的起点。这寓意着明确的自我认识判断，代表因"我想"而"我愿"再达致"我能"的清晰选择与热忱追求。它依赖"天生我材必有用"的自强自信，离不开"一览众山小"的攀登进取，甚至还需"轻舟已过万重山"的释然与再出发。明我之志，才能成吾之业。

求索，成型于利他的初心与器识中。如同种子需扎根沃土，滴水应汇入汪洋，个体的志业也应回响家国与时代之召唤。苍生所需，让先贤苏东坡忍得下离乡愁绪，禁得住漂泊之苦；近代边疆危机，让学人吴丰培毅然转变研究方向，穷毕生之精力钻研边事，大声疾呼。"凡举人之本，太上以志"，对德行与责任的坚守，早已在"由志而业"的求索中，穿越光阴，昭示后人。

人生志业，源于求索，也成于求索。寻我志业，自当昂首阔步、砥砺而行。

志高如山岳　能者方攀之

郑秋（四川大学文学与新闻学院2022级新闻学博士生）

"功崇惟志，业广惟勤"，无论心怀多么深邃广袤的天地，以勤奋练就的专业本领始终是我们前行路上的底气。当代青年学子寻找志业、担当有为，光有满腔热血不行，还得在求真学问、练真本领上下功夫。

攀志向之山，须怀"点滴潜功，积微成著"的信念拾级而上。与其做一株浮躁的花，不如做一粒沉寂的种子，经历过深埋地表之下的黑暗，才能在一片漆黑中集聚破土的生机。正如我国航天事业经过几代航天人的栉风沐雨，才走出一条自力更生的自强路。学习就要甘坐"冷板凳"，敢啃"硬骨头"。不论山高水远，还是荆棘遍布，都别忘了向下扎根、向上生长的那份初心。

攀志向之山，须持"心无旁骛，笃行不息"的姿态乘势而上。再高的大厦，也无法仅仅依靠一纸草图拔地而起。于求学者而言，专业基本功就是我们建筑志向广厦的钢筋。打牢专业知识的地基，需要保持耐心和定力，以专业知识为材料、以学习方法为工具，在真知中沿着志向所擘画的方向笃行，积蓄步入时代最前沿、改革第一线的能力与心气。

攀志向之山，须用"关山难越，唯有前行"的行动逆流而上。从诞生于荒漠的"两弹一星"到遍布田间的杂交水稻，从"天眼"问天到万米载人深潜，从中国解析数论问世到青蒿素研发……我国一代代科学家不仅专攻博览，而且学以致用，承担起振兴民族的使命担当。科学界的每一次破题、破壁、破圈，都来源于学者们对理论和技能的"钻深"和"研透"。

努力做到又博又专、愈博愈专，这要求我们在学习中要知其言更知其义，知其然更知其所以然，让所思所学面向实际、深入实践。攀登志向之山的路上，既别忘了保持仰望星空的期许，也不要放弃求知探索和勤力前行的渴望。

把准时代脉搏　立志而后笃行
彭可诣（四川大学文学与新闻学院 2021 级新闻学硕士生）

何谓志业？有理论认为是一种超越了劳动交换的职业属性，是听从神圣召唤、怀有信仰和使命感的精神活动。因此，志业既基于职业和专业，又与使命、信仰、激情相联结。信息技术时代竞争加剧，不可否认当下学生群体面临较大的就业压力，迷茫困顿在所难免。因此，面对现实，我们必须思考如何志业。

基于现实，找寻志业之源。尽管现实纷繁复杂，但对志业的定见却生长于此。中国政法大学罗翔教授在读博期间，曾帮助一位问路的老人打车前往法律援助中心。面对老人下跪以示感谢的举动，他对始终没有坦白"法律人"身份的自己感到羞愧。这也促使他去问询内心，寻找法律的真正意义。所以，没必要纠结于内心对现实的抱怨，而应从现实的经历中不断叩问、反思，直至找到志业的方向。

超越现实，实现志业之本。青年一代有理想、有担当，国家就有前途，民族就有希望，实现我们的发展目标就有源源不断的强大力量。无论是以"修身齐家治国平天下"为己任的先贤，以"四力"报道红军长征、唤醒国人投身民族解放事业的范长江，还是以"禾下乘凉"为梦、让中国人的饭碗牢牢掌握在自己手上的袁隆平，他们都将自身的志业与时代的脉搏紧密相连。从他们实现人生大志的经历中不难发现，磨炼超越现实的意志，笃行不辍、踔厉奋发，是实现志业的必经之路。

无论何时，现实与理想的碰撞始终是青年际遇中的母题。步调或许一时会乱，但徘徊在十字路口的青年始终要走下去。要相信立志而后笃行，方能致远。

武汉大学校园的樱花不仅备受游客喜爱，同时也是媒体新闻评论关注的焦点。因为游客容量过载、游客素质低下等社会问题，武汉大学樱花事件时常被纳入新闻评论的选题视域。对此，同样是针对武汉大学樱花事件，不同媒体在不同阶段的选题角度却各具特色，常评常新。以下摘录部分媒体的相关评论，为我们思考如何凸显选题新颖性提供参照和示范（见表4-6）。

表4-6　"武大赏樱"的多角度评论选题开掘选摘

	媒体	文汇报
武汉大学遭遇"樱花烦恼"	时间	2011年3月16日第3版
	内容	武汉大学校办主任钱建国今天表示，学校将在今年樱花开放期间推出新政，在保证校园正常教学、科研、生活秩序的同时，以更积极的姿态面对进入校园的游客。钱建国介绍，将请求地方交警部门增派警力对武大周边的交通进行疏导和管制；校方首次在校园赏樱区设立环状步行区域，不准摆摊设点并限制车辆通行。
	媒体	中国青年报
"樱花护照"让校园不堪重负	时间	2011年3月23日第2版
	内容	武大的樱花据称源自抗战时期，日本人为了慰藉伤员的思乡之情而栽种，其间亦不乏炫耀武功和长期占领之意。如今的武大樱花，更多是中日友好往来的象征。如今武大樱花正在成为城市的卖点。今年，武汉旅游部门联手发放"樱花护照"，据称对于旅游商机看得极准。
	媒体	中国经济导报
国外大学为何不怕遭遇武大"樱花劫"	时间	2012年4月7日第B6版
	内容	美国大学对于游客的限制，更多体现在停车位上——美国人一般都开车，要参观偌大的大学校园，步行不是一种好的选择。限制了停车位，也就等于限制了人流。一些大学甚至对停车时间严格限制在两个小时以内，超过将予以重罚，车辆甚至会被拖车拖走。另外，因为名校众多，而且风情各异，通常也不会出现游客扎堆井喷的极端现象。
	媒体	中国旅游报
凸显"樱花节"消弭"樱花劫"	时间	2012年4月16日第2版
	内容	既然武大樱花已经成为武汉一张闪亮的旅游名片，为武汉带来可观的经济效益和社会效益，当地政府和旅游部门就应当建立更加完善的社会联动协调机制，在每年的这个特定时期，将社会管理资源向武大倾斜，给予武大更多的支持，帮助武大从容应对每年一度的赏樱"洪峰"。比如启动类似黄金周那样的应急机制，加派人手参与管理和引导，以解决武大安保力量不足的问题，开辟临时停车场缓解拥堵问题，同时针对部分游客扰乱正常教学秩序的问题，进行引导和教育，而公众也应该自觉地更好地维护武大的秩序，做一位文明的游客。

续表4-6

武大有的 不止是樱花	媒体	科技日报
	时间	2015年4月3日第8版
	内容	武大不妨将樱花季的参观游览作为一种校园开放活动，设置与学校历史、学校研究特长相结合的开放环节，更加主动地接待公众、引导人流。目前，武大单纯用樱花观赏券作为限制人流的手段，虽然出发点是好的，却给人一种不冷不热、拒人千里的印象，公众的不满也滋生于此。但其实对于任何一所高校而言，每天20万公众进入校园参观都是一次绝好的宣传、科普机会。武大可以借此机会向公众宣传武大精神，展示学科建设成绩，讲述各领域的前沿知识，履行向公众传播知识的职责。
去"武大"赏樱 不要忘了历史	媒体	包头日报
	时间	2016年3月22日第A6版
	内容	曾有武大学子自发地在来校赏樱的游人中散发传单，大声疾呼"樱花虽美，国耻勿忘"，试图努力利用所谓的"樱花节"对广大同学和游客们进行"国耻"教育。在去武大赏樱的同时，不妨让游客学点历史，懂点知识，这才是武大方面该有的作用。
"武大免费赏樱" 管理的与时俱进	媒体	海口日报
	时间	2016年2月22日第7版
	内容	设置"樱花门票"的初衷，一方面是为了弥补学校在樱花节期间诸如维护旅游秩序、保障校园清洁、维护基础设施等方面的开支，另一方面也是为了限制旅客人数。对于"樱花门票"的结余开支，学校也会用于资助贫困大学生，"借树敛财"言过其实。
武汉大学赏樱花勿 被"黄牛"败兴致	媒体	光明日报
	时间	2017年3月22日第2版
	内容	又是一年樱花烂漫时，游客要去武汉大学赏樱，须提前3天微信免费预约。而据当地媒体报道，"黄牛"的"戏份"又来了。记者暗访发现，花35元就可拿着黄牛提供的武大学生一卡通进入核心区。虽然当地警方已表示，将增派警力整治武大周边的黄牛揽客行为，但黄牛屡禁不止，也确实需要武大校方给予更多关注。绝美的樱花、徘徊的心事，岂能听任一干吵吵闹闹的黄牛败了兴致。
摇落的是樱花 丢弃的是文明	媒体	光明日报
	时间	2018年3月29日第2版
	内容	摇落的是樱花，丢掉的是素质。无论摇落樱花雨还是粗暴闯入校内，都属不文明行为。赏花，本为愉悦身心、陶冶情操，却出现这样的不文明行为，无疑大煞风景。

第二节　新闻评论的立论

一、何谓立论

（一）立论的基本含义

明代黄子肃在《诗法》中指出："大凡作诗，先须立意。意者，一身之主也。"无论是作诗还是作文，都需要立论。立论作为中心思想和写作基调，统率着文章的观点和材料，是确定标题、选择论据、分析事物的指导思想与出发点。如明清思想家王夫之在《姜斋诗话》所言，"文以意为主，意犹帅也"，这是对立论统率作用的直接阐释。

立论指确定文章中心思想及表达倾向态度的过程。对于新闻评论写作来说，立论旨在确立新闻评论的主要论断或观点，它体现了文章的中心思想和基调。中心思想揭示事物的本质，基调则规定论述的表达站位和舆论导向的定位，两者的有机结合能为新闻评论的说理目标服务。

基调在立论表达中需要客观、鲜明与理性，为防止评论"调头"倚高倚低、强加于人或流于浅陋鄙俗的偏向，我们须结合媒体定位、受众需求和评论观点本身等影响因素进行准确呈现，以体现以理服人的评论功效。

（二）立论的主要要求

好的选题为科学立论奠定了良好基础，而科学立论须具备如下共性特征与操作取向。

1. 准确鲜明

立论要有准确的论点归纳和针对性强的表态。确立的论点要准确，论点所涉及的概念、论断、提法和分寸把握都要符合事物的客观规律和顺应人的认知规律，在此基础上，对论点的表态要立场分明、是非清晰、引导理性，切忌浮夸和武断，力戒含混和偏颇，以免误导读者。

以荣获第 27 届中国新闻奖三等奖的《不能以极端个案指责社会否定时代》为例，这篇评论针对社会上所谓的"盛世蝼蚁论"的热点话题展开批驳，是一篇立论鲜明准确的评论佳作。一方面，评论文章旗帜鲜明地反驳"盛世蝼蚁论"的观点，分析其论述逻辑的荒谬，点出其缺乏法治精神的事实，立场分明，是非清晰；另一方面，评论文章以小见大地予以延伸，提出应当警惕近些年舆论场中的一种态势，即用个案否定整体、割裂个体与国家的关系，号召人们客观认识当前中国发展中的一些问题，从而做到了理性引导。

不能以极端个案指责社会否定时代[①]

近日,一篇名为《盛世中的蝼蚁》的文章在网络上热传,作者从最近引爆舆论的"甘肃农妇杀子案"谈起,将当事人比作"盛世中的蝼蚁",认为其在社会最底层苦苦挣扎却始终看不到出头之日,被遗弃、碾压是必然结局。无独有偶,辽宁一个运钞车司机劫持运钞车抢走600万元现金的事也被热议,有人起底称他是为还债而抢劫,言下之意是此人本性善良,铤而走险实属现实所迫。

恻隐之心,人皆有之。即便在一些极端案件中,犯罪嫌疑人本身所遭遇的窘迫与不幸,确有值得同情的地方,但一码归一码,同情不能代替谴责。首先要强调的是,这两起案件的事实是清楚的,一个杀了人,一个抢了银行的运钞车,再多悲情渲染也无法改变他们犯罪的事实,无法帮他们开脱罪责。任何时代、任何社会里,贫穷困厄都不能成为走向犯罪、戕害他人的理由,陷于困境的人不在少数,绝大多数人也不会因此而去走极端。放大犯罪嫌疑人的悲情,以此来为他们的犯罪行为辩解,不能不说是颠倒了基本的是非。

至于所谓"盛世蝼蚁"论,更是完全不顾逻辑。仅从目前报道出来的事实已不难了解,甘肃农妇杨改兰的悲剧,并非完全缘于贫穷,而是有着更为复杂的原因,其家庭因素、个人因素恐怕不容忽视。无法想象,一位母亲会仅仅因为贫穷就对四位亲生骨肉举起斧头、灌下农药。这样的人伦惨剧,显然是极为极端的个案。将这样的极端个案扩大化,推论到全社会,归因于社会对弱势群体的漠视和社会保障的失败,无疑是荒诞的,逻辑上根本不能成立;倘若借此来否定现行各种制度,否定这个社会、这个时代整体上的巨大发展成就,那属于别有用心。像"一个人为钱犯罪,这个人有罪;一个人为面包犯罪,这个社会有罪"之类"警句",缺乏基本的逻辑理性和法治精神,只能煽惑人心而已。

近些年,总有一些声音,喜欢将少数极端个案夸大为社会普遍现象,将事情的复杂成因简化为体制失败,用情绪淹没理性,用个案否定整体。你说"伟大复兴",他说"与我何干";你说"大国崛起",他说"蝼蚁屁民",想要制造的效果,无非是消解国家民族的宏大叙事,导致个人与国家的疏离。这种论调值得引起我们高度警惕。事实是,中国正在蒸蒸日上,十几亿中国人的生活正在发生巨大改变,这是全世界有目共睹的事实,也是中国人民的切身感受。于每一个体而言,国家的富强、民族的复兴、社会的进步,不是不重要,而是太重要。所谓国家、所谓社会,不就是所有国民、所有社会成员的总和吗?

当然,中国是有着13亿多人口的发展中国家,内部发展还十分不均衡,所以我们还必须面对扶贫攻坚的重任、转型升级的阵痛,也很难完全避免某些个案的发生。但我们需要在全社会构建这样的信念:发展中的问题,终究要靠进一步的发展来解决,也一定能够随着进一步的发展而得到解决。这已被改革开放三十多年来的事实反复证明。在这样的共识下,共建更理性平和的社会,不以任何原因作为侵害他人的借口,不以任何言论为犯罪行为开脱,不以情绪混淆是非判断,不以个案否定社会的整体进步,或许这

[①] 崔文佳:《不能以极端个案指责社会否定时代》,《北京日报》,2016年9月14日第7版。

才是我们期许中的法治社会应有的样子。

2. 推陈出新

写作评论难在立意，贵在"言人所未言，发人所未发"，力求有新道理、新思想、新见解、新观念。立论推陈出新，既表现在论题新颖、见解独到、角度创新，又表现在与错谬和片面观点交锋中闪现真理火花、提供真知灼见。一般来说，它依托于巧妙的由头或论据。

所谓由头，是指据此引发议论、论证论点的典型而恰当的事实性材料。立论中，选取典型的新闻事实作为立论由头，以揭示矛盾，引发议论，于事理融合中引发新意，这种推陈出新的方式易于被受众接受。此外，评论员也要善于捕捉和分析评论对象的异常性和异质性，以此来保持立论视角的新颖度。这些异常性和异质性更需要提供科学的解释和符合情理的疏导，对其立论产生新意的可能性更大。

以《防范和克制我们的"灾难情绪"》的写作立论为例，作者曹林一开始在选题时并没有被网络中的"情绪化舆情"左右或同化，而是与其保持一定的距离。等到翔实报道出来后，才针对这种"舆情反转"提出了人们熟视无睹却普遍存在的问题——灾难情绪。文中提到，当灾难来临时，舆论会散漫一种与平日不一样的灾难情绪。灾难情绪如果得不到防范和克制，会滋生很多冲突，带来很多与自然灾害相伴生的"次生社会灾害"。该文以引发热议的新闻事件作为由头，立论的角度新颖，见解独到，在同类分析中独树一帜，各网站都在显著位置转发这篇评论，盛赞该评论影响了当时的水灾舆情，帮助公众从不冷静转向理性思考。当然，舆情的转折也许并非一篇评论所能决定，但这篇评论确实因其新颖准确的立论起到了及时正确的导向作用。

防范和克制我们的"灾难情绪"[①]

有网友爆料称：余姚三七市镇某领导下乡视察水灾，因穿着高档鞋子，迫不得已由年近六旬的村书记将其背进灾民家里——水灾汹涌下民众苦不堪言，穿着高档鞋来视察的领导却让六旬书记背，这消息自然在舆论中炸开了锅，当地也在舆论压力下迅速严惩了那名干部。可据媒体最新调查称，那名干部穿的是布鞋而不是高档鞋子，也不是要官威"骑"在村民身上，而是两人关系很熟很好，支书背他不乏玩笑成分。

综合常识和在场其他人的表述看，这名干部被舆论和网友"冤枉"了，成了救灾舆论场中"由不得你解释""一点就着"的情绪化舆情的牺牲品。

这事儿刚一曝光就在网上炒得很火，网愤滔滔之下，板砖和口水如雨点般砸向那个干部，并借此批评余姚救灾不力时，我一直没有参与评论。这种沉默，是刻意与这一情绪保持距离。因为事实和背景不清楚，针对"余姚镇干部视察水灾让老人背"的爆料，只是一个网友语焉不详的描述和一张图片，很容易根据这些进行义愤填膺的想象。不评论，是因为对网友的描述有不少怀疑，但不在现场又无法求证，只能等待后续报道；不评论，是想与网愤的距离远一些，也能与事实近一些。保持距离，在静默中等待更翔实

[①] 曹林：《防范和克制我们的"灾难情绪"》，《中国青年报》，2013年10月17日第2版。

的报道，才能客观理性。

果然，记者对此事的调查颠覆了网友轻率的曝光。记得芦山地震救灾时，也有一名基层干部被冤枉而受到处理，他并没有脱岗，只是深入了更艰难的灾区抗震救灾。舆论后来对被冤枉者充满愧疚。眼见未必为实，有图未必有真相，尤其是在我们看来很陌生的基层尤其如此，不能用自己的经验和想象妄下结论，有时候，自以为是的大义凛然和远离事实的道德优越感，可能只是不明真相下对他人的伤害。

这里想谈一个词：灾难情绪。通过这几天对余姚救灾网络舆情的观察，我注意到一个无法回避的现象，就是灾难来临时，舆论会弥漫一种与平日不一样的"灾难情绪"，这种不冷静的情绪如果得不到防范和克制，会滋生很多冲突，带来很多与自然灾害相伴生的"次生社会灾害"。

灾难情绪有很多方面的表现，它表现在灾难来临时人们天然产生的消极心态、发泄需求、安全焦虑和归咎追责的冲动。一方面是受灾者的不安和不满，突然遭遇地震或洪灾，猝不及防，日常生活被打乱，财产受到损失，生活产生不便，甚至不少人的家人失去生命，身处其中的人肯定会有情绪的。另一方面是围观者的不满，尤其在信息传播极为发达的新媒体时代，人们眼看到一座城市陷于洪水之中，看到很多人的求救，目睹灾难带来的伤害，自然感同身受，并习惯性地去追问责任，追问政府在救灾工作中的不力，批评相关部门预警的滞后与应急的不足。

这就是灾难情绪。这种情绪，一方面源于弱小弱势的人们在自然灾害前的惊慌，一方面源于对政府工作习惯性的不满。"余姚镇干部视察水灾让老人背"事件的发酵，就是灾难情绪的产物，人们带着负面情绪看待政府和官员行为，把一个情况不明的行为想象和解读成为"骑在人民身上"，然后对着这个假想敌发泄不满。

这种灾难情绪还会驱使民众带着放大镜和"找茬"心态去解读官员的一言一行，官员言语稍有不慎，就可能引发强烈的反弹。灾难舆论场中人们的心态比平常要敏感和脆弱很多，容易被激怒和点燃，也容易发酵成集体的不满，将对灾难的不安和伤痛，都转移和发泄到一个假想的"稻草人"身上并大加鞭挞。这种失去理性的情绪所激发的冲突，会耗散救灾的力量，形成社会性的"次生灾难"。

一方面，政府和官员需要重视这种灾难情绪，意识到公众的脆弱和敏感、不安与不满，少说话，多做事，以实际行动安抚民心。另一方面，舆论和公众也应该防范和克制我们的灾难情绪，不要不分青红皂白去苛责，不要不问真假就轻信轻疑，不要被别人一两句话就点燃。客观看待所发生的灾难，是天灾还是人为，是否人力不可及？不是所有的灾难下都有一个不负责任的部门。危难之时，共同的敌人是灾难，而不是官民，放纵灾难情绪只会造成更大的伤害。

3. 见微知著

新闻评论的立论要求做到见微知著。见微知著包含两个方面：一是善于从小事中发现大主题；二是善于从事物的一般发展过程中看出新变化。即评论的立意需要透过表象揭示本质，从事物发展的苗头中预测事物发展的变化趋向。正所谓"一叶落能知天下秋"，评论者须立足全局和大势，从微小事物、微观现象与细节中，看到事物的本质和发展逻辑。同时，评论者还须做到视野开阔，"眼中有案例，心中有大局"，能够在大处着眼、小处落笔中提炼规律，阐发深意，给人启迪。

以《人民日报》评论员写作《列车时刻表送进村委会》为例，该评论从山东某车站送列车时刻表到村委会这一小事切入，从中提炼出"用实际行动想农民之所想，急农民之所急"的高远立意。在支援新农村建设的大背景下，这样的立论便凸显其社会价值。这篇出自《人民日报》"今日谈"栏目的小言论，体现该栏目评论的共同特点——常以微小事物与日常现象切入，却能站在全局高度提炼出贴近性强的大主题，启人深思。

列车时刻表送进村委会①

报载，山东禹城车站将列车时刻表送进了村委会。

近年来，农村的大量富余劳动力外出务工，乘坐火车成为出行的首选。可是，由于农村通讯不发达，很多村庄离车站很远，很难及时准确了解列车的车次、运行时刻。

因此，很多农民不得不提前几天动身，以免耽误行程。把列车时刻表送到村委会，为农民兄弟办了一件实实在在的好事。

想农民之所想，急农民之所急，帮助农民解决出行不便的实际问题，这比喊多少支援新农村建设的口号都要有用。

如果我们的农资部门也把农资信息送到村委会，种子部门也把种子信息送到村委会，科技部门把科技信息送到村委会，企业把用工信息送到村委会……农民兄弟就会少走很多弯路，少上许多当，少受许多骗而多得许多益。

4. 前瞻深刻

前瞻深刻是对新闻评论立论的更高要求。前瞻性指能够及时洞察和预测事物的发展趋势，它体现的是立论中的提示性和指导性。深刻性指揭示事物表象与本质之间的关系，阐明事物运动过程中的规律性，以严密的逻辑推理直击其本质和意义。前瞻深刻的立论往往能够成就高质量的评论作品，也能够彰显评论的指导性和引导性。

2020年，新冠肺炎疫情引发世界粮食市场波动，不由引发国内舆论关于中国粮食安全的担忧。《农民日报》记者敏锐地意识到加强粮食安全舆论引导的必要性与重要性，刊出评论文章《多国囤粮：一堂活生生的粮食安全"警示课"》，该评论及时回应舆论关切，用事实说话，阐明此次国际粮食出口限制不会影响我国粮食安全，透过现象看本质，彰显其前瞻性。随后的论述以小见大、举一反三，深入揭示关于粮食安全的3个警示道理，拓展了说理维度和表达深度，有效引导公众正确认识我国粮食安全形势。

多国囤粮：一堂活生生的粮食安全"警示课"②

新冠肺炎疫情蔓延全球，引发了一系列连锁反应。一些国家出现恐慌性抢购口罩、厕纸现象，近日更出现国家层面囤粮情况。据报道，已有多个国家正在限制粮食出口或

---

① 罗宗华：《列车时刻表送进村委会》，《人民日报》，2006年4月19日第1版。
② 江娜：《多国囤粮：一堂活生生的粮食安全"警示课"》，《农民日报》，2020年4月3日第1版。

加大粮食储备，联合国粮农组织总干事也呼吁防止疫情引发粮食危机。国际粮食市场的新动向引起一些人担心：多国囤粮，对中国人的饭碗会产生什么样的影响？中国的粮食安全战略能不能经受住考验？这些问题值得我们高度关注。

针对舆论的担心，我们还是以事实和数据说话。从产能上说，我国粮食生产实现历史性的"十六连丰"，连续5年站稳6.5亿吨台阶，2020年虽受疫情影响，各地春耕备耕也正在有序推进，冬小麦苗情好于上年和常年；从存量上看，目前我国小麦、稻谷等口粮品种，库存都处于历史最高水平；从进口量上算，谷物净进口量仅占全国生产量和消费量的2％左右，也主要是用于品种调剂和地区调剂。可以说，此次国际粮食出口限制不会影响我国粮食安全。

多国囤粮现象，一方面用事实证明了我国立足国内的粮食安全战略的正确性，一方面也给我们上了一堂活生生的粮食安全"警示课"。

这堂"警示课"的第一个警示是，底线思维必须始终坚持，在粮食问题上更是如此。我们这个14亿人口的大国，正如大船出海，不能指望每天都是风平浪静，从起锚的那一刻起，就要准备好怎样应对极端天气和海况。"无恃其不来，恃吾有以待也。"这是兵法所言，也是我们任何时候都必须坚持的底线思维。粮食安全问题就是检验底线思维的一个重要方面。粮食安全是基本安全，是国家安全的基础支撑，是攸关生存安全的头号问题。基本安全、基础支撑、头号问题，这三个名词意味着什么？意味着犯不得半点错误，意味着容不得一丝含糊，意味着一寸也不能退的底线。在粮食安全上坚持底线思维，就需要考虑极端情况。当前发生的还只是一个公共卫生事件，各国忧虑的还只是粮食的供应链、市场的连锁反应、公众的恐慌心理等，但想想看，万一出现极端异常气候，全球粮食大减产呢？再假设，万一发生战争呢？到那时候，限制粮食出口的就不是几个国家了，纵有黄金万两，到哪里去买能填满14亿张嘴的粮食去？当然，有人会说，到时候我们可以马上种啊。但是，农业不是工厂流水线，不是一开工立即就有产品的，农作物还有一个生长期，这段时间怎么办？难道真要让老百姓坐在餐桌前等着现种稻谷、现磨米、现蒸饭？所以，在这样关乎国家命运、民族生存的底线问题上，不能算经济账、回报账，而要算政治账、安全账。

这堂"警示课"的第二个警示是，以我为主永远是对的，在粮食安全上必须始终坚持立足国内。当今的国际现实也警示我们，即使全球经济再一体化，关键时候还得靠自己。靠别人？正如一句俗语所言：靠山山会倒，靠水水会流，靠人人会跑，只有自己最牢靠。别看这些年国际粮食市场价格低于国内，那是因为中国人的吃饭问题自主解决了，如果我们把14亿人的吃饭问题都交给国际市场，你看看还会不会有价格倒挂？而且，如果真到了要依靠购买粮食生存的地步，就算是有钱买、买得到，但战略软肋受制于人是一种什么感觉？因此，在粮食安全问题上，我们永远只能靠自己，靠我们祖祖辈辈耕耘的土地，靠我们不断创新的粮食科技，靠我们始终坚持调动地方抓粮和农民种粮的"两个积极性"。这是我们解决粮食问题的本钱和法宝，过去是，现在是，将来也一定是。

这堂"警示课"的第三个警示是，民生始终是根本，吃饭问题始终是头等大事。粮食问题到底是个什么问题？它当然是个经济问题，但只是个经济问题吗？在我国疫情防控伊始，我们就一手抓防控，一手抓"菜篮子"保供稳价。为什么？固然是吃饱吃好才能抓防控，但更重要的是，粮食问题、"菜篮子"问题牵一发而动全身，关系经济社会全局和民生大局，也关乎公众的情绪、信心和心理预期，不能有丝毫闪失。全球疫情蔓延之际，一些国家就先把粮食储备稳住。为什么？还不是在未雨绸缪，防止因为在吃饭这样的基本民生问题上出纰漏而引发社会动荡。历史上这样的教训很多，国际上也不少。2008年、2011年世界多个国家发生社会骚乱，起因也多是食品价格暴涨。粮安天下，这句话不是说说而已的。

有些错误是不能犯的，犯了就是颠覆性的。这是粮食问题的沉重警示，也是我们端稳中国人饭碗的深刻启示。

二、立论的准备

实践是检验真理的唯一标准。陈云同志在1990年1月21日同浙江省党政军领导谈话时赠送给时任浙江省委书记李泽民的题字里提道："不唯上、不唯书、只唯实，交换、比较、反复。"这段话充分体现了实践是检验真理的唯一标准，他认为，在处理问题时不能一味地轻信书本知识，也不能盲目听从上级的指示，而应从实际出发，实事求是，要善于将不同的意见进行交流和比较，在做出决定之前要反复考虑周全，使自己的意见更加完整。新闻评论的立论生成离不开记者的调查研究与资料占有，只有从实际出发，实事求是，在开展广泛而全面的调查研究的基础上充分占有各方资料，并且善于将不同的意见、观点进行反复地交流和比较，才有可能开掘与提炼贴合实际、前瞻深刻且经得起检验的高质量论点。

（一）开展调查研究

有人认为，只有新闻报道才需要采访和调查研究，评论写作大可不必。其实不然，新闻评论更加强调和重视调查研究。新闻评论的立论需要掌握一些政策法规和相关材料，以保证立论的准确性和可信度，这就离不开评论员长期积累和专题性的调查研究。正因为科学的论断产生于发现问题、分析问题和解决问题的调查研究中，因此，评论员更需要深入实际，深入群众，加强实地调查和研究性学习，为新闻评论立论打好基础。

评论员进行调查研究的步骤主要有五个方面。第一，注重相关知识、素材、情况的积累，能将这些积累运用到广泛的社会实践中。第二，善于集思广益、多谋善断。由于每个评论员所掌握的知识有限，他们要经常到实际生活中去学习请教，不仅要善于问计于专家，还要善于问计于民间，为立论的准确性建立参考数据库。第三，注意阅读记者、通讯员和读者的来稿来信，从中了解受众需求以及民生关切、民意走向。第四，钻研党和政府的政策、决定和文件精神等，注意哲学方法论的学习和训练。第五，定期开展专题调查研究。高素质的新闻评论员会结合自己的评论任务和阶段选题进行系统周密的调查研究，包括对文献资料的研读和深入实际的调研，积累和训练立论的思维方法及实战经验。

（二）搜集相关资料

如前所述，新闻评论的立论需要进行调查研究，其中一个步骤就是要广泛占有相关资料，以便对评论选题有更加深入的认识和理解，从而发现和确立准确深刻的立意。新闻评论若要发挥正确的舆论引导作用，需要评论员对选题和立论的认识由感性认识上升到理性认识，做好数据采集、分析和研读的系列整合工作，这也是评论员对职业准则的遵循。就此意义上说，新闻立论中对相关资料的搜集更是一种阅读和阅历的长效积累及研究性学习，主要包括三个途径：第一，从党政方针政策、会议文件中去搜集相关资料；第二，从大量的新闻报道中寻找相关素材，比较和发现新的评论视角；第三，从大量的历史文献资料中解读评论立意的背景材料，加强立论的深度。

三、立论的主要思维方法

立论的过程是评论员将复杂的社会现象和事实进行多维比较分析，从而筛选出有价值的可写作的评论论点的思维过程。这就意味着评论员需要在充分占有相关资料、论据的基础上，通过科学思维，寻找并确立深刻、高远以及新颖的论点。在新闻评论的立论中，其主要思维方法有三个方面。

（一）从个别到一般

由个别与一般的辩证原理可知，个别存在于一般中，一般通过个别表现出来，个别与一般在一定条件下可以相互转化。可见，人们可以通过个别去认识一般，从大量个别事物的特质中总结出事物的一般规律，这是归纳性认知的学习法。新闻评论的立论过程常常运用从个别到一般的思维方法，即在具体的新闻事实中提炼事物发展的一般规律，然后以此确立深刻的立意。

（二）从隐性到显性

新闻评论是基于客观事实发生发展的发言、表态，是一种有形的意见的传播。这就表明了其立论过程中观点和立场的确立，须经历从隐性到显性的阶段，即将隐藏在事实中的观点提炼出来并加以明确呈现。如果说，事实作为论据蕴藏着观点，那么立论就是要把这些隐性的观点提炼整合出来置于显性位置，使之一目了然。

（三）从感性到理性

人们总是在对具体事物接触的过程中形成一定的感觉、体验和认识，而这些感觉、体验和认识大多停留在零散的感性阶段。评论员在新闻评论写作的构思阶段，首先接触到的也是各类新闻事实和社会现象。要提炼出深刻且新颖的论点，评论员还须对已经掌握的事实进行理性的分析和推理。尽管评论立意无法排除也没有必要排除合理的个人感情，但是一个经得起时代检验的立意必须走向理性分析，这就是从论据到论点的思维轨迹，也是立论生成的必经阶段。

需要说明的是，受评论员思维习惯和议论文写作规范的影响，上述三种主要的思维方式彼此勾连，普遍联系，在具体立论过程中交互作用，互动生成评论的立意和观点。

四、从选题到立论的个案例解

选题和立论是新闻评论写作过程中的构思主体,也是新闻评论写作的基础和起点。评论员在确定选题时往往也在同步生成论点,在反复推敲立论时验证选题的价值和现实意义。对具体构思而言,两者并无界限分明的先后顺序,它们是互动与互构的过程及结晶。

(一)选题趋同、立论互异的实例

在选题与立论的关系中,存在"选题趋同、立论互异"的现象和表征。这是由媒体共同关注重要新闻并予以报道而产生的同质化趋向使然,受媒体内容竞争的驱动,面对同一新闻的客观事实,不同媒体及其评论者的不同观点和多元表达构成了"立论各异",也从立体观照中反映了事物本身的复杂面相,因此,也反证了"立论各异"的必然和必要。总结实践中的立论各异,有两种表现:第一种是目标一致,各有千秋的互异,这种互异即指新闻媒体从各自的性质、肩负的任务和服务对象出发而进行的差异化评论;第二种则是反映不同见解或意见分歧的互异,这种互异在署名评论和专栏评论中较为常见,旨在释放多种声音,力图在不同声音的交汇中构建共识,促进认同。对此,在评论写作中,一般是选题在先,立论在后;也可能出现"意在题先"的现象,或选题和立论同步生成的情况。

1. 有关"双减政策"的评论

2021年7月,中共中央办公厅、国务院办公厅印发了《关于进一步减轻义务教育阶段学生作业负担和校外培训负担的意见》,并发出通知,要求各地区、各部门结合实际认真贯彻落实。众多媒体以"双减"为评论选题解读此意见。本教材以《人民日报》和《北京日报》的评论为例,提供对其不同立论的阅读思考样本。

《人民日报》评论:

"双减"助力教育良好生态[①]

"学生过重作业负担和校外培训负担、家庭教育支出和家长相应精力负担1年内有效减轻、3年内成效显著,人民群众教育满意度明显提升。"近日,中办、国办印发了《关于进一步减轻义务教育阶段学生作业负担和校外培训负担的意见》,并发出通知,要求各地区各部门结合实际认真贯彻落实。

教育是民生之基,社会各方密切关注。今年全国两会期间,习近平总书记指出:"对群众反映强烈的突出问题,对打着教育旗号侵害群众利益的行为,要紧盯不放,坚决改到位、改彻底。"《意见》的印发实施,正是坚持以人民为中心,增强人民福祉、回应百姓教育关切的生动体现。《意见》传递了党中央从实现中华民族伟大复兴的战略高度,坚决防止侵害群众利益行为,构建教育良好生态的坚强决心,是从国之大计、党之

[①] 方塘:《"双减"助力教育良好生态》,《人民日报》,2021年7月30日第12版。

大计角度作出的重大安排。

这是一份以减轻义务教育阶段学生过重作业负担和校外培训负担为目标，以切实提升学校育人水平，持续规范校外培训为重点，以建设高质量教育体系，构建教育良好生态，促进学生全面发展、健康成长为方向的重要文件。《意见》统筹校内和校外两个方面，强化学校教育主阵地作用，深化校外培训机构治理。在校内方面，要求学校教育教学质量和服务水平进一步提升，作业布置更加科学合理，学校课后服务基本满足学生需要，学生学习更好回归校园。在校外方面，全面规范校外培训机构培训行为，使学科类校外培训各种乱象基本消除，校外培训热度逐步降温。兼顾校内校外，体现出对当前义务教育突出问题和深层矛盾的系统思考、综合施策。

这也是党中央针对义务教育阶段存在的短视化、功利化问题，特别是校外培训机构无序发展，"校内减负、校外增负"现象突出所作的重要决策部署。《意见》统筹服务国家战略和促进学生全面发展，一方面，要求从服务国家战略需求和社会主义现代化建设的高度，扭转"唯分数""唯升学"的不科学的教育评价导向，培养创新精神、创新能力和综合素质，为党育人、为国育才；另一方面，要求从促进学生全面发展的角度，将学生从过重的作业负担和校外培训负担中解放出来，将本该属于学生自由探索、身心健康发展的时间还给学生，发挥兴趣和特长，引导学生全面而有个性发展，真正体会到学习的愉快、童年的幸福，成长为德智体美劳全面发展的社会主义建设者和接班人。

针对综合治理的实施路径，《意见》科学统筹专项治理与长效机制建设两项工作。以专项治理体现鲜明态度。《意见》对违背教育规律，冲击学校教育，破坏教育生态，有违教育公平的问题，重拳出击，大力规范。以改革创新展现长远眼光。《意见》对深化教育评价改革，变革教育教学方式，提高师资队伍水平，不断提高学校教育质量、强化学校教育主阵地等作出明确要求，从根本上夯实"双减"工作持续、有效落实的制度基础，为工作科学深入开展保驾护航。

"双减"工作是一项系统工程，涉及众多利益群体。家长和社会均是做好"双减"工作的重要责任主体，密切家校联系、营造良好的社会育人氛围，统筹学校、社会、家庭力量，真正形成相互理解、支持的三位一体育人格局，才能确保治理效果的最大化。精心组织实施，务求取得实效，学生过重作业负担和校外培训负担、家庭教育支出和家长相应精力负担一定能显著减轻，教育质量将进一步提高。

《北京日报》评论：
"双减"也是一次对社会心理的减负[①]

遍地开花的培训班补习班大大加剧着教育焦虑，更衍生出一系列教育乱象。强大的"剧场效应"下，家长和学生被裹挟其中，可许多花钱堆出来的所谓教育，其实是一种无效负担。从这个意义上说，做实"双减"，不仅是给孩子书包"减重"，给家庭支出"减压"，更是一次对高度焦虑的社会心理的必要校正。

继国家层面出台《意见》，明确要求进一步减轻义务教育阶段学生作业负担和校外

[①] 范荣：《"双减"也是一次对社会心理的减负》，《北京日报》，2021年8月20日第3版。

培训负担后，本市近日也拿出了具体的"双减"措施，引发社会高度关注。

中小学生课业负担过重，长期受到各方诟病。越来越重的书包、奔波赶场的培训，压得孩子和家长喘不过气来。针对这一病灶，从中央到地方没少出政策，而如今"双减"出台，统筹校内和校外对义务教育阶段减负做出全面部署，更进一步戳到了症结、抓住了根节儿。就拿北京的一揽子举措来说，在校内，强化学校教育主阵地作用，提升学校课后服务水平，引导学生学习更好回归校园；在校外，出台6项举措深化培训机构治理，有力祛除资本炒作的虚火。减负与治乱齐抓，校内与校外共管，标本兼治、长短结合，体现出对义务教育阶段减负工作的系统思考。

十年树木，百年树人。中国家庭最看重的就是孩子，最重视的就是教育。让孩子接受好的教育、有个好的前途，也是天下父母的朴素期待。但这份对教育的"重视"，这些年却大有被绑架、被异化之势，一个典型表现，就是"补习＋报班"喧宾夺主，"课堂不学、课外补课""校内减负、校外增负"等问题十分严重。放眼望去，遍地开花的培训班补习班大大加剧着教育焦虑，更衍生出一系列教育乱象。比如培训幼龄化，咿呀学语的婴童就被家长带去早教班上起了"情商课"；比如内容超前化，刚上幼儿园的孩子竟被要求掌握上千英文词汇，小学低年级学生就得似懂非懂地"啃奥数"……起跑线不断提前，内卷化愈发激烈，强大的"剧场效应"下，家长和学生被裹挟其中，很多人只能被迫报班以求心安。而随着"鸡娃"之风蔓延，在"不给孩子报班就对不起孩子"的强大心理暗示下，家庭教育投入水位一直被抬升，养娃俨然成为"投入无上限"的军备竞赛。

教育领域被浓重的焦虑裹挟，搅得各方苦不堪言。可许多花钱堆出来的所谓教育，其实是一种无效负担。市面上蜂拥产生的大量培训，名目花哨却大同小异，含金量极其有限，多是在营销上极尽所能。广告推介铺天盖地，无非就是拿"您不来，我们培养您孩子的竞争对手"之类夸张话语渲染竞争、唬人入坑。久而久之，在"焦虑-报班-更焦虑"的螺旋中，家庭和社会资源被严重错配乃至虚耗，不仅家长和孩子身心俱疲，而且教培市场的畸形膨胀，也滋生出鱼龙混杂、无序竞争等问题，"退费难""卷钱跑路"等现象时有发生。

乱象频仍、焦虑蔓延，到了必须整治的时候。从此番"双减"政策的具体指向看，一大关键就是对校内校外的角色与责任进行了厘清，以正本清源稳定社会预期，给广大家长吃了一颗定心丸。明确具体的政策指向，清晰可感的操作路径，雷厉风行的执行力度，让各方充分感知到了国家坚定为义务教育阶段学生减负的决心，有助于引导家长从被迫"鸡娃"的赛道上走出来。人为制造的内卷焦虑少了，高度紧绷的神经就能慢慢松弛下来，全社会的教育心态也会更加理性。从这个意义上说，做实"双减"，不仅是给孩子书包"减重"，给家庭支出"减压"，更是一次对高度焦虑的社会心理的必要校正。

"教育是农业，不是工业。"受教育者是有生命的个体，有其自身成长的规律，在每个年龄阶段也会呈现不同的特点，需要"顺木之天，以致其性"，揠苗助长填鸭漫灌只能是徒劳无功。这些年，虽然我们一直在强调不能"唯分数论"，但教育领域"以分数论英雄"的倾向依然明显，这也使得在德智体美劳中，社会对学科教育的关注远甚于其他。超强的学习负荷之下，孩子们的世界也少了云彩花朵、鸟叫虫鸣，"小胖墩""小眼镜"越来越多，这显然有违教育初心。以"双减"为契机，让我们的教育回归本真，引导孩子在全面教育中养成积极向上的品格、持续学习的能力、探索未知的兴趣，善莫大焉。

"双减"工作是一项系统工程，涉及众多利益群体，破解沉疴也非一日之功。相关政策出台后，市场反应不一，有些培训机构表面上偃旗息鼓，却暗自换上马甲、化整为零、转入地下，这种现象值得警惕，需要查处和处罚及时跟进。而更为根本的，还是切实提高校内教学质量，大力推进教育资源均等化，不断完善课后服务保障，免除家长的后顾之忧。学校、社会、家庭力量真正形成相互理解、支持的三位一体育人格局，才能确保治理效果的最大化。

教育是慢的艺术，需要一个静待花开的过程。将孩子和家长都从教育焦虑的锁链中解放出来，让减负不再"雷声大雨点小"，应当有所作为，也非常值得期待。

2. 有关"成都大运会闭幕"的评论

2023年8月8日，备受世界瞩目的第31届世界大学生夏季运动会在成都落下帷幕，来自世界113个国家和地区的6500名青年运动员在赛场拼搏冲刺，展现青春力量。围绕这一热点新闻事件，多家媒体从不同的立论角度解读与阐释。在此摘录《人民日报》《成都商报》《光明日报》的相关评论来为"同题异论"的思维过程提供参考。

《人民日报》评论：

感受大运会的"成都味道"[①]

了解一个城市的方式有很多种，通过世界大学生夏季运动会的视角"解码"成都魅力，无疑成了这个夏天很多人的选择。当"国宝含量"超高的开幕式沸腾了成都的夜，当吉祥物蓉宝可爱"爆表"吸引关注，当赛场上的挥汗如雨与火锅旁的酣畅淋漓撞了个满怀，成都凭借成功举办这一国际体育盛会，备受瞩目。8月8日，成都大运会闭幕，属于青春、属于拼搏的光芒仍在人们心中闪耀，"成就梦想"的热情仍在这座城市激荡。

如果说美食是了解一座城市的开始，那么萦绕舌尖的味道则是读懂一座城市的关键。成都地处"天府之国"，更有满满"人间市井"，在成都开启专属于大运会的寻味之旅，每个人都能找到自己偏好的那款"成都味道"。

味道里的麻辣，是热情好客的淳朴风尚。川菜的辣，成了名扬四海的成都小吃，也孕育了成都人性格里的热情似火。从为运动健儿加油鼓劲的一声声"雄起"，到成都学子为中外记者准备的一封封手写信，再到赛场间隙全体观众齐声合唱的民谣……这样的"成都温度"，不仅出现在比赛场馆、媒体中心，也蔓延到城市的每一个角落。

走进街头巷尾，不论是马路上贴着"欢迎来到成都"的网约车，还是餐馆里热情的经营者，不论是一句句带着四川口音的问候，还是一张张真挚和善的笑脸，最是真情动人心。

味道里的鲜香，是朝气蓬勃的青春力量。川菜始于麻辣，归于鲜香，正如大运会不

[①] 邝西曦：《感受大运会的"成都味道"》，《人民日报》，2023年8月9日第5版。

只为了比赛竞技,更为让青年人有机会站上熠熠发光的舞台。以青春之名,共赴大运之约,圣火点燃的不仅是运动热情,更是青春的梦想与力量。

参加本届大运会的113个国家和地区的6500名运动员都在赛场上拼尽全力。斐济代表团和列支敦士登代表团都只有一名参赛队员,纵是单枪匹马,也要一往无前。成都为青年提供了实现梦想的舞台,而青年本身也成为"活力成都"的组成要素。从这个意义上看,"成都成就梦想",正是成都与青年的一场"双向奔赴"。

味道里的甜糯,是文脉绵延的别样呈现。从甜腻腻的糖油果子,到糯叽叽的赖汤圆,再到几乎桌桌必点的"火锅伴侣"爽滑冰粉,"成都味"丰富多样,如同成都文化,在传统与现代、古老与新潮、本土与国际之间交融碰撞。

成都大运会会徽中的"太阳神鸟",让全球认识了古蜀文明;《吉祥天鼓》《康定情歌》等比赛音乐,让夺得艺术体操集体全能冠军的中国队别具风采。当推拿、按摩、拔火罐等中医诊疗服务成为大运村里口口相传的"神秘东方力量",当外国运动员吃着串串跳着广场舞"沉浸式"体验成都夜生活,巴蜀韵、民族风、中国味——这也是成都大运会向世界呈现的"中国式浪漫"。

习近平总书记在成都大运会开幕式欢迎宴会上的致辞中指出:"拥有2300多年建城史的成都因海纳百川、兼容并蓄而始终保持经济发展、文化繁荣。欢迎大家到成都街头走走看看,体验并分享中国式现代化的万千气象。"从历史中走来,成都吸引人们的,始终是包罗万象的多元滋味。又何止是成都。复合调味的火锅、北料南烹的炒菜、不拘一格的面食,千般风味汇集,造就了华夏大地一座座闻名遐迩的城市,也成就了千人千味、令人回味的"中国印象"。

《成都商报》评论:

青春不散场　梦想不落幕[①]

昨晚,成都露天音乐公园内,闭幕式精彩上演。灯光、星光与万家灯火的交相辉映中,成都大运会画下圆满句号。

四年前,成都大运会申办成功之时,国际大体联郑重祝福:"成都好运!"那不勒斯接旗仪式上,成都大运会主办方庄严承诺,将全力以赴,为全世界呈现一届精彩、圆满,充分展现国际标准、中国风格、巴蜀韵味的国际体育盛会。

四年后,东道主没有愧对国际大体联的选择。赛场上,来自全球113个国家和地区的6500名运动员奋力拼搏,奉献一个个精彩"名场面",镌刻一个个难忘"金时光";赛场外,"雪山下的公园城市、烟火里的幸福成都"迎来一场遇见,留下一份美好,为世界奉献一段难忘的大运时光。

习近平主席在开幕当天寄望大运:携手世界青年,以青春的活力促进世界和平与发展;弘扬大运会宗旨,以团结的姿态应对全球性挑战;深化交流互鉴,以包容的胸怀构建和而不同的精神家园。12天,这一"促进、应对、构建"的愿景,在青春飞扬、激情燃烧中,照亮世界。

[①] 刘琴:《青春不散场　梦想不落幕》,《成都商报》,2023年8月9日第1版。

当18个大项269个小项激烈角逐，当每一枚金牌各自有了它们的归宿，大运精神获得精彩诠释，价值指向"更快更高更强更团结"。

当观众集体为跑道上最后一名运动员加油"雄起"，当领奖台上父亲为获奖儿子颁奖时无声相望，友谊地久天长，梦想薪火相传。

当特许商品店因"蓉宝"太火不得不限流，当外国运动员成群结队开启"寻味之旅"，"到成都街头走走看看"，国之交，民相亲，文化在交流，情感在交融。

《光明日报》评论：
携手"蓉宝"，望见未来①

8月8日，成都第31届世界大学生夏季运动会闭幕式在成都露天音乐公园举行。大运会吉祥物"蓉宝"这只胖乎乎的可爱熊猫走出酷炫混搭风，在闭幕式上与流行女团、说唱、川剧、清音、木偶、变脸等艺术元素融合碰撞，带来一场视听盛宴。

此次大运会上，憨态可掬的"蓉宝"是赛场之外的又一个人气"顶流"。在开幕式上蹦蹦跳跳、卖萌比心，被网友们调侃为当晚表演最大"显眼包""社牛熊猫"，一时间收获"妈粉"无数；在南非女子水球队队员乔·威廉姆斯生日当天花式祝福，直接将现场气氛拉满；围绕"蓉宝"主题推出的玩偶手办、文具邮票、纪念勋章等千余款特许商品在市场持续走俏、一"宝"难求……在全民参与、乐享大运的浓厚氛围中，吉祥物"蓉宝"所引发的现象级传播盛况，不仅体现了人们对赛事的火爆热情，更折射出大运会强大的文化辐射力。围绕"蓉宝"IP推出的各式体育文创产品，成为展示成都城市气质、讲好中国故事、传播中国文化的重要载体。

一座城、一段情，底蕴深厚的中华优秀传统文化与别具特色的城市文化，为体育文创产品赋予了别样韵味。从设计上看，"蓉宝"周边文创产品不仅饱含大运情怀，还与巴蜀元素深度融合，寄托了人们对于成都的炽热期许。一方面，"蓉宝"的原型为经过全球票选、来自熊猫基地的大熊猫"芝麻"。被誉为国宝的大熊猫，是成都一张鲜明的城市名片，更是在国际上享有极高知名度传播标识物，为"蓉宝"日后高涨的接受度、认可度奠定了基础。另一方面，"蓉宝"面部构思参考了川剧的脸谱样式，耳朵、眼睛、尾巴呈现火焰形态，凸显出"火"这一天府文化的重要标签，更充分彰显了川剧脸谱作为非物质文化遗产、传统艺术瑰宝的巨大魅力。

此外，创新意识的勃发，也为体育文创产品开发深度赋能。从"变装蓉宝"的"牛仔很忙""青花盖碗""炙热少年"等纹样设计，到"变脸手办"的磁吸式变脸方式等制作工艺，不难看到地域文化、传统文化与现代文化的交融发展，感受到体育精神、时代精神的热情碰撞，并不断为体育文创产品注入旺盛的创造力、感染力与生命力，将中华之美传向世界。

回顾历届大型体育赛事，吉祥物IP与体育文创产品的火爆背后，都铭刻着独特的时代印记。2008年北京奥运会吉祥物"福娃"，传递着和平友善、积极进取、尊重自然的和谐理念，更承载了一代中国人的集体情怀；2014年南京青奥会吉祥物"砳砳"则

---

① 王禹欣：《携手"蓉宝"，望见未来》，《光明日报》，2023年8月8日第2版。

成为初代网红代表，当年被网友们亲切冠以"史上最呆萌的吉祥物"之称，为全世界青少年带来惊喜快乐；2022年的北京冬奥会、冬残奥会吉祥物"冰墩墩""雪容融"更开启了"全民追星"热潮，在冰雪世界里留下无数温暖回忆。

随着时代不断发展进步，勇攀高峰、积极进取、团结协作的体育精神历久弥新，推动世界文明交流互鉴、构建人类命运共同体的美好愿景始终不变。携手"蓉宝"，望见未来。期待更多的吉祥物化身友谊使者、留存美好记忆，以体育为桥、将文化作魂，见证风华正茂的文明古国在世界舞台上不断迸发新活力、释放新机遇。

（二）从选题到立论的操作原则

1. 解析选题价值

从新闻传播规律出发，媒体需要考量评论选题的价值，包括明确选题的意义、目的或目标。例如《人民时评》认为："具体到选题，就是放弃那些虽然导致热议，但事情过于细碎、观点流于揣测、容易就事论事的'微观'选题，或者事件过于宏大、只能泛泛而谈、立论易于空疏的'宏观'选题，努力选择那些新闻性强、社会关注度大、反映了社会某个领域的问题的'中观'选题进行评论。"[1]

2. 分析受众诉求

从选题到立论，整个评论构思过程都应贯彻受众意识，重视并深入分析他们的需求和诉求。将受众反馈考虑进立论中，能够提升立论的贴近性和接受度，从而增强评论的说服力。

3. 适配媒体定位

并非所有具有新闻价值的选题都可以做评论用。不同的媒体会根据自身的媒体定位进行选择性筛选和把关。由于媒体资源的有限性，媒体只能选择那些符合自身标准的选题展开评论。例如《人民日报》编辑陈家兴在谈到《人民时评》的选题特点时指出："重大新闻事件、热点现象和问题是我们的选题范畴。在面对众多选题时，我们的选择在于它能够触动读者的神经，同时符合人民日报的身份定位。这两条是我们确定选题的标杆。"[2]

4. 预估写作可行性

对评论写作的可行性进行预估是将选题立论转化为评论文本的保证。这一可行性更多是指选题范围内确立了观点、基调后能否顺畅表达，若是主客观条件无法保证立论的有效展开，比如选题和立论缺乏论述支撑或者不合时宜，或者令评论员无法驾驭，那就需要灵活调整，以顺应评论主题的写作能力。

思考与练习

1. 请结合实际谈一谈可以从哪些途径获取新闻评论的选题？

---

[1] 马少华：《新闻评论教程》，高等教育出版社，2007年版，第116页。
[2] 马少华：《新闻评论教程》，高等教育出版社，2007年版，第116页。

2. 结合选题的相关要求，尝试从近期《人民日报》的新闻报道中提炼出 1~2 个事件类评论选题并加以分析。

3. 结合现象类选题的内涵要求，尝试从时下热议的社会现象中找出 1~2 个现象类评论选题并加以分析。

4. 找出同日《光明日报》《中国青年报》《南方都市报》的新闻评论，分析三大媒体在选题特色上的异同，并分析造成差异的原因。

5. 新闻评论的立论有哪些主要要求？请结合实例谈一谈在立论过程中有哪些常用的思维方法？

6. 请阅读近 3 年来中国新闻奖评论类获奖作品及其采编过程，选取其中的 5 篇评论作品，概述其选题价值，并尝试提炼其论点。

第五章 结构·表达

内容提要：

在新闻评论文本生成过程中，作为文本的内容元素，标题、论点、论据相辅相成。一篇评论作品通过引论、本论和结论来构架说理逻辑，形成了演绎式、归纳式、并列式、递进式、波浪式五种行文结构，以此证明与突出评论观点。为了增强评论文本的说服力和科学性，评论者在写作中通常综合使用案例论据、数据论据、公理论据和名言论据，通过例证、引证、反证、喻证、比较、归谬等方法进行论证说理，最终以特色化的文风完整呈现立论及其选题价值。由此可见，评论写作的结构和表达是对写作构思的执行，对其"大体规律"的把握及应用为我们与时俱进、创新表达奠定了必要的基础。

第一节 结构：新闻评论的文本生成

一、新闻评论的文本结构

新闻评论写作是作者根据选题立论的预期与要求，通过合理的文本结构来表达观点、表明态度及立场的过程。媒介环境的快速变化，一方面使受众的利益诉求可以通过评论写作来实现；另一方面，媒体自身的内容生产和传播影响力构建也需要不断创新新闻评论的文本表达。就媒体而言，亟须在评论写作中推进两方面诉求的有机结合，将构思阶段的准备转化为具体的结构与谋篇布局。

新闻评论文本的结构是指对评论写作的论点与论据的组织部署，包括对逻辑思路、说理层次和文章顺序等内容的合理安排。"结构"既包括对论据和论点的动态组织过程，也包括其静态的组织结果，也就是形成每一篇评论文章的框架，它体现为标题、论点和论据；从逻辑组成的构件来说，可分为开头、中间和结尾三部分，对应为引论（提出问题）、本论（分析问题）和结论（解决问题）。

（一）新闻评论的文本结构元素

1. 标题

标题具有概括主要内容、提示重要信息、引导读者阅读的作用。人民日报社原总编辑范敬宜曾强调："标题是文章的眼睛,眼睛无神,内容再好也吸引不了读者。"[1] 作为文眼,新闻评论的标题既是对论题范围和文章中心论点的概括,也是帮助读者获取有效信息的界面。作为说理性文章,新闻评论的标题还需体现一定的态度、倾向以及论述角度。

按照概括内容的性质划分,标题可分为实题与虚题两大类。所谓实题,就是客观陈述事实的标题,它在语法表达上常以名词和动词为主,有利于告知核心事实及动态,是大多数新闻报道标题制作的选择。所谓虚题,即概述的是一种主观性事实,它陈述的是一种观点、态度或者立场,是一种价值判断,它在语法表达上常常使用形容词、副词,可以议论、抒情、设问等,强调对事物或现象的看法,是新闻评论标题制作的选择,旨在帮助读者由此意会评论写作者的意图和态度。按照标题的构成要素及其结构关系,标题又可以分为单题和复合式标题两种。因为文体及功能定位的差异,新闻报道的标题结构方式更加复杂多元,可以有"引题+主题""主题+副题"和"引题+主题+副题"这三种形式。而新闻评论的标题结构一般以单题为主,复合式标题只有"主题+副题"这一种,便于读者把握主要论点和论述角度。新闻评论的标题一般以单题和虚题为主,主题加副题的复合式标题主要用于礼仪纪念类选题和系列评论写作中。

表5-1摘录了三组针对同一事件制作的新闻报道标题与新闻评论标题,我们可以从中了解和体会二者的差异。

表5-1　新闻报道标题与新闻评论标题之对比

案例一			
标题类别	标题内容	媒体	时间
新闻报道	"低头族专用通道"现身西安街头　原来是一家商场专门设计的	三秦都市报	2018年6月5日
新闻评论	低头族专用通道,迎合"坏习惯"并不能换来安全	光明网	2018年6月6日
案例二			
标题类别	标题内容	媒体	时间
新闻报道	第十九届亚洲运动会在杭州圆满闭幕　李强出席闭幕式	新华网	2023年10月9日
新闻评论	推动亚运成果全民共享	人民日报	2023年10月17日
案例三			
标题类别	标题内容	媒体	时间
新闻报道	屠呦呦等3人获2015年诺贝尔生理学或医学奖	人民网	2015年10月5日
新闻评论	别拿屠呦呦说事儿	科技日报	2015年10月8日

---

[1] 李德民:《评论写作》,中国广播电视出版社,2007年版,第100页。

如表5-1所示，新闻评论的标题依据不同的划分标准，可以体现为不同的形态。从格式上看，有的为一句话标题，如《每一名党员都要牢固树立"核心意识"》[1]；有的为两句话标题，如《以国人正能量，展中华新面貌》[2]；还可以是复合式标题，如政策性标题《肩负起新时代新征程党的使命任务（主题）——一论学习贯彻党的二十大精神（副题）》[3]，纪念性标题《百年辉煌，砥砺初心向复兴（主题）——写在中国共产党成立100周年之际（副题）》[4]，系列评论标题《人民网三评"知网高收费"之一（引题）：频惹众怒，该重视（主题）》[5]《人民网三评"知网高收费"之二：收入挂帅，该调整》[6]《人民网三评"知网高收费"之三：不忘初心，该遵循》[7]等。

从标题与内容的关系上又可分为以下三类：针对新闻事实中所透露出的问题进行发言，可以直接以该问题或分析该问题的观点为标题，如《"号贩子经济学"能解"看病难"？供给侧改革才是治本之策》[8]，或提出质问，如《"不发工资发积分"，员工待遇岂能画饼充饥？》[9]；将论点归纳为评论题目或立论，如《漠视生命是最可怕的沉沦》[10]，或提出驳论，如《证书并非摇钱树，本事才是硬通货》[11]；在标题中表明态度或者以号召、呼吁口吻寻求支持，如《莫让"规划性破坏"毁掉乡愁》[12]。

新闻评论的标题制作需要立足具体选题、观点和考虑表达角度，要兼顾准确性和吸引力，既体现文题相符，还可善用修辞手段体现清新的文风。在制作中，须克服"标题党""博眼球式"的写作误区，力求在准确达意的基础上有所创新，从而便于阅读和增强评论的可读性。如《共同守护好"舌尖上的安全"》[13]，巧借热点"舌尖上的中国"，标题既契合主题又容易引起读者阅读兴趣；《食品安全就该"人命关官"》[14]，标题化用

---

[1] 宗国：《每一名党员都要牢固树立"核心意识"》，2016年10月28日，参见人民网 http://opinion.people.com.cn/n1/2016/1028/c1003-28816243.html。

[2] 庆庆：《以国人正能量，展中华新面貌》，2023年9月23日，参见人民网 http://opinion.people.com.cn/n1/2023/0923/c223228-40083806.html。

[3] 新华社评论员：《肩负起新时代新征程党的使命任务——一论学习贯彻党的二十大精神》，2022年12月25日，参见新华网 http://www.news.cn/2022-10/25/c_1129079952.htm。

[4] 任仲平：《百年辉煌，砥砺初心向复兴——写在中国共产党成立100周年之际》，《人民日报》，2021年6月28日第1、4版。

[5] 沈默识：《人民网三评"知网高收费"之一：频惹众怒，该重视》，2022年4月26日，参见人民网 http://opinion.people.com.cn/n1/2022/0426/c1003-32408696.html。

[6] 鲁阳：《人民网三评"知网高收费"之二：收入挂帅，该调整》，2022年4月27日，参见人民网 http://opinion.people.com.cn/n1/2022/0427/c1003-32409628.html。

[7] 原石：《人民网三评"知网高收费"之三：不忘初心，该遵循》，2022年4月28日，参见人民网 http://opinion.people.com.cn/n1/2022/0428/c1003-32410619.html。

[8] 李焱：《"号贩子经济学"能解"看病难"？供给侧改革才是治本之策》，2016年2月2日，参见中国经济网 http://views.ce.cn/view/ent/201602/02/t20160202_8698896.shtml。

[9] 黄帅：《"不发工资发积分"，员工待遇岂能画饼充饥？》，《中国青年报》，2023年12月29日第8版。

[10] 林新华：《漠视生命是最可怕的沉沦》，《衡阳晚报》，2015年12月11日第7版。

[11] 徐之：《人民日报评考研躺赢：证书并非摇钱树，本事才是硬通货》，2022年1月14日，参见人民日报评论微信公众号 https://mp.weixin.qq.com/s/ePKO18HeVbWbHXS5G5mlg。

[12] 段金柱：《莫让"规划性破坏"毁掉乡愁》，《福建日报》，2014年9月5日第1版。

[13] 常钦：《共同守护好"舌尖上的安全"》，2021年6月16日，参见人民网 http://opinion.people.com.cn/n1/2021/0616/c1003-32131846.html。

[14] 张渊腾：《食品安全就该"人命关官"》，《梧州日报》，2010年12月29日第3版。

成语点明论点，表达简洁有力，使人一目了然；《当学生提不出问题时》[①]，标题含而不露地点出评论对象，题目小而具体，有利于推进论述深入透彻。

2. 论点

论点是一篇评论的中心思想和基调，也是评论的主要论断或结论。它表达了评论写作者对所提出的论题的主要见解，表明贯穿全文的中心思想，起统率全文所有观点和材料的作用。在新闻报道的基础上，新闻评论通过有形的意见表达，直白明确地反映评论写作者对事件或事物的赞成或反对、褒奖或批评的态度。

论点首先必须明确。新闻评论虽然是针对新闻事实进行评论，但并不意味着立论要全覆盖或者面面俱到，而只需抓住新闻中所反映的某个具体问题并揭示其实质即可。正确且鲜明的论点直接体现评论价值和评论的现实针对性，相反，如果问题意识不明确，就容易导致文章中充斥着零散的见解而无法突出评论的核心观点。其次，论点必须有所突破和创新，以实现对新闻事实本身的延展性评价，这就意味着要从受众常见的事实中挖掘出与众不同的视角，从而结合社会实际和人们的认知共识来提供切实有益的新观点。

一般情况下，论点分为总论点和分论点。总论点也叫作中心论点或基本论点，就是通常所说的文章主题。一事一议的评论篇幅较为短小，基本上只有一个总论点，没有分论点。为了使论述条理清晰、逻辑严密，社论、评论员文章等篇幅较长、内容丰富的重要评论往往需要分论点支撑总论点。因此，具体写作中，分论点从属于总论点，也叫作子论点或从属论点，它们为阐明总论点服务。分论点之间既可以平行构成总论点的各个方面，也可以逐层递进最终得出结论。值得注意的是，在一些评论中也会针对相关的几个问题，各自提出分论点分别进行论述。（案例见文本结构的并列式结构）

3. 论据

论据是评论文章中使论点得以成立和促使其深入的相关材料。与新闻报道不同，评论侧重于表达观点，但观点必须依托事实，因此，论据是新闻评论的基本要素。

首先，对论据而言，最重要的是要真实可靠。真实性是新闻评论以理服人的基础和保障，若是引用虚假的事实进行评论，不仅无益于评论的说理，还会损害媒体公信力，严重的会导致社会信任危机。这就要求写新闻评论时，要注重核查新闻事实的准确度，并注重标明引用来源，不能随意使用"据说""听说"等含糊不清的措辞，尽力保证论据的可靠性。

其次，论据应力求典型。所谓"典型"就是同类事实中最具认知价值的事实，它们或具有独到之处，或能够折射与满足时代之需，具有有效解释和印证论点的功能和属性。此外，人的认知能力有限，无法穷尽所有的认知对象，只能通过对典型的选判来实现理性认知。这就意味着我们有必要对所掌握的大量相关事实进行分析和筛选，使那些针对立论的说理性强的论据有效发挥以一当十的作用，这样的选判过程是认知规律使然，也是有效说理的必然。

最后，论据要新鲜。评论与新闻息息相关。社会在发展，时代在变化，新生事物不

[①] 吴越：《当学生提不出问题时》，《天津教育报》，2011年6月3日。

断涌现，我们应从中努力寻找与时俱进的新鲜内容作为论据，这样既有利于顺应人类求新的永恒求知欲，也有助于增强代际沟通的贴近性，从而促使评论说理焕发时代生机。

（二）新闻评论的文本结构组成

新闻评论须具备论文写作的基本逻辑结构：引论、本论与结论。

1. 引论

引论也称"绪论"，是新闻评论的开头部分。在此部分，评论写作者将所要评论的观点、主张、见解、道理进行简要介绍，它主要回答"是什么"的问题。作为一篇评论的开头，引论写作没有固定的模式，但是需根据写作的内容和所讨论的对象选择最贴切的切入方式，同时也要考虑其与整篇评论的表达方式、层次结构、语境节奏和情感诉求相配合。

在评论写作中，最常见的开篇方式为以新闻由头切入热点，抛出观点。除了输入具体的新闻事件，部分评论写作者也会列举普遍化的社会问题，以情景化的语言开门见山，引起读者阅读兴趣。在驳论文章中则先点明要驳斥的观点，开章明义。此外，也有一些评论写作者将结论放在开头，逆推论证，或针对读者来信进行针对性回应。

2. 本论

作为新闻评论的主体部分，本论的主要任务是分析问题。在此部分，评论写作者要围绕中心论点，合理选择论述方法和论证结构（如例证、引证、比喻论证、类比论证、对比论证、分层论证）来支撑与证明论点。这是评论写作者通过清晰的行文逻辑、丰富的论据和严谨的论证方法回答"为什么"的写作主体及重要部分。

3. 结论

结论是新闻评论解决问题的部分。就内容来说，结论是论证内容的综合、概括、总结、提高和深化；就结构而言，结论要呼应全篇，使文章首尾照应，自成一体；就文风语言而言，结论应简明扼要，当止则止，切不可节外生枝。该部分回答的是"怎么办"的问题，或提供对策建议或启发公众或发起号召倡议等。

作为评论文章的结尾，结论既要概括总结全文内容，又要强调深化与评论相关的内容来凸显立论的价值与意义。在具有纲领性和强调舆论引导力度的评论中，结论常以倡议式文本发出号召或总结归纳经验教训，而一般的针对新闻事件的评论的结论则侧重对同类事件的延伸思考，或展望前景与揭示哲理。随着评论文本形式的不断丰富，也有部分文章使用比喻、象征的手法进行创新表达，不仅能够首尾呼应又能修辞出新，令人耳目一新。

新闻评论的引论通常表现为对新闻事实的陈述或点评；其主体部分表现为提供论据以及相关细节、背景材料等；其结论则主要起深化主题、促进读者认知深入、推动构建舆论的作用。当前，有许多评论文本顺应时代之需，突破了惯有写作框架，以独特的构思写作实现了观点的创新表达。就其说理及其实现的逻辑路径来说，新闻评论仍旧遵循以上三大逻辑板块来实现观点传播与说服的预期。

（三）新闻评论文本结构的基本要求

1. 论点统率

论点是一篇评论的灵魂所在，它统率与影响着全文的布局结构、说理逻辑和文字风格，同时，论点也决定了文章的立意高度和探讨问题的深广度。经验表明，一篇优秀评论文章是建立在正确的论点基础上。这个"正确论点"是指符合事物的客观规律，同时也兼顾认知主体的合理目的，即它是"合规律性"与"合目的性"的有机统一。

2. 逻辑清晰

新闻评论是说理性文本，要在新闻事实及现象背后发现内在规律，要呈现其中的认知价值并加以阐释，这就意味着要探究与展示事理逻辑。评论写作者的行文必须注意不同事实之间的联系，如对时间先后、事实内部的逻辑关系等都要进行重点考量。同时，论证的过程需要以严密的逻辑思维来安排论据和论点，在此基础上形成论述框架，从而进行观点表达、调动说理的传受互动。

3. 效率表达

新闻评论写作的观点表达既依托于新闻事实或社会现象，又需要高于这些事实和现象，即需要准确概括其共性和个性，这不仅是新闻评论写作区别于事实描述的新闻报道的写作特点，也是通过合理的抽象来实现本质解释与揭示的论证叙事的必然，在此过程中，它能够实现以一当十的传播效率。

二、影响新闻评论文本结构的因素

（一）文本内容

选题和立论确定以后，就需要围绕这个来选择相关的论据进行构架和论证。这些论据与论点成为评论文本的内容。遵循观点决定事实，内容决定形式的写作原则，新闻评论在结构中需要具体考虑材料的多寡、论证的方法以及评论品种的选择。换言之，文本内容的容量和呈现方式都会影响最后的结构形态，除了写作范式的基本要求，还要结合对议论文结构效率把握的写作经验。

（二）受众需求

随着受众主体意识的崛起，其多元化的需求也与日俱增，它一方面表现为受众选择和接收信息的自主性明显提升，另一方面，它也对专业性的媒体生产和内容提供者提出了更高的要求。因此，评论写作者应注重多渠道了解受众反馈，立足当下传播语境，借鉴新型媒体对观点呈现的有效方式来顺应信息接收的方式变化。对观点传播与说服的评论结构而言，篇幅较短、通俗易懂、简明清晰、生动深入等，始终是评论写作的着力点，而这也是满足受众需求的切入点。

（三）作者文风

评论写作者的写作习惯往往赋予文本特定的风貌，也会对其文本结构产生或多或少的影响。有的人擅长逻辑推证，有的人擅长博识贯通，有的人擅长情理融合……这些个性化的思维与表达构成了评论文本的结构特征，为评论写作形式的不拘一格提供了不竭

(四) 媒体定位

媒体定位是媒体历史发展进程中受多种因素影响后的选择性结果，也是传递自身价值和立场的风向标。每一家媒体的整体定位都会投射到其内容生产的具体环节及产品终端，因此，其所刊发的新闻评论与其媒体定位息息相关。具体来说，媒体定位的影响因素是一个互相作用的系统，包括符号、发展传统、目标定位等，它们会传递并影响其评论文本及其结构方式，从而能呈现不同的特色与风格。比如，党报的评论结构与都市报和电子媒体的评论结构均有区别，这些影响因素都源于媒体自身的符号系统、比较优势、价值选判等媒体定位的综合考量，值得我们在评论写作中关注与调整。

三、新闻评论文本的主要结构类型

夏丏尊、叶圣陶在《文心》中说："某君要在多大的一块空地上盖一所房子，那所房子必须有一间客室、一间书房、两间卧室以及其他应用的房间。他托建筑师替他打图样，建筑师依着他的嘱咐打成图样，把他所需要的房子配置得适宜，这叫'组织'。一篇文章犹如一个团体，每一节就像团体中的每一个人一样，都应该承担相当的职务。一篇文章犹如一所房子，每一节就同整所房子中的每一个房间一样，都应该有它相应的位置。"[1] 如此，行文逻辑就是如何调和这个"组织"，给材料安排合理的位置。统筹一篇文章的结构布局，使开头、中间和结尾形成巧妙的内在联系，能够说理晓畅，避免冲突，是评论写作的目标和重点内容。作为论述类文本，新闻评论讲究成文的内在逻辑，就是要使引论、本论和结论有机融合，实现以理服人，以理动人。当然，写作实践是随着需求进行动态调整，评论文本的结构一定要与时俱进，而且因为写作者的个体差异而呈现不同的类别。在此，我们简要介绍五种主要结构类型。

(一) 演绎式

演绎，即推演、铺陈、发挥。在结构上，演绎呈现出的是一种从抽象到具体、从一般到个别的样式。作为一种逻辑推理方法，演绎是指从普遍性的理论知识出发，去认识个别的、特殊的现象。作为从论点到论据的结构方式，演绎式结构开门见山地强调新闻评论的主旨，随后用丰富的材料对论点进行论证，有利于突出中心思想，使之深入人心。以《人民日报》代表性专栏《今日谈》的写作为例。

牢记历史才对得起胜利[2]

第二个南京大屠杀死难者国家公祭日，举国上下同悼遇难同胞。

纪念抗战胜利70周年的特殊年份里，从官方到民间，从国内到国际，对于南京大屠杀的关注、研究和纪念，达到前所未有的高度。无论是瞻仰17处遇难同胞丛葬地，

---

[1] 夏丏尊、叶圣陶：《文心》，开明出版社，2017年版，第3页。
[2] 艾晓原：《牢记历史才对得起胜利》，《人民日报》，2015年12月14日第1版。

在"哭墙"举行"世界和平法会",还是到祭奠广场点亮蜡烛,"以国家之名,祭奠每一个高贵的生命;以尊崇之心,祈愿每一个人平安地生活",这样的心声,在每一个停下脚步、洒下热泪、写下哀思的人心中流淌。

在南京大屠杀纪念馆新馆里,648位抗战老兵留下血红手印。"只要打不死,就要站起来!"惨遭暴行的黑暗时刻,中国人民勇敢站起来,在浴血奋战中浴火重生,夺取了抗战的最后胜利。牢记这段历史,我们分外珍视今天的和平;誓死捍卫和平,我们才对得起先辈们用鲜血和生命铸就的伟大胜利。

这篇评论先通过标题点明论点——牢记历史才对得起胜利,随后列举各项纪念活动,作为"牢记历史"的论据,进而论证牢记历史的意义在于引起民族群体共鸣、珍惜来之不易的胜利果实。从该案例以及《今日谈》栏目的其他文章中可见,演绎式结构具有观点突出、逻辑简明清晰的特点,因此较适用于写作短评。

(二)归纳式

归纳,即归并、收拢并使之有条理。与演绎相对,归纳呈现出从具体到抽象、从个别到一般的结构。在逻辑学中,归纳法则是指一种从许多具体事实中概括出一般原理的推理方法。评论写作中采用从论据到论点、先分论后结论的结构方式,是归纳式结构的常见形式。此类评论多以陈述新闻事实开头,以此引出讨论话题,随后运用相关论据逐层证明论点,最后归纳总结得出总论点。这种结构方式符合人们日常认知的习惯,行文思路点面结合,便于说理顺畅和把握论点。

安全意识不能"滑坡"[①]

深圳光明新区一家工业园发生山体滑坡,造成多人受伤、失联,多栋民宅、厂房被埋,灾情牵动人心。灾害发生后,习近平总书记立即作出重要指示,要求第一时间抢救被困人员,尽最大努力减少人员伤亡。

再没有什么,比生命遭受伤害更令人痛惜;再没有什么,比争分夺秒全力搜救更加关键;再没有什么,比科学施救、防止次生灾害更为紧迫。当地党委政府正全力动员一切可动员的力量施救,更多的人则在网上自发为受伤者、失联者祈祷,为救援者加油。

山体滑坡的原因是什么,有待最终调查。不过,因山体滑坡引发的灾害,此前在其他地方发生过,而其他安全问题,也在各地时有出现。这提醒我们,年底到来,安全之弦尤其不能松。正如中央有关部门要求的,各个地方都需加强各类灾害和安全生产隐患排查。现代社会意味着"风险社会",现实中存在着各种风险与隐患,需要加强预警、做好预案。事实上,就算天灾难免、灾害无情,如果我们能对地质条件多一些了解,对技术风险多一些防范,日常管理更加严格,隐患排查更加自觉,仍然可以把灾难损失降到最低,为生命筑牢安全防线。

[①] 李浩燃:《安全意识不能"滑坡"》,《人民日报》,2015年12月21日第1版。

该评论在开篇处陈述深圳某处山体滑坡的新闻事实，进而由深圳联系至类似地质灾害多发地，再由地质灾害延伸至其他社会风险，从中引出加强"安全意识"不能只在某一处一地落实的观点。由此可见，该评论的逻辑主线是：从普遍发生的山体滑坡现象中归纳出筑牢生命安全防线是重中之重的中心思想。从中我们发现，归纳式结构具有围绕立论将材料进行分类分析的特点，在写作中有助于突出中心论点。

（三）并列式

并列式结构是指将总论点分解成两个或两个以上并列的分论点，然后进行针对性论证的结构方式。与前两种纵向的文本结构不同，并列式侧重于文本的横向展开，更适合针对意义和内涵较为丰富的新闻事件进行论述。

"晒文化"流行，审美之心如何安放[①]

近来，NBA赛事刚刚落下帷幕，朋友圈库里、詹姆斯的热度尚未减退，世界杯又紧随其后，成为各大社交、视频网站的热门话题。与此同时，随着毕业季的到来，毕业照、校园主题歌曲和视频，以及校长毕业致辞、教授临别寄语等，不仅在朋友圈持续刷屏，而且频上各大网络平台热搜。毕业季各奔东西要"晒"，老同学阔别多年重聚要"晒"，令人惊叹的美景要"晒"，攻陷味蕾的美食要"晒"，相交甚笃的好友结婚要"晒"，单身汪终于脱单了更要"晒"……生活中事无巨细，心情、美食、球赛、自拍、旅行、孩子、技能、爱情等，但凡具备"晒"的条件，都可以成为晒客族的审美对象。

"晒"，今已成为许多人的日常行为标配。晒客族长久以来对于"晒"之持续不退、日渐高涨的热衷，让人不禁联想到荷兰后印象派画家梵高在绘画艺术上对于太阳的执着审美追求。而已置身于网络中"暴晒"了十年有余的中国晒客一族，似乎开始在审美心理与精神动向方面，呈现出类似于阿尔时期令梵高先生饱受折磨与摧残的"日射病"症状。

那么，究竟什么是"晒"，为何令广大网友乐此不疲？这其中，潜隐着怎样一种审美心理与精神需求呢？根据《说文解字》，"晒，暴也。"究其本意，原为在阳光下曝干或取暖。后来，此字含义逐渐丰富。诗性言说，是中国传统文人的审美追求。在没有网络的古老时光里，文人雅士们通过"晒"，来传递一份诗意与浪漫、情怀与境界。而今，网络又赋予了"晒"以全新的时代内涵——展示、分享、炫耀等。"晒"之多元开放的时代内涵，聚集而成了多元开放的晒客族；多元开放的晒客族，创造了多元开放的"晒文化"。

网络的普及、媒介的推广，改变了审美体验形式，拓展和延伸了审美范畴，并使人们掌握了展示自我审美标准、选取乃至制造审美对象的自主权。"晒"作为一种微审美形式，让人在忙碌的工作、生活中，得以用简短的方式获取快捷的审美享受。越来越多的人，以前所未有的热情参与其中，展现出一幅幅生动绚烂的晒客审美众生相。

<u>有些人，晒着晒着就"红"了</u>。2016年年初，papi酱凭借在网络平台发布的原创

---

① 王诗雨：《"晒文化"流行，审美之心如何安放》，2018年6月25日，参见光明网 http://wenyi.gmw.cn/2018-06/25/content_29453921.htm。

搞笑小视频，火遍大江南北。这些视频大多短小精悍、语速轻快、涉及面广、趣味性强，符合当下"短、精、微"的审美趋向，较好地迎合了网友的审美心理与精神需求。

<u>有些人，晒着晒着就"黑"了</u>。新近异军突起的晒黑族，热衷于揭露黑幕、打抱不平。他们通过网络曝光的方式，来寻求舆论上的关注和救助。这不仅反映出公民维权意识的自主与觉醒，也将人们在面对不公时的精神焦虑显露无遗。如何因势利导，既满足公民的心理诉求，又能帮助他们解决实际问题？

<u>有些人，晒着晒着就"糊"了</u>。2014年郭美美"红会炫富"事件，即为典型例证。此类专注于炫富、炫技能的族群，其炫耀心理显而易见。有网友认为，一个人越是炫耀什么就表明越缺少什么；也有网友认为，一个人越是觉得别人在炫耀什么，就越表明这个人自身缺少什么。截然相反的两种态度，发人深思。

<u>有些人，晒着晒着就"傻"了</u>。360度美颜自拍刷屏，24小时动态持续更新，更有甚者行为怪诞、哗众取宠。这类看似积极主动的分享互动，实则可能是人生目标不明确、自我情绪管理不善、自我认知障碍、自我存在感缺失的表现。在不知不觉间，沦为工具理性的傀儡，丧失了独立人格与独立判断的能力。

<u>有些人，晒着晒着就"疯"了</u>。当下，视频直播中自我毁灭式的疯狂行为时有发生，造成了严重的负面影响。前不久，武汉一位年轻爸爸在模仿"抖音"视频中的高难度动作时，失手将年仅两岁的女儿头部着地，致使其脊髓严重受损。美好的人生尚未启程，惨痛的注脚已被写定。

炫个性、搏出位，急功近利、贪图享乐，庸俗、低俗、媚俗……审美心理的扭曲、失衡，以及精神世界的委顿、塌陷，可谓典型的"晒伤"症状。此类症状正在迅速蔓延，反映出审美秩序的紊乱、审美伦理的缺失。例如，一条微博短视频动辄数以万计的转发、分享，在表明视频的趣味性之余，往往也暴露了网友的跟风从众心理。著名学者朱大可曾在《先知》一书中表示，"从众者是一个低能的意志"，而更为可怕的是这些从众者目前正"身陷一个没有终极信仰或充斥大量伪信仰的时代"。因此，如何不在时代洪流中迷失自我，成了晒客族必须面对和思考的重要问题。希望晒客族的审美心理与精神世界，能够积极而充实！

这是一篇典型地使用了并列结构式的新闻评论。在本论部分，评论写作者用整齐、凝练的语言概括出每个段落的论点，并将其置于段首（见画线部分）。针对"晒文化"的概念解释与现象解读，写作者进行了多维阐释，揭示了它的实质——"炫个性、搏出位，急功近利、贪图享乐，庸俗、低俗、媚俗……审美心理的扭曲、失衡，以及精神世界的委顿、塌陷，可谓典型的'晒伤'症状。此类症状正在迅速蔓延，反映出审美秩序的紊乱、审美伦理的缺失"。经由这样的层层剖析，"晒文化"中启人深思的多面性终于浮出水面。足见这种并列式结构有助于多向分析，走向深入，便于读者阅读和迅速把握论述要点。

在写作中，并列式结构是将总论点分解为若干分论点来分别论述，便于资料的针对性收集和论述的针对性展开，但并非所有的事件和现象都适用于并列式结构，论点与角度相对单一的评论写作更常采用归纳式或演绎式结构。

（四）递进式

逐层深入、由表及里是递进式结构的主要特征，这就要求每一层分析都是前一层的补充和深化，由此达到层层递进、深入论证的效果，从而使受众对事件或现象的理解更为深透。递进式结构往往按照事物发展或人们认识事物的逻辑顺序来安排写作层次，采用该结构谋篇布局，可以使评论文本的论述逻辑循序渐进，由表及里。与并列式结构相比，递进式结构多针对一个主要问题立论，围绕该问题涉及的主次矛盾先后展开，起到推进论述、击中要害、深化认知的说服作用。

莫让驻村队员变演员[①]

前不久，某贫困县一部门下发通知，要求全县所有行政村每个月都要两次报送本村脱贫攻坚工作中的鲜活典型事例，不仅明确了字数、内容等具体规定，还要求安排专人负责、列入年度相关绩效考评，美其名曰：生动讲好决胜脱贫攻坚这场硬仗中的好故事。

接到通知后，该县驻村干部一片哗然，工作群里顿时炸开了锅，大家你一言我一语，纷纷表达心中的愤懑。受新冠肺炎疫情影响，艰巨繁重的脱贫攻坚工作本来就让基层干部疲惫不堪，各种表格、材料、会议更是占据了大部分时间和精力，哪里还有多余时间和精力写典型事例。更何况一个月两次报典型，一如"逼着公鸡下蛋"。然而，有意见归有意见，胳膊终究是扭不过大腿，列入绩效考评，兹事体大，岂可小觑。

但是，问题在于，就算放着正事不干，削尖脑袋、搜肠刮肚写，一个贫困村去哪找这么多鲜活典型事例？要真有这么多典型事例，贫困村应早已脱贫了吧？一边是"不管三七二十一"，一边是"巧妇难为无米之炊"，让基层干部"人忙心更累"。百般无奈之下，只能演戏、编材料，应付了事。有的无中生有，完全靠发挥想象力；有的应景造势，搞些华而不实、有形无用的活动装潢；有的移花接木，把日常工作、常规举措"包装"成所谓的典型……总之，八仙过海，各显神通。材料是报上去了，至于有多少是"货真价实"的典型，大家心里都明白。

对于脱贫攻坚中的好经验、好做法，做好宣传推广，确有必要，既能鼓舞人心、激发斗志，又能让更多人学习借鉴。然而，典型之所以成为典型，是因为具有标志性、示范性和影响力，可遇而不可求。以下指标、摊任务的方式"挖掘"典型，恐怕典型性乃至真实性都要大打折扣。失去真实性，或者水分太多，典型事例就沦为彻头彻尾的形式和演戏。这种所谓的典型事例，除了用于应付检查、考评，还剩下什么价值和意义？

事实上，这样的荒唐现象还真不少。在一些地方，有的部门不管做什么工作，都习惯于让下面报材料，热衷于搞文字游戏。工作安排合理不合理、是否符合基层实际，根本不去了解。红头文件一发，好比撒网捕鱼，有错过、不放过，让基层报材料上来再说。并且，有的常常打着"贯彻落实"的旗号，理由、依据还很充分，认为这是天经地义的事情。

[①] 矛戈：《莫让驻村队员变演员》，《广西日报》，2020年4月23日第11版。

不切实际，脱离实际，从个人主观愿望出发，只图自己轻松自在、干净利索，不顾基层承受能力、工作压力，想当然、乱指挥、瞎折腾，基层似乎成了筐，什么都能往里装。结果，落实任务成了搞表演，驻村队员变成演员。这种简单、粗暴甚至野蛮的工作方式，空耗资源、漠视基层、折损公信力，是权力任性、长官意志的表现。表面上是工作的方式方法问题，根源是形式主义、官僚主义问题。

在这种歪风邪气影响下，基层工作量越来越大，况且有些工作很难在规定时间内完成，只能造假材料应付。许多基层干部像陀螺转个不停，忙得焦头烂额、不可开交，实际上做了很多无用功。正如一副对联所讽刺的那样：上级压下级，层层加码，"码"到成功；下级哄上级，层层注水，水到渠成。

近日，中央办公厅印发《关于持续解决困扰基层的形式主义问题为决胜全面建成小康社会提供坚强作风保证的通知》，剑指形形色色的形式主义、官僚主义，要求把广大基层干部干事创业的手脚从形式主义的束缚中解脱出来。真正做到为基层减负，上级部门的同志就应多到基层走走，多听听广大基层干部的呼声，反躬自省，对号自纠，以刀刃向内的勇气，彻底根除基层形式主义的"病灶"。

该评论着眼于脱贫攻坚工作中的热点及痛点，从一个贫困县要求各行政村报送脱贫典型事例的现实问题出发，列出基层干部东拼西凑的应付之法，辅以对类似现象的概括例举，并将这类现象归结为形式主义、官僚主义的表现，最后结合中央办公厅有关通知来强调为基层减负的必要性，进一步呼吁根除基层形式主义。本案例由现实层面到文本层面的推进，体现出递进式结构有助于对某一问题进行深入、细致的阐释，可以直击问题本质，既体现写作者的问题意识，也凸显评论的说理深度。

（五）波浪式

波浪式结构就是将矛盾置于行文过程之中，以正反观点的交锋、疑问的提出与回答、悬念的设置与解释，构成文本。与撰写新闻导语不同，评论写作中的波浪式结构，倾向于使用新闻特写中"延缓兴趣"的手法，在开头引起读者"悬念"之后，再把重要的内容逐渐展现出来。这种结构方式可以在避免论证片面性的同时，引起受众阅读兴趣，于传者和受众之间架起一座桥梁，使说理更加清晰透彻。

杭州允许设吸烟区　再证控烟"不进则退"[①]

最近，浙江杭州的烟民和广大市民都在关注着当地公共场所控制吸烟条例的修改，这次修改拟删除此前征求意见稿中受到外界褒扬的"室内公共场所、工作场所全面禁烟"措辞，允许室内设置吸烟区。这一修改意见引起了很大争议。

在社会控烟共识越来越高，以及不少城市都分别通过无烟立法，确立公共场所全面禁烟原则的大环境下，杭州的控烟条例修订，竟然把已经写入修订稿的"室内公共场所全面禁烟"删除，允许在室内设置吸烟区，这确实让人意外，也与当前整个社会的禁烟

---

① 朱昌俊：《杭州允许设吸烟区　再证控烟"不进则退"》，2018年6月8日，参见新华网http://www.xinhuanet.com/2018-06/08/c_1122954667.htm。

趋势存在不小的违和感。

应当承认，这种修订方向或许不无现实考量。比如，一种常见的说法是全面禁烟也应该有个过程，与其"一刀切"禁止，不如先允许在室内设置专门的吸烟区，这样反倒更能减少室内的违规吸烟现象。但这种现实考量却未必经得起推敲。

首先，根据相关科学研究，公共场所设置吸烟区或吸烟室将不可能完全避免烟草烟雾的危害。即使是最精细的通风系统，也无法保护人们免受二手烟的伤害。其次，室内设置吸烟区，很可能形成一种不良暗示，将弱化整个室内环境的禁烟氛围。再者，如果说"一刀切"进行室内禁烟，存在执法难度，那么，设置吸烟区后，相关执法难度未必就更低，甚至还可能产生一些不必要的争议，制造执法模糊空间。就此而言，希望通过允许室内设置吸烟区的办法来迂回实现全面禁烟，恐怕有点过于理想和想当然了。

事实上，室内公共场所全面禁烟，与其说是一种法规要求，不如说是一种意识层面的提醒，传递的是一种控烟的决心和力度。而这种控烟要求一旦放松，便很可能对社会的控烟观念形成负面诱导，甚至有吞噬已经取得的控烟成果之虞。如统计显示，目前北京、上海、深圳等十八个城市都通过了无烟立法，覆盖了全国总人口的十分之一。正常情况下，应该是越来越多的城市加入无烟立法的行列中来，而出现一个"例外者"便可能破坏这种好不容易凝聚的共识和示范效应，甚至带来反面暗示。这正是杭州做法最值得警惕之处。

不过，结合现实看，杭州的"反向"操作未必不是当前控烟现状的一个真实注脚。尽管近几年，已有更多的城市出台了相关控烟法规，公共场所禁烟规定的执行也较之过去有所进步，但总体而言，当前的控烟形势仍难言取得压倒性胜利，一定程度上，可以说仍处于僵持阶段。一个标志性表现便是全国性的公共场所控烟条例，已经修订了3年多，至今仍未出台。这种控烟现状下，一些地方的控烟立场出现"反复"甚至"开倒车"，或许就是大概率了。

一个城市的"破例"，表面看影响有限，但其背后却可能对应着当前一些地方在控烟上的一种较为普遍的暧昧与纠结心态。从这个意义上说，杭州直接在规则的修订上将这种犹疑立场表露出来，便是再次提醒社会，室内公共场所全面禁烟真的是"不进则退"，不容丝毫懈怠。

该评论的论证过程与前面所列举的文章相比，显得更有波澜起伏，在连续的肯定与否定中得出总的观点。评论开篇先质疑删除"室内公共场所全面禁烟"一举，随后提出可能的现实考量，再对其进行反驳，在这一立一破中突出强调了室内公共场所全面禁烟的重要性和必行性。就在结论呼之欲出时，评论写作者笔锋一转，指出这种"反向"操作背后隐含着控烟遭遇到的现实困境，由此又掀起一个波浪。通篇阅读下来，读者既能感受到多方意见的交锋，又能体会到评论写作者的倾向与导向，此即波浪式结构的特点，其于论述的此消彼长中提供读者理性认知的参照。

由上例可见，一篇好的新闻评论在确定文本结构时，需要从写作目的、写作对象、写作内容和问题特点等多个方面进行综合考虑。写评论，首要考量的是内容和基本观点，但同时也不能忽视为观点服务的篇章结构。因此，评论的结构一定要有利于阐明观点，写作者须结合新闻事实和现象的具体特点选择适切的文本结构。作为一篇完整的文章，新闻评论的写作要注重句与句、段与段、开头与结尾之间的语意连贯。同时，通过清晰的文本结构呈现说理逻辑，从而提供准确深刻的阐释，以揭示意义或给人启迪。

第二节　论证与文风：新闻评论的文本表达

一、新闻评论的论证

（一）论证的含义、功能与意义

所谓论证，就是使用论据证明论点，用分论点证明总论点；简言之，就是摆事实、讲道理；在逻辑学上，则是用已知为真的判断去确认另一个判断的真实性或虚假性的思维过程。论证揭示了论点和论据之间的逻辑关系，是将推理应用于论证中。一篇优秀的评论作品首先要有鲜明的论点，没有鲜明的论点作为核心支撑，评论观点就无法产生预期的影响，而充分的论证则是实现论点有效表达的重要保障。新闻评论的论证贯穿于整个行文过程之中，也就是说，一切有助于拉近文本与读者距离、便于读者接受评论观点的做法都属于论证的范畴。

作为揭示论点和论据之间逻辑关系的纽带，论证的核心功能是通过严密的逻辑和文本规划证明文章确立的论点。在写作中，论证负责将材料和观点统一起来，通过具体的说理方法将文章组成一个完整的说理体系，它可以外化为结构，也可以表现为框架，是有形与无形高度统一的写作论证思路的落实。

论证讲求虚实得当、虚实互补。从论证对象来看，就国家大政方针发表的社论、评论员文章倾向于务虚；就具体的新闻和社会现象发表的评论则侧重于务实。因此，评论写作中也可以就论述内容的性质划分为由虚而实或由实而虚这两种，即从观点到事实与从事实得出观点的差异化论述路径，它们均可表达评论写作者对社会现实或问题的态度与主张。通过对论据内部逻辑的挖掘，新闻评论的论证最终要提供一个结论、主张或意见。与此同时，新闻评论的论证无论从材料还是方法的选择上，都必须兼顾观点接受的平易度。

为了保证新闻评论论证的严密性，在论证过程中，首先要注意材料和观点的紧密结合，所选材料要能有效说明作者的观点，相应地，观点也一定要能统筹所选的材料。其次，论证一定要遵循事物发展的基本逻辑规律和原则，写作者能够运用准确的概念、正确的判断、严密的推理来充分有力地证明观点，切忌杂乱无章、自相矛盾。最后，论证过程中要对具体问题进行辩证分析，能够一分为二，做到言之有据，言之有理，言之合理而平衡。

（二）论据的使用

俗话说"事实胜于雄辩"，论据在新闻评论中占有举足轻重的地位。评论写作者想要把自己的观点转化为公众认同的观点,就必须依托贴切、精当的论据,通过恰如其分地论证来完成说理的预期。一般情况下,新闻评论写作中常用论据类型包括以下方面。

1. 案例论据

案例论据,即使用真实、典型、新鲜的案例作为论证工具。新闻评论中常见的案例论据包括大众熟知的历史事件、新近发生的报道案例或评论写作者亲身经历的目击案例等。对受众而言,此类事实信息更易于理解和接受,尤其是那些新颖的前所未闻或鲜为人知的事实,能够满足受众的求知欲,从而引导受众接受理论性信息。

不穿越也步步惊心[①]

近几日,清宫穿越大剧《步步惊心》在网上播的如火如荼:一个现代白领美眉穿越到了清朝康熙年间,成了皇帝身边的侍女,她身陷九龙夺嫡纠葛的同时,还要和几位阿哥上演生死恋……她这穿越得确实"步步惊心"。不过话说回来,现代的凡夫俗子们即使不穿越,每日的一步步也足够惊心了。

上周,广大中国股民就活生生地体会了一番何为"日日惊心"。

19日,年内发行规模最大的IPO项目——中国水电公布招股说明书,计划募集资金173亿元。原本已经萎靡不振的A股市场立刻跳水,当日上证综指下跌1.79%,创14个月来的新低。20日,上证综指抖抖索索最终微涨0.41%。21日,不知是被谁打了鸡血,A股突然一反常态绝地反击。沪指一举收复2500点关口,收涨2.66%。创下最近一个月来单日最大涨幅。就在股民喜急而泣以为将有重大利好之时,22日,沪深股指又受了外盘影响,双双重挫,前一交易日的涨幅被悉数吞噬。

面对A股市场如此特立独行难以捉摸的走势,小股民们怎么能不胆战心惊?

香港四大富豪也在股市上"惊心"了。由于欧美债务危机的影响造成港股低迷,李嘉诚、郭氏兄弟、李兆基、郑裕彤香港四大富豪身家大幅缩水,今年以来账面损失已累计超过800亿港元。其中香港首富李嘉诚的损失最为"惨重",账面损失达613.1亿港元。

上周同样在股市上损失惨重的还有新浪。9月20日,在美国纳斯达克上市的新浪公司股价遭遇大跌,跌幅达15.17%,创下两年来最大跌幅,市值蒸发10.25亿美元。但股市的起伏并不是重点,这股市起伏背后的传言才真正让人惊心,有传言称,我国将发放4个微博牌照,而新浪无缘牌照。新浪随后通过官方微博辟谣,称此说法"纯属谣言"。

其实业内都明白,任何"牌照"在中国都会引发巨大的变局。微博牌照发还是不发?何时发?发给谁?带着这些问题,未来一步一步的路要如何走,足够业内乃至中国所有微博用户费心思量了。

近日还需要穷尽心思认真考虑的莫过于温州广大民间借贷群体了。

9月21日晚,温州最大的眼镜企业浙江信泰集团董事长胡福林因欠款出逃,当地的恐慌情绪愈发严重。据报道称,胡福林只是所有跑路老板中的其中一个。据不完全统

[①] 吴小的:《不穿越也步步惊心》,《新京报》,2011年9月26日。

计,9月12至21日的10天内就有7个老板跑路,而民间借贷所造成的资金链条断裂是其中的一个重要因素。

有报告称,温州民间有89%的家庭个人和59.67%的企业参与民间借贷。目前,温州民间借贷规模高达1100亿元,民间借贷利率年息甚至高达60%以上。

如今,越来越多的老板因为还不了债而选择跑路,越来越多的分析指出,温州民间借贷已经出现崩盘征兆。而一旦这多米诺骨牌开始倒塌,这场全民的疯狂退去后,将有多少个家庭多少个普通人遭到牵连?如此一想,简直让人惊心动魄。

该评论以受众熟知的电视剧《步步惊心》引入,一语双关,用影视作品案例拉近读者与经济新闻评论之间的关系,使股市跌宕起伏带来的心理情景具体可感。与此同时,评论通过沪深股受挫、新浪股价大跌、温州信泰董事长欠款出逃等三个案例进行联想类比,论述中国股市的现状,阐释经济现象带来的恐慌与问题,表达对其间社会情绪的关切,充分发挥了例证功用,生动形象,令人回味。由此可见,案例论据具有体现社会关注点、提升文本接近性和可读性的论证功能。

2. 数据论据

数据论据,即写作者在论证论点过程中所使用的具体数据,包括前人采访所得数据、公认的历史数据和调查研究的结果等。数据论据能够增强论证的权威性和说服力,但在表达过程中应聚焦论点,合理使用,注重形象转化,避免简单罗列和机械堆积。

让信息经济成为发展新动力[①]

新华网杭州12月18日电(记者商意盈、屈凌燕) 随着网络产业迅猛发展,互联网已经渗透到经济发展的诸多领域,并与相关行业深度融合。大力发展以互联网为核心的信息经济,必将为中国经济发展提供强大动力。

近年来,网络经济对我国经济增长的贡献不断增强。据权威机构测算,2015年,我国网络经济总量将超过19万亿元,同比增长超过20%。在浙江,今年前三季度,信息传输、软件和信息技术服务业投资增长37%,信息服务业规模以上企业的主营业务收入同比增长39%,信息经济在整个浙江经济板块中,正发挥着强劲的拉动作用。

世界经济复苏艰难曲折,互联网熨平经济波动的作用不容小视。经济学上有个"标准差"的概念,用以表示经济增速的偏离情况,标准差越大就表示经济增速波动越大,经济稳定性越差。2002年至2014年,网络经济增速平均标准差为1.82%,显著小于同期2.30%的GDP增速标准差,对于缓和经济波动,起到了显著作用。

当前,网络技术是全新的关键生产要素,为优化和创新资源配置开辟了广阔空间。在浙江杭州,有一个"梦想小镇",建立半年多来,已经吸引了互联网产业为主的380多个创业项目和4100名创业人才。随着互联网技术飞速发展,创新活动所需的资源将快速流动、汇聚、融合,为创新成果的涌现提供着无限可能。

[①] 商意盈、屈凌燕:《让信息经济成为发展新动力》,2015年12月18日,参见新华网 http://www.xinhuanet.com/tech/2015-12/18/c_1117511535.htm。

"路漫漫其修远兮,吾将上下而求索。"加快网络基础设施建设升级,打通网络覆盖的"最后一公里",完善相关法律法规,规范网络经济行为,互联网必将为我国的创新发展不断注入新动力,不断开创分享经济、众筹经济等新业态,不断创造经济发展的新奇迹。

该评论以网络经济总量、增长率和网络项目数额、增长比例等具体数据作为论据,凸显当前网络经济发展的良好势头,且以数据说明网络经济亟待规范等问题,从总体环境和特定行业发展等不同方面论证了"让信息经济成为经济发展新动力"的核心观点,与目前重视数据的论证写作趋势不谋而合,为"新动力"的生成提供了科学依据。

3. 公理论据

公理论据的主要来源包括马列主义、毛泽东思想等科学原理,党在不同时期的路线、方针、政策;科学的定义、法则和规律,一般的公理、常识以及成语谚语等。所谓公理,是指"经过人类长期反复实践的检验,不需要再加证明的命题"[1],也指"社会上多数人公认的正确道理"[2]。而在数学中,这一词被用于两种相关但相异的意思之下——逻辑公理和非逻辑公理。在这两种意义之下,公理都是用来推导其他命题的起点。和定理不同,一个公理(除非有冗余的)不能被其他公理推导出来。

公理论据的使用在评论写作中,就是对过去传统的理论和条文做出新的解释和说明,或者运用新出现的理论和条文解读以往存在的老问题,从而实现其与新闻的有机结合,体现一定的时新性和阐释力。

提速降费,打造通信普惠时代[3]

近日,三大电信运营商全面取消手机流量漫游费,这是通信领域提速降费的进一步举措。提速降费开展3年多来,通过提速不提费、流量不清零、取消语音通话长途和漫游费等多项措施,费用一路降低、网速不断加快,释放出实实在在的民生红利,引来网民纷纷点赞。

这次在取消手机漫游费的基础上取消流量漫游费,满足的正是人们消费升级的诉求。如今,无论是扫码支付、网上刷剧,还是在线教育、电商扶贫,网络已经和日常工作生活不可分离,流量消费成为国计民生的刚需。取消异地流量漫游费,可以有针对性地缓解人们在移动互联时代的"流量焦虑",增强人们移动网上生活的获得感。让利于民,就是为民谋利。网络是虚拟的,但民生红利是实打实的,可以说,提速降费是以人民为中心的发展思想在通信领域的体现。

今年《政府工作报告》在阐述提速降费时,专门强调"实现高速宽带城乡全覆盖,扩大公共场所免费上网范围"。实际上,提速降费通过降低资费门槛,让移动互联时代向更多人敞开大门,也是在打造一个人人共享、人人参与的通信普惠时代。工信部相关

---

[1] 《现代汉语词典》,商务印书馆,2016年版,第451页。
[2] 《现代汉语词典》,商务印书馆,2016年版,第451页。
[3] 黄策舆:《提速降费,打造通信普惠时代》,2018年7月3日,参见人民网 http://opinion.people.com.cn/n1/2018/0703/c1003-30106061.html。

负责人介绍,"三年来,宽带资费单价下降了90%,移动通信客户单价下降了83.5%"。资费的大幅降低,本身大大提高了移动互联网的可及性和公平性。如今,从海南三沙到北疆漠河,从四川凉山昭觉县的"悬崖村"到素有"高原孤岛"之称的西藏墨脱县,一张移动网络覆盖全国。地无分南北,人不分城乡,通信资源实现了更加公平普惠的分配,偏远地区和农村群众同样可以分享移动互联的红利。这样的公平与普惠,诠释着"共享发展"的理念。

"提速'提'的是企业竞争力,降费'降'的是社会总成本。"从产业发展角度来看,提速降费可以说是"互联网+"行动计划的先手棋,是整个通信和互联网产业布局的关键一招。对各大运营商来说,移动用户流量增长红利期已经基本结束,以往简单直接的盈利模式难以为继,高质量网络服务才是赢得用户的关键。提速降费也许会带来阵痛,但这正是一个自我革新的契机,可以通过提速降费实现企业治理结构、盈利模式的升级,以赢得适应5G时代的长远竞争优势。

对于互联网产业而言,移动宽带好比是基础设施,提速降费既降低了基础设施的使用费用,也提升了基础设施的使用效率,这必然会为撬动中国数字经济发展带来杠杆效应。移动支付迅速普及,共享单车开始走出国门,媒体融合走在世界前列,人工智能飞速前进……国际媒体认为,"中国的数字化经济是全球拓荒者",而数字经济和移动互联网的每一个进步,背后都是通信基础设施在提供支撑。随着提速降费的深入推进,通信基础设施将更加便捷、更加高效,将为新的应用场景、技术变革和商业模式创新提供鲜活土壤。

法国作家雨果说过:"已经创造出来的东西比起有待创造的东西来说,是微不足道的。"这句话同样适用于移动互联的发展。新时代,降费让网络冲浪的阻力更小,提速让全面发展的信心更足,移动网络建设将成为中国发展的"数字引擎",让我们能够在未来把握更多的可能性。

与一般的名人名言不同,公理论据具有十分明显的时代特征,以《提速降费,打造通信普惠时代》一文为例,取消流量漫游费是可以在时序上进行前后对比的政策操作,而这一变化的实现,依托于对《政府工作报告》中"实现高速宽带城乡全覆盖,扩大公共场所免费上网范围"这一条文的解读。整篇评论围绕对这项新政策的解读进行阐发,充分论证了通信资源共享带来的社会效益。以此类推,对科学原理、生活常识等公理的阐释,也可以从读者关心的领域介入,用"最通俗的语言"说清楚"最常见的道理",有力增加了论述文本的说服力与解释力。

4. 名言论据

名言论据包括社会各界名人的言语、论调和文字,或为大众所广泛流传的言论,是一种较为常见的论据,在长篇评论中作为分论点的支撑论据,零散地出现于文本中。由于名人的话与名人的经历、经验认知有关,能够代表或高于普通人的认知感受,因此,使用名言论据可以提供具有一定辨识度的经验性论证支持。

家国情怀是立身养德之本
——谈谈领导干部的家风①[①]

"对于乡愁而言，还乡是惟一的解药。"年关日近，很多人的思乡情愫也愈发滚烫。家是游子的心灵港湾，是浓得化不开的情结。然而古往今来，少小离家建功立业，几乎成为一以贯之的文化传统。人生选择与内心情感逆向行驶，并非是因为不眷顾家园亲情，而在于炽烈情怀早已从乡土走向家国。

家国情怀，与其说是心灵感触，毋宁说是生命自觉和家教传承。无论是《礼记》里修身齐家治国平天下的人文理想，还是《岳阳楼记》中"先天下之忧而忧，后天下之乐而乐"的大任担当，抑或是陆游"家祭无忘告乃翁"的忠诚执着，家国情怀从来都不只是摄人心魄的文学书写，更近乎你我内心之中的精神归属。那种与国家民族休戚与共的壮怀，那种以百姓之心为心、以天下为己任的使命感，就来自那个叫做"家"的人生开始的地方。

《孟子》有言："天下之本在国，国之本在家，家之本在身。"家是国的基础，国是家的延伸，在中国人的精神谱系里，国家与家庭、社会与个人，都是密不可分的整体。"国家好，民族好，大家才会好"，"小家"同"大国"同声相应、同气相求、同命相依。正因为感念个人前途与国家命运的同频共振，所以我们主动融家庭情感与爱国情感为一体，从孝亲敬老、兴家乐业的义务走向济世救民、匡扶天下的担当。家国情怀宛若川流不息的江河，流淌着民族的精神道统，滋润着每个人的精神家园。

家庭是精神成长的沃土，家国情怀的逻辑起点在于家风的涵养、家教的养成。以正心诚意、修身齐家为基础，以治国平天下为旨归，把远大理想与个人抱负、家国情怀与人生追求熔融合一，是古人的宏愿，亦是今人传承家风和家教的本分。在传承优良家风中筑牢责任意识和担当精神，在正家风、齐家规中砥砺道德追求和理想抱负，在履行家庭义务中知晓责重山岳、公而忘私的大义，正是家风传承中所蕴藏的时代课题。

"知责任者，大丈夫之始也；行责任者，大丈夫之终也。"责任和担当，乃是家国情怀的精髓所在。当我们专注于亲情眷念、自我圆满，不应忘了民生之疾苦同样关乎自我之荣辱。更好地兼顾小家与国家，将对家的情意深凝在对他人的大爱、对国家的担当上，人生才能真正达成圆满。从毛泽东"埋骨何须桑梓地，人生无处不青山"的壮志豪情，到赵一曼"未惜头颅新故国，甘将热血沃中华"的慷慨赴义，再到焦裕禄"心里装着全体人民，唯独没有他自己"的为民情深，常怀爱民之心、常思兴国之道、常念复兴之志，是共产党人家国情怀的生动写照。国而忘家，公而忘私，把个人价值寄托在对国家和人民的大爱与奋斗中，见证共产党人的忠诚信仰和无私情怀。以伟岸人格承接伟大担当，以家国情怀托举复兴使命，每个党员干部都应有这样的使命自觉。

"亦余心之所向兮，虽九死其犹未悔。"精神有了归属，生命就有意义。家国情怀是一股永不衰竭的精神涌流，有了它的丰润，我们必能描绘大写的人生、成就不凡的意义。

[①] 李斌：《家国情怀是立身养德之本——谈谈领导干部的家风①》，《人民日报》，2016年1月20日第4版。

《中华人民共和国民法典》婚姻家庭编明确规定:"家庭应当树立优良家风,弘扬家庭美德,重视家庭文明建设。"近年来,弘扬新时代良好家风的号召不仅成为引领领导干部作风建设的重要内容,更是强化全社会精神文明建设的重要抓手,其中彰显着中华民族代代相传又与时俱进的思想智慧和精神力量。上述案例正是立足于年关将至的特殊节点,由思乡之情引出家国情怀,并借用中国古代到现当代的大量名言,结合蕴含哲理的言论与彰显其风的人物来充分论证了"家国情怀是立身养德之本"的总论点。

以上四种类型的论据都是新闻评论写作过程中不可缺少的论据材料,对于以论据形式出现在新闻评论中的事实,力求与论点和评论对象紧密相关,具有贴近性而无争议。值得注意的是,不同类型的论据,因其具体论证需要而体现出不同的功能。总体来说,案例论据、数据论据、公理论据、名言论据等,都是论证说理的手段,可以同时出现在一篇评论文中,它们均可以为提升评论写作的说服力、可读性服务。

(三)论证的逻辑思维

与自然科学和社会科学的研究呈现相似,新闻评论写作同样要遵循逻辑学基本原理展开论述,并在写作中体现论证思维。

1. 演绎推理

演绎推理是由一般性原理推演出特殊结论的论证逻辑,是一种从一般到特殊、从普遍到个别的必然性推理,经常出现在短评或新闻评论写作的局部论证中。

适时放弃,人生才能重启[①]

如果说"坚持"体现刚性,那么"放弃"则表现为柔性。天道讲求刚柔相济,大丈夫也要能伸能屈。坚持固然彰显可贵毅力,放弃亦属难得洒脱。

放弃并非失却志向没有追求,恰恰是因为另有追求,才会明智地选择放弃。不适合自己抑或明知无望仍然苦苦坚持,不仅没有任何意义,还会空耗精力才情甚至会造成身心伤害。非洲有一种抓猴子的方法:抓猴人拿出许多椰子,每个都掏一个小洞,洞口刚好与猴子的前臂一样大,让猴子在打开手掌的情况下能伸进去。当猴子把手伸进椰子洞里抓完米粒收手,洞口却比抓着一把米粒的拳头窄多了。当猎人一步步靠近,猴子仍然没有松开抓在手里的米粒。为了一把米而成为人们的猎物,就是因为猴子不懂得放弃。

放弃和坚持这两种品质对于我们能否过上幸福生活,具有同等重要、并行不悖的价值。设定新目标和制订新的可行性方案的唯一路径,就是舍弃旧目标。放弃让我们的思想得以解脱,心灵得以释放,并提高拟定新目标的能力。"一生只做一件事"的数学大师陈省身先生做了一辈子数学题,他放弃了其它一切冗杂的事物,从而在数学王国中找到无与伦比的乐趣;鲁迅先生当初弃理从医、又弃医从文,成为了民族的脊梁。

放弃也是一种勇气。3年前,青年学子周浩由于兴趣原因,从北京大学转学到北京工业技师学院,这种放弃将成就独特的个体价值。但也引发舆论热议,很多人仍旧按照世俗目光选定高考或者择业方向。其实不少人并不清楚自己到底需要什么,什么才最适

---

① 涂启智:《适时放弃,人生才能重启》,2014年12月23日,参见人民日报评论微信公众号 https://mp.weixin.qq.com/s/uWoK3zBtq5Q67Bfry6ivOQ。

合自己，他们在随波逐流中渐渐磨灭个性才华，以致碌碌无为。这或许是一些"学霸""尖子生"甚至高考状元在进入社会后"泯然众人矣"的症结所在。

该评论首先点明了适时放弃亦属明智之举的一般性原理，继而结合非洲人抓猴子的方法的具体实践以及本土人物的典型事例，分别从反面与正面对比选择放弃与否的不同结果，最后再推出北大学子转学技校也能够成就其个体价值的结论。该短评因循一般到特殊的推演逻辑，内容精要，层次明晰，准确扼要地阐明了核心观点。

2. 归纳推理

与演绎推理相反，归纳推理是指将一件件具体的、个别的事例归纳在一起，找寻其共同规律，从而得出结论的过程。归纳推理可以分为完全归纳推理和不完全归纳推理：完全归纳推理是指对全体中的每个个别例子进行考察最终得出一般结论；不完全归纳推理则是从全体中的一部分事例归纳出结论的推理方法，与前者相比，不完全归纳推理的结论存在或然性。

由于新闻评论写作面对的多是具体特殊的新闻事实，所以归纳推理在新闻评论中应用较多。把现有的新闻事实和曾经发生过的某些事件放在一起，从中比较归纳出新闻事实可能包含的问题、异议或价值，是新闻评论写作中常用思维方法和论证手段。以下文对恶性事件的评论阐发为例。

潜滋暗长的"名车恐怖主义"[①]

一个幽灵，"名车恐怖主义"幽灵，正在我们的社会肌体中潜滋暗长，以一种嚣张的姿态冲击着社会正义的堤坝。

继上次人大校园宝马撞人案，上上次长沙宝马撞人案，上上上次哈尔滨宝马撞人案，上上上上次南都记者采访宝马撞人案惨遭殴打，上上上上上次什么什么肇事案后，最近连续两起霸气十足的"名车肇事案"在贵阳发生了！10月4日凌晨零点20分，一辆车牌号为贵AA8888宝马车拒不交钱强闯收费站，面对收费员的阻拦打伤收费员；13日凌晨零点35分，一行人在贵阳黔灵西路被一辆贵A66××8的白色宝马无故轧着左小腿，其家人在找司机评理时遭到高压水枪"扫射"。

所以想到"名车恐怖主义"这个词，除了这一系列"名车劣迹"外，还来自朋友讲的一件亲眼见到的事：

一天早晨他出去买菜，发现一辆高档轿车停在路边，一辆农用三轮车在倒车，司机没有听到老婆喊停的声音，继续倒车，眼看就要撞到了轿车，此时司机的老婆赶忙用自己身体挡在了轿车之前，想用身体挡住三轮车对轿车的撞击。这时旁边有人一把把她拉了出来，三轮车撞在了轿车上，轿车后边撞坏了。妇女哭起来了，对把她拉出来的人说："你拉我出来干吗？这撞一下我们也赔不起啊！"随后瘫倒在地。这时，轿车主人，一对夫妇下了车，目睹这种情况，温言抚慰妇女，告诉她不用他们赔："你都用性命要挡在我车前，我们的车就算报废了也不用你赔。"三轮车主和他的老婆听后跪倒在地。

[①] 曹林：《潜滋暗长的"名车恐怖主义"》，《南方都市报》，2004年10月15日。

朋友是流着眼泪讲完这个故事的，笔者听的时候也忍不住流泪了。多么纯良的老百姓啊！多么入骨的对名车的恐怖啊！不可回避的事实是，很多老百姓都有着和这对三轮车夫妇同样的恐惧。

老百姓避之唯恐不及的害怕，许多名车司机横行霸道的嚣张，一起构成了社会中的"名车恐怖主义"。

"名车恐怖主义"背后的名车倒不可怕，犯事一个削一个，在舆论压力下，贵阳那个贵 AA8888 宝马会受到应有的惩罚；而"名车恐怖主义"背后的那些毒瘤才是最可怕的，毒瘤得不到铲除，真不知道，前天是哈尔滨，昨天是人民大学，今天是贵阳，明天会是哪里，后天会是哪里。

该评论借用《共产党宣言》的仿句开篇，引出第二段列举的多次名车肇事事件作为具体事实论据，通过不完全归纳推出"名车恐怖主义"的专有事件名词，将现有的新闻事实与同类事件进行分析归因，强调此类事件造成的巨大社会危害，这种将多个事件叠加形成一种观点输出的强势效果，增强了对恶性事件的控诉力量。

3. 类比推理

类比推理就是通过同类相比，根据两个对象共有一些相同的属性，推断它们的其他属性也都相同或相似的一种推理方式，其结果是或然的。类比推理的前提是两个事物同属一类，如果明知两个事物不属于同类，则不能采用，如下文所示。

死亡：游泳与轿车的对比[①]

8月3日《北京晚报》报道了玉渊潭有游泳者溺水身亡的事，有人又以此论述公园禁止游泳的必要。我认为，个案说明不了问题。"一个"吸烟50年的健康者不能说明吸烟无害，"一个"吸烟的癌症患者也不能说明吸烟有害。认识吸烟后果的根据是统计不是个案。北京市事故死亡的统计如下：2003年11月底，死亡1731人，其中交通1472人，生产165人（其中建筑92人，煤矿59人），煤气中毒60人，火灾29人，游泳溺水4人，食物中毒1人，但其中的游泳仅限于游泳池。1993年全市溺水死亡47人，其中自然水域36人。今年至今已超过50人。

游泳死亡人数低于交通、建筑和煤矿。但后两者显然不能禁止，因为人们的生存需要住房和煤炭。于是笔者将比较集中在游泳和轿车上。从绝对数字上看，交通死亡人数是游泳的20倍。两者的好处是：一是给使用和参与者提供了乐趣；二是轿车可以代步，游泳可以健身。后一个好处可以通过伤亡较小的方式获得，比如公共交通工具和游泳池。但前者可以替代，因为成本小，后者对低收入者来说则可能支付不起。两者的弊端是都有伤亡的危险。这之中又有不同。游泳带来的人身危险几乎完全是自己的。轿车导致的危险则往往涉及他人，甚至对他人的伤亡比对自己更严重。

既然如此，我们为什么没禁止轿车的使用？我本人是中国最早也是最激烈反对发展私人轿车的人。但我从来不主张禁止使用轿车。为什么大家不主张禁止轿车？

---

① 郑也夫：《死亡：游泳与轿车的对比》，《新京报》，2004年8月9日。

我认为,根本原因在于虽然死亡绝对数不低,但仍然是小概率:平均大约每1000辆车一年导致1人死亡,每30万次使用导致1人死亡,北京市每年大约6000人中有1人死于交通事故。如果100辆车一年造成1人死亡,1万次使用造成1人死亡,我们可能早就禁止使用轿车了。我反对发展私人轿车,但是有人喜欢轿车,可我并没权力根据目前的伤害概率禁止别人驾车。

对比轿车,我不理解为什么要禁止在自然水域游泳。玉渊潭每年都有几个人溺水身亡,但据笔者估算,玉渊潭每年游泳的人数应在10万人次以上。死亡概率低于万分之一,而且死亡者只是游泳的人,并没有伤及他人。至于不禁止轿车而禁止游泳,我认为,地位可以解释这种区别对待。轿车拥有者是优势群体,在自然水域游泳的人属于弱势群体,特别是当地位高的人越来越多地进入游泳池,乃至室内游泳馆时。攀登雪山为什么也没被禁止?因为登山者有响亮的口号:超越极限,乃至为国争光。在自然水域游泳的人既无社会地位,又无话语上的霸权,便有了今天被遭禁的命运。

我反对发展私人轿车,别人也可以反对在自然水域游泳。但大家都没有权力完全禁止二者。不禁止不等于不去想办法减少伤亡。我以为政府打击醉酒驾车的惩罚力度还不够。减少在自然水域游泳死亡的手段则是:加强教育,尤其是加强对特殊群体的教育。比如少年儿童和外地农民工,因为莽撞是游泳死亡的最重要原因;再有就是开辟浅水区,使到自然水域的初学者有地方可去。有关部门要想办法减少溺水死亡,但死亡绝不是禁止自然水域游泳的根据。

该评论将溺水事故和交通事故进行类比,侧重分析"有交通事故但没有禁止发展私人轿车"和"有人溺水应该禁止公园游泳"这两种具有同质性但结论截然相反的现象,最终得出理智且可行的解决策略。与公理论据或名言论据的使用目的相似,类比论证期望通过通俗易懂的事物类比来简化说理过程,它不仅是一种论证思维,也是具有问题针对性和写作指导意义的论证选择。

4. 概念分析

概念包括内涵和外延,内涵是指概念所反映的对象的本质属性,外延是概念所包含的对象。新闻评论针对某一新生现象或事物要做出准确深刻的解释,必须从客观实际出发,结合历史唯物主义和辩证唯物主义方法论,首先对论述对象和范畴进行科学界定,因此,概念分析的视角及论证十分必要和重要。这种思维逻辑有助于将某一抽象概念具体化,有助于读者辨析评论对象及实质,从而夯实论证的逻辑根基,如下文所示。

跳出心灵的"井口"[①]

人生需要参照系。没有参照就没有比较,缺乏比较就容易迷失自我。

《庄子》里讲了一则寓言故事:有一位河伯,以为天下一切美好的东西全都聚集在自己这里,欣然自喜;等到看见茫茫大海后,才发现自己的可笑。类似故事还有"井底之蛙",由于坐井观天,目力所及怎么也超不过井口。这启示我们,自觉拓宽思维与行

[①] 刘元通:《跳出心灵的"井口"》,《人民日报》,2018年7月2日第4版。

动的边界,才能跳出"井口"。

其实,每个人内心都有一把标尺,既衡量着自己,也丈量着他人。这把标尺,在一定程度上影响着人生格局、发展后劲。格局在井中,心灵便容易被点滴成绩或些微挫折填满,要么骄傲自大,要么畏葸不前。从井底跳出来,努力拓展格局,成长的半径才会不断延伸,一切也就皆有可能。

现实中,自我设限的"井口"时常可见。有的人吃不得苦,经历一些艰辛挫折就难以承受,殊不知美好生活总是来之不易;有的人经不住夸,稍微取得一些成绩、得到一点赞赏,就开始飘飘然;有的人沉不住气,急功近利、心浮气躁,缺乏持之以恒、久久为功的坚韧……凡此种种,往往是因为看不到山外有山,也不懂得止于至善。类似"井口"心态一旦固化,就会在无形中为成长进步设置了天花板。

跳出心灵的"井口",应该始终保持对未知事物的好奇。科学家牛顿曾自喻为一个在海边玩耍的小孩,"不时为拾到比通常更光滑的石子或更美丽的贝壳而欢欣鼓舞",却对不远处的"真理大海"一无所知;国画大家李可染晚年自称"白发学童",仍然保持一种孩童般的"空杯"心态。他们深知,世界无比广阔,有无垠的疆域等待自己去开拓,因而保持着谦逊、进取的姿态。目光高远,向着地平线不断迈进,一个人就不会在意眼前的波涛。

跳出"井口",并不意味着跳到另一口"更大的井"里。因而,还应明确奋斗的方向,校准人生的参照系。实际上,对一个人来说,比所处位置更重要的,往往是正确的方向。一旦参照错了对象,规划错了路径,无异于缘木求鱼,达不到超越自我的目标。譬如,为官者与商人比财富,求学者与富人比安逸,就是南辕北辙,越用力反倒陷得越深。

智者总是努力在正确的道路上找寻各种可能性,庸者只会安于现状、消极懈怠。人生的"井口",某种意义上也会营造出一个"舒适地带",如同"温水煮青蛙"一般,逐步令人失去进取心,阻塞向上跃升的通道。诚然,每个人都有资格对业已取得的成就感到自豪,但切不可因此而自满,更不能困于功劳簿的"井口"之下。砥砺实干家的姿态、睿智者的心态,胸怀天下、登高望远,我们才能不断书写人生的新篇章。

有人说,错的并不是我的身体,而是我对自己的人生设限,因而限制了我的视野,看不到生命的种种可能。从即刻出发,让自己动起来,勇敢跳出心灵的"井口",你会发现,世界正绽放不一样的光彩。

评论用"井口"这一具体事物喻指个体对人生设限的行为,通过对"井口"问题的含义、适用范围、解决办法等方方面面的解析,较为清晰地解释了这一概念在现实生活中的表现和带来的问题,把原本抽象、难以感知的人生困境拆分开来深入说理,在对话中为读者提供了心灵层面的指导与引导。

以上四种思维是阐明某一问题或观点的常用逻辑,它们分别从思维路径、事物间关系和事物本身出发来观察问题、洞悉规律,以论证文本为表现形式,提供阐发观点的论述基准,推进新闻评论作品拓展愈发丰富的社会议题。

（四）论证的表现与常用方法

新闻评论写作的实践表明，立论与驳论是论证的集中体现和常用方法。

所谓立论，是从正面直接阐明客观事物的真理，以证明作者提出的看法和主张。反驳，则是用一个或一些真实命题确定某一证明的论题或论据虚假，揭露某一证明的论证方式无效。[①] 简言之，驳论就是反驳对方的观点。立论与驳论是相对应的概念，正面的论述称为立论，批驳错误的论点称为驳论，驳论是把论点推向前进的一种很重要的论证方法，有矛盾，有交锋，才有发展。一般情况下，一篇文章中以其中一种为主，分为立论文和驳论文，但在新闻评论的实际写作中，二者往往不可分割，相互依存，如下文所示。

魏则西事件下的污名化狂欢要不得[②]

最近几天，一些网站、社交媒体、朋友圈等，被铺天盖地而来的魏则西事件所占据。以此事件为导火索，众多有关或者无关、有错抑或无辜的对象纷纷"躺枪"，无可奈何地被裹挟进几乎一边倒的舆论漩涡：先是涉事医院，继而莆田系，进而整个民营医院产业，时至今日，矛头甚至已然指向了莆田人乃至福建人，乃至整个民营经济……

好一副"洪洞县里无好人"的架势。在此情势下，虽然明知可能会招来骂声一片，但笔者还是不得不说：即使是由一个年轻生命的伤逝所引出的悲情话题，这种逮谁骂谁过度情绪化的舆论宣泄，缺乏必要的理性和冷静，于事无补。魏则西事件下的污名化狂欢要不得。

生命诚可贵，何况陨落在人生花样年华的鲜活生命。21岁大学生魏则西之死的确令人扼腕，向他致以深切的哀悼，对他的家人表示深切的同情，再多也不为过，这是对生命最起码的尊重。

然而，当舆论场开始过度"消费"这个已逝的生命之时，风向就开始转了，且与尊重生命毫无瓜葛：对一家医院的责任人痛骂或鞭挞也就罢了，毕竟事情发端于此，即使骂得有些激烈、偏颇，也基本都属于人之常情可以理解。

但由骂一家医院而起底医院的合作方，乃至整个莆田系、整个民营医院产业，甚至骂到和骂人者并无不同的莆田人甚至福建人，就不是一种可以理解的正常情绪宣泄了，而是一种以偏概全、一棍子打死、生拉硬扯找联系的污名化举动。在这种"奋臂一呼人尽墨"的非理性舆论狂欢背后，模糊的是事件本身，损害的只能是中国民营经济的形象和发展基础，最终毒化的是整个社会氛围，包括正在努力修复的医患关系——而这，同样关系到包括义愤填膺痛骂者自己的切身利益。

可能有人会问，你是不是在为民营医院辩护，你怎么证明民营医院不是骗子？实话实说，作为非医学专业人士，自然无法证明什么。不过，有权威部门提供了这样一组数字：截至2014年年底，我国拥有民营医院1.22万家，数量占全国医院总数的47%，每年医疗产值保守估计在数千亿元乃至上万亿。所以我就纳闷了：如果民营医院真的都

[①] 梁庆寅：《传统与现代逻辑概论》，中山大学出版社，2000年版，第249~251页。
[②] 张杰：《魏则西事件下的污名化狂欢要不得》，《福建日报》，2016年5月8日第1版。

是有些人口中所谓的骗子,那恕我孤陋寡闻,还真没见过折腾出这么大动静、"骗"术如此高明的"骗子"。至于把矛头指向莆田人、福建人,面对如此低智商的伪命题我只能一笑了之:哪个省份的人没有被"黑"过?这些年,类似的事情还少见吗?

当然,话说回来,魏则西事件也以一个年轻生命为代价给我们提了个醒:民营医院行业乃至整个医院行业确实存在着害群之马。对于这样的害群之马,最好的解决办法就是交由相关部门依规依法处理(实际上,魏则西事件发生后,相关部门已经介入调查)。而对于时下正处在风口浪尖的民营医院来说,更应该抱着"有则改之,无则加勉"的态度,以魏则西事件为契机,为自己认真地号号脉,对照、检视自己可能存在的问题,找出病灶,去除沉疴顽疾。切实把患者的生命健康和切身利益放在第一位,这才是今后发展壮大的根本之道。

逝者已去,生活还将继续。不让悲剧重演,同胞间多些理解、多些关爱,将是对逝者最好的告慰。我们这个社会,经不起撕裂,经不起折腾,污名下的狂欢和舆论暴力,摧毁的正是你我不可或缺的爱的阳光与空气,是和谐与梦想。

面对魏则西事件引起的舆论狂潮,作者在第二段便抛出观点:污名化狂欢要不得(见画线处)。随后,作者在对生命表示尊重之余,还原了这场非理性宣泄的概貌,并对其进行了批驳。之后,作者就可能存在的反驳论点——"你是不是在为民营医院辩护,你怎么证明民营医院不是骗子"展开论述,在一正一反中,理性发声。文章最后滤清交错的观点,将问题意识从医院行业扩展至整个社会,呼吁大家用理解和关爱取代舆论暴力,从而完成核心观点的有效论证(见画线处论点)。

由此不难发现,恰当的论证方法是完成论证的重要途径。在此,我们对以下六种常用新闻评论的论述方法进行解析。

1. 例证法

例证法即列举论证,是对个别典型事例采用归纳法进行论证。这种方法在我国古代的议论文中有所体现,如《孟子·告子下》中"舜发于畎亩之中,傅说举于版筑之间,胶鬲举于鱼盐之中,管夷吾举于士,孙叔敖举于海,百里奚举于市"[①]。文章连举六个例子来证明"生于忧患,死于安乐"这一论点。

如下面这篇评论文章,开篇就连举多个现象作为例证。

缝合制度裂口比修复隔板裂口更重要[②]

新华网北京12月3日电(记者姜伟超、张建) 因为5块溢流井下的隔板破裂,甘肃陇星锑业尾矿库3000多立方米尾砂溢出,源头锑超标一度达120多倍,引发一起涉及陕甘川三省的环境污染事件。修复更换破损的尾矿库溢流井隔板固然重要,不过与修复隔板裂口相比,只有尽快缝合安全生产制度的裂口,才能杜绝此类事件发生。

---

① 史次耘:《孟子今注今译》,重庆出版集团、重庆出版社,2008年版,第355页。
② 姜伟超、张建:《缝合制度裂口比修复隔板裂口更重要》,2015年12月3日,参见新华网 http://www.xinhuanet.com/2015-12/03/c_1117348728.htm。

自2008年山西襄汾"9·8"特别重大尾矿库溃坝事故发生以来，尾矿库就成为安全生产检查重点。2014年9月，安监总局还专门组织开展全国危、险、病尾矿库隐患排查活动。此次甘肃陇星锑业尾矿库泄漏事件中，隔板破裂，自然不是朝夕之事。人们不禁要问：尾矿库的排险与改造加固是否落实到位？企业巡检制度难道是白纸一张？事实上，今年4月这家尾矿库便因环保不达标而停产，迄今已半年有余。但停产绝不是部门监管放松的理由。

每一次事故发生的先兆，每一个检查中发现的疏漏，都是安全事故的"定时炸弹"。从昆山粉尘爆炸到福建漳州古雷"PX"事件，再到天津滨海危险品仓库爆炸，血的教训一再表明，安全生产意识什么时候都不能放松，安全生产制度必须严格落实。

2014年12月1日，新修订的安全生产法开始正式施行，更加强调以人为本、安全发展、依法治理的理念，对监管部门及企业的安全生产责任进一步明确。甘肃陇星锑业尾矿库泄漏事件再次暴露出，一些部门与企业并没有将安全生产规章制度落实到位。

法律和制度不是"稻草人"。良法善治，犯而必惩。只有这样，才能让企业和监管部门对安全生产工作如履薄冰，对细小隐患如临大敌。岁末年初，是安全生产事故易发多发的节点。唯有彻底缝合制度的裂口，补强一刻也不能松懈的责任心，我们才能有效防止悲剧重演。

该评论从山西襄汾"9·8"特别重大尾矿库溃坝事故到福建漳州古雷"PX"事件，再到天津滨海危险品仓库爆炸，列举了多起安全生产事故，通过这些真实事例论述了对恶性事件防患于未然的必要性、重要性，在此基础上进一步阐明健全和完善法律制度对安全生产运行的现实意义，凸显全文鲜明的论点。

2. 引证法

引证法全称引用论证法，是通过引用经典语录、约定成俗的市井言论、生活常识等作为论据来证明论点的一种论证方法。引证法通过使用权威性的话语，使说理更加深刻、透彻，着力体现理论的力量和思想深度。对此，它要求写作中必须确保所引言论、事理的准确性和针对性，如下文所示。

贫困生交吃请"份子钱"谁该脸红？[①]

新华网合肥12月25日电（记者陈诺、陈尚营）　今年11月，安徽省宿州市宋庙小学30名贫困生收到了企业捐助的人均1200元爱心款。这本来是件好事，但荒唐的是，学校竟然因此向每位学生家长收取200元，请捐助方、镇村干部、受资助学生等吃饭，九桌饭花了2500多元。虽然最终"份子钱"全部退还，但以感谢捐助方为由乱收费、以"人情"之名行吃喝之风，让公益变了味，更令贫困学生家庭寒心。

教育扶贫需要各方努力，企业捐助是有效途径之一。校园公益本是向师生传播正能量、培养爱心的好机会，然而校方的做法让爱心打了折。对此，仅以"人情、礼节"为

[①] 陈诺、陈尚营：《贫困生交吃请"份子钱"谁该脸红？》，2015年12月25日，参见环球网 http://opinion.huanqiu.com/plrd/2015-12/8262411.html。

名搪塞显然说不过去。一句"学校没有经费"，就冠冕堂皇地从贫困生的爱心款里"刮油"，"份子钱"想收就收，更是于情于理无据。

"教人治人，宜皆以正直为先。"教育工作者应该时时绷紧"一切为了孩子，为了孩子的一切"这根弦。感恩本是人之常情，但感谢的方式应该有所选择，乱收费、违规吃请行不通。反"四风"需要向这样的行为说不，在校园与社会、公益与利益的边界地带筑牢防线。

6000元的爱心款被吃回扣，也从一个侧面反映出公益捐助领域的大问题。近年来，一些地方公益捐助善款使用不透明，甚至巧立名目、弄虚作假、层层克扣、雁过拔毛，这些都与监管不力和制度漏洞有关。各地应尽快建立完善的监督制约机制，确保每一笔爱心钱都能真正发挥效用。

文章引用"教人治人，宜皆以正直为先"和"教育工作者应该时时绷紧'一切为了孩子，为了孩子的一切'这根弦"等常用语句，突出教育工作者的责任与使命，以此指出"人情"不正之风的危害，并强调加强监管力度的必要性。

3. 反证法

反证法是指在互相矛盾的两方面中，通过证明一方正确来说明另一方错误，或通过证明一方错误来说明另一方正确的论证方法。这一方法常出现在驳论中，以强烈的观点对拆来进行论证，从而实现先破后立的写作目的。如下文所示。

值得警思的"强拆论"[①]

与某些地方所看重的工程项目、城市面貌相比，人民生活水平的提高、正当权益的维护更为重要。

近日网上出现了一篇奇文，题为《透视江西宜黄强拆自焚事件》。文中有对无奈"强拆"的表白，有对法律"本本主义"的反思，更有"没有强拆就没有'新中国'"的惊人论点。

"没有强拆就没有中国的城市化"，"每个人其实都是强拆政策的受益者"……这种似是而非的表述，在文中随处可见。联系到此前不久，某地法制办主任曾以类似理由，致信北大教授反对新拆迁条例，不难看出，这种逻辑在一些基层干部那里颇有些市场，许多强拆事件的发生并非偶然。

中国的城市化进程必然伴随着拆迁，但如果把所有"拆"字前面都加上一个"强"字，不仅与事实不符，也无助于将来的城市发展。在为了公共利益、经过合理补偿的前提下，拆迁并无不可。但假如以"没有强拆就没有城市化"来理解"公共利益"，理直气壮地称"谁影响发展一阵子，我影响他一辈子"，则显然是对公共利益的无知。

应该尊重一些地方干部的发展愿望，也可以体谅他们面临的压力、遭受的误解和委屈。但这一切都不足以成为"强拆发展观"的理由。

[①] 范正伟：《值得警思的"强拆论"》，2010年10月14日，参见经济参考网 http://www.jjckb.cn/opinion/2010-10/14/content_263310.htm。

中央明确提出,"发展为了人民,发展依靠人民,发展成果由人民共享"。在衡量发展时,与某些地方干部所看重的工程项目、城市面貌相比,人民生活水平的提高、正当权益的维护更为重要。后者不仅是发展的最终目的,也是健康可持续发展的保障和动力。任何一种发展,如果仅仅是为了"发展"而见物不见人,把人民利益、群众意愿空洞化、虚无化乃至对立化,甚至以"发展成本"为借口,随时"征用"公民权利、社会公平、媒体监督,这不能不说是一种发展的异化。

只要有发展,就会有利益问题。拆迁中,政府、老百姓、开发商都有各自的诉求,这原本都很正常。当这些诉求发生冲突时,诉诸既定的法律,是法治国家的常态。然而,正是在所谓"法律并非一用就灵""一切机械照搬法律,同样会犯本本主义的错误"的思维下,在不少拆迁事件中,一些地方将依法行政视为发展的羁绊,甚至不惜以"多快好省"的思维去"良性违法"。

因此,当这位作者感慨"人们不愿相信政府一方的说法,哪怕是这种说法合情合理",感叹精心打造的法律武器"被老百姓弃之如敝屣"时,其实更应该反思自己对待法律的态度。当某些地方干部以实用主义的态度搁置法律时,又怎能指望老百姓相信法律、选择法律?又如何从依法行政中获得公信权威?

"只要地方要发展、只要城市化没有停止,强拆工作就依然要进行下去。"没错,中国的发展和城市化不会停止,但"强拆"显然是开错了药方。我们应该认真学习科学发展与和谐社会的要义——任何发展,都是为了人民的幸福和尊严,离不开社会的公平正义,都不能容忍对人民群众合法权益的损害。

该评论主要使用了反证法,通过力证《透视江西宜黄强拆自焚事件》一文观点的错误,来反驳"强拆"这一行为在中国城市化进程中产生的必然性,从而实现积极的舆论引导。

4. 比较法

比较法是指将具有相同特征的事物或同一事物在不同时间、环境、条件下的状态进行比较的论证方法。它是证实或证伪某个观点的重要方法,包括类比和对比两种运用形态。

类比是指将不同时间地点的一类事物的某些相同之处进行比较,运用该方法时须结合具体的历史条件,以避免"简单类比"的错误。前文类比论证中提及的"游泳"与"轿车"便是一例。判断类比方法是否恰当,须以其对比的相似点是否是主要方面为标准,只有该条件成立时,得出的推论才具有可靠性。

与类比不同,对比是将特征截然不同或差异明显的事物进行比较:一是将同一人或事物在不同的时间、地点的情况进行比较,即纵向线对比;二是将发生在同一时期、区域的不同人或事物进行比较,即横向对比。如下文所示。

"真文物遭殃"与"假古董吃香"[①]

一边是真文物在"GDP崇拜"下的灰飞烟灭，一边却又是假古董在利益驱动下横空出世，令人深思。

最近，两起与古城墙有关的事件引发舆论关注。

一个是破"旧"的。云南大理市因为公路扩建，拆掉一段重点文物龙首关唐代城墙，破坏面积达12350平方米；一个是立"新"的，河北正定县计划花3亿元修复一段古城墙，目前正在筹措资金。

大理市的破"旧"，按有关负责人的说法，是因为要修路发展经济，"没有办法"，"绕不过去"，只好毁坏文物；而正定县的立"新"修复古城墙，据称则是为了"逐步恢复古城原有风貌，为申报世界文化遗产打基础"。

与大理市的公然破坏文物相比，正定县斥资3亿元修复古城墙，貌似重视文物的价值。但另一个疑问随之而来：与其斥巨资把古城墙变成一个现代的人造景观，为什么不拿这笔钱对现存的城墙进行维护呢？

修得再旧，依然是新的。文物的价值，在于其穿越历史沧桑背后的深厚内涵。被誉为建筑典范的希腊帕提农神庙，历经千年只剩30多根石柱，没听说谁要去给它恢复原貌；举世闻名的椭圆形古罗马大角斗场，至今仍是断壁残墙。然而，正是这种对文物原状的尊重和维护，对"少干预或不干预"文物保护原则的秉持，让我们看到了一个民族的精神境界和文化底蕴。

当然，对于决策者来说，保护城墙只是一种表象，"申报世界文化遗产"或许才是更重要的目标。成功申遗的好处自不待言，不仅可以获得名气，同时也意味着大量的旅游收益。换句话说，这种保护还是没有逃脱"文物经济"的思维。

说白了，不管是拆城墙，还是修城墙，不管是破"旧"，还是立"新"，背后的主要驱动力，恐怕还是经济利益，政绩冲动。为了利益，可以不顾文物部门和群众的反对，不惜以破坏文物古迹为代价，搞各种各样的建设开发；同样是为了这种利益，"文物搭台、经济唱戏"，耗费巨资建造类似"西门庆故里"这样的"文化项目"，或是硬把真文物改造成假古董，不仅让老祖宗生气，也给地方背上了沉重的经济包袱。

一边是真文物在"GDP崇拜"下的灰飞烟灭，一边却又是假古董在利益驱动下横空出世，令人深思。这里面既有对文物保护的无知，也不排除一些地方领导"揣着明白装糊涂"的算计。文物保护往往只需要投入，并不能给个人或者小团体带来什么直接的物质回报；相反，毁文物搞开发，或者把真文物改造成假古董，则可能在大兴土木的过程中博取名声、捞到好处。

"以前过分注意经济建设，文化遗产的损失巨大，现在遇到经济危机，又把文化变成经济的工具，继续拿文化搭台、经济唱戏，可能又进入新一轮怪圈，产生的危害可能要10年以后才能看到。"对于"真文物遭殃"和"假古董吃香"的现象，全国政协委员冯骥才曾表达了这样的担忧。而如何维护文物在经济利益冲动面前的尊严，如何避免"山寨版"文物的横空出世，不仅需要决策者提高思想觉悟，更需要相关部门的监督管

[①] 郁晓：《"真文物遭殃"与"假古董吃香"》，《人民日报》，2010年5月21日第9版。

理,以及文物保护法的真正发力。

该评论通过对比"真文物"与"假古董",阐释当前经济建设过程中出现的文化乱象,最终推论出亟待加强文化监管的结论和现实必然性。

采用比较法要避免用现象描述代替说理,或者以抽象的论述取代具体分析。在评论构思阶段,要仔细考量材料的取舍,注重选用典型而充分的论据,在此基础上,还应注意对论据的内在联系进行深入分析,切忌简单归纳,以保证对比凸显立论价值的实效。

5. 喻证法

喻证法即比喻论证,是用比喻来阐明事理的论证方法。"喻巧而理至",面对比较抽象或不易阐明的道理,使用浅显易懂的事物和道理来说明,试图达到深入浅出、形象说理的效果。当然,"喻巧而理至"要求写作者对事理能够融会贯通,如此才能由此及彼、触类旁通,利用事理之间的相似关系把所要表达的观点寓于常见的事物之中,提升说理的生动性。如下文所示:

城市建设"慎落子"才能"少悔棋"[①]

轰隆一声巨响,高楼瞬间倒地,这样的新闻眼下已不胜枚举:武汉大学爆破拆除第一教学楼,该大楼曾荣获鲁班奖等建筑领域大奖;山西大同紧邻古城墙进行高楼爆破,场面惊险;四川成都在建第一高楼爆破拆除,距地铁口仅5米;西安118米高楼爆破,不少人在附近酒店开房围观……

这些爆破拆楼案例,都发生在最近几个月。在此期间,各地被拆的其他高楼当然还有不少,它们能成为"新闻",离不开媒体人添加的各类噱头:要么爆破用时极短、非常成功,要么紧挨着的重要古迹或建筑毫发无损,要么该建筑使用时间不长、质量很好等等。这说明,光有拆除不一定能成为新闻,拆除行为与对象还必须重要、反常或者有趣才行。

好好的一幢大楼,造价动辄数千万、上亿元,爆破拆除后不仅价值归零,还要倒贴上千万、数千万元拆除费。心痛吗?不晓得。按理说,拆楼浪费巨大,肯定会有人心痛。但同样不可忽视的是,不少时候,对于爆破拆除这些高楼,社会上也不乏叫好之声。原因无他,这些大楼与周围环境、整体规划不协调,看起来已经"扎眼"多时,有的甚至让人忍无可忍,爆破拆除俨然已成了为民除害、大快人心之举。值得深究的是,这个"害"的源头在哪,又何以根绝?

会下棋的人,大都深知"一着不慎,满盘皆输"的棋理。一个棋子下得不好,未必总会决定全局输赢,但却会让盘面显得别扭,要改变局面常常会费时费力。城市建设也是"一盘棋",下好这盘棋,必须慎重落子、精心布局,这样才能减少悔棋和修正的几率。具体而言,不仅在宏观和总体上要科学、合理规划城市,在微观和单体上同样要精心设计、严格把关;不仅要考虑当下的短时段需要,也要考虑历史的脉络、未来长时段发展需求;不仅要在局部上力求完美,也要充分照顾到局部与整体的呼应、配合与兼

[①] 左中甫:《城市建设"慎落子"才能"少悔棋"》,《南京日报》,2016年9月19日第10版。

容。否则,项目建成之日,就有可能成为留下败笔、落下骂名之日。

有统计显示,我国新建建筑寿命不超三十年,不及英国四分之一。大批高楼"英年早逝",有很大一部分是因为在规划、设计环节把关不严,草率过关、仓促上马,从而留下各种先天性缺陷。这种情况,在上世纪八九十年代我国大规模城市化的启动期、加速期尤为普遍。由于观念和技术的局限,再加上在制度层面把关不严、违规审批,一批高楼"带病"拔地而起。今天的爆破拆除,很大程度上是在为以前的粗放发展埋单,只是这种纠错的代价往往太过高昂。在城市化向纵深推进、城市建设向更高水平迈进的今天,这个教训尤其需要认真汲取。

中央城市工作会议提出,要统筹规划、建设、管理三大环节,提高城市工作的系统性。其中特别强调,"要加强城市设计,提倡城市修补,加强控制性详细规划的公开性和强制性"。这一方面要求我们慎重建设新项目,律之以严;另一方面也提醒我们慎重拆除旧项目,约之以俭。坚持集约发展,框定总量、限定容量、盘活存量、做优增量、提高质量,理应成为城市建设和管理者的牢固共识。

文章以棋理喻事理,将城市建设比作"一盘棋",结合多个新近案例来论证合理规划发展的必要性,警示城市建设要在规划布局阶段"慎落子",才能更大程度地避免设计缺陷,从而使后续建设阶段"少悔棋",以减少资源浪费。借助名句"一着不慎,满盘皆输",作者将相对复杂的城建新闻通俗化,有效增强了评论的可读性。

6. 归谬法

归谬法是一种假设论证,即先假定对方论点正确,然后依照这一观点进行逻辑推演,最终得出一个明显荒谬的结论,从而实现否定对方论点的目的,它是一种"以其人之道还治其人之身"的论证方法。该方法的特点是"设假为真",以结论驳前提,即明知对方论点错误,却故意认作是正确的,并以此为前提进行推理,常用于驳斥较为激进的观点与看法,在给人启迪的同时带给读者以口诛笔伐的阅读快感。如下文所示:

"允许中国适度腐败"论是煮青蛙的温水[①]

日前,《环球时报》发表评论,探讨中国反腐问题。该评论旁征博引,称任何国家都无法根治腐败,民主也无助于腐败问题解决。并称中国"腐败痛苦感"突出是因为腐败跟为人民服务的官方政治道德深入人心有关。文章呼吁民间要理解中国的适度腐败,不要举国坠入痛苦的迷茫(5月30日环球网)。

铁道部原部长、党组书记刘志军被宣布开除党籍,其涉嫌犯罪问题被移送司法机关依法处理。这无疑是党和人民反腐败斗争的一个胜利,本是一件快慰人心、令人欢欣鼓舞的大好事,却被《环球时报》评论为一件令人悲哀的事情。《环球时报》为此而莫名其妙地引出"腐败痛苦感"的概念,并且劝告"不要举国坠入痛苦的迷茫",为此开出令人捧腹的灵丹妙药——"允许中国适度腐败"。

---

① 柏文学:《"允许中国适度腐败"论是煮青蛙的温水》,2012年5月31日,参见大河网 http://opinion.dahe.cn/2012/05-31/101312513.html。

《环球时报》鹦鹉学舌"中国显然处于腐败的高发期"之后，列举亚洲有很多"民主国家"，如印尼、菲律宾、印度等，腐败都比中国严重得多。可是，为什么不列举中国的地区——香港、澳门、台湾呢？为什么不列举亚洲的另一国家新加坡呢？固然"任何国家都无法根治腐败"，可是哪个国家的民众允许自己的政府"适度腐败"了？无论是中国香港、中国澳门、中国台湾、新加坡，还是印尼、菲律宾、印度，那里的民众允许政府"适度腐败"了吗？

反腐败斗争，与追求社会公正一样，取法乎上，仅得其中，取法乎中，仅得其下。奋力追求公正，可能会得到相对公正或者说不是很不公正的社会状况；如果放弃追求公正，则公正的价值观念必将式微直至荡然无存。反腐败，只有零容忍，才有可能得到一个相对廉洁或者说是不太腐败的政府；如果适度容忍，允许"适度腐败"，则必将互相效仿，互相攀比，最终腐败滥觞，百孔千疮，不可救药。

度，可以成为量词，可以成为量变到质变的过渡或者边界。适度，就俨然成为模糊词了。什么样的度，叫"适度"呢？即便当下，为官者贪污腐败受贿索贿多少万以内，就叫"适度"而不追究刑责呢？坊间传闻，二十年前，五千以内不追刑责，后来很快，二十万以内的，检察院一律来不及处理。这个"适度"的话语权，固然可以牢牢掌握在《环球时报》手中，然而这个"适度"的决定权，恐怕最终还是掌握在有机会贪污腐败受贿索贿的人手中。

《环球时报》还暴露了一个逻辑错误。因为"中国显然处于腐败的高发期，根治腐败的条件目前不具备"，所以"要允许中国适度腐败"。照此类推，因为彻底消除吸毒贩毒的条件目前不具备，所以要允许适度吸毒贩毒；因为彻底消除强奸幼女的条件目前不具备，所以要允许适度强奸幼女；因为彻底消除盗窃抢劫的条件目前不具备，所以要允许适度盗窃抢劫；因为彻底消除赌博传销的条件目前不具备，所以要允许适度赌博传销……何其荒唐！
…………

该评论首先表明"允许中国适度腐败"的观点，随后从案例选择、论证逻辑等多个角度论证该结论之荒谬，最终实现对这一观点的全面否定。

总体来看，评论写作的结构与表达是写作者依据具体的选题与立论，借鉴不同的思维逻辑，采用不同的路径探究问题、提供意见和看法的社会生活实践。评论文本的生成就是论据、论点以及两者形成的论证关系通过多种论证说理方式的有机整合。这是遵循议论文写作规律的结果，更是新闻评论价值呈现与转化的探寻成果，它们构成互动互促的写作动能与创新可能。

二、新闻评论的文风

文风，简言之就是文章的风格，它受文体的体裁特征规约，同时又是写作者个性特征的外化。不同的文体具有不同的体裁特征，通过不同作者的把握，最终呈现出符合该类文体体裁特征的写作风貌，进一步说，文风体现的是文体体裁的共性与写作者创作个性的结合。因此,当我们讨论同一类文体的文风时,它一定表现为"大体"须有、"定体"则无的总体特征,也就是"共性"与"个性"相融合的对应叠加。

对新闻评论的写作而言,其文风受到评论写作者主体和新闻评论体裁客体的双重影响,它需要遵循议论文写作的基本规范,在此基础上着眼于时效性和政论性特征,依托不同评论写作者的思维与表达习惯而展现出多样化的文章风格。

(一) 文风的基本含义

古人云:"言之无文,行之弗远。"自然流畅、逻辑清晰的文风是实现评论社会效果的重要载体。所谓一般意义上的文风,就是文章所体现的思想作风,或文章写作中某种倾向性的社会风气及作者语言运用的综合反映,它具有时代性、民族性的特征,是社会上带有普遍性和倾向性的文章现象。从独特性的角度来说,每个人的文风与自己的写作习惯以及对写作对象的价值理解有关,因此,它的形成需要时间和实践的积累及沉淀,一旦形成,便具有某种稳定性和可识别的外在特征。正如我们熟悉和喜爱的一些作家、评论家,一看到他们的作品就可以通过其文风推知写作者本人,换言之,文风一旦形成和被认可,它对于文体本身的内涵就是一种时代化的丰富及创新。

评论写作也不例外。写作者首先要遵循新闻评论体裁特征的表达规范,对文章的时效性、政论性由基本的语言表达呈现,然后在此基础上根据个人习惯及价值定位采用有效的修辞手段来说理议论,表明态度和立场。就新闻评论写作来讲,其文风是论点正确,论据真实精当,论证合逻辑,化抽象为形象,说理清晰深入,给人以启示。在语言风格的取向上偏重于准确、平实、有力,依照语言符号约定俗成的接受原则,恰当地使用修辞手段如连珠回环、比喻双关等,能够有效增加文本的可读性。另外,专栏言论与杂文的辞章文采相对而言比较突出,它们常以散文化、个性化文风而被读者喜闻乐见。这是评论写作文风的"大体",也是个性化说理的文风差异化的前提与基础。

(二) 新闻评论文风的大体要求

长期以来,新闻评论尽管存在由不同写作者、媒体和媒介的差异而形成的个性化文风,但其基本的论证逻辑、论证方法仍旧积淀和孕育了具有一定共识度的评论写作文风,主要包括短、实、准、深、新五个特点。

1. 精短

美国学者罗纳德·斯蒂尔在《李普曼传》一书中说,李普曼"有一种化繁为简的非凡本领,能够把复杂的事物综合整理,使之成为普通读者能理解的语言"。斯蒂尔将李普曼的这种成就归结为两点:"一是他的头脑能够冲破纷争竞斗的迷雾把握住形势的本质,二是他的文体极为清晰明了。"[①] 就写作规律来说,语言精确简短、表达清晰是任何一个文本有效传播的基础。在传者与受众共享作品的过程中,"一意规则"发挥着重要作用,即受众期望传者只有一个意图,而当传者传播的内容有多个时,必须为受众提供一些线索,以便寻找另外的含义。因此,传者必须以简明连贯的语句为受众提供清晰的文本内容,避免晦涩、歧义、冗长和语无伦次,更进一步讲,评论写作以观点表达为

---

① 罗纳德·斯蒂尔:《李普曼传》,于滨、陈小平、谈锋译,中信出版社,2008年版。

主，还必须紧扣立论逻辑，把握评论对象的实质，围绕此来区分主次，有所侧重，突出要点，如此才能实现传播预期，产生积极的说服作用。

2. 务实

新闻事实是衍生新闻评论的基础，建立在事实之上的观点必然与求实求真的文风相互依存，只有依照事物发展的客观规律和遵循基本的论述逻辑及方法，客观地审视事物的内里，获得对有关事物和事物各个局部的正确认识，才能言之有物，言之有据，才能实现对观点的有效论证，避免失真和词不达意。与新闻报道相通，评论观点的输出同样需要真实的好故事、好案例，需要精选和精练叙事，这样既能够体现论证有据，也能体现写作本身的唯实和深入。面对当前愈发多样化的新闻表达与呈现形式，评论文本要在纷繁复杂的信息产品中保持活力，必须摒弃不客观、不真实的失当叙事，坚持调查研究，深入生活，贴近民生，善用真故事触发真观点，从论据选择、方法运用等层面保证论证真实，从而使评论说理始终站得住脚且令人信服。

3. 准确

评论是一种发表意见的文体，无论是解读政策动态，还是反映民情舆论与表明态度立场，都必须尊重客观事实、符合发展逻辑、顺应认知心理，故而要求语言表达准确。这里的"准确"包括两层含义：一是语言内容表述的准确，如字、词、句、段、篇的各个部分的写作及概括要准确，为判断推理奠定基础；二是强调论证材料逻辑的把握要准确，在注重语法通顺的前提下做到"论从事出""理源有因"，避免片面、歧义或者误解误导。依循这样的写作原则，我们需要依托必要的逻辑思辨和修辞手段来确保论据可信、论证合理、论点正确，从而通过写作达到"以理服人"。

4. 深入

尽管新闻评论来源于生动鲜活的新闻事实本身，但一篇文笔流畅、观点犀利的优秀评论绝不是肤浅的就事论事，新闻评论写作必须注重叙事和议论的有机结合，遵从以"议"驭"叙"的原则。具体而言，首先是论点深入，论点是评论的生命力所在，深入浅出的论点有助于将生涩难懂的内容通俗化、形象化，有助于将文本转化为能够广泛传播的意见类信息。其次是论证结构恰切，如在以说理为主干的评论中，要理清论述对象和各种相关事实的逻辑关系；而在以叙事为主干的评论中，则要着重对典型事例进行分析。在充足的材料基础之上，随着叙述的展开引用必要的材料，才能实现叙议穿插恰当，说理层次清晰的文本架构，使议论精辟中肯，逐层深入。

5. 新意

文风有新意是指文章的内容和形式交融出的令人耳目一新、人无我有的清新风格，看似为文章的气象，却与写作者独到的构思、精巧的写作、深入的积累及敏锐的洞察密切关联。随着信息技术的快速发展，新闻评论的媒介形式与日俱新，其表现出来的文风也带有鲜明的时代话语特色。值得关注的是，传统媒体与新兴媒体对表意符号的使用体现出评论写作的新走向与新要求。换言之，从文本层面看，新闻评论呼唤新观点且不限制呈现这些新观点的形式与方法。也就是说，在遵循基本写作范式的基础上开掘出更具有时代特征的新型评论话语，既是评论写作者不断追求的新文风，也是读者翘首以盼的新内容。观点之新立足于观察分析之准，它体现认知理性和价值理性。以此内容主体选用贴切的文字、图片、声音、影像等表意符号,能够有效达意,有力说理,这是提升文风新意的实践途径。不应忽视的是,传统媒体中的评论文风更多以思想性、深刻性为主导,而当下新媒体的评论文风融入了更多感性体验与个人情感色彩,这也在一定程度上能够弥补抽象说理的局限,彰显个体意识与人格特征的说理力量,此即文风之新的又一种表现和实现可能。

综合上述内容可见,新闻评论的文风不仅由内容和形式共同体现,还与写作者的综合素养息息相关。在此"大体"的基础上,文风的个性化不仅必然,而且十分重要,它标志着评论写作创新的可能与可为,是构建评论品牌化与媒体特色的着力点和突破口。

(三) 新闻评论文风的创新取向与借鉴

"取向"是一种取舍的态度和行为倾向,它表达一种主观选择,体现出主体对客体作用的主观目的性和能动性。新闻评论的文风取向受写作者、媒体、社会等多方因素的影响,是一种写作中的价值选择和表达倾向。由此可见,文风的形态与评论写作创新紧密相连。新闻评论的新闻性、政论性是其基本特征,这就使它更侧重于在写作表达中运用"直笔"而非"曲笔",更强调其表达明确的观点和进行清晰的分析,这是其体裁功能对写作者文风走向的内在规约。在此基础上,评论写作者的个性化表达因人而异、因题而异,可以展现更弹性化的表达选择,也因此赋予更具个性化的文风,由这些多元化的文风可透见写作者的评论素养与写作能力,它们构成其文风创新的主体及保障。也就是说,以评论写作者为核心的能动作为是推动评论文风创新的不竭动力,而写作者的思维、技能、取向必然受到时代发展、受众需求、表达机制等因素的综合影响,最终亦必然影响文风创新的走向。新闻评论的历时性发展中,个人专栏和论坛评论因为署名写作和大众参与的缘故,其文风的个性化、时代化特征尤为突出。

曾获全国"百佳"新闻工作者称号的《金陵晚报》副主编丁邦杰曾撰文指出,报纸的新闻评论和言论专栏有出现"评论杂交"技法的现象。"评论杂交"指糅合了新闻评论、杂文、散文中两种或三种文体特征的评论文章。丁邦杰认为,"评论杂交"相对单一的新闻评论具备更多的优势与功能[①],也因此构成了新闻评论为大众所喜闻乐见的文风。

以《新民晚报》的著名专栏《未晚谈》为例,它是杂文与新闻评论的结合体。1985年7月,夏衍曾为当时将要出版的《未晚谈》作序,他在序言中提到"读林放同志的杂文可以使人振奋、使人沉思,同时'它也能给人愉快和休息'"。而赵超构对于《未晚谈》的概括是"这些文章多数是属于对社会现象的评论,或是颂扬,或是批评,总之是就事立论,表示个人对于世象的见解"[②]。从两段话语不难看出,《未晚谈》的作品兼具杂文和新闻评论的特性。赵超构的《未晚谈》情感细腻,在理性评论时充满了民生和人情味,虽作为《新民晚报》的主笔,但文章中丝毫没有高高在上掌握着话语权的疏离感,而是依然尊崇与读者平等探讨的原则。著名的杂文家,第三届鲁迅文学奖唯一的杂文获奖作者鄢烈山曾在接受《南方周末》记者采访时表示,杂文并不是凶暴的匕首投

---

① 丁邦杰:《"杂交"——晚报评论的基本技法》,《新闻记者》,1996年第7期。
② 赵超构:《未晚谈》,上海人民出版社,1992年版,第2~3页。

枪，而更像是能够救人的手术刀或者是银针①，这一点恰好与《未晚谈》不谋而合。②

相对来看，《羊城晚报》许实主笔的《街谈巷议》是最具新闻评论文风特征的言论专栏代表。在其起步时，国内新闻教育也基本从个别转化到了普遍发展，新闻评论在学理上有了支撑，加之广州所在的岭南地区，近现代以来对外开放和舆论监督的氛围都领先于全国其他地区。但《街谈巷议》着实又是一种趋于感性的新闻评论，批判对象时情感激烈，不留余地。曾任《羊城晚报》副总编辑的秦牧曾评价《街谈巷议》时指出："它向来以和新闻扣得紧，辛辣锐利，短小精悍，褒扬，贬斥，痛快淋漓著称。"③ 当下新闻评论虽常需以理性、客观自持，但作为本身就是一种主观意见性信息表达的应用文体，个人和依附的报纸母体的风格都会对言论专栏产生影响，《街谈巷议》中辛辣、感性的成分也就无可非议了。此外，在新闻评论之外，《街谈巷议》中还有与当今的媒介批评十分相似的作品，如《也该"擦黑""擦黑"了!》④ 一文就对当时媒体对国内外航空服务业报道中存在的偏见和问题提出了自己的思考。⑤

可见，业界对新闻写作文风的重视由来已久，如何祛除官话套话，善用鲜活语言，抒发大情怀，一直是新闻写作者创新践行的目标。对此，中国文明网持续推出改进文风专页（如图5-1所示），探讨在贯通理论与实践的新闻实务中，如何以"走"为形式，实现"转"和"改"的目的，将一度偏重于收视率和发行量的媒体倾向拉回到职业理性的正轨，以此增强新闻报道和评论观点的贴近性与传播力。

图5-1　中国文明网"贯彻十八大精神切实改进文风"专题页面⑥

---

① 张恩超：《鄢烈山：杂文应是银针手术刀》，《南方周末》，2005年7月7日。
② 刘莹莎：《北上广三地代表性晚报的言论专栏之品牌化研究——以〈燕山夜话〉〈未晚谈〉〈街谈巷议〉为例》，四川大学硕士学位论文，2016年。
③ 许实：《微音》，广东人民出版社，1991年版，第1页。
④ 许实：《微音》，广东人民出版社，1991年版，第240页。
⑤ 刘莹莎：《北上广三地代表性晚报的言论专栏之品牌化研究——以〈燕山夜话〉〈未晚谈〉〈街谈巷议〉为例》，四川大学硕士学位论文，2016年。
⑥ 参见中国文明网 http://www.wenming.cn/specials/zxdj/gjwf/。

补誉为"党内第一支笔"的胡乔木曾说，写文章和盖房子一样，要看如何布局、设计，是否经济、合理、实用。在他看来，文章要写得生动，文气就要有起伏，有变化，有正面又有反面，有抽象又有具体，有陈述语气又有疑问语气，一如"最好的裁缝师，不是用衣的样式硬套在人的身上，而是根据人的身材，决定衣的样式"①。这就意味着凡是富有新意的文风一定能够有机整合内容，也能最大限度转化内容传播效果的形式，它是内容与形式的完美融合。如这篇荣获中国新闻奖的人民网评的文风所示。

喜看中国互联网排云而上②

乌镇，一个白墙黑瓦、橹声咿哑、雨巷丁香的中国小镇。江南，一幅采莲捉蟹的水乡江南，一幕李杜轻吟的诗酒江南，一片寄托乡愁的柔雅江南。在茅盾的笔下，走出乌镇的老人会被现代城市的繁华吓得惊厥而亡，这个曾与现代化格格不入、1985年才有第一条公路、1992年才有第一座现代桥梁的江南小镇，今日迎来地球上最新锐、最现代、最"云端"的空前盛会——第二届世界互联网大会，迎来120多个国家和地区的2000多名中外嘉宾。

中国古镇与世界互联，这两个反差极其强烈的意象，让人仿佛历经一场瞬间横跨中西与古今的穿越之旅。一个小镇的互联网革命，让它几乎一夜之间完成了和现代世界的接轨。这是一个意味深长的象征，古老的中国正意气风发地搭上信息时代的过山车，扶摇而上，直冲云端。"晴空一鹤排云上，便引诗情到碧霄"，古镇不但有洋溢的诗情，更凸现东道主云中漫步的底气与豪情。

有史以来，人类还没有哪一代人，像今天这样，如此彻底而迅疾地辞"旧"迎"新"。大数据时代，给了中国骎骎一跃、后来居上的可能。正如习近平主席今天在开幕式上发表主旨演讲指出，"现在，以互联网为代表的信息技术日新月异，引领了社会生产新变革，创造了人类生活新空间，拓展了国家治理新领域，极大提高了人类认识水平，认识世界、改造世界的能力得到了极大提高"。

中国有幸，当发展动力亟须转换，就赶上了信息快车；互联网笼罩东方古国，让世界和中国瞬间相融。曾经在现代化历程中扼腕痛失地理大发现、前两次工业革命等若干发展机遇，只能坐视其他大国相继崛起的中国，这一回毫不犹豫将发展战略与信息革命迅速绑定，破除因循守旧，锐意变革，乘势而上，让互联网的发展动力澎湃不绝，将重要机遇期变成黄金发展期，在落后世界现代化进程一个多世纪后，赶上现代化最新浪潮。在西方长期占统治地位的世界舞台，呈现出夺目的"中国红"。

目前，中国的互联网普及率已达48.8%，网站413万多家，网民总数6.7亿，手机网民规模亦达5.94亿，这让任何一个国家望尘莫及。随着DT时代（Data Technology）的到来，中国也将迎来最好的创业创新时代。2015年9月份，国务院印发《促进大数据发展行动纲要》，中国制造2025、"互联网＋"等一系列推进互联网信息化的政策文件相继密

---

① 参见中国文明网 http://www.wenming.cn/specials/zxdj/gjwf/ll/201403/t20140309_1790487.shtml。
② 李泓冰：《喜看中国互联网排云而上》，2015年12月16日，参见人民网 http://opinion.people.com.cn/n1/2015/1216/c1003-27936260.html。

集发布，在决策层的密切关注和高度重视下，中国互联网信息化事业迎来发展良机。

今后，大数据的影响力会渗透到互联网的每一个环节。国人开始熟悉大数据，享受互联网思维，个人生活方式发生了脱胎换骨的改变，曾经遥不可及的一切似乎都可能付诸"3D打印"……而新技术带来的信息可共享性，让起初被工业革命拉开距离的不同人群平起平坐了，困扰人类的诸多问题在新技术面前，有了雪化冰消的可能。互联网的无坚不摧，让这个时代不管出现怎样的"惊奇"，我们都无须拍案。从基于信息获取和沟通娱乐需求的个性化应用，发展到与医疗、教育、交通等公共服务深度融合的民生服务。随着"互联网＋"行动的不断推进，未来，在云计算、物联网及大数据等应用的带动下，互联网还将推动农业、现代制造业和生产服务业的转型升级……

中国将通过"云端"登上世界经济舞台。最初的恳切甚至焦灼，经过数年布局和发展，现在已经从容而自信，在互联网领域的主动权和话语权不断提升。党的十八大指出，中国发展仍处于可以大有作为的重要战略机遇期。这样的时代，更需要以大格局去谋划，更需要用大智慧去破题。

——世界已经成为一张实时"连接、动态、可视"的大网，中国拥有全球规模最大的用户群，也拥有创新商业模式最佳的土壤，但如何解决网络安全和信息化发展的不平衡、不协调，如何消除数字鸿沟，缩小城乡差异、地区差异，保障信息安全？

——"互联网＋"对传统产业的改造，将诞生海量的数据资产，大数据将成为推动行业创新的驱动引擎，在这个全新的数据商业时代即将开启之际，中国传统的粗放式农业、庞大的落后产能，将万劫不复还是凤凰涅槃？

——呼唤了N年而难以实现的公众"知情权"，凭借信息技术上已经得到无障碍通行的VIP待遇，在某种程度上推动了中国社会的民主与开放进程，然而，来自网络的干扰也无孔不入渗入公众的私人生活，如何界定这种"渗入"甚至"侵入"的尺度，避免失控？相关悬而未决的课题正等待着来自世界的互联网大伽们，在观点碰撞、挥斥方遒中寻求解决之道。

"在新一轮全球增长面前，唯改革者进，唯创新者强，唯改革创新者胜。"在小小的乌镇，中国再一次与世界对话，共同续写互联网故事，这让我们有理由期待，中国的梦想，世界的梦想，将在一个网络空间命运共同体中徐徐展开，你中有我，我中有你，互联互通，共享共治。

记住这个名为乌镇的江南小城，见证这个激动人心的历史时刻，世界因互联网而更多彩，生活因互联网而更丰富。茅盾当年的形容依然贴切，一切旧的东西，"在新时代的暴风雨中间很快的很快的在那里风化了"……

该评论从"水乡江南""诗酒江南""柔雅江南"三个古典气质的城市定位切入，过渡引论至最新锐、最现代、最"云端"的世界互联网大会，以中国古镇与世界互联网之间的古今区隔反差意象，深入阐释中国锐意变革、走上信息高速从而奔赴世界经济舞台的作为与趋势。文章借用大数据、互联网思维、3D打印等读者耳熟能详的案例拉近与读者的距离，三个破折号抛出作者的破题之问，采用从建构、反思到期盼的行文路径表达出中国智慧与中国主张。尽管互联网发展与乌镇大会的选题具有很强的政策导向性，但该文融合浓重的文化底蕴和时代的接近性，创造出了恰切的写作风格，既是大会结束后最先发布的优质评论，也被多家省市级媒体转载。

如刘勰在《文心雕龙·风骨》中所言，"《周书》云：'辞尚体要，弗惟好异。'盖防文滥也。然文术多门，各适所好，明者弗授，学者弗师。于是习华随侈，流遁忘反。若能确乎正式，使文明以健，则风清骨峻，篇体光华"①。为了防止文辞浮滥，即便追求文风创新，也必须立足贴切的写作方式，方能使文章明畅有力，全篇都能发射出光芒。近年来，网络时代的利益表达日趋媒介化和多样化，它一方面为文风的贴近性提供借鉴，另一方面也带来一些有违正常礼序的表达乱象。诸如"跪求体""哭晕体""吓尿体"等具有新媒介特色的文风一时间席卷网络，是"改文风"中的现实针对性问题所在，为我们的文风创新敲响了警钟。对此，人民网观点频道曾三评浮夸文风，力图引导不当的社会心态，重构清新的时代新文风，其主要观点如下（见表5-2）：

表5-2 "人民网三评浮夸自大文风"主要观点②

评论题目	时间	作者	主要观点
人民网三评浮夸自大文风之一：文章不会写了吗？	2018年7月2日	林峰	全媒体时代，真实、客观、理性的新闻准绳没有变，新鲜、有趣、优质的价值取向没有变，平实、求实、务实的文风导向也没有变。 创作者需自律自觉，将文风与世风勾连，给流量和情绪松绑，如此方能写出真正从容自信的作品。 好的舆论可以推进发展、反映民情、缓和社会矛盾、引领道德风尚，不好的舆论可以迷惑民众、撕裂社会、激起动荡。新闻讲事实，讲真相，讲正道，来不得半点虚假和浮夸。
人民网三评浮夸自大文风之二：中国人不自信了吗？	2018年7月3日	又观	让亿万用户接收不实信息、虚假事实，很容易使其产生误解乃至形成误判。理性认知一旦让位于感性盲从，或者片面地出现"天下第一"的错觉，或者无形地助长民粹主义情绪，都是百害而无一利。 当新的征程徐徐展开，必须坚持脚踏实地、求真务实的精神，杜绝包括文风在内的一切浮夸自大。
人民网三评浮夸自大文风之三：文风是小事吗？	2018年7月4日	艾梧	文风不是小事，因为文风还连着党风、民风。 好的文章应当"开门见山，直截了当，讲完即止，用尽可能少的篇幅，把问题说清、说深、说透，表达出丰富而深刻的思想内容"。

该系列评论围绕当前媒体写作偏重浮夸文风的现象进行论述，从文章本体、社会心态和文风的重要性三个角度阐发，指出了媒介融合趋势下媒体创新文风的操作误区，强调了好文风应该坚守的原则和建设的方向。这三篇评论引经据典，针对浮夸自大、一惊一乍、似是而非的写作误区和浮华文风进行批驳，为构建新、实、好的文风提供及时导航和实践指导。

"无论是引领社会舆论还是凝聚社会共识，都呼唤自信平和、谦逊朴实的好文风，

---

① 刘勰：《文心雕龙全译》，龙必锟译注，贵州人民出版社，1990年版，第354页。
② 主要观点是笔者根据"人民网三评浮夸自大文风"系列文章整理，文章参见人民网观点频道。

都需要通过'文以载道'来成风化人、凝心聚力。"① "盖文章,经国之大业,不朽之盛事",对新闻评论的专业写作来说,文风建设都需要在借鉴中与时俱进,都需要在"大体"的规约中不断探索代表社情民意的创新表达。

思考与练习

1. 请结合新闻评论作品实例谈一谈新闻评论文本的结构要素有哪些?它包含哪些结构方式?

2. 新闻评论的论据有哪些主要类型?请结合现有论据类型,从当前《人民日报》热点新闻事件的相关评论中找出例证,并注明其论据类型和功能。

3. 新闻评论在写作中主要有哪些论证方法?请结合针对同一新闻事件的不同新闻评论辨析其论证方法的特点。

4. 请从新闻评论类微信公众号(如"人民日报评论""中青评论""红星评论")等平台上,找出按照演绎推理、归纳推理、类比推理和概念分析等四种思维进行写作的网络评论作品,并分析这四种论证思维各自的说理优势与不足。

5. 请从《人民日报》《中国青年报》《南方周末》近期的同题评论作品入手,尝试分析三家媒体的评论写作文风及影响因素。

6. 请列举具体案例,比较传统媒体与新媒体平台的新闻评论文风及特征,分析两者文风的影响因素。

---

① 艾梧:《人民网三评浮夸自大文风之三:文风是小事吗?》,2018年7月4日,参见人民网观点频道 http://opinion.people.com.cn/n1/2018/0704/c1003-30125559.html。

第三部分 应用

第六章 分类·样态

内容摘要：

新闻评论在实践应用中逐步形成了丰富的类型和样态，这是受众诉求、媒体性质、内容表述等因素互动影响的结果。对这些评论类型进行界定和区分，是整体把握新闻评论写作规律的必要前提。围绕媒介、体裁、受众三者的互动调适关系，本章将依照不同分类标准下的主要应用形态，详细介绍媒体新闻评论的应用，并结合典型案例，分别讲解报纸新闻评论、广播新闻评论、电视新闻评论和网络新闻评论的具体品种、表现特征、写作要领及适用范围，力求为新闻评论写作提供技能示范和思维启发。

第一节 新闻评论的分类

一、新闻评论分类的影响因素

（一）媒体对新闻评论文体的定位取向

新闻评论的写作与刊发受到新闻媒体价值取向、个性特征和报道方式的共同影响，具体包括媒体的政治立场、传播范围、传播对象、报道内容、报道风格等。这些影响因素就是媒体评论的定位所指，除此以外，评论文体的具体形态也由所属媒体的性质、功能以及目标受众的定位互动决定。

就社论、评论员文章、编辑部文章等大、中型评论而言，它们的职能主要是正本清源、存真去伪、兴利除弊，以正确的舆论引导人民群众，体现正确鲜明的价值导向。这类评论更侧重于针对党和政府的各项方针、政策，以及针对国内外形势、国家发展的具体方向或重点问题进行高屋建瓴地分析和论证，以政论言说凸显其思想厚度、内容宽度、认识高度，体现理性观点的引领和构建舆论的社会认同，从而发挥"旗帜"和"灵魂"的作用。

短评、编者按、记者述评等小型评论一般是针对某一现象或事件展开的发表独特、新颖的观点，题材涵盖经济、社会、政治、文化、法律、体育等多个领域，具有更强的新闻时效性。此类评论角度多元、立场多样、观点丰富、运用灵活，其突出特点就在于它的"个性"。相对而言，短评的论点与论证更为多样和开放，辞章风格更趋个性化，由于篇幅短小，内容凝练，或犀利、一针见血；或委婉、亲切，情感丰沛，更加顺应互联网时代个性化表达与碎片化阅读的媒介消费的走势。

（二）受众对新闻评论感知的接受取向

新闻评论作品的价值包含两个部分：一是新闻事实本身所具有的评论价值，二是评论写作者通过自己的构思和表达方式创造出来的价值。"新闻评论的价值实现，只有评论作品进入受众的视野，并对他们产生了或大或小的影响，新闻评论的价值才得以实现。"[①] 受众作为新闻评论的接收者，并非消极被动地接受，而是有选择地接受，他们可以根据自己特定的需求进行主动选择和判断。由于受众知识、职业、经历、爱好的不同，他们对传播内容的选择呈现出不同偏好。

首先，"受众信息心理行为最本质的特征在于一方面信赖、期待、追求、渴望获得信息；另一方面又总想省力、适可而止"[②]。尤其是在生活节奏越来越快的现代社会，受众倾向于阅读篇幅比较短小，时效性强，具有生活气息的评论。如漫画和摄影照片，它以直观的画面和具体的事实作为评论选题来源及写作素材基础，易于让受众感知评论对象并吸引其阅读相关内容。

其次，受众倾向于搜索、选择与自身知识结构、生活经验、兴趣爱好和所处地区接近的新闻评论。社会类、文教类、体育类评论之所以受读者欢迎，很大程度上是因为其评论的事件或问题与读者密切相关。这类评论的作者往往不代表某个部门、某个单位，而是以普通公众的身份发言，所以在选题上侧重于具象或细节微观层面，"不仅为读者提供信息，还要引导他们提建议、给忠告、提倡导、作劝诱"[③]。

最后，新闻评论注重科学的分析和有力的论据，强调论述的逻辑性；同时，作为一种文体，它的文风与修辞亦不可忽视，那种说教式、命令式、缺乏情感融入和互动交流的新闻评论往往会让受众产生排斥心理或产生阅读疲劳。因此，有必要从受众容易感知的、深入浅出的角度加以考量，并创造篇幅不等且风格各异的评论文体。

（三）高校教学对新闻评论规律规范的传授取向

"新闻评论"作为高校新闻专业的核心必修课，是集理论性、实践性、思想性和艺术性于一体的课程，旨在培养学生学习和掌握评论技能，并强化辩证思维能力。在我国，高校"新闻评论"课程的讲授包含新闻评论的基本理论、发展源流、写作规律与技巧、媒体应用及要领等，是立足新闻评论体裁特征，结合媒体应用实践与满足受众需求的系统性、规范性的教学体系的有机构成，其中，对新闻评论写作规律与技巧的讲授以及实务训练是课堂教学的重点。

如通过对经典或代表性的新闻评论作品进行解析，在教学过程中强调不同类型的新闻评论之间的差异，能够有效地帮助学生理解新闻评论的学理内涵和写作准则，因此，教师需要按照实际应用和接受的便捷性进行分类教学与设计实训，长此以往，也就对新闻评论的不同形态及写作定位产生了重要影响，这也在教学互动中反馈于新闻评论的发

[①] 李法宝：《新闻评论：发现与表现》，中国传媒大学出版社，2005年版，第55页。
[②] 薛中军：《新编新闻评论》，上海交通大学出版社，2008年版，第120页。
[③] 孙志伟：《建立新闻评论的亲民文风》，转引自康拉德·芬克：《冲击力：新闻评论写作教程》，柳珊等译，新华出版社，2002年版，第6页。

展创新，此即重要的分类依据来源和作用力所在。

（四）业界评奖对新闻评论评价的专业认定

对新闻作品进行评论、评价和评奖，是对新闻实践活动及其成果的经验总结和思维提升，也是对新闻工作的规范和优化提供示范和参考。

以我国年度优秀新闻作品最高奖——中国新闻奖为例，它由中华全国新闻工作者协会主办，每年评选一次，八月揭晓，十二月或次年二月颁奖。参选作品先由各地区、各系统、各单位进行初评，按规定的分配数额向上选送，最终由中国新闻奖评委会定评。该奖项的设立旨在检阅我国新闻工作的年度业绩，展示新闻战线"三项学习教育"和"走转改"活动成果，发挥优秀新闻作品的示范作用，引导、激励广大新闻工作者坚持和践行马克思主义新闻观，尊重新闻规律，勇于改进创新，更好地为人民服务、为社会主义服务、为全党全国工作大局服务。

中国新闻奖的评选在思想上坚持采用"真、短、快、活、强"的评选标准，在选题上突出"硬"性特点，集中于政治、经济、文化领域，入选作品把党和政府的中心工作与社会发展的基本需要进行"上""下"融合，以中国国情为中心，呈放射状分布，切中时代发展脉搏，突出主旋律，注重社会价值舆论导向、社会影响，如《扎根本国土壤的制度才有生命力》《让法治托举起青年梦想》《在转变中赢得大发展——九论用领导方式转变加快发展方式转变》《构建社会主义和谐社会：从点题到破题》等。在奖项设置上，中国新闻奖设有报纸评论、广播评论、电视评论和网络评论奖等。具体来看，社论、编辑部文章、评论员文章等较受重视，在中国新闻奖评论类奖项中占比较大，而其他如专栏评论、短评、编者按等评论获奖比例相对较少（获奖评论篇目详见本书附录）。近年来，我国地方媒体在年度新闻奖评定中都设立了评论类奖项，它们都比较重视新闻评论的品种样态及其发展新趋，这对于带动评论发展及写作创新具有积极意义。

如果说中国新闻奖获奖评论作品代表的是"国家标准"，那么它也是来自新闻业界实务与时俱进发展的结晶，它们构成新闻评论媒体运用的分类依据及专业准则，对于写作评论的示范及参照具有重要的借鉴意义，作为体现代表性的作品案例库，它们本身也体现出新闻评论多样态的实践成效和折射分类划分的时代动因。

二、新闻评论的分类标准

目前，对新闻评论类型的划分，学界和业界尚未形成统一的标准和规定。国外的分类方法，以美国新闻界为例，主要有两种：一种将新闻评论分为五类，分别是社论（社论、统一社论、代论），专论（专论、来论、星期论文），释论（大事分析、时事述评、评述），短评（专业版评论）和杂志评论。另一种是以狭义和广义来区分，狭义新闻评论包含社论、专栏评论（包括社内个人署名评论和社外的辛迪加专栏）和读者来信；广义新闻评论还加入政治漫画、调查性评论等。我国媒体在应用中，因实际需要，对划分依据（如表达形式、评论内容、应用范围等）各有不同侧重，所以形成了不同的分类标准。如根据评论内容的重要性来分类，将报纸评论分为编辑部文章、社论、本报评论员文章、本报特约评论员文章、短评、编者按、编后、观察家评论、个人署名评论、杂文等十类;① 根据内容与形式统一的原则,按内容的性质将新闻评论分为五种,即立论性评论、驳论性评论、提示性评论、阐述性评论和解释性评论。② 需要指出的是,每种分类并非相互排斥、相互独立,而是存在着交叉、并存的情况。

综合国内各类学者划分新闻评论类型的标准,本书从以下四个维度进行划分。

(一) 从篇幅长短出发

按照篇幅长短,一般可分为大、中、小型三种评论。其中,大型评论包括社论、编辑部文章;中型评论对应本报(台)评论员文章;小型评论则包括短评、编者按和专栏评论。如表6-1所示:

表6-1 以篇幅长短为划分标准的评论品种

类别	评论品种
大型评论	社论
	编辑部文章
中型评论	本报(台)评论员文章
小型评论	短评
	编者按
	专栏评论

(二) 从是否署名出发

按照署名与否,新闻评论可分为署名评论和不署名评论两类。署名评论是以个人名义写作,不直接代表编辑部发言的评论类型,主要分为记者述评和专栏评论两类。不署名评论以编辑部的名义发表意见和看法,体现编辑部对此新闻事件的基本立场和观点,并按论题的重要程度划分为不同的评论规格,包括社论、评论员文章、短评、编者按。如表6-2所示:

表6-2 以是否署名为划分标准的评论品种

类别	评论品种
署名评论	记者述评
	专栏评论
不署名评论	社论
	评论员文章
	短评
	编者按

然而在实际运用中,评论员文章可分为署名的评论员文章和不署名的评论员文章,

---

① 杨新敏:《新闻评论学》,苏州大学出版社,2007年版,第208页。
② 王振业、李舒:《新闻评论与电子媒介》,中国广播电视出版社,2004年版,第26页。

短评也有署名和不署名两种。不署名短评含义甚广，此处专指群体不署名短评，以区别于个人不署名新闻评论。群体不署名评论，首要原因是其写作的群体性质，因此必然带有所属媒体的官方色彩。目前，代表编辑部的不署名短评呈现不断减少的总体趋势。这主要是因为改革开放后，随着市场经济的发展和受众个人素质的提高，网络使用越加普遍和便捷，社会舆论环境更加开放，大众参与以及表达的"群言堂"被激发出活力与生机。与此同时，一个健康和谐发展社会的运行也需要多渠道及多元化的意见表达，通过不署名的方式进行发言，更有利于舆论生态的良性发展和动态平衡，并将促进社会问题的妥善解决。

（三）从表现形态出发

按照表现形态，新闻评论可分为文字评论、图片评论和图像评论。

1. 文字评论

文字评论是以文字表述为主的评论，它是报纸评论的主要形态。由于文字评论需要推敲文字，精炼语言，因此在立意、论据、谋篇、用词等方面都要反复斟酌，还需要通过归纳、分析、判断等逻辑形式来体现论述逻辑。此外，新闻评论的核心在于议论，揭示事件的本质，所以文字评论往往需要在论述中呈现清晰的结构、准确的表达以及贴切的文风，它对作者的语言规范和观点表达的方法要求较高。

2. 图片评论

图片评论是报纸、电视、网络利用图片进行的意见表达和观点传播，如新闻漫画或新闻摄影图片等。相较于文字评论的语言符号呈现，图片评论以视觉符号为主，通过图片内容的直观呈现表达观点和立场，能够增强受众的感性认知。一般情况下，图片评论也需要配以必要的文字说明。

3. 图像评论

图像评论是以充分发掘图像的现场感为目的而进行的观点传播。图像评论致力于把新闻现场"还原"给受众，从而使受众产生强烈的视觉冲击力和感染力。在此过程中，形象化的、动态的画面是立论的有力依据，它将抽象性、逻辑性的推断和经验调动寓于明了、直观、生动的图像之中，激发受众的感官与情感体验。一般来说，图像评论也需要必要的文字背景作为说明补充，其突出的价值导向更易于受众在"看"的瞬间共鸣中实现。

（四）从媒体应用出发

按照不同媒体的实际应用，可以将新闻评论分为报纸新闻评论、广播新闻评论、电视新闻评论和网络新闻评论四种。

作为一种相对独立的文体形态，新闻评论从诞生起就伴随着媒介技术和媒体演进的过程，它经历了报纸、广播、电视和网络的发展阶段。由于报学是新闻事业的发端，所以报纸新闻评论的写作规律及技巧成为后来新近媒体对评论写作的重要参照，它们被"移植""嫁接"进相应的媒介评论应用中，逐步形成了体现自身媒体特点的评论样态，但这些媒体评论样态的变化始终以报纸新闻评论的体裁特征为基础，体现出传承、改造、相对独立的应用逻辑，进而不断丰富人类的媒介表达实践，如图 6-1 所示。

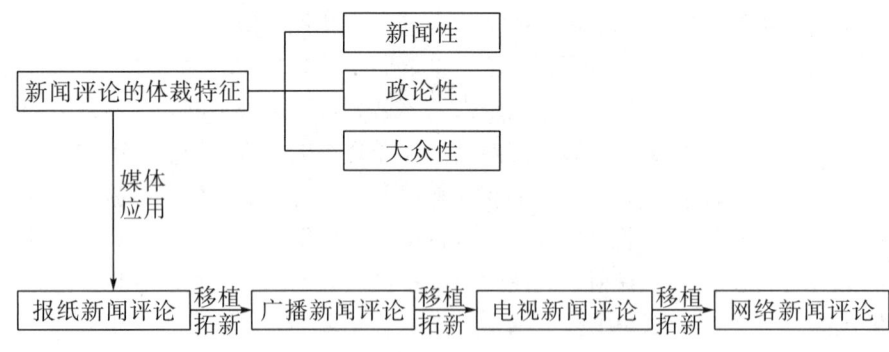

图 6-1　媒体新闻评论的发展逻辑与主要样态

对此，本章将在第二节至第五节中按照不同媒体的主要应用，对新闻评论的主要样态及特性进行详细讲解。需要说明的是，我们对后期的广播新闻评论、电视新闻评论和网络新闻评论的介绍与解析，因为承袭报纸新闻评论的应用形态，所以更侧重于强调其传播符号的特质和评论个性，故对作为共性程度高的报纸新闻评论应用样态的相关内容的讲解更为详尽。

第二节　报纸新闻评论样态

报纸新闻评论作为我国最早的新闻评论形式，发展至今不仅形成了新闻评论写作的规范和传统，而且为新兴媒体新闻评论的应用提供重要参照。按照报纸新闻评论的形式分类，可划分为社论、编辑部文章、评论员文章、短评、编者按、新闻漫画、记者述评和杂文等主要形态。

一、社论

（一）社论的定义

社论是编辑部代表本媒体立场，针对当前重大事件、重大典型和重大问题发言、表态的权威性言论。它是报纸的灵魂和旗帜，也是报纸新闻评论各种形式中历史最悠久、最重要的评论类型。

在英文中，社论被称为"Leader Editorial"或"Leading Article"，前者为"总编辑评论文章"，后者为"首席评论文章"。根据英文韦氏大词典的解释："社论是一个报纸或杂志表明其主笔或领导人意见的文章。"[①] 在西方国家的日报中，每天都有社论出现。在他们看来，社论是"篇幅最长、最重要的新闻评论"[②]，是对某一新闻事件或社会问题表明立场、看法的文章，是影响读者、制造舆论的重要手段。美国资产阶级报纸

[①] 赵振祥：《新闻评论学》，九州出版社，2012年版，第134页。
[②] 薛中军：《新编新闻评论》，上海交通大学出版社，2008年版，第252页。

的创始人普利策曾说:"我的《纽约世界报》虽然有巨大的篇幅、许多栏目,但是我最关心的是社论版。我要用种种专栏吸引读者来读社论。"①

关于社论的定义,我国学术界也存在着许多不同的表述。例如,按照《中国新闻实用大辞典》的解释,社论是指"代表报社、报刊社或者通讯社编辑部就某一重大问题发表的言论"②。著名无产阶级新闻活动家邓拓认为:"社论是最重要的评论,它所涉及的问题都是广大群众最关心的最迫切的现实问题。由马克思列宁主义武装起来的我们党的机关报,只有通过社论这一战斗的文字体裁,才能够最便利地指导广大群众,用正确的立场、观点和方法去对待和处理当前的每一个重大问题。"③

综上有关社论的表述虽各不相同,但它们共同揭示了社论所具备的三个内容面向:第一,社论代表的是整个媒体编辑部所持的立场和态度,这在一定程度上决定了它的发言层级和功能地位;第二,社论以重大事件或问题为评议对象,往往就当前国内外发生的热点事件或针对党和国家的中心工作发表意见,表明看法;第三,作为最重要的指导性言论,社论的目标在于通过对社会生活中重大方面进行分析来呈现和传递观点和态度,从而影响广大受众,引导社会舆论的导向。

(二) 社论的主要特征

与其他评论品种相比,社论具有地位独特、内容权威、格调庄重这三大突出特点。

1. 地位独特

社论的重要地位,历来为国内外新闻媒体所认同。在美国,社论被喻为报纸的心脏和灵魂。以《纽约时报》为例,它开设有专门的社论版,每天均发表三篇以上的社论。④ 普利策新闻奖的 14 个奖项中,设有新闻评论奖(Commentary)和社论写作奖(Editorial Writing),而且这两个奖项均是普利策新闻奖中最早一批设立的奖项,足见其重要程度。在我国,社论是表明新闻媒体政治面目的旗帜。⑤ 它不仅代表媒体编辑部发言,而且直接表达同级党委和政府的思想观点和政治立场,具有鲜明的政治性、政策导向性和指导性,因此具有最高的规格与地位。

2. 内容权威

相对于其他评论品种而言,社论拥有更为突出的权威性和公信力。这主要源于社论的评论主体、作者身份与生产流程。首先,社论要对国家大事和大政方针进行陈述和解读,在文字表达和语言风格上要求保证精准度。其次,社论写作者往往具备较高的公信力。在我国,社论作者通常是报社的社长或总编辑、党和国家领导人、职业作者以及专业权威人士等。他们的理论修养与职业素养能够内化为更精确、更系统、更具影响力的言论表达,被视作言论的权威性来源。最后,社论的把关更严格、写作周期较长、传播流程更严谨。即一篇社论的见报需要编辑部共同讨论,拟定论点,草拟提纲,然后指定

---

① 李法宝:《新闻评论:发现与表现》,中国传媒大学出版社,2005 年版,第 227 页。
② 冯健:《中国新闻实用大辞典》,新华出版社,1993 年版,第 102 页。
③ 李法宝:《新闻评论:发现与表现》,中国传媒大学出版社,2005 年版,第 224 页。
④ 符建湘:《新闻评论》,湖南大学出版社,2007 年版,第 123 页。
⑤ 周修强:《社论是报纸的旗帜——略论邓拓关于报纸社论的理论》,《新闻实践》,1986 年第 5 期。

专人执笔,最终需经由同级党委审阅核定。

3. 格调庄重

根据我国国情及发展的现实环境,我国社论以传达中央和各级省市政府指示、党和政府的方针政策为主要内容,以分析政治、经济走势,为各行各业提供宏观指导与解决路径为主要目标。因此,社论在选题、立论及文风把握上,须更加谨慎、庄重,并注重思想性、指导性和科学性。以《人民日报》在2014年7月7日发表的社论《历史悲剧决不允许重演》为例,该社论抓住"七七事变"77周年纪念日的重要节点,回顾了自1840年以来中华民族的屈辱,传递了我国建设和谐世界、实现民族复兴伟大梦想的目标的由来及意义,文章格调庄重严谨,文风积极向上,气势磅礴,张弛有度。

> 正义与邪恶决不容混淆,历史悲剧决不允许重演。今天,我们纪念全民族抗战爆发77周年,是为了尊重和维护历史的真实性和严肃性,捍卫人类的尊严和良知;是为了从历史中汲取智慧启迪,获得开创未来的精神力量,坚定不移走和平发展道路、坚定不移维护世界和平。这种纪念,对世界上一切爱好和平的人们,是一次文明共识的汇合和凝聚;对那些罔顾事实、篡改历史的人来说,是一种提醒和警告;对于致力民族复兴的中国人民来说,是一次民族精神,民族魂的张扬和讴歌。①

(三)社论的写作要领

社论作为重要的评论形式,在选题、立论、论述和语言文字表达上都以庄重、严肃、严谨为基调,但也需要注意和探索形象说理、平等对话、清新务实的可读性提升之道。

1. 精心选择论题,反复提炼主题

社论,尤其是党委机关报的社论,通常直接表达与传递党和政府的声音,代表党和政府的态度、立场和导向,因此,社论写作会在选题选判中经报纸编辑部集体研究和讨论,共同拟定,以确保选题的政治性、政策性、指导性。相对而言,社论涉及的论题要以党和政府一定时期内的中心工作为核心,兼顾社会发展中的重大民生关切、舆论热点话题等,精心选择主题和写作的着力点,突出写作定位的高远立意和政论站位。

我们可以从《人民日报》2013年至2023年十年间元旦社论主题的选择(见表6-3)窥见一斑——其定位高远,以党和国家发展的重要历史时刻和目标为核心议题展开论述,立足宏观,回顾过去,展望未来,全景勾画发展愿景,旨在积极倡导,指引社会科学健康发展。

---

① 《历史悲剧决不允许重演》,《人民日报》,2014年7月7日第1版。

表 6-3 《人民日报》2013—2023 年元旦社论选题一览

时间	评论标题	评论主题
2013 年	让我们一起成就梦想	中国梦
2014 年	让今天的改革为明天铺路	全面深化改革
2015 年	为明天共筑长青基业	"十二五"收官之年
2016 年	新开局要有新作为	"十三五"开局之年,"第一个百年"梦想
2017 年	不忘初心　逐梦前行	全面小康,稳中有进
2018 年	我们的新时代历史的新光荣	贯彻十九大精神开局之年,改革开放 40 周年
2019 年	创造无愧于伟大新时代的新辉煌	新中国成立 70 周年,全面建成小康社会关键之年
2020 年	决胜全面小康　迈向新的征程	全面建成小康社会之年
2021 年	乘势而上开启新的伟大征程	"十三五"规划收官之年,"两个一百年"奋斗目标历史交汇期
2022 年	在新的伟大征程上奋勇前进	建党百年,"第二个百年"奋斗目标
2023 年	锚定奋斗目标　创造新的伟业	贯彻二十大精神开局之年

2. 切忌面面俱到,提倡短小精悍

社论是代表编辑部就某一种大问题发表的权威性评论,我们在实际写作中将其分为政治性社论、时事性社论和论战性社论三种,它们针对重大典型、重大事件和重大问题发言,关注的问题和重点不同,需要强调和突出的内容也各有侧重。但在社论写作过程中,论述须尽可能突出重点,切忌面面俱到,要使论述既有针对性又不至于陷入片面性,可以借助精练的语言传达观点,改变"长而空"的不足,力求短而精。如近年来刊发社论较为频繁的《新京报》《南方都市报》等媒体,其社论写作在篇幅上基本都控制在 2000 字以内,便于读者阅读。

要实现社论写作短小精悍,首先需聚焦单一论题,紧扣思想焦点,注重对主要论点单刀直入,突出现实关联和针对性,虚实并举。如在进行政治性社论写作时,应直接点明制定方针政策的政治背景和客观形势间的内在联系,重在充分揭示制定并执行方针政策的现实意义和精神实质,以此拉近与读者的距离,增强吸引力。

20 世纪 80 年代,《福建日报》在党报新闻改革中勇于创新,涌现了一批作品范例。时任省委书记、被称为"福建新闻改革的奠基人"的项南,撰写的社论《有些案件为什么长期处理不下去?》,全文连标点共 163 字,被称为中华人民共和国成立以来党报最短的社论,获得全国好新闻特等奖。

有些案件为什么长期处理不下去?[①]

今天本报又公布了两个重要案件。坏人受到揭露处理,这很好。

[①] 项南:《有些案件为什么长期处理不下去?》,《福建日报》,1982 年 2 月 7 日第 1 版。

有些问题群众看得很清楚，干部也有很多议论，问题的性质已经非常明白，但是就是处理不下去，而且长期处理不下去。为什么？

一是自己屁股有屎；

二是派性作怪；

三是软弱无能。

还有什么？也许还有其他原因，但主要是这三条。

你这个单位的问题长期处理不下去，是什么原因，算哪一条，不妨想一想。

这篇社论配合《晋江处理一起工商管理干部参与贩私案》和《王东波投机倒把走私贩私被逮捕》两篇报道发表，通过版面语言凸显社论的针对性和新闻性。163个字，一字千金、针针见血，简洁、深刻、直接而有力地列出"有些案件长期处理不下去"的原因。全篇由果溯因，点到为止，从列出三条原因到文末追问"还有什么？"，戛然而止，虽未做展开分析，却通过留白激发读者深思。

3. 说理循循善诱，文风平易近人

在新闻评论的诸多应用中，社论的语言表达长期以来形成了最为严肃、严谨、准确的风格，但也导致社论带有令人"生畏"的枯燥、难读的刻板印象，因此，在写作社论的过程中，须注重将理性说理与感性说理有机结合，力图提升社论的可读性。换言之，社论写作最忌板着面孔说教，简单粗暴地灌输思想和观念。它需要对评论对象进行由表及里、由此及彼的分析，需要依托典型来阐述评论对象，层层说理，循循善诱，将道理说清楚，把利害关系讲明白，体现深入浅出的语言表达意识，从而加深受众对评论对象的理解，达到有效传播的目标。

以《人民日报》2015年1月16日的社论《你，是"国家的孩子"——给小龙的一封信》为例，2015年1月1日，《关于依法处理监护人侵害未成年人权益行为若干问题的意见》正式实施，《人民日报》在此背景下回访"福建仙游监护权转移第一案""南京饿死女童事件"等，以期回答"父母不靠谱，孩子谁监护""监护权转移后的托底机制如何完善""如何发现、评估、鉴定不良父母监护侵害行为，对不称职父母进行惩罚和矫正"等问题。在社论《你，是"国家的孩子"——给小龙的一封信》中，作者采用书信形式，将"福建仙游监护权转移第一案"的受害者小龙作为书信的对象，以第二人称的对话口吻，细腻地讲述了"国家监护"的意义与责任。文章说理循循善诱，文风平易近人，不仅体现出社论的思想性，也于娓娓道来中发挥价值导向的积极作用。

你，是"国家的孩子"
——给小龙的一封信[①]

亲爱的小龙：

今天是2015年1月1日，你迎来了第十一个新年。这是你生命中值得记忆的新年，离开饱受虐打的家庭，在国家监护下开始新的生活。

---

① 《你，是"国家的孩子"——给小龙的一封信》，《人民日报》，2015年1月16日第20版。

是的，新的开始，包括我们国家，她在改变你命运的同时，也正改变着自己——激活沉睡 20 多年的撤销监护权法律条款，让儿童监护从"家事"变成"国事"。

现在的你可能很难明白，为什么你的命运和"国家监护"这样宏大的词语紧密地联系在一起？那是因为，你是"国家的孩子"。

国家是什么？她是辽阔的疆土，是无数的城市、乡村，是生生不息的族群。是的，国家很大，却不是大到你无法感受、无法触摸。她其实就像你熟悉的那个故乡村庄，人们由于相互需要、依靠，组成了相互信赖、守望相助的温暖集体。

每个孩子，都是"国家的孩子"。当他来到这个世界，就拥有了生存、安全、教育、发展、追求幸福生活的权利，这个集体有责任保护这些权利不受任何人的侵害，包括孩子们的父母。

你不知道，孩子曾被视为父母的私人财产，父母丢弃病婴、畸形儿，甚至打死不听话的孩子被认为是"合法"的。直到今天，我们也总会有许多悲伤的借口，"理所当然"地将孩子置于无人护佑的境地。用所谓的"不得已"，于众多利益选择中，放弃孩子的权益。

一个文明的社会，本当逾越弱肉强食的丛林法则。生活的艰难不是伤害孩子的理由，社会给予成人的压力、痛苦，不该由无辜的孩子来承担。倘若一个国家不能保护她最弱小的子民，不能让她的孩子享受到快乐，我们还谈什么幸福与安定？

"孩子是国家的"，最重要的意味，就是宣告国家有保护你安全、健康成长的责任。

责任，就是对要做的事情投入一种爱。

小龙，你知道老师为什么要你坐在最靠近讲台的座位？因为，这里离她最近，有时，她走过你身旁，不经意地抚摸一下你的小脑袋，将开小差的你拉回课堂；

志愿者姐姐为什么每周总要抽出两三天时间来接你回家？因为，她要看看你的功课是不是又进步了，又画了什么好玩的画，她还想给你讲个新的童话故事；

儿童村村长为什么有时会拒绝让太多的人来看你？因为，你已经失去了太多的童年欢乐，她希望你能有更多时间跟"妈妈"撒撒娇，和小伙伴们尽情游戏；

还有，你的儿童村"妈妈"，她有点爱唠叨是不是？你不知道，有时，她一夜要上楼三四次，看看熟睡中的你有没有踢被子、有没有从床上翻掉在地……

小龙，当你从学校老师的笑容里，从儿童村"妈妈"的唠叨中，从志愿者姐姐牵着你的手上，感受到这些浓浓的爱，你就能体味到什么是"国家责任"。

教你写下你的名字，带你在操场上游戏，领你去看外面的世界，为你点上生日蜡烛，夜晚灯下和你一起阅读神奇的故事书——让你"在天空最蓝处，大地最柔处，生长你的童年"。这就是，你的国家。

小龙，所有的人都在耐心等待你的长大，像等待小树苗茁壮成长撑出绿荫。

儿童村"妈妈"说，你开心地告诉别人，"妈妈叫我宝贝。"这是不是你记忆中的第一次？"妈妈"还说，有一次，吃饭时她咳嗽了，你立刻站起来给她拍拍背，"妈妈"感动到落泪。小龙，你看，生命是那么神奇，你给予她什么，她就会回馈你什么。

爱浇灌爱，责任培育责任。如果说，过去不堪回首的家庭暴力，给你的生命留下了黑洞，今天，我们要做的是，在黑洞里撒下爱的种子，让爱发芽。

我们还希望，能够帮你找回那些叫做真诚、信赖、同情心的东西，找回儿童时代的光明。你若有温暖,国家便温暖;你若得光明,国家便光明。

祝福我们的新年!

《你,是"国家的孩子"——给小龙的一封信》为我们写作社论提供了新的角度和思路——作者在重视文章思想深刻、主题庄重的同时,也可以通过人称的变化、论述语态的贴近性,晓之以理,动之以情,在增强表达的亲切感和可读性中拉近与读者的距离,提升说理的说服力。

再如20世纪90年代出现的署名"任仲平"的新型社论,就是《人民日报》探寻社论贴近性的成功案例。"任仲平"是"《人民日报》重要评论"的谐音缩写,每篇长达6000多字,但读起来并不枯燥,反而能将党的政策、路线、方针解读得既严谨又生动,论述就像跟读者拉家常,不紧不慢,入情入理。

4. 语言精练准确,不失生动活泼

在语言文字和文风上,社论不仅要把握庄重、精练、准确的基调,还应兼顾通俗、平易、生动、鲜活的信息传播的表达诉求,要善于捕捉与引用富有哲理的谚语、格言、成语和生动形象的生活词汇、大众话语,适当穿插散文的笔法等,力求把抽象的道理或事物的矛盾本质讲述得浅显明了,做到文情并茂、事理融合。

互联网时代,传者与受者的界限被不断打破,传受一体化趋势渐强,这就意味着社论写作的互动性在增强。如2018年元旦前夕,《人民日报》发起互动活动"让我们一起致敬新时代:《人民日报》喊你一起写元旦社论了",动员广大读者一起参与社论的写作,希望通过共同写作元旦社论来深入反映社情民意,有效凝聚社会共识。对于来稿,《人民日报》的要求是"文章可长可短,不拘形式,不拘内容,表达心声也行,造造'金句'亦可"。这一动员和举措为社论写作赋予了活力,它以"汇民智"的方式拉近了社论与读者的距离,是探索社论写作可读性的创新之举。

二、编辑部文章

(一)编辑部文章的定义

编辑部文章由社论发展而来,指以报纸编辑部的名义,对国内外政治、思想方面的重要问题或重大事件发表的政策性言论。[1] 编辑部文章是具有中国特色和独创性的新闻评论种类,它是由毛泽东创发,最早见于1956年4月5日《人民日报》刊载的《关于无产阶级专政的历史经验》一文,该文署名为"《人民日报》编辑部",并注明是"经中央政治局讨论,由人民日报编辑部写成",以区别于社论。

"文化大革命"时期,以《人民日报》《解放军报》和《红旗》杂志的名义,组成了"两报一刊编辑部文章"。粉碎"四人帮"后,这种联合形式的编辑部文章淡出读者视线。[2] 1978年以后,编辑部文章亦极少在报纸上出现。

---

[1] 李法宝:《新闻评论:发现与表现》,中国传媒大学出版社,2005年版,第227页。
[2] 李法宝:《新闻评论:发现与表现》,中国传媒大学出版社,2005年版,第227页。

(二) 编辑部文章的主要特征和写作要领

编辑部文章的定位和功能与社论非常相近，可以理解为特定时期报纸社论的另一个名称，其主要特征和写作要领可参考社论相关部分，这里从略。目前署名"编辑部文章"的评论更多出现在特定情景下，以及作为封面导读的新闻期刊、时政类杂志中。如《经济日报》在中国共产党成立100周年之际，于2021年6月24日、6月28日、6月30日发表的编辑部文章《人民至上——伟大征程的永恒坐标》（如图6-2所示）[①]、《奇迹密码——中国共产党领导经济工作的伟大探索与辉煌成就》（如图6-3所示）[②]、《伟大荣光——迈向现代化的中国探索》（如图6-4所示）[③]，均为策划精心，选题宏大，在特定时间节点发表，立意深远。

图6-2 《人民至上——伟大征程的永恒坐标》文章版面图片

---

① 本报编辑部：《人民至上——伟大征程的永恒坐标》，《经济日报》，2021年6月24日第1版。
② 本报编辑部：《奇迹密码——中国共产党领导经济工作的伟大探索与辉煌成就》，《经济日报》，2021年6月28日第1版。
③ 本报编辑部：《伟大荣光——迈向现代化的中国探索》，《经济日报》，2021年6月30日第4版。

图6-3 《奇迹密码——中国共产党领导经济工作的伟大探索与辉煌成就》文章版面图片

图6-4 《伟大荣光——迈向现代化的中国探索》文章版面图片

三、评论员文章

（一）评论员文章的定义与类别

评论员文章是规格仅次于社论的重要评论，代表编辑部或电视台、电台就重大问题发表意见、表明态度和立场的权威评论。它可分为本报（台）评论员文章、本报（台）特约评论员文章、观察家评论三种。

本报评论员文章是由本报评论员针对社会热点新闻发表的评论性言论，其重要性仅次于社论，它大多根据党的方针政策，就当前政治生活和实际工作中的某一个方面，如某领域重大成就和经验做政策性、方针性的评价和指导，或对关系群众切身利益的社会现象，进行集中、深入地分析。

本报特约评论员文章是指由报社以外的专家学者或媒体评论员发表的评论，是评论员文章的一种特殊形式，冠以"特约"两字，用以强调文章作者的身份。特约评论员一般是党政机关或理论学术机构的干部、专家，以及其他学有专长的权威人士，他们受邀针对社会重大问题进行全方位、多角度、多层次、高屋建瓴的剖析和论证，文章的理论性很强，因其结构注重逻辑性、系统性、严密性，篇幅较长。

观察家评论是评论员文章的一种形式，作者一般是相关领域的权威人士，或者是对某一问题有独特见解和深入研究的人，主要是就当前具有普遍意义的社会现象或事件，以及国际事务中的重要问题进行分析和预见趋势。

（二）评论员文章的主要特征

1. 灵活性大，自由度高

相较于社论和编辑部文章，评论员文章的写作和应用更为自由。首先，评论员文章分为署名和不署名两种，不署名评论员文章比较常见。它既不以个人名义，也不直接代表整个编辑部，虽不以"官方"色彩出现，又具有"官方"色彩，比起社论而言，在选题、言论表述上有较大自由度，在国际事务的评论中具有较广泛的用途。[1] 其次，在选题上，评论员文章可以更开放。近年来，除了关注重大问题和重大领域，关于社会热点新闻的评论员文章的数量也越来越多。最后，因为评论员文章不代表整个编辑部，所以它的权威性不是单纯依靠其"官方背景"，而是通过议论的精确性和说理的逻辑性来凸显评论价值和社会意义，在写作上自由发挥的空间更大。因此，评论员文章的新闻时效性更强，它已成为都市报较常使用的评论形式，能够及时就重要或热点问题进行舆论引导。

2. 一事多议，鞭辟入里

评论员文章是介于社论和短评之间的一种评论形式，一般在1000字左右，通常不会全面地论述某一重大问题或重大决策，而是就某一问题或选择一个重要的侧面发表意见，做更深层次的分析。[2] 如2023年11月，《人民日报》以"坚定不移走中国特色金

---

[1] 符建湘：《新闻评论》，湖南大学出版社，2007年版，第135页。
[2] 李法宝：《新闻评论：发现与表现》，中国传媒大学出版社，2005年版，第233页。

融发展之路"为主题,在该月中旬连续发表了《坚持党中央对金融工作的集中统一领导》《坚持以人民为中心的价值取向》《坚持把金融服务实体经济作为根本宗旨》《坚持把防控风险作为金融工作的永恒主题》《坚持在市场化法治化轨道上推进金融创新发展》《坚持深化金融供给侧结构性改革》《坚持统筹金融开放和安全》和《坚持稳中求进工作总基调》八篇评论员观察文章,对中央金融工作会议中高度概括的坚定不移走中国特色金融发展之路的"八个坚持"进行集中、深刻的解读。

3. 个性鲜明,注重文采

评论员文章多以个人身份进行写作,尤其是署名评论员文章,可以代表个人,所以从选题、标题制作到行文风格均可体现思考的独立性与写作的灵活性,展现作者的个性。以《新京报》社论版中的"观察家"栏目为例,该栏目关注社会热点、民生议题,根据不同评论主题邀请各界专家撰写评论,评论员以自己的名义发表评论,个性鲜明,文风迥异,但无不具有专业说服力。如2022年9月16日,针对国内社交平台将降糖注射剂宣传为减肥药的现象,该栏目刊发医务工作者罗志华的评论文章《降糖药被炒成减肥针 不能只看"神效"不顾风险》,提醒公众对待减肥药要有所警惕,不能只看"有效"、不顾"有毒"。2023年12月22日,针对甘肃省临夏回族自治州积石山县发生6.2级地震后的硕士研究生考试工作,该栏目刊发教育学者熊丙奇的评论文章《不让任何一名震区考研生"因灾缺考"》,指出"要根据考研学子面临的实际困难,针对性地给予全过程助考,减少地震带来的影响"。

(三)评论员文章的写作要领

1. 触及热点,精心策划

评论员文章虽然在形式上不绝对代表编辑部立场,但文章的观念和思想内涵都须由编辑部严格把关。如上文所述,评论员文章多围绕一个问题的多个方面展开,因此常形成系列评论,这就要求作者在动笔之初,深入调研,精心组织和策划,统筹考虑和谋篇布局。评论员文章一般都要依托有关新闻报道、典型事件或结合国内外形势和中心工作的要求配发,具有很强的针对性和指导性。如2018年两会期间,《光明日报》围绕习近平总书记在会上关于"美好生活"的重要论述发表了系列评论——《光明未来只能在奋斗中迎来》《"小康生活"就是现阶段的"美好生活"》和《在实现中国梦中共同创造美好生活》,从个人到国家,从当下到将来,全面论述和解读了"美好生活"的深刻内涵,每篇评论都有独到见解和精辟观点,立意高远,给人启迪。

2. 各有分工,紧密配合

系列评论是评论员文章常用的形式,多使用在重大事件和重大问题的评论中,当单篇文章不足以透彻阐述或解疑释惑时,报纸就会采用系列评论的形式就具体的评论对象进行深入讨论和探析。如2008年9月27日,《人民日报》就三鹿奶粉事件发表的系列评论《诚实守信是企业发展的根本——"三鹿奶粉"事件警示之一》和《道德是市场经济的基石——"三鹿奶粉"事件警示之二》,第一篇评论直指"三鹿奶粉"事件反映出的企业经营问题,第二篇评论强调这种恶劣的企业行为给市场经济带来的危害,两篇评论既有独立的议题,又有内在的逻辑关联,层层递进,对"三鹿奶粉"事件反映的问题和带来的影响进行了深入诠释,起到了及时引导和前瞻警示的作用。

3. 平易晓畅，声情并茂

评论员文章作为仅次于社论的重要评论，是具有个性色彩的中型评论，在写作中，也应该拉近与读者的距离。它不仅需要用真情实感打动读者，摆脱枯燥的说教，还需要以平易晓畅的新文风让评论深入浅出，声情并茂。对此，《人民日报》评论员李德民曾提出评论员文章写作的"三种色彩"：一是杂文色彩，即幽默丰富、尖锐泼辣；二是散文色彩，即在以理服人的同时也要声情并茂、感人肺腑；三是理论色彩，即评论员文章依然要在广度和深度上下功夫，保证文章的严谨和逻辑的周密。如《四川日报》的评论员文章《刹"不为"之风 换"不为"之将》以"刹'不为'之风、换'不为'之将"为核心观点，站在全局高度，条分缕析、层层深入、大胆发声，梳理刻画了"为官不为"的众生相，尖锐泼辣，并对如何兴"有为"之风、做"有为"之将建言献策，体现其政治高度。从写作上来看，这篇文章语言生动灵活，朴实自然，善用短句，巧用隐喻，论证说理过程严密，是近年来党报评论力求创新、改进文风的范例。

刹"不为"之风　换"不为"之将[①]

针对我省少数党员干部在促发展、稳增长等各项工作中存在的消极不为心态，省委书记王东明日前旗帜鲜明地强调，要"刹'不为'之风、换'不为'之将"。这是省委对干部作风、干部形象建设的重要宣示。全省广大党员干部务必把思想和行动统一到省委的要求上来，正确处理好"干净"与"干事"的关系，既要反腐倡廉，清白从政、干净为官，更要反庸治懒，争先干事、为官有为，形成一级抓一级、一级带一级、层层抓落实的工作局面。

勤政与廉政都是党性宗旨的具体体现，是古往今来老百姓赞许"好官"一条不变的标准。对党员干部而言，"干净"与"干事"从来不是矛盾和对立的关系，而是统一于为党和人民的利益而奉献、而奋斗的事业中。随着党的群众路线教育实践活动深入推进，各地各部门呈现出"干部形象为之一变、党风政风为之一新"局面的同时，极少数党员干部身上也出现了不可忽视的消极现象。一些干部觉得要求严了，监督多了，"为官不易了，当官没劲了"，于是该做的事也不做了；不去景区不出国了，于是该出差的不出了，该下乡的不下了；更有甚者，离开宴请吃喝、送礼勾兑，工作就提不起精神了，导致本该推进的项目延误了、本该完成的计划搁浅了、本该达到的标准降低了。我们必须认识到，若任由这股"不为"之风长大成势，就会消解教育实践活动的积极成果，给我省经济社会持续健康发展带来危害。刹"不为"之风、换"不为"之将，就是省委发出的明确信号，党员干部一定要有强烈的责任心、事业心，担当起该担当的责任，绝不能"怕出错不愿干事、怕麻烦不愿抓事、怕吃亏不愿揽事"。

遵守规矩不是无所作为，"为官不易"不能"为官不为"。在我省经济面临下行压力，经济发展和各方面形势依然复杂严峻的情况下，尤其要注意解决好作为"领路人"的广大党员干部的精神状态问题。刹"不为"之风，就是要形成勇往直前、真抓实干的"有为"之风；换"不为"之将，就是要重用苦干实干、实绩突出的"有为"之将。广大党员干部

[①] 向军、邓也：《刹"不为"之风　换"不为"之将》，《四川日报》，2014年7月10日第1版。

一定要集"干净"与"干事"于一身,既要如履薄冰、如临深渊,清清白白做官,干干净净做人;更要敢于尽责、勇于担当,始终保持那么一股冲劲、拼劲、闯劲。要勤于事业,一门心思干工作,不能优哉游哉、松松垮垮、不在状态;要勇于进取,倡导主动作为、争先攀高,反对消极畏难、四平八稳,干工作不能总是推着干、被动应付;要甘于付出,食不甘味、寝不安席,昼夜兼程、夙夜在公,用超常努力换来经济发展、社会进步、民生改善。

刹"不为"之风、换"不为"之将,关键要树立鲜明的用人导向,形成长效的工作机制,使反庸治懒制度化、常态化。要把抓落实、重实干、办实事、求实效作为选人用人的重要标准,在全省形成"为官有为"者得升迁、"为官不为"者不过关的良好机制。既要为敢于担当、勇于改革的干部撑腰,为一心为民、干在实处的干部打气,树立鲜明的"有为才有位"的导向,又要对不作为的干部敲响警钟,对群众不满意的干部坚决撤换,使庸官难过"上岗关"、懒官难过"考核关"、太平官难过"群众关"。用好选人用人的指挥棒,"为官有为"才会蔚然成风。

当前,我省正处于艰苦创业、爬坡过坎的攻坚时期,广大党员干部要进一步增强主动作为、攻坚克难的思想自觉,增强崇尚实干、大抓落实的责任担当,冲在一线、下到深水,吃苦在前、享受在后,以奋发有为的精神状态奋力推进"两个跨越",不断开创我省改革发展的新局面。

四、短评

(一)短评的定义与类别

短评是篇幅短小,运用灵活的评论形式,是小型评论中最常见的一种体裁,通常篇幅在六七百字左右。它多以编辑部的名义进行发言,规格介于评论员文章和编者按之间。短评常常以新闻报道为依托,针对一段时间或者新近出现的新问题、新现象、新矛盾,或现实生活和实际工作的某一个方面、层次,甚至是某一点,阐明一个道理或主要观点。其写作内容较为单一,视角较为微观,通常为一事一议。

一般情况下,短评可按照署名与否,分为署名短评和不署名短评。署名短评往往代表个人,一般讨论一些思想性、倾向性的问题,易受读者青睐。不署名短评代表的则是编辑部集体意见,大多就某一件事、一个会议、一条经验教训或某方面工作的某个侧面,阐发一个观点,具有较强的针对性、思想性和时效性。不署名短评多是为了配合新闻报道而发表,以实现进一步深化新闻主题,凸显其社会价值的功用。

(二)短评的主要特征

1. 评论主题的集中性

评论主题是评论文本中的重要部分,是评论写作者针对新闻事实或社会现实中的具体问题进行思辨而呈现出来的中心思想。作为一种短小精悍、分析简明的新闻评论,短评常常被称为报纸新闻评论中的"轻骑兵"。[①] 因此,短评强调主题集中,论题具体,

---

① 胡文龙:《短评——新闻评论的"轻骑兵"》,《新闻与写作》,1990年第9期。

一事一议，既不能泛泛而谈，也不能事无巨细。《高考改革应有力回应新课改》是《中国教育报》在新课改后首次高考的背景下发表的一篇短评。该文精准聚焦具有高度关切的高考议题，紧扣课程改革主题，不仅从专业角度集中论述了现有课程中存在的问题，还围绕考试内容、考试方式等多个方面，为高考课程改革建言献策。全文以较短的篇幅对评论主题进行了集中解读，结构清晰，论述有力，解疑释惑，导向正确。

2. 评论选题的时新性

评论选题的时新性，一方面是指短评所依托的新闻报道、所针对的现象与问题的时间性、及时性；另一方面则是指评论内容和评论角度的新颖性。2014年7月21日，新华网刊发《三伏天救灾竟然送棉被 红十字会再遭质疑》一文，报道了红十字会总会在灾区气候普遍高温的情况下，调拨存储在广州备灾中心的2000床棉被运往台风灾区的应急行为，迅速引发媒体和网民的争议。中新网、荆楚网分别发表《三伏天送棉被这份温暖好难消受》《三伏天的棉被"捂晕"了谁》等评论文章，对红十字会的行为予以质疑。7月22日，《人民日报》在《子夜走笔》栏目发表题为《慎作"第一眼"评判》的短评，从独特视角厘清事实真相，对该事件的来龙去脉进行梳理分析，着重强调了"处于特殊语境下的新闻报道应更重视对真相的探寻"这一论题。整篇短评不仅在时间上及时回应公众对真相的知情诉求，还在评论角度上有别于其他媒体，直击问题实质，有效缓解了公众情绪，是对理性认知的积极引导。

慎作"第一眼"评判[①]

很多事情，不是第一眼看上去那样。"三伏天往南方灾区送棉被"这条新闻引发的风波即是一例。

起初，很多人一看这条新闻，就近乎条件反射地嘲笑这一做法"缺乏常识"："脑子坏掉了吗？南方的三伏天多热，还需要棉被？"不过，台风过后的南方和平常一样吗？露天过夜和平常屋内睡眠一样吗？城市和农村、山区海岛和平原一样吗？……如果在"第一眼"之后，能再稍稍多思考一下这些"特殊语境"，或许判断会有所不同。

伴随着官方回应，大家终于多了一些理解：在特殊条件下，棉被的使用并非总是"大约在冬季"，而且，通用性强的棉被是常备救灾储备品。在众声喧哗中，这些细节性、科普类信息的补强，也让部分媒体和公众收获了一种比"第一眼"更进一步的"常识"。

常识在哪里？常识在一般知识、自身经验印象中，更在具体情况具体分析里。简单靠惯常印象作判断，有时并不准确，也绝非"常识"。认识到不同地区、不同人群、不同情境中存在的差异，是常识的一部分。这样的常识，政府、社会组织储备调配救灾物资需要，媒体和公众评价救灾救援时也需要。

拍案而起的义愤，弥足珍贵；但报道新闻如果仅止于此，忽略调查、跳过求教，就易陷入"第一眼迷障"，这样的教训尤可为鉴。真相，永远是一种有关调查、有关探究的过程性抵达。

[①] 陈亚楠：《慎作"第一眼"评判》，《人民日报》，2014年7月22日第4版。

3. 表现手法的多样性

相较于评论员文章，短评的篇幅更为短小，主题更为集中，因此，媒体短评的具体运用更具灵活、多样的表现形式。一般情况下，短评可依附于新闻报道或针对具体问题配发，也可以独立成篇，独立表达见解。

针对新闻报道配发评论是短评最常见的媒体应用。这类短评或是交代和说明新闻背景，或是延伸和深化新闻报道的主题，或是及时回应社会关切做出适当评价，或是指出问题提供对策。以《人民日报》原创群言性栏目《今日谈》发表的一篇短评《流动的中国活力无限》为例，该评论发表于2023年12月11日，以"12月4日18时26分，一件从云南昆明寄往四川成都的快递包裹，成为今年第1200亿件快件，快递年业务量再创历史新高"为评论由头，阐发对"流动的中国"的理解和期待。

>……习近平总书记指出："一个流动的中国，充满了繁荣发展的活力。"放眼神州大地，看消费，北京清河站站台人头攒动，"乘着高铁去滑雪"的游客兴致满满；看贸易，新疆阿拉山口口岸汽笛长鸣，一列列中欧班列从这里驶出国门；看物流，陕西安康镇坪县寄递物流共配中心一派忙碌，农产品出村进城、消费品下乡进村有条不紊。从铁路枢纽到高速公路，从车站机场到港口码头，人流、物流、资金流、信息流有序运转，国内国际双循环相互促进，不断谱写经济社会高质量发展的新篇章。
>
>一个充满活力的中国，也必然是一个蒸蒸日上、未来可期的中国。让生产要素"动"起来、车间机器"开"起来、商家厂家"忙"起来、物流仓储"满"起来，使一切有利于社会生产力发展的力量源泉充分涌流，就能让中国经济的脉搏更加强劲，形成一往无前的发展势能，不断赢得优势、赢得主动、赢得未来。①

随着当今社会的快速发展，各种各样的新制度、新现象、新观念在实际生活中不断涌现。这些层出不穷的新事物便是媒体评论的选题库，针对这些选题的认知价值以及与大众的利益关联，媒体便常采用灵活多样的短评来及时回应并提供意义的解析。

（三）短评的写作要领

1. 叙事简化，以论为主

短评中的叙事指对新闻报道的引述或者以新闻作为评论的由头，常常出现在短评的开头部分，承载着以事实触动读者，为读者点明评论对象，为评论设置对象等多重任务。如前文所述，短评多依托于具体的新闻报道延展，因此，短评的开头需要从报道中概括和引出关键信息，并把报道中涉及的新闻事实作为立论与说理的依据。需要注意的是，对新闻报道的引述并不是对整篇报道的复述，也不是对相关新闻报道的整合，而是对报道中的新闻事件进行准确简明的概括，便于读者了解新闻事件并快速进入立论语境，同时有效体现短评的时效性。

2. 说理清晰，推陈出新

说理是指在叙述完新闻事件或交代了关键信息后，写作者对评论对象展开议论和论述的过程。这个过程中，写作者需要在逻辑推演中讲清道理，分析清楚事理。说理是短

---

① 于石：《流动的中国活力无限》，《人民日报》，2023年12月11日第1版。

评的重头戏，它决定着短评价值的高低和可读性。在说理部分，除了注意议论的三要素（论点、论据、论证）和运用各种逻辑推理方法，还力求推陈出新。具体来说，就是需要在短评的写作过程中仔细分析新闻价值，运用新的角度、新的材料和新的论证方法对评论对象进行新的阐释，深度发掘其评论价值，以准确呈现评论与报道之间的深层次逻辑关联，做到鞭辟入里，以理服人，给人启示。

3. 讲情务切，真情实感

讲情是指短评中所要表达的情感。在新闻评论中，说理和讲情是不可或缺的两个方面。说理是基于观点的支撑对写作者观点的阐发，讲情则是在观点的展现中表达作者对新闻事实或具体现象的情感与态度。① 《人民日报》原总编辑范敬宜曾指出："思想、激情、文采是评论必备的要素，三者缺一不可。"② 在短评写作过程中要注重情与理的内在一致性，注重用真情实感打动人，善于以激情和文采引发受众的情感共鸣。换言之，短评的讲情必须避免浅白直露，而应注重情理交融，叙议得当，能够体现感染力。

（四）短评写作的发展趋势

正如媒介环境学派代表人物尼尔·波兹曼所言："一种信息传播的新方式带来的社会变迁，绝不止于它所传递的内容，其更大意义在于它本身定义了某种信息的象征方式、传播速度、信息的来源、传播的数量以及信息存在的语境。"③ 在融媒体时代，媒介环境发生变化，传播生态趋向复杂。媒介形式的多样性、传受模式的互动性促发短评写作呈现新变化，具体表现在以下三个方面。

1. 短评的时效性日益增强

随着移动互联网的发展，短评的时效性受到深度影响，日益被媒体与公众看重。为满足公众对原创观点的需求，并及时回应当前舆情传播过程中呈现的新变化与新态势，众多媒体纷纷依托网络推出评论栏目，试图在"第一时间"做出反应，传递独家观点。一方面，该类评论多以网络专栏形式出现，如人民网的观点频道，包括《人民网评》《人民财评》《三评》等栏目，新华网、央广网分别推出《新华网评》《央广网评》专栏等，旨在集纳最广泛的声音，并对公众意见及时反馈；另一方面，传统媒体也在积极探索快速、有效的传播形式，如《新京报》《成都商报》等主流媒体纷纷推出评论专栏，为读者提供时效性强的"观点大餐"，以独具特色的"一家之言"体现媒体公信力和舆论引导力（见表6-4）。

表6-4 国内媒体评论栏目一览

媒体	栏目名称	相关链接
人民网	人民网观点频道	opinion.people.com.cn
新华网	新华网评	http://www.news.cn/comments/index.html
央广网	央广网评	https://news.cnr.cn/comment/cnrp/
新京报	新京报快评	https://api.bjnews.com.cn/api/v101/news/column_qrcode.php?column_id=502

---

① 李雪：《如何处理和平衡新闻评论中的情感因素》，《新闻传播》，2015年第22期。
② 郑剑：《关于思想评论及其写作》，《新闻战线》，2016年第23期。
③ 高宪春：《新媒介环境下议程设置理论研究新进路的分析》，《新闻与传播研究》，2011年第2期。

续表6—4

媒体	栏目名称	相关链接
澎湃新闻	评论频道"马上评"	https://www.thepaper.cn/channel_-24
成都商报	红星评论	https://www.cdsb.com/Home/index/index.html?channel_id=28
搜狐	搜狐快评	http://star.news.sohu.com/kuaiping/
东方网	东方快评	https://pinglun.eastday.com

2. 短评的形式与文风愈加多元

生活节奏的加速促使受众的信息消费结构与消费方式出现明显变化。在新闻信息的获取日益扁平化和同质化的背景下，受众对高质量言论的需求上升成为不争的事实。[①] 为了在有限的时间内攫取更多的注意力，众多媒体纷纷在短评言论的表现形式与语言风格层面探索创新。其中，依托微博平台对当下发生的新闻事件进行快速、及时的短评，并在开头以一句话的形式概括其核心要点，成为当下一种具有特色的评论形式。以"人民网评"官方微博账号为例，该平台概括国内外具有"看点"的新闻报道，带上网友讨论的热点"话题"，每条博文开头都配有"一句话要点"，语言风格犀利，直切要害，既提高了评论的表达效率，也实现了评论娱乐功能与教化功能的有机统一（见表6—5）。

表6—5 人民网评微博选摘

时间	报道事件	评论内容
2023年9月18日	♯太原机场回应候机厅全是按摩椅♯♯太原机场称候机厅全是按摩椅是为美观♯近日，有网友发文称，太原武宿国际机场登机口旁"全是按摩椅，坐着很不舒服"，引发关注。9月17日，机场方面发文致歉，表示目前已开始对航站楼内部分按摩椅进行调整，尽快将全部座椅调整到位。	让人如坐针毡的按摩椅，需要调整的不只是太原机场。
2023年11月14日	♯5个品牌被移出中华老字号♯♯55个品牌被移出中华老字号名录♯日前，商务部等5部门发布《关于公布中华老字号复核结果的通知》，将包括北京雪花、天津稻香村、重庆冠生园等在内的55个长期经营不善，甚至已经破产、注销、倒闭，或丧失注册商标所有权、使用权的品牌移出中华老字号名录，要求包括稻香春、张小泉等73个经营不佳、业绩下滑的品牌进行整改，引发社会广泛关注。	老字号当与时俱进，岂能"倚老卖老"。
2023年12月14日	♯深圳明年起小学初中每天1节体育课♯♯每天一节体育课多不多♯♯我国体育老师人才缺口达12万♯日前，深圳市教育局日前发布《关于义务教育阶段学校实行每天一节体育课的通知》，明确从2024年1月1日起，义务教育阶段学校每天开设一节体育课。而在此前，北京、上海等地也都出台过相关文件，要求保障每天一节体育课。	体育课"天天见"身心健康看得见。

受到媒体环境与受众需求的双重影响，短评的语言应用与传统语言规范之间产生了碰撞与交融，更符合时代特征的语言越来越多地渗透到报纸短评的写作中，为短评增强情感张力提供助力。以《中国青年报》为例。该报是以中国青年为主要读者对象的全国

[①] 张瓅尹：《移动互联时代新闻评论生产的分众化策略探析》，《湖北社会科学》，2017年第11期。

性综合日报，因此，相较于其他报纸，它更注重评论语言风格与受众阅读习惯之间的适配度。2015年12月，《中国青年报》使用一个整版评论来聚焦网络流行语的变迁与发展。其中一篇短评题为《在流行语的自我表达中拥有获得感》，它针对《咬文嚼字》杂志评选出"2015年度十大流行语"一事，细数全年最活跃的"十大网络用语"，写作中使用"任性""宝宝""主要看气质"等网络流行语，以增加评论文章的趣味性和时代感。在谈到"2015年最有情怀的辞职信"时，作者巧妙运用"世界那么大，我想去看看"和"钱包那么小，哪儿都去不了"两句流行语，在语言对比呈现出的反差中直率、清晰地表达个人观点，兼具说理性与可读性。[①]

3. 记者、编者、读者共同参与，提增互动性

在以移动终端的普及为特征的移动互联时代，新媒体正在重塑它们所触及的一切生活形态，每一个"个体"都可以成为信息社会中的"节点"。媒体与受众的界限逐渐模糊，受众不再是被动的"信息接收者"，而是积极的"再传播者"和"生产型消费者"，他们通过公开、半公开的意见表达参与到社会公共事件和社会运行中。与之相应，短评写作的定式也正在被打破，整体上呈现出开放的发展态势。记者、编辑和读者共同参与到短评写作中，促使当下的短评开始从单一化的媒体主导，向更加亲民的大众书写和互动性更强的话语表达转变。如《华夏时报》曾邀请部分知名网友，组建以网友为主体的评论部，负责"新闻分析"和"每日评论"两个版面的撰写和编辑。《中国青年报》和《南方都市报》均以"汇聚民智"的方式推进新闻评论方式改革，直接汇集网民在网络上发布的评论，或组合成为短篇评论，或附在短评正文后以延伸作者观点。

五、编者按

（一）编者按的定义与类别

编者按是指媒体编者对所发表的报道或文章进行提示、评议、阐述或做补充说明的文字，以提醒受众相关事实、观点或媒体对此报道的态度和评价，一般用于较为郑重的场合和必要之处，是小型评论体裁中的一种。总体来说，编者按是一种比较灵活的按语写作方式，既可以由写作新闻报道的记者直接配写，也可以由编辑在纵览版面后根据实际需要执笔写作。

编者按在媒体应用中，因分类标准的不同而具有不同的表现形式。

1. 按照编者按的具体内容进行分类，可分为政论性按语和说明性按语

政论性按语主要用于提纲挈领、简明扼要地表明该报道或文章的中心思想，传达最新的指示精神，划清政策界限或是非界限，以帮助读者对新闻的理解，是对报道价值的延伸与升华。说明性按语则是指说明相关情况，或者突出对一些专业性强的术语的解释，旨在帮助读者理解新闻报道的来由、背景以及大概的内容。表6—6中选取了两篇"一带一路"相关报道中的编者按语。前者的评议性较强，重在传达我国政府在"一带

---

① 谢建东：《在流行语的自我表达中拥有获得感》，《中国青年报》，2015年12月25日第2版。

一路"倡议背景下的文化建设发展内容；后者则重点介绍公众针对"一带一路"倡议引发的舆论，意在说明新闻报道的背景。

表 6-6 "一带一路"相关报道编者按语选摘

按语类型	内容
政论性按语	大唐盛世已经成为中华民族强盛的永远标志，"一带一路"正开启现代中国的创新品牌。但无论时代如何变迁，5000 年、500 年、50 年的中华民族与世界和平发展史，都离不开人文交流与文明对话的魅力。为此，我们既要积极利用现有平台和传统文化资源，加强文化合作和交流；也要充分发挥各文化交流主体的重要作用，形成强大的合力机制；更要善用恰当话语体系，形成最广泛共识，在"和平、包容、共赢"的发展理念下，形成"平等、尊重、借鉴"的"一带一路"人文交流局面。①
说明性按语	中国提出丝绸之路经济带和 21 世纪海上丝绸之路倡议以来，引发国际社会强烈关注和热烈讨论。有人问，这是中国版的"马歇尔计划"吗？隐藏着中国的地缘战略意图吗？是不可能完成的任务吗？回应上述问题，本报从今日起刊发系列文章，帮助读者更加准确、全面、深入地了解"一带一路"倡议。②

2. 按照按语所处位置进行分类，可分为文前按语、文中按语及文后按语

（1）文前按语。

文前按语又被称为题下按语，是最常用的编者按语形式。在按语的诸种形式中，文前按语的地位最为重要，编排位置也最为显著，所以在字号运用上，常常以比正文大一级的楷体字或黑体字排出，以区别于正文。文前按语一般不署名，也不拟标题，它有外在语言标志，承担着承前启后的导读功能。如《中国青年报》的"青年话题"版（如图 6-5 中黑框部分）③，就时常使用文前按语形式对全文内容做提示。

图 6-5 《中国青年报》"青年话题"版面截图

---

① 沈永福：《"一带一路"的重要驱动力》，2016 年 3 月，参见环球网 http://finance.huanqiu.com/br/focus/2016-03/8730779.html。

② 张鑫：《"一带一路"根本不同于马歇尔计划》，《人民日报》，2015 年 3 月 18 日第 7 版。

③ 《青年关心　两会关切》，《中国青年报》，2022 年 3 月 2 日第 8 版。

此外，媒体在推出新的报道专题或是系列述评前，也会使用文前按语作为"开栏的话"，充当媒体与读者之间的桥梁，进行导读提示。图6-6中黑框部分是《四川日报》在推出《推进城乡融合发展调研行》专栏时所撰写的"开栏语"[1]，短短两段话既概括了四川省委十二届四次全会深入学习贯彻习近平总书记关于城乡融合发展重要指示精神和党的二十大决策部署的要求，又为专栏内容做介绍，一举两得，一目了然。

图6-6 《四川日报》"开栏语"截图

（2）文中按语。

文中按语是指新闻报道中，根据具体情况，附在某句话、某段文字后面的简短的、标有括号的文字。如《中国青年报》1984年11月24日发表的报道《为争一壶茶害人误己，岂不悲哉》，该报道在描述广东省曲江县几个同乡好友发生打斗，其中一人拿起尖头长竹竿，从窗外向另一人刺去的行为时，插入了文中按语：

这个举动，即使主观上不是以打死人为目的，如果造成了被害人死亡，则构成故意伤害致死罪；如果被害人健康受到损害，则构成故意伤害罪，司法机关都将依法追究刑事责任。[2]

文中按语来源于文学评注，是报刊独有的按语形式。在当代，它以"编者批注"的形式少量出现。文中按语或有感而发，或有疑即注，或有错即批，在文章的字里行间通过评点来表述编者的思想观点，帮助读者阅读和理解。由于文中按语需穿插在行文中，客观上容易阻碍受众阅读的流畅性，因此，与其他两种按语相比，文中按语的使用频率相对较低。

---

① 《推进城乡融合发展调研行》，《四川日报》，2023年12月13日第6版。
② 胡文龙：《文中按语的妙用》，《新闻与写作》，1990年第7期。

(3) 文后按语。

在实际使用的过程中，文后按语的名称常常会根据实际情况做出相应调整，如通常所说的"编后""编后语""编后小记""编后附议"等。它一般附在新闻报道或文章的最后，旨在深化报道主题，揭示深刻含义，启人深思。文后按语的运用形式较为灵活，可由记者或者编辑写作并直接附于报道之后，也可以自拟标题成篇，有时还可以署名，与新闻报道相对独立存在，在写作方式和功能定位上与短评写作类同。

（二）编者按的主要特征

1. 依附性强

所谓依附性，是指事物无法独立存在，必须依附一定的载体或其他事物。作为针对某一新闻报道或其他文章所加的评介、批注、建议或说明性文字，编者按并不是固定的、可以单独运用的评论文体，它必须依附于新闻报道或文稿本身而存在。实际上，编者按是一种常用的编辑手段，它在规格和作用上低于社论、评论员文章及短评，但具有短小精悍、灵活多变的特点。

2. 功能多样

一般说来，编者按的主要功能有四方面：一是表明编者的态度和意见，点明新闻报道和文章的中心思想，揭示事物的内涵和意义；二是提示要点，帮助读者理解发表文章的目的和意图；三是交代背景，对作者情况、新闻背景在内的相关资料加以说明解释；四是借题发挥，将新闻报道中的思想和价值深入挖掘和提升，强化新闻报道的说服力。如《人民日报》2021年1月18日刊载的《坚决遏制种茶毁林行为》一文，报道了云南西双版纳傣族自治州部分村民为提高茶叶产量，一度毁坏林木、破坏生态，有关政府部门开展专项整治的情况。记者所配写的编者按进一步反思了部分村民只算经济账、不算生态账，只算眼前账、不算长远账的短视行为，而保护生态环境和发展产业不仅不矛盾，反而是相辅相成的，只有让村民理解生态保护的重大意义，才能端稳生态致富的"金饭碗"。该编者按有效升华了报道的主题，可以说是对"绿色"致富的正确导航。

算好生态账　端稳"金饭碗"（编后）[①]

一些村民为了增加种茶收入，竟然围剥树皮、使用有毒化学物质，这明显是一种只算经济账、不算生态账，只算眼前账、不算长远账的短视行为，必须及时纠正。

种茶行家们都知道，越是在葱茏山林中长出的生态茶，口感越好，就越受市场青睐，良好的生态环境提升了茶叶的附加值。一旦树死了、林毁了，短期看一些古树茶的产量得到了提升，茶农获得了利益，但从长远看，被破坏的生态环境必将导致茶叶的品质下降，茶叶也难以卖出好价钱。这将严重削弱当地茶叶的市场竞争力，茶农们利益最终也会受到损害。

经济利益的驱动加上科学知识的匮乏和法律意识、生态意识的淡薄，村民才会做出种茶毁林的事情。"绿水青山就是金山银山"，有关地方和部门要采取多种举措，不仅要

---

① 史一棋、沈童睿：《坚决遏制种茶毁林行为》，《人民日报》，2021年1月18日第7版。

严格执行相关法律法规，坚决遏制种茶毁林行为，而且要加大法律知识和生态文明知识的宣传普及力度，让村民理解保护生态环境的重大意义，明白保护生态环境和发展产业不仅不矛盾，反而是相辅相成的。只有这样，才能杜绝种茶毁林的行为，端稳生态致富的"金饭碗"。

3. 篇幅简短

受到新闻稿件依附性、配合性和同步性的制约，编者按既不能比正文"抢镜"，又要体现出鲜明的态度。[①] 因此，编者按的篇幅不宜过长，通常在两三百字左右。有时甚至更短，仅三言两语能切中要点即可。作为最简短、最轻便的评论形式，编者按最显著的特点就是"立片言以居要"[②]，即以简练的话将新闻报道中最核心的部分做精要提炼。1999年8月24日，《人民日报》发表长篇通讯《介绍一个文明村》，文章最后介绍了宁波市奉化区滕头村加强党组织建设以发挥战斗堡垒作用的实际情况。配发的编后仅一句话（见括号内画线部分），寥寥两笔，便体现出编者对该村党组织建设工作的褒扬态度。

……四靠加强党的领导。充分发挥党组织的领导核心和党员干部的先锋模范作用，是我们滕头村由贫变富的关键所在。……所以，在我们滕头村，只要是党组织讲出的话，没有不听的，只要是党组织提出的事，没有做不到的，这就为我村两个文明建设提供了坚强的组织保证。（<u>编者按：这里党组织硬就硬在"公"字上，硬就硬在共产党员的奉献精神</u>）[③]

（三）编者按的写作要领

1. 借题发挥，揭示意义

由于编者按必须依附新闻报道而存在，因此，写作者须在精准提炼文章主旨的基础上，借助编者按揭示新闻报道或文稿中的深层含义。它意味着写作者应深入分析新闻主题，从而在文前说明情况，或在文后表达编辑部对有关新闻报道的态度与意见；与此同时，写作者需注重"度"的把握，不拘泥于新闻报道本身，但同时又要体现对文章主题和舆论工作的整体把握及效果预判。

2. 灵活多变，不拘一格

与严肃权威的社论、编辑部文章相比，编者按的写作和应用形式尤为灵活：可拟标题，也可不拟标题；可以署名，也可以不署名；可以采用散文笔调，甚至还可以采用诗歌和对话的形式进行写作。它不仅可以为新闻报道或文稿配写，还可以为新闻图片、图表作辅助表达。此外，由于新闻评论写作逐步呈现出突破定式的发展态势，编者按在写作过程中受到的限制因素也在逐渐减少。这就要求写作者从具体对象出发，考虑传播效果的实现，注重叙议结合方式的多元化呈现，始终为报道价值的感知与认同服务。

3. 点到即止，言简意赅

[①] 史为恒：《报纸"编者按"的特点与写法》，《应用写作》，2017年第7期。
[②] 李法宝：《新闻评论：发现与表现》，中国传媒大学出版社，2005年版，第236页。
[③] 《介绍一个文明村》，《人民日报》，1999年8月24日第11版。

编者按的写作，不单是为了通过严密的论证向读者说理，而更侧重于通过概括性的叙议达到提纲挈领、强调重点、补充解释、深化报道主题等目的。因此，它需要点到为止，即写作者不宜重复叙述新闻中的事实，而是用凝练的语句突出报道重点或中心思想，以实现易读易懂并高于报道的传播效果。下文以《送饮料、抹零头、系统升级以后补——拒开发票 饭店套路多（微调查）》的文后配发的编后为例。[①] 该篇报道首发于《人民日报》，针对现实生活中餐饮行业以各种理由拒绝为顾客开具发票的情况展开调查，并在说明基本情况后向读者提出专业建议。编者根据文中建议和实际情况撰写了这篇编后。

> 编后：开具发票，是商家的法定义务。对消费者来说，发票是维权的重要凭证，消费者不要发票，等于放弃事后维权的机会；对商家来说，通过打折、团购等促销手段诱导消费者不开发票乃至拒开发票，是一种典型的逃税行为，将导致国家税款的流失。不开发票，看起来事小，危害却不小，有关部门应该严厉查处这种违法行为，规范市场秩序。

该编后虽然只有152个字，但逻辑清晰，言简意赅。开头第一句话用一个简明的判断句阐明了评论的中心论点——开具发票，是商家的法定义务。而后，从三个不同角度说明了商家应该开具发票的理由：第一是从消费者的角度阐述了发票对于消费者的重要程度——"事后维权"；第二是从商家的角度说明商家不给消费者开具发票的违法性——"逃税行为"；第三是从国家的角度说明不开发票的危害——"税款流失"。最后一句在对前文进行总结的同时提出了相应的解决措施。整体看来，层层递进，逻辑严密，论证清晰有力，延伸了报道，凸显了报道的价值和意义。

六、新闻漫画

（一）新闻漫画的定义和分类

新闻漫画是指围绕某一具体新闻事件或社会现象，借助生动的图像元素和必要的文字说明，对新闻内容进行视觉化呈现的新闻表现手法。在我国，新闻漫画的发展可以追溯到1903年。当时，在蔡元培等主编的《俄事警闻》创刊号上，发表了揭露列强瓜分中国野心的《时局图》[②]，被称为"中国近代时事漫画的杰作"。1985年，现任《羊城晚报》主任编辑的方唐在该报率先开辟《时事漫画》专栏。2008年，《南方周末》开设《漫画一针》专栏，邝飙、向春等著名漫画家在该栏目上发表了诸多具有影响力的作品。基于上述发展过程及漫画内容所传递的态度倾向，大众媒体将其新闻漫画分为讽刺性漫画、褒扬性漫画和中立性漫画三类。其中，讽刺性漫画具备较强的批判性和趣味性，拥有更强的表达效果，从而成为我国当下新闻漫画的主流。

---

① 《送饮料、抹零头、系统升级以后补——拒开发票 饭店套路多（微调查）》，《人民日报》，2016年11月7日第1版。
② 钟梦竹：《浅谈我国报纸时事漫画》，《新闻世界》，2013年第4期。

在表达形式上，新闻漫画主要由标题、漫画和文字说明三部分组成，其中，文字说明不是必需要素，漫画才是表现主体。在此需要说明的是，我国报纸对漫画和新闻漫画的使用具有不同的功能定位及价值取向。笔者在2003年4月1日对《北京晚报》美术部主任李耀林进行专访时，他介绍说："《北京晚报》在20世纪80年代没有专门的美术部，美术编辑是分散于各版面的，当时国内的漫画分为两部分。一种是用于国际新闻、社论的漫画，它通过幽默传神的样式潜在地发表评论，漫画的魅力在于讽刺与幽默，思想性很强；另一种则主要用于娱乐的漫画故事。"[①] 另外，李耀林还介绍说："漫画在国外知名报纸中是不可或缺的报道内容，有时政、社论漫画，也有这种休闲漫画，它是缓解都市人心理压力，放松大脑的一种趣味阅读。"[②] 由此可见，漫画具有极强的文化休闲功能，而新闻漫画作为其中的重要分支，也具有同等的文化审美特性。

除此以外，新闻漫画还具备视觉与思维双重聚焦的作用，因而在报纸的新闻报道和新闻评论中，新闻漫画均能得到广泛运用。本书从新闻评论的角度，侧重介绍作为新闻评论样态的新闻漫画的主要特征。

(二) 新闻漫画的表现特征

1. 以小见大，适度夸张

由于受到体裁限制，新闻漫画在作为新闻评论的手段时，往往不能像文字评论那样以论点、论据、论证的逻辑结构来展开论述，也不能展现完整的事件发展脉络。新闻漫画通常只呈现一个典型片段，借助读者的经验联想来进行理解与反思，以此表意和传递观点和态度。在实践中，为了强化内容的表现力，同时也为了增进新闻漫画的趣味性，创作者通常采用适度夸张的手法来呈现核心事实与表意倾向。如第33届中国新闻奖三等奖作品《北约军刀》[③]（如图6-7所示），该漫画以沾满鲜血的军刀为隐喻，揭露了以美国为首的北约假借捍卫自由之名，在世界范围内行战争暴行之实的伪善本质。漫画整体画风粗犷，构图紧凑，色彩对比强烈，具有较强的视觉冲击力。在修辞表现上，军刀之隐喻构思巧妙，刀上北约的标志直接揭示了漫画主题。画面夸张适度，既实现了辛辣讽刺的目的，又保证了整体的观感。

---

① 操慧：《中国晚报文化研究——作为个案的〈北京晚报〉文化》，四川人民出版社，2006年版，第347~348页。
② 操慧：《中国晚报文化研究——作为个案的〈北京晚报〉文化》，四川人民出版社，2006年版，第347~348页。
③ 罗杰：《北约军刀》，《中国日报》，2022年7月21日第8版。

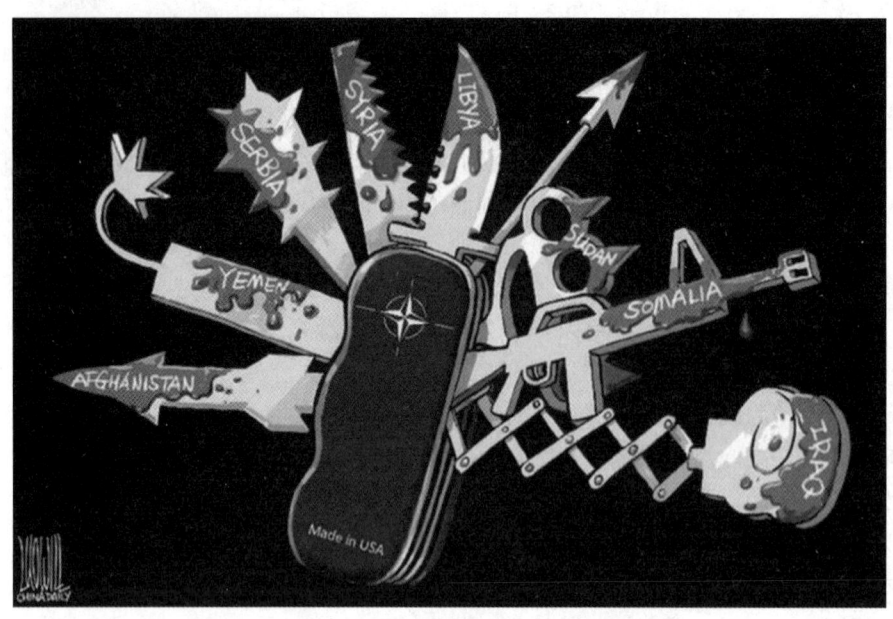

图6－7 《北约军刀》漫画截图

2. 直观形象，视觉鲜明

相比于其他报纸评论体裁，新闻漫画是通过对新闻价值点的视觉呈现来传递观点的形象化表达，直观形象、视觉鲜明是新闻漫画最突出的特征。在表意的过程中，新闻漫画能够有效激发读者的联想、判断认知经验，引导受众对象征、隐喻等评论手法进行解读，可以说实现了对新闻评论的"写意"化实践与艺术化审美。正因为如此，一些媒体长期开设新闻漫画专栏以吸引读者，中国新闻奖也专设了新闻漫画奖（见表6－7中阴影部分），鼓励新闻评论的特色传播。在国外，新闻漫画也为西方报业史留下了浓墨重彩的一笔。由于传播体制和新闻事业不同的性质，西方主流媒体形成了使用新闻漫画进行时政与时事评论的悠久传统。如普利策新闻奖的奖项设置中一直保留着漫画奖，足见其隐喻传播、符号表意的独特价值（见表6－8中阴影部分）。

表6－7 中国新闻奖奖项设置

第33届中国新闻奖获奖作品目录（部分）					
项目	题目	作者（主创人员）	编辑	刊播单位/发布平台	报送单位
消息	上海成片二级以下旧里改造收官"水塔人家"要搬迁	刘惠明 欧建建	范沁毅	上海广播电视台	上海记协
消息	新疆快递小哥紧急驰援北京 这是一次温暖的逆行	李亚军 陈成 杨雪 赵子轩 杨德超	郭惠婷 陈成 李亚军	兵团广播电视台	新疆兵团记协

续表6-7

项目	题目	作者（主创人员）	编辑	刊播单位/发布平台	报送单位
评论	少些"群里吼"多些实地走	韩小乔	曹显钰 陈昌清	贵州省黔南广播电视台	贵州记协
评论	"半吨"重的工资	刘丽晖 李正东 杨婕 韦新洋 杨正鹏	赵萍 张健 徐增	湖北日报	湖北记协
通讯	第一会议室里的时空回响	魏恒 董文锋 陈贻泽	董文锋 覃文武	广西日报	广西记协
通讯	把敦煌故事讲给世界听	张文博	万吉彦 夏丹丹	甘肃日报	甘肃记协
系列报道	作别顺昌路：上海最后一片二级旧里改造进行时	胡旻珏 赵颖文 汤丽薇	集体	上海广播电视台	上海记协
系列报道	电动汽车充电基础设施现状调查	集体	赵冉 杨苗苗 张栋钧	中国电力报	中国行业报协会
新闻摄影	常泰长江大桥：世界最大跨度斜拉桥	曹政	宋莹莹 白留伟 袁玥	淮安日报社 淮安新闻网	中国新闻摄影学会
新闻漫画	落实到人	集体	岳增敏 肖承森 韩晓艳	讽刺与幽默	中国新闻漫画研究会
新闻漫画	北约军刀	罗杰	李洋 徐小丹	中国日报	中国新闻漫画研究会
新闻漫画	莫让"云养"成为"云骗局"	曹一	杨丽	新华报业传媒集团 交汇点新闻客户端	中国新闻漫画研究会
副刊作品	九旬院士"一站到底"令谁脸红	李思辉	计红梅 赵路 陈彬	中国科学报	中国报纸副刊研究会

表6-8 普利策新闻奖奖项设置

奖项	内容	获奖媒体及获奖人
公众利益服务奖	对于包括好莱坞最具影响力的制片人在内的相关性侵报道	纽约时报（Jodi Kantor 和 Megan Twohey）；纽约客（Ronan Farrow）
突发新闻报道奖	美国加州圣罗莎和索诺玛县的历史性森林大火的报道	加州圣罗莎报纸、民主新闻

续表6-8

奖项	内容	获奖媒体及获奖人
调查性报道奖	亚拉巴马州的参议院选举中,候选人性侵的报道	华盛顿邮报
解释性报道奖	美墨边境修建围墙的报道	亚利桑那共和报、今日美国
地方报道奖	辛辛那提海洛因泛滥	辛辛那提探询者报
全国报道奖	俄罗斯对美国大选的干预	纽约时报、华盛顿邮报
国际报道奖	对菲律宾毒品"战争"的报道	路透社（Clare Baldwin, Andrew R. C. Marshall 和 Manuel Mogato）
特稿写作奖	对于南卡罗来纳州杀害9人的凶手报道	GQ自由记者 Rachel Kaadzi Ghansah
评论奖	对于政客、女性权利、伪善等方面的评论	亚拉巴马州伯明翰媒体集团（John Archibald）
文艺批评奖	对美国视觉艺术的评论	纽约杂志（Jerry Saltz）
社论写作奖	针对艾奥瓦州居民实行国家医疗补助政府私有化的破坏性后果的评论	得梅因纪事报（Andie Dominick）
社论漫画奖	难民家庭的日常挣扎	纽约时报（自由撰稿人 Jake Halpern 和自由漫画家 Michael Sioan）
突发新闻摄影奖	汽车冲入抗议人群	弗吉尼亚州夏洛茨维尔的每日进步（Ryan Kelly）
特写摄影奖	罗兴亚难民逃离缅甸所面临的暴力	路透社

（三）新闻漫画的创作要领

新闻漫画是对新闻要点和评论观点的图示,侧重于以图说话,即通过对典型现象的揭示来象征或隐喻价值判断,进而引发读者的共鸣与反思。因此,它所依托的说理载体与"会意"方式,对其选题和创作提出了"可视化"的特定要求。

1. 图画主体写意须生动扼要

新闻漫画的图像不受时空条件的束缚,能将深奥、抽象的东西用直观、简洁的图像表现出来。[①] 这就要求创作者在漫画创作前,要对事件或问题有深入认知,通过厘清来龙去脉,辨明事件中各要素的主次关系,并准确把握新闻价值的可视化元素,从而在时空坐标中呈现事件的象征意义。以此为基础,再将鲜明的立场、观点或态度浓缩于漫画图像的元素选择中。我国著名漫画家华君武认为:"画漫画的人对于是非问题,无论国家的、社会的、个人的都要有一个清晰的判断。"[②] 一般而言,新闻漫画的图画主体都要从事件或问题中来,这是新闻漫画与一般漫画的显著区别。从事件中来,能使新闻漫画与事件的联系更紧密,提升评论的写意性。同时,新闻漫画的图像元素还必须生动、扼要,能抓住问题关键加以视觉化呈现,以提升漫画的内容张力,提升评论的影响力。

[①] 王文利:《新闻漫画的传播优势:形象化的评论》,《新闻战线》,2003年第2期。
[②] 刘建新、李松:《〈新闻与写作〉新闻漫画家访谈之四:"中国的新闻漫画是战斗的!"》,《新闻与写作》,2005年第9期。

以《新民晚报》2015年发表的新闻漫画《飞来"疯"》[①]为例（如图6-8所示），该漫画以汉字"山"象征风景区，将山峰变异成人民币符号，以此讽刺国内旅游景点的"乱涨价"现象。从中可见，漫画语言运用生动有趣，技巧简洁、重点突出，既能有效显示评论者对民生热点问题的关注，也能深刻揭示图画背后的意义和寓意，从而达到说理和导向的作用。

图6-8 新闻漫画《飞来"疯"》

2. 漫画构思意向须可感

著名漫画理论家方成说："漫画也是一种语言形式，漫画就是画思想。漫画的图像是一种修辞语言，它能突破时空界限，虚构出现实中不存在的形象和情节，来表达作者对事物的某种观点和看法。"[②] 跟其他评论作品一样，新闻漫画的首要目的是向读者传递评论者的观点和态度。漫画意涵是否能为广大读者所理解，是评判一幅新闻漫画作品好坏的关键。以漫画形式进行的评论，要求创作者构思时，要努力寻求其内容能被读者感知的途径和手法：第一，形象方面，新闻漫画要从日常生活中提取素材，通过提炼和重组，使漫画呈现出的意向既紧贴事件，又紧贴读者生活经验，从而拉近漫画与读者之间的距离；第二，情节方面，要求图片叙事要尽量简明可识别，即通过压缩歧义空间，准确传递评论者的观点和态度。以《福州日报》的新闻漫画《手机时代我们的面孔》[③]为例（如图6-9所示），作者巧妙抓住二维码的普遍使用现象，图中男女老少的脸变化为日常生活中常见的二维码形象，手法幽默、夸张，能使读者直观感受网络给日常生活带来的变化，进而引导读者去反思对网络的过分依赖问题。标题中的"面孔"，其实并非实指人脸，而是被加以比喻和引申，象征现代人过度依赖手机和互联网的生存状态，其中利弊为读者留下评判空间，但也传递出作者的"问题意识"和一种反思。可见，新闻漫画用于评论表达，需要深入挖掘图像构思的表意特性，它是对新闻写实的再创造，在转化为写意的过程中，需要更广泛和渗透的生活积累和漫画专业技能，以此为支撑，

---

① 郑辛遥：《飞来"疯"》，《新民晚报》，2015年8月25日。
② 王文利：《新闻漫画的传播优势：形象化的评论》，《新闻战线》，2003年第2期。
③ 徐冶：《手机时代我们的面孔》，《福州日报》，2015年6月25日第6版。

才能将图像中的构思与读者经验识别及价值认知的规律有机结合，达到观点与导向的可感，也才能完成对观点图像化的有效传播。

图 6-9 新闻漫画《手机时代我们的面孔》

七、记者述评

（一）记者述评的定义

记者述评又称新闻述评，是新闻记者夹叙夹议的报道形式，它一方面要叙述新闻采写过程中的客观事实，另一方面要针对客观事实做出分析、预测或发表见解。记者述评这一报道形式常见于重大事件、重大工作或重大活动的盘点和总结中，通过全面系统的描述与评议，体现报道的指导性和社会意义。在记者述评的写作中，记者围绕一个或多个问题、现象展开夹叙夹议的写作，因此观点和事实同等重要，是新闻与评论交叉形成的一种文体。综上，记者述评是具有完整新闻事实的夹叙夹议的报道。

记者述评这一报道形式在中西新闻实践中普遍存在，但却有不同分类。国内新闻学界习惯将记者述评看作是新闻评论的一种体裁，从具体应用而言，记者述评既有"挂牌"述评，又有"不挂牌"述评。"挂牌"述评是指明确带有述评标志的文章，如新华社的《述评：货币多极化趋势日益明晰》[1]（如图 6-10 所示），又如"五四"时期《每周评论》上都会有明确标志的"国内大事述评""国外大事述评"等[2]，或如新华社经常使用述评盘点与总结全年经济形势或政府工作成绩等内容，而且有的述评因信息容量大，常以系列报道的形式刊发。"不挂牌"述评则是指在刊发形式上没有明确标志的述评文章，写作上与"挂牌"述评无明显差异，如《新华每日电讯》的《"开拓造福各国、惠及世界的'幸福路'"——习近平总书记谋划推动共建"一带一路"纪实》[3]（如图 6-11 所示）等。

---

[1] 樊宇：《货币多极化趋势日益明晰》，2023 年 4 月 5 日，参见新华网 http://www.news.cn/2023-04/05/c_1129496728.htm。
[2] 李法宝：《新闻评论：发现与表现》，中国传媒大学出版社，2005 年版，第 241 页。
[3] 邹伟、安蓓、陈炜伟等：《"开拓造福各国、惠及世界的'幸福路'"——习近平总书记谋划推动共建"一带一路"纪实》，《新华每日电讯》，2023 年 10 月 16 日第 1 版。

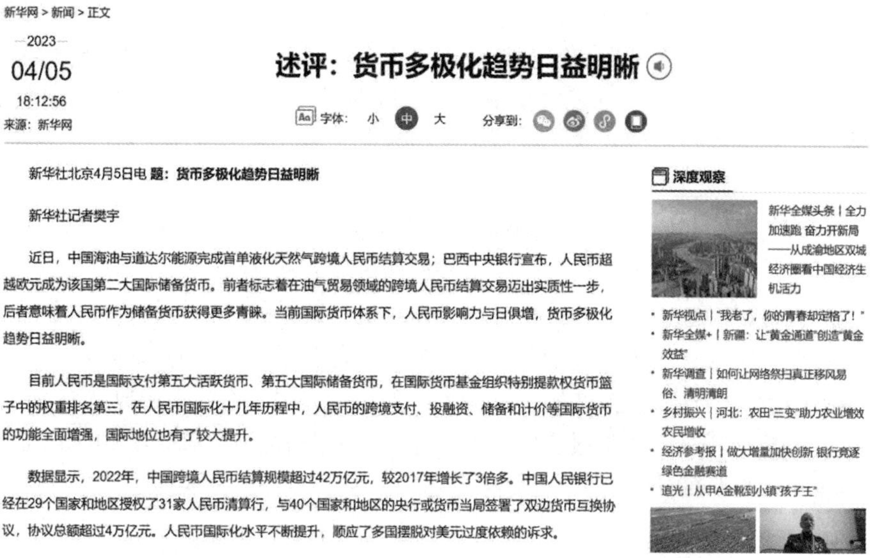

新华网 > 新闻 > 正文

2023
04/05
18:12:56
来源：新华网

述评：货币多极化趋势日益明晰

字体：小 中 大　分享到：

新华社北京4月5日电 **题：货币多极化趋势日益明晰**

新华社记者樊宇

近日，中国海油与道达尔能源完成首单液化天然气跨境人民币结算交易；巴西中央银行宣布，人民币超越欧元成为该国第二大国际储备货币。前者标志着在油气贸易领域的跨境人民币结算交易迈出实质性一步，后者意味着人民币作为储备货币获得更多青睐。当前国际货币体系下，人民币影响力与日俱增，货币多极化趋势日益明晰。

目前人民币是国际支付第五大活跃货币、第五大国际储备货币，在国际货币基金组织特别提款权货币篮子中的权重排名第三。在人民币国际化十几年历程中，人民币的跨境支付、投融资、储备和计价等国际货币的功能全面增强，国际地位也有了较大提升。

数据显示，2022年，中国跨境人民币结算规模超过42万亿元，较2017年增长了3倍多。中国人民银行已经在29个国家和地区授权了31家人民币清算行，与40个国家和地区的央行或货币当局签署了双边货币互换协议，协议总额超过4万亿元。人民币国际化水平不断提升，顺应了多国摆脱对美元过度依赖的诉求。

深度观察

新华全媒头条丨全力加速跑 奋力开新局——从成渝地区双城经济圈看中国经济生机活力

- 新华视点丨“我老了，你的青春却定格了！”
- 新华全媒+丨新疆：让“黄金通道”创造“黄金效益”
- 新华调查丨如何让网络祭扫真正移风易俗、清明清朗
- 乡村振兴丨河北：农田“三变”助力农业增效农民增收
- 经济参考报丨做大增量加快创新 银行竞逐绿色金融赛道
- 追光丨从甲A金靴到小镇“孩子王”

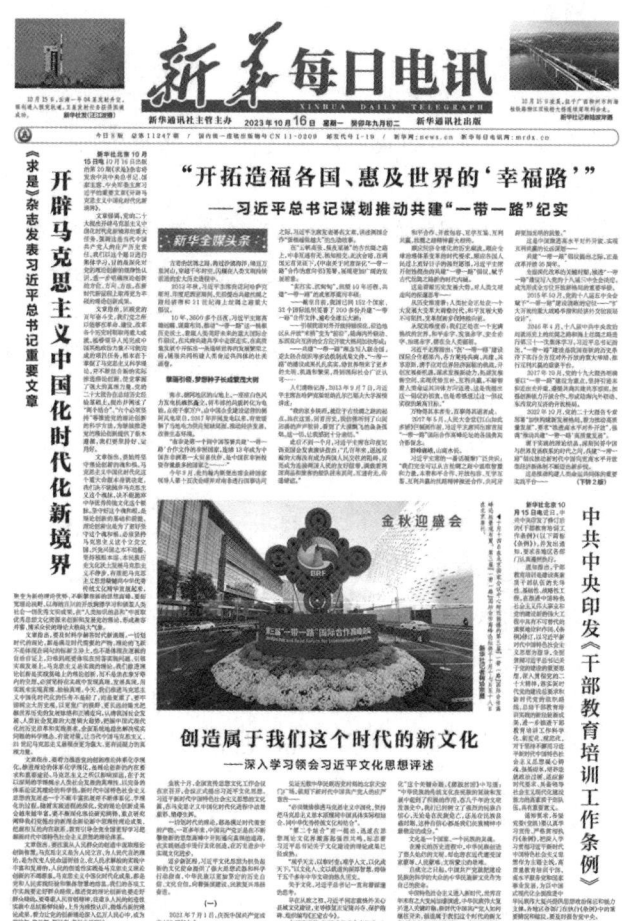

图 6－10　新华社 2023 年 4 月 5 日发表的“挂牌”述评

新华每日电讯
XINHUA DAILY TELEGRAPH

新华通讯社主管主办　2023年10月16日　星期一　癸卯年九月初二　新华通讯社出版

“开拓造福各国、惠及世界的‘幸福路’”

——习近平总书记谋划推动共建“一带一路”纪实

新华全媒头条

《求是》杂志发表习近平总书记重要文章

开辟马克思主义中国化时代化新境界

金秋迎盛会

中共中央印发《干部教育培训工作条例》

创造属于我们这个时代的新文化

——深入学习领会习近平文化思想评述

图 6－11　《新华每日电讯》2023 年 10 月 16 日发表的“不挂牌”述评

总体上看，记者述评兼具了"述"与"评"的特点，因此在写法上以记者见闻和背景资料的占有为基础，作者根据事实材料进行主观评价，"评"的部分可对形势或问题进行前瞻分析，亦可直陈观点表明价值导向。同时，除了在正文中对客观事实进行评论，记者述评还可通过加编者按、设置小标题等方式深入解读所述事实的价值和意义。

此外，在新闻报道中，记者时常通过"记者手记"的形式，围绕新闻事件或新闻当事人阐发个人的思考与看法。① 此种述评形式侧重展示记者在采访中的真情实感，类似记者的采写日记，夹叙夹议，情理交融，看似以第一人称"我"的见闻抒发情感，实则是从记者亲身经历、感悟、认知的角度出发，以更贴近性的表达方式传递观点。记者手记不仅能补充新闻报道中被忽略的背景与细节，还可以引发读者的情感共鸣，唤起读者与记者对新闻价值的理解共振。鉴于记者手记独特的作用，近年来在典型人物报道、重大事件、会议报道或目击体验报道中多有应用。如新华社 2018 年 8 月 6 日发表的《记者手记：今年北极真的热吗？》。

记者手记：今年北极真的热吗？②

中国第九次北极科学考察队 5 日正在楚科奇海域开展多项科考作业。由于"雪龙"号科考船行至北纬 77 度附近，通信联络较为不便，记者已较难同步了解外界动态，但仍然陆续收到了多方询问：今年北极真的热吗？

记者这才知晓，近期全球多地出现高温天气，甚至北极圈内的一些陆地城市也未幸免。然而，从记者亲历来看，北极并不热！

进入北极圈后的第二天起，"雪龙"号就遇见了星星点点的浮冰。随着考察队继续向北行驶，遇到的海冰也越来越密集。调整为破冰模式的"雪龙"号一改此前的温和模样，如同所向披靡的勇士，撞开厚厚的冰层，开辟出前行的路。

随着"雪龙"号在"浮冰世界"里穿行，体感温度也降到摄氏零度以下。若再遇上较大的海风，便可深刻体会到"刺骨"的感觉。每次走出船舱，队员们都要穿上俗称"企鹅服"的厚厚的户外作业服，再把帽子、围巾、手套等统统穿戴上，全副武装后方可出船舱。

"在中国第九次北极考察的沿航线区域，进入冰区后，气温维持在零下 3 摄氏度至零摄氏度之间，与历次北极考察相比，未见异常。"考察队首席科学家助理、中国极地研究中心研究员雷瑞波的观测印证了记者的感受。

为何北极圈内出现高温，在北极考察的考察队却未感受到？考察队队员、中国国家海洋环境预报中心高级工程师宋晓姜告诉记者，最近有报道称北欧陆地上气温达到 30 摄氏度以上，形成这种天气的原因其实很复杂，也有很强的局地性。

"天气尺度本身是以天来衡量的，相比气候尺度要远远小得多、短得多。"宋晓姜说，全球气候变化以及北极海冰逐渐减少是当今科学界普遍认同的现象，但是气候系统十分复杂，

---

① 何村：《如何写"记者手记"》，《新闻与写作》，2013 年第 2 期。
② 申铖：《记者手记：今年北极真的热吗？》，2018 年 8 月 6 日，参见新华网 http://www.xinhuanet.com/science/2018-08/06/c-137371524.htm。

一个异常的天气过程不能完全代表气候系统的异常，需要更多的资料开展分析和研究。

"这也就是开展北极科考的意义，去揭开更多的谜团，从而能够更好地保护北极和我们的家园。"宋晓姜说。

（二）记者述评的主要特征

1. 夹叙夹议

夹叙夹议是记者述评最突出的特征，即叙述事实是为论证观点服务，论述观点是叙述的归指，由此形成事实与议论的有机结合，从而表现新闻价值、传递价值判断，正所谓以"议"驭"叙"。在记者述评的生产过程中，一方面，记者以新闻报道"观察员"的身份出现，综合运用自身已有的相关背景积累及最新掌握的一手新闻素材展开述评，保证论有所据、论有所出，体现新闻报道真实性、客观性；另一方面，由于记者述评更多的是阐发记者个人对当下客观事物或形势的观察、感受和判断，集新闻报道和新闻评论于一体，因而在很大程度上提升了述评的时效性。

2. 整合集纳

记者述评以新闻采写为基础，与相关的新闻报道密切关联，亦常作为重大的新闻报道的配发内容出现。比如，针对一些主题重要、过程持续、问题复杂的政府工作、发展形势、建设成效等现象或问题，记者以述评形式进行报道，结合采访体验，以专业视角对其进行分析，将看似零散的事件放回到其所属的宏观背景中进行分析，解读其重要意义。这要求述评写作者具备动态辩证的信息整合能力和全局视野，从评述对象的社会历史坐标体系中，对其进行准确定位，并做出科学可鉴的解读，从而将报道的社会价值推向纵深。

（三）记者述评的写作要领

1. 选题重大，事实丰沛，突出解读价值

以我国的新闻评论实践来看，记者述评往往选择一些具有全局意义的重大问题或事件进行评论，它们包括具有转折意义的重大问题、阶段性总结性问题、国内外重大突发性事件、国内外社会热点事件等。[①] 与其他评论样态相比，"夹叙夹议"的文体特征使记者述评所涵盖的事实材料更为丰富，因此，对于述评者而言，在论证中既要充分掌握全面的事实材料，又要抓住有代表性的个案事例。在记者述评中，述评者往往也是新闻的报道者，这意味着记者不仅要掌握与报道相关的一手材料，而且还应对报道领域有长期的知识积累与调查研究，能够在写作的过程中，通过对丰富素材的选择、组合来凸显报道的社会价值，展示报道的系统性和前瞻性。简而言之，即精心选择所"述"，以所述为基础和框架展开所"评"，在二者的互动中做到"所评有据""所述需评"。

表6-9为不同类型记者述评的案例列举，这些述评文章选题重大，所述事实丰富，通过有理有据的深度解读凸显其深远的价值意义，供述评学习者参考。

---

① 吴庚振：《新闻评论学通论》，河北大学出版社，2001年版，第200页。

表 6-9 常见记者述评类型枚举

述评类型	来源	时间	标题
工作述评	新华社	2022年9月28日	推进中国特色大国外交　服务中华民族伟大复兴——新时代中国外交工作述评
事件述评	环球时报	2003年12月17日	抓住萨达姆对布什意义重大
形势述评	人民日报	2023年12月10日	开局之年中国经济高质量发展述评①：开局之年，高质量发展扎实推进
		2023年12月11日	开局之年中国经济高质量发展述评②：着力扩大国内需求
		2023年12月12日	开局之年中国经济高质量发展述评③：现代化产业体系建设取得重要进展
政策述评	北京青年报	2010年2月7日	政策与机会
活动述评	人民日报	2016年1月3日	《人民日报》年度述评：文脉守正　除旧布新

2. 虚实结合，事理交融，重在分析

述评写作常常并用归纳与演绎的方式，从而实现论证内容的虚实结合和事理交融。具体而言，述评写作可以先给出事实，再基于事实进行评价，从实到虚，由事及理；也可先表明观点，再将观点所依据的事实材料加以有序罗列，从虚到实，先理再事。在"述"的部分，作者要遵循新闻报道的一般规范，对新闻事实进行客观陈述及概括，不夹带记者个人的偏好；在"评"的部分，作者要坚持实事求是原则，从客观事实出发进行阐发和议论。可见，述评写作中要做到有理有据，有的放矢，不仅需要作者能够运用严密的逻辑思维对事实材料进行深入分析，还需要作者能以客观事实为着力点，由表及里，由境推理，合理阐发，引导读者达成共识。2020年7月，中华全国妇女联合会决定授予张桂梅"全国三八红旗手标兵"称号。《中国妇女报》较早对张桂梅的事迹全方位关注，刊发文字评论《张桂梅为什么感动中国》，全面深刻地阐释了这位"燃灯校长"的奉献与坚守。这是有关张桂梅最早的评论之一，获第31届中国新闻奖文字评论二等奖。

张桂梅为什么感动中国[①]

有些人的光芒，是燃烧自己照亮别人。

在茫茫滇西深度贫困山区，半生坎坷半生奉献的张桂梅，用瘦弱的身体扛起1800名大山女娃的人生希望。"只要还有一口气，就要站在讲台上"，在63岁的年纪，张桂梅那些足以"感动中国"的诺言和行动，仍在继续。

能够抗衡时间、改写命运的，唯有执着信念。大山之中，扭转女孩因受教育程度低而形成的自身成长和代际恶性循环，并非易事：这不仅是对教育资源的考验，更是一场

[①] 韩亚聪：《张桂梅为什么感动中国》，《中国妇女报》，2020年7月27日。

对陈旧观念的"宣战"。并且,突破习惯禁锢,光靠激情和热情显然还远远不够。

11万公里家访路,走进1300多名学生家,把累计超百万元的全部奖金和大部分工资捐出……与张桂梅有关的每一个数字,都在诉说着"膝下无儿女,桃李遍天下"的奉献精神,印刻下"教育改变女孩命运"的执着信念。

平等地接受教育、平等地参与竞争、从容地圆梦人生,一份锲而不舍、坚定不移、无私奉献的执着信念,就这样润物无声地滋养着大山女娃,让"女孩子读书,可以改变三代人"的信仰翻越重重大山,照进现实。

深深打动和激励人心的,还有"在苦难中开花"的巾帼力量。在痛失亲人、身患重疾的绝望和打击之中,在引起非议、受到质疑的误解中,张桂梅"雨水冲不垮,大风刮不倒",展现出新时代女性的自尊、自信、自立、自强。

而更为恒久的意义是,张桂梅用自己的经历告诉女孩们"女性自强才能自立",也以这样的精神传递着"每一位妇女都有人生出彩和梦想成真的机会"的价值理念,并塑造了更多在自立自强中树立自尊自信的"她们"。

命运打不倒心中有光的人。张桂梅近日获授全国三八红旗手标兵称号后,一波"致敬体"在网络上"刷屏",流着泪看完张桂梅事迹的网友们,读懂了大爱无声和百折不挠。

大山里的"教育奇迹",是一种坚持到底的奇迹,更是一种百折不挠的奇迹。面对种种心酸、考验,甚至难以逾越的难关,如果没有冲破乌云和阻碍的坚定不移,又怎能让阳光照亮女孩们的心房?如何让她们在美好的人生之路上行稳致远?

读懂一份直抵人心的感动,心中就会播撒向上向善的种子。那束来自云南大山深处的希望之光,那颗来自"教师妈妈"的教育初心,那些来自大山女娃的蝶变人生,都会将生生不息的奋进力量传递下去。

八、杂文

(一)杂文的定义

作为现代散文的一种,杂文不拘泥于某一种形式,偏重议论也可叙事。[①] 在北京十月文艺出版社2014年出版的《燕山夜话》封面上,出版社将其类别标注为散文。散文之于新闻评论,历史悠久,从古至今也发生了众多演变。现代的散文并不像古代一样追求"以文来战",而是趋向于审美上的体验,使读者在阅读的过程中能感受到不同于骈文的语言和内容的美感。我国现代文学史上的奠基人鲁迅,用实际行动对杂文的概念、功用进行了生动诠释,拓展了文学视野和文体认知。人民日报社原社长兼总编辑邓拓也热衷以杂文的形式针砭时弊、激浊扬清。由他本人主笔的《燕山夜话》[②],内容上既有针对时下问题的思想漫谈,也有数量众多的史料考究,语言凝练不失文采,或借古喻

[①] 晁继周:《现代汉语词典》,商务印书馆,2005年版,第1692页。
[②] 邓拓主笔的《燕山夜话》,被视为我国著名的思想杂谈类专栏,兼有杂文和评论的特点。

今,或借今论古。[①]《燕山夜话》的选题主要分为五大类,分别为农学、古代考证、人生哲理、传统文化教育以及健康。涉及农学的篇目众多,如《甘薯的来历》《大豆是个宝》《多养蚕》[②]等,动植物皆有提及。如表6-10所示,《燕山夜话》作为我国报纸知名的思想型、知识型杂谈专栏,其选题集中体现了丰富性和杂合性。

表6-10 1961年至1962年《北京晚报》之《燕山夜话》的选题类型[③]

选题类型	农学	古代考证	人生哲理	传统文化教育	健康	其他
占样本比	12%	24%	10%	28%	5%	21%

近年来,对杂文的定义、杂文与散文的区分、杂文与随笔的区分等问题,多有讨论,但尚未形成定论。但是从杂文写作的基本特征和传播取向来看,"杂文"之"杂",并非指没有规律的随意写作,而是指内容来源的广泛、写作风格的多元、审美评价的包容。

依据报刊对杂文的刊发定位,本书认为,杂文是一种反映社会变化、表达个人思想、意见和情感倾向的短小隽永的文艺性政论。因为它多出现在报纸的副刊版面上,所以是更加个性化的、文艺化的、大众化的文化评论,是对新闻评论文体及样态的丰富及补充,它是新闻评论的边缘文体。

(二)杂文的特征与写作要领

杂文是"诗与政论的结合",兼具文艺性与政论性的特点。在杂文写作中,不仅要注意观点与逻辑等基本问题,更讲求修辞及思辨的深入、生动与深刻。杂文之"杂",只在于外在感觉,其实为内在的杂而不乱,杂而有序,杂而有道,体现为内容的综合性,让人读之深觉有料有趣;同时也体现为形态的多样性,即文风的千姿百态,体现人格化与人文化。这不仅需要写作者学识渊博,也需要写作者语言功底深厚,能够圆熟驾驭写作技巧,凸显思想的新锐与深刻。其特征及写作要领如下。

1. 选题广泛

杂文写作一般为"就实论虚",换言之,就是以分析具体事实入手,通过逻辑说理发表态度,阐明观点。因此,事实的多样性直接决定了杂文选题的广泛性。杂文无所不谈,无所不议,这里的事实可以是一则新闻、一个典故、一段寓言、一种现象甚至可以是一个汉字、一段歌词等,其具体选题可以涉及文史哲经、琴棋书画、古今中外、风土人情、天文地理等,只要是有感而发、有感可论的选题皆可成文。

杂文的论证常从微小事实入手,挖掘深刻的主题与阐述独到的见解,即"以小见大"。这里的"小"并不一定指小问题、小事件,也可以是庞杂问题或事件的一个方面,或一个视角或一个细节。同时,杂文选材立意讲究"大中取小"。这里的"大小"是一

---

① 刘莹莎:《北上广三地代表性晚报的言论专栏之品牌化研究——以〈燕山夜话〉〈未晚谈〉〈街谈巷议〉为例》,四川大学硕士学位论文,2013年。

② 邓拓:《燕山夜话》,北京十月文艺出版社,2014年版,第126~344页。

③ 刘莹莎:《北上广三地代表性晚报的言论专栏之品牌化研究——以〈燕山夜话〉〈未晚谈〉〈街谈巷议〉为例》,四川大学硕士学位论文,2013年。

个相对的概念，无论何种选题，在写作时均注重对意义的浓缩与提炼，能将思想与思考的结晶集中于文中得到准确展现就是好的选题与贴切的表达，因此，杂文写作只有大体，没有定式。

2. 注重写作手法的运用

写作手法是让杂文生动有趣、深刻隽永的技法之一。杂文写作既要有"理"，也应有"情"，这就要求作者在运笔时，须将形象说辞与逻辑论证有机结合，其中，必要的写作手法不可或缺。"它是靠逻辑思维树立文章骨架，以形象思维获取文章血肉，并在创作过程中使这两种思维形式充分活跃起来，使道理获得形象的血肉，使形象发挥说理的力量。"① 具体来说，杂文常用的写作手法如下。

(1) 意象法。

杂文寓理于形，常用具体形象对道理进行阐释，意向法是使论述形象化的一种方法，化抽象于具象，借用生活中的各类事物或自然界的动植物进行喻指，将主观的思想与客观事物融为一体，对对象展开论述。如《且说"苍蝇乱飞也要拍"》②一文，以"苍蝇"为象，喻指"基层腐败分子"之意，是一个十分典型的意象使用案例。文中"苍蝇乱飞，播菌播毒、危及生灵、祸害生态，一定意义上可以说群蝇为患，其害比虎"等描述苍蝇的语句，能让读者自动将基层腐败分子代入苍蝇的形象联想，从而加深对腐败行为及其危害的体会。因此，选用恰当的意象行文成为杂文论述行文的常用手法，它可让文章论述鞭辟入里，引人深思。

(2) 典故法。

典故法分用典、反典、化典三种方式。"用典"即正向用典，直接对典故进行引用，起到借古讽今的作用。"反典"则是对典故中的意义进行反向解读或给出不同解释，能够赋予文章新意。而"化典"，则是对典故进行创新性延展与衍用，可以"以典起兴"，即以典故为引，再论述成篇；也可"旧典翻新"，将典故中的人物或故事带到现代的场景，用戏剧性的方式进行巧妙说理。如《水至清，真的无鱼吗?》③一文的标题及写作是对"水至清则无鱼"的反典应用。文章以当下现实视角衡量这一表述的逻辑性，得出"水至污则无鱼"这一论断，强调环境保护以及建设风清气正的政治生态的重要性。在杂文写作中，运用典故可让文章寓意更加深刻，体现可读性与哲理性。

又如《潘金莲劝节》④一文中，作者以潘金莲在不同场合"劝节"的故事为后文中论述某些干部表面刚正不阿、实则蝇营狗苟的"假正经"嘴脸做铺垫，最后总结出"心不诚则信仰不能立，德不高则节操不可劝"的观点。这种"化典"的方式可让观点掷地有声。但需要注意的是，用典须有必要和创新，就是说应尽量避免使用"熟典"，以免论述落入俗套，也应慎用"僻典"，避免文章艰涩难懂。

(3) 借用俚语。

俚语、方言或流行用语的使用能增加杂文的趣味性与可读性，令文风更加活泼。但

---

① 林溪：《谈杂文的基本特征》，《新闻与写作》，1987年第12期。
② 王长宗：《且说"苍蝇乱飞也要拍"》，《杂文月刊》，2018年4月（上），第4页。
③ 罗浩声：《水至清，真的无鱼吗?》，《杂文月刊》，2018年2月（上），第4页。
④ 于文岗：《潘金莲劝节》，《杂文月刊》，2018年4月（上），第39页。

俚语在杂文中的使用不是为了插科打诨或追赶时髦，而是一种不失幽默的思考或反讽。如文章《"霸"是个啥》①，以"学霸"和"学渣"两个时代流行词为由头，以鲁迅弃医从文为案例，探讨"唯分论"的狭隘性。在谈及鲁迅升级考试成绩时，作者议论道："解剖 59.3 分，组织 73.7 分……如不是伦理考得较好，平均成绩不及格，升级也会告吹。我怀疑那三科 60 分，也许是老师'照顾'的。鲁迅那时也就是现在所谓的'学渣'了。"这些口语性的表达，令文章在戏谑中频添理性反思，给人启发。

3. 文风个性化

杂文作为一种文艺性的"议论短评"，嬉笑怒骂，皆成文章。其文风个性鲜明，笔调或是诙谐幽默，或是生动洒脱，因不同时代写作者的不同个性和表达习惯而具有不同的语言特色。如鲁迅的杂文利如匕首、快似投枪，有鲜明的战斗风格与批判色彩；王小波的杂文则是讥诮反讽，更显"黑色幽默"。新时代背景下的杂文，除继承传统杂文的语言风貌之外，也融入了社会发展进步和人们思维方式变化的时代特色。如语言表达和结构方式的多样化将"论是非，定从违"表现得更加生动、深入和人格化，品评世间百态、探讨时事政治的杂文与新闻时评、短评等一起构成了"你中有我，我中有你"的独特评论生态，与专栏评论、网络评论等呈现融合趋势。

（三）典型案例

杂文与新闻评论看似为两个种类，却存在"评论杂交"的共性特征。所谓"评论杂交"，是指糅合了新闻评论、杂文、散文中的两种或三种文体特征的评论文章。有业界人士认为，"评论杂交"相对单一的新闻评论而言，具备更多优势与功能。② 以《新民晚报》著名的言论专栏《未晚谈》为例，1985 年 7 月，夏衍曾为当时将要出版的《未晚谈》作序，他在序言中提道："读林放同志的杂文可以使人振奋、使人沉思，同时'它也能给人愉快和休息。'"③ 赵超构对于《未晚谈》的概括是"这些文章多数是属于对社会现象的评论，或是颂扬，或是批评，总之是就事立论，表示个人对于世象的见解"。从这两则评价可见，《未晚谈》是杂文与新闻评论的结合体。

《河北日报》的《杨柳青》言论专栏亦是一种"杂文化的时评"。该栏目位于《河北日报》要闻版，每篇千字左右，不定期刊出。其选题立足于现实生活与当下热点，又糅合进杂文的写作特色，曾获首届中国新闻奖名专栏奖，具备良好的社会反响。《杨柳青》主笔储瑞耕具备多年杂文与时评的写作经验，下面以其作品《雄安的"起步"与干部的"干事"》为例，以增强读者对杂文和时评糅合写作风格的感知。

<h3 style="text-align:center">雄安的"起步"与干部的"干事"④</h3>

雄安新区建立起来了，一项了不起的伟大事业开始了。接下来的事情，就是要"干"，尤其是各级干部。

---

① 王乾荣：《"霸"是个啥》，《杂文选刊》，2018 年 1 月，第 46 页。
② 丁邦杰：《"杂交"——晚报评论的基本技法》，《新闻记者》，1996 年第 7 期。
③ 赵超构：《未晚谈》，上海人民出版社，1992 年版，第 3 页。
④ 储瑞耕：《雄安的"起步"与干部的"干事"》，《共产党员（河北）》，2017 年第 11 期。

第三部分 应用

在一个人的生命史上，有一个基本关系要解决好：做人与干事。

在一个干部的为官史上，也有一个基本关系要解决好：做官与干事。

无数正反面的事实都证明：一个人，不努力干事，不卓有成效地干事，那就必定做官做不及格，做人也做不及格。

电视连续剧《人民的名义》中有一个配角人物——光明区区长叫孙连城，不为民办事，天天抱着个望远镜"胸怀宇宙"！此人有一句"经典语录"：年龄大了，升也升不上去，什么都无私无畏了。

什么意思呢？就是：因为"年龄大了，官升不上去了"，我"一切无所谓，事可以不好好干，人也可以不好好做"。

"无私无畏"，原本是一个非常好的词汇，是说一个人没有了私心杂念，忘我了，就能够无所畏惧地前进，牺牲"小我"的利益，全心全意为人民服务。在改革开放、经济建设、社会进步的伟大事业中建功立业——所有的各行各业各级干部，都应当这样。

可是，"孙连城们"却把这么一个积极向上的好词汇曲解成：我的私欲私利既然达不到了，那我就可以什么都不管不顾，什么正经事都不干，为所欲为了。而大凡肆意歪曲、糟蹋"无私无畏"好的精神品德的人与事，都与火红的改革开放、经济建设伟大时代"唱反调"，都是一点道理、半的道理也没有的！

现实生活中的确存在着一批消极堕落的"干部人等"，看上去好像是彻底的虚无主义。其实彻底的虚无主义是不存在的：一个人，一个干部，你在这些方面"虚无"，在另一些方面就"不虚无"，比如这个孙连城，面对李达康那样"强势上级"耍弄花招，阳奉阴违，面对朴实的人民群众庸庸碌碌，不求作为，他"虚无"吗？

有的人用"年龄大了，升也升不上去了"于是"无私无畏"来自我解嘲，为自己消极无为的人生观、"懒政"的思想和行为张目，从一个层面可以看出：这样的干部，在他们的任内——有希望"升上去"的时候，也是根本不可能真正忠于职守，不可能全心全意为人民服务的，而是"一面应付着干工作，一面专心揣摸着职位之类"，总之是以"有希望升上去"为全部动力的。

对于一个干部来说，"升上去"不是坏事；而且，实事求是地扎扎实实地奋斗做事的干部，理应得到适当的升迁。可是据我观察，我们干部队伍里，确实有那么一些人，一心求官，乃至挖空心思——当了科长想处长，当了副处想正处，当了正处又想副厅——而一旦求官不成，就消极怠工，什么工作上的事情、人民群众的事情，统统可以"不当一回事"！

有如此精神状态的干部，其实灵魂深处隐藏着丑陋的个人主义，升官发财思想，他们的存在，是改革开放、经济建设、社会进步事业的隐患，与腐败等等恶劣的坏人坏事，根本性质是一样的。

雄安新区建设也好，其他方方面面的事业也罢，消极无为思想、升官发财思想，理应没有市场，因为九九归一，都要有一大批忠于职守、扎实肯干、确实能干的干部带领成千成万的改革者、建设者，齐心协力来干，这是事情的根本希望所在！

该文以雄安新区建立为引论，对"做官"与"干事"的辩证关系展开讨论。雄安新区的建立作为一项伟大事业的开始,接下来便需要"干部"干事。在正论部分,作者以《人民的名义》中光明区区长孙连城"无私无畏"的反面案例,论述了消极堕落的干部对我党事业的危害。其中,"胸怀宇宙""无私无畏"等正面成语的反面运用,让"反讽"贯穿论述主体,鞭辟入里地批判了"懒政"这一现象及其危害,从而凸显了干什么样的事和如何干事的价值导向。该文主题与论据充分结合了当下的时事与热点,在阐述过程中以小见大,用辛辣讽刺的话语揭示了深刻的主题,对隐藏着的丑陋个人主义、与经济建设"唱反调"的干部展开鲜明批判,是非分明。文章取材立足当下,论述层层推进,言辞犀利泼辣,体现了时评的时效性与杂文的反思性。

第三节 广播新闻评论样态

一、广播新闻评论的含义与主要特征

广播评论也称"有声评论",是通过口语或音响进行言论传播的报道方式。从广义上讲,广播评论包括广播电台使用的一切评论品种与类型;从狭义上讲,广播评论特指广播新闻评论,即通过广播媒体对新闻事件发表看法与意见的一种报道。基于此,本书的介绍和讲解侧重于狭义层面的广播新闻评论。

(一)广播新闻评论的含义

我国学术界对广播新闻评论的内涵有着不同的界定。

广播新闻评论主要是指评论者利用广播对当前发生的社会热点事件进行分析评论的一种评论类节目,它们根据事件的性质,通过评论员的口述进行评论、阐发新闻立场。[1]

广播新闻评论是一种政论性的新闻体裁,通过对新近发生的、具有普遍意义的新闻事件和迫切需要解决的问题动向的分析,直接、明确地发表作者或编者的观点,表明态度,提出解决问题的办法,起到影响舆论、引导舆论、指导社会生活的作用。[2]

广播新闻评论是广播媒体针对现实生活中实时发生的、公众普遍关注的社会话题和一些具有普遍意义的事件,以及当前迫切需要解决的社会问题、矛盾等发表议论,做出分析,讲明道理,直接发表意见和观点的文体或节目样式。[3]

参考上述界定,本书认为,广播新闻评论是广播媒体对当前具有评论价值的新闻事件、社会问题所发表的意见性信息。作为一种新闻体裁,它与报纸新闻评论对象相同,主要针对社会生活中新近发生的事实、事件或者广受关注的社会热点及话题。广播新闻评论在形式上通过声音符号进行线性传播,具有听觉感染力和口语传播的通俗性、生动性。从功能上讲,仍然起到传递新闻观点和引导社会舆论的作用。

---

[1] 邵燕婷:《广播新闻评论创新思考》,《新闻传播》,2013年第9期。
[2] 刘玲:《关于强化广播评论的思考》,《新闻爱好者》,2012年第16期。
[3] 蒲丽红:《广播评论要有"广播味"》,《新闻爱好者》,2015年第6期。

（二）广播新闻评论的主要特征

依托于广播媒介的传输特性与符号体系，其新闻评论呈现出以下特点。

1. 简洁明快，短小精悍

新闻评论以事实为依据，针对特定的内容和着眼点进行分析和解读。基于文字传播的特性，报纸新闻评论往往可以通过较长的篇幅，对新闻事实进行多角度、多层次的剖析和阐释，可以对文字语言进行语法和语义层面的精雕细琢，比如通过表示逻辑关系的连接词以及适当的修辞手段达到精准论述的目的，相对来说，也对其接受对象的文化教育程度的要求较高。

相比较而言，广播新闻评论依托声音符号表意，具有声音及电波传输的媒介符号特征，如伴随性、转瞬即逝、线性不可逆等，因此，其新闻评论内容需要考虑符号特质，使之能有效传播。据此媒介传输体系的特性，广播新闻评论常以短评、快评的方式来实现有限时间里的有效传播，也因此，其评论的内容和形式需要做到简明、短小，论题与论述也应集中和精炼。

2. 深入浅出，以小见大

由于电波传播快捷易逝，"深入浅出，以小见大"便成为广播新闻评论的必然要求。这就意味着评论长度与内容含量必须与广播的传播特性适配，同时，也意味着广播新闻评论的构架与播报要善于突出重点，浅近易懂。因此，从身边的新闻和亲身经历切入，以小见大，归纳分析，往往能够配合事理，讲清道理，有效传播。

如获得第 24 届中国新闻奖广播评论二等奖的作品《办实事还是办政绩？》，以"老年配餐服务"为切入点，通过为期半个月的调查，发现民政局公布的数据与实际情况相差甚远，从中揭示了一些干部背离党的群众路线教育方针及缺乏"为民务实"作风的问题（见画线部分）。

> 按照天津市民政局的介绍，老年配餐服务是市政府交给他们的一项重点工作，这项民心工程今年将圆满完成。但事实上，<u>配餐点的运营成本没有补贴，商家很难可持续运转，老人们难享实惠，配餐覆盖率 90% 也就成了空中楼阁，成为部门对上负责的表面文章，对下不负责任的假话，谎话。</u>
>
> ……
>
> 值得警惕的是我们一些干部的工作作风。他们的办事逻辑是：<u>举措即事实。他们认为：为民办实事，落脚点就要放在政府有没有这个举措上面，而对举措能否真正落实不去关心，对百姓有没有得到真正实惠不去过问。面对老人们依然突出的吃饭难题，我们不禁要问，这样的干部、这样的部门到底是在办实事还是办政绩？</u>[①]

3. 语言浅显，平易通俗

广播新闻评论是口语传播，其听众对象通常处于狭小、封闭式的收听环境中，要使评论传播生效，必须拉近与听众之间的心理距离，也必须营造四类与人际间自然交流的

[①] 宋震、刘杨：《办实事还是办政绩？》，2014 年 12 月，参见 http://www.doc88.com/p-9415721083607.html。

"类语言"环境,所以,"讲述"与"倾听"构成广播新闻评论传与受的交流状态,它要求其评论文本的写作口语化、通俗化、平易化。对评论播报来说,态度诚恳、语气平和、蔼然可亲的语言风格尤为重要。

具体来说,广播新闻评论的文本要兼顾声音传播的特性,尽可能选用明确的字词,善于使用有说服力的有声语言,包括调动情绪产生共鸣的配乐或音响,转化容易发生歧义的单音节词等,多采用生活语言、群众话语,同时避免使用晦涩的词汇和繁复的句式,从而提升"收听道理"的有效性。

如第 24 届中国新闻奖广播评论一等奖作品《由保洁员吃学生剩饭引发的思考》[①],其中对人物生活化语言的引用(见画线部分),就增强了论述的生动性,也让人听了顺乎情理,感到真实亲切。

> 每天学生们的午餐晚餐后,烟台大学七餐厅 4 楼食堂的几位保洁员都会聚在一块儿,从各自携带的塑料袋里掏出米饭或者馒头、花卷,再加上几个菜,这就是他们的午饭或晚饭。而这些饭菜,很多都是学生们吃剩下的。
> "这个剩一半了拿过来。"
> 记者:"凉了没有,也没热一下?"
> "温乎的,没事,窗口刚买回来没大会儿。"
> 第一个吃学生剩饭的吴明华是吉林人,退休后就搬到烟台与孩子同住。吴师傅说家里不缺钱,这么做,就是不想浪费。
> 吴师傅:"<u>就是寻思别浪费掉了,白花花米饭来之不易。拣点剩饭吃,也不脏。学生都挺干净,就像个人家的孩子一样。</u>"
> ………

4. 生动形象,贴近听众

广播新闻评论的语言并非词与词之间、段落与段落之间的简单语法组合,还包括作者在遣词造句和内容结构上的精心安排,它体现和传递的是对事物分析的逻辑。原《解放日报》社长兼总编辑恽逸群曾将广播的主要特点归纳为"短、浅、软","软"体现为形式上生动、轻松、有趣和贴近群众。在广播新闻评论中,常采用情理相依,幽默风趣的口语表达,这样便能够将抽象、难懂的内容以形象、生动的平等对话与交流的方式传递给听众,帮助听众理解和思考。

如第 19 届中国新闻奖广播评论一等奖作品《"田"字新解》[②]:

> 如果失去中心内涵,"田"字就变成了一个"口":地方政府可以无原则地松口,开发商更可以狮子大张口,肆意侵吞土地和农民的利益,进而转化成让自己膘肥体壮的营养。
> 要堵住这张血盆大"口",就必须坚持原则,敢用重典!

[①] 中央人民广播电台:《由保洁员吃学生剩饭引发的思考》,2013 年 11 月 19 日,参见央广网 http://china.cnr.cn/news/201311/t20131118_514168680.shtml。

[②] 李昌文:《"田"字新解》,2009 年 6 月 4 日,参见新华网 http://www.xinhuanet.com/zgjx/2009-06/04/content_11486261.htm。

……
"田"字不是不可以出头,但向上出头必须有充足的理"由"。
"田"字可以出头,但向下出头必须有个"甲"等的选择。
……

该广播新闻评论针对一些基层政府组织机构违规批地、违法占用耕地,并引发群众强烈反响这一新闻事件展开讨论。从"田"字字形角度出发,拆解分析每一笔每一划含有的特殊意义,颇具创意。评论内容从整体上分为三个部分:农田被强征、保护农田的意义以及保护的具体措施,在此基础上提出了"社会发展对土地的利用必须有节有度"的核心观点,令人信服。

二、广播新闻评论的发展简况

20世纪40年代,中国共产党创办了我国第一座广播电台——延安新华广播电台。20世纪70年代末,广播新闻评论这一样态逐渐成为广播新闻节目的重要部分。在广播新闻评论发展初期,呈现出沿袭套用报刊评论的名称和标准的"移植"特征,如本台评论、本台评论员文章、本台短评和编后话等,就是以播音员口播的形式将报纸上发表的评论加以播读,使之变成报纸评论的有声版,但却缺乏广播的个性元素与媒介特质。随着时代的发展,广播技术日新月异,广播新闻评论开始注重个性特征的挖掘,"本台评论"等评论形式随之出现。

20世纪80年代初,广播电台建立和发展了自己的评论队伍,不断突破以往在文字表现上的束缚,逐步探索出富有广播特性的评论形态,如广播谈话、音响评论等。同时,在播报方式上也逐渐呈现出浅显、流畅、声情并茂的特点。众所周知,评论在新闻报道中承担着重要的角色,它将"深度"进行有理有据、中肯式的挖掘和提升,开发新闻报道内容中存在的各种现象和问题,并在一定程度上更有效地反映、影响、引导社会舆论。因此,若只是单纯地播读,不仅不能发挥广播的特点,凸显优势,也无法在市场竞争中与报纸抗衡,引导舆论,树立权威。

互联网时代的到来和新媒体的崛起危及了广播在市场份额中的地位,为了稳固自己的地位,并能继续发展和壮大,广播与网络媒体积极融合,将广播元素更加鲜明地融入各种形式的评论中,如广播评论专栏、直播室讨论、专家学者连线、网友热评、微博热议等相继兴起,提升了评论的互动性和社会参与度。此外,评论员以交流或访谈的方式主持评论节目,联动"两微一端"(微博、微信、客户端)等,搭建了社会沟通和礼仪表达的平台,从媒介推动民主的角度看,广播新闻评论的网络化形态推进了媒介化民主的进程,并且发挥了积极的议程设置作用。

由以上发展轨迹可见,广播新闻评论从沿袭报刊评论形式到依托自身媒介符号特性,在实践中创造、融入了一些独特的评论形式,反映了其从共用方式到独特方式再到特色节目化方式的变化与拓新。如今,广播媒体的新闻评论工作者依然在创新探索的路上为回应时代之需、受众之需而努力前行。

三、广播新闻评论的常用品种

（一）播音员述评型

播音员述评型评论是指由广播播音员（主持人）独自一人完成的对新闻事实的叙述和评论。通常情况是新闻播音员针对某一新闻事实，在播音过程中即兴发表评论。这类评论由新闻播报、播音员简短评论构成，及时体现舆论导向和媒体表态，因其依托于播音员评论的人格化特征而表现出不同的评论风格，如闲聊胡侃型、以情动人型和讲法说理型等评论风格，这对于增强可听性和交流感大有助益。

以中央人民广播电台述评评论《拜金主义要不得》为例。该评论写于20世纪90年代，当时，拜金主义思想在我国有所抬头，社会上比阔斗富现象层出不穷，由此给社会主流价值观带来很大冲击。对此，中央人民广播电台记者敏锐关注和意识到了该问题和发展态势的严重性，就在全国两会采访中全面搜集了各地攀比斗富的实例，围绕"拜金主义要不得"的鲜明立场和观点，通过播音员铿锵有力、旗帜鲜明的播报，深刻揭示了拜金主义思潮的实质，批驳了拜金主义思潮的危害。该评论播出后，因其对价值观的正确导航引发社会强烈反响，成为播音员述评类型的典型代表。

拜金主义要不得[①]

在我们步步推进社会主义市场经济建设的时候，这样一个声音越来越清晰地回响在我们的耳边：还是要讲艰苦奋斗，讲高尚的人生观、价值观，拜金主义、奢侈挥霍之风要不得。改革开放使人们手里的钱多了，这是好事，可钱怎么花却大有学问。对占人口绝大多数的工农大众来说，从国民经济大局来看，"勤俭是咱们的传家宝"依然是最动听的旋律。可偏偏有人对此不以为然，于是人们就看到一些奇怪的现象。

在杭州，有两个"大款"为了斗富，竟在众目睽睽之下，比赛烧人民币，每人烧掉2000多元而面不改色。

在长春一家卡拉OK厅，一个富翁宣布：包下当晚所有的"点歌费"。另一位大亨立即声明：买下全市当天所有的鲜花。你不让我点歌，你也别想献花。春节时，一个青年富豪仰望着纷纷落下的爆竹纸屑兴奋地流下热泪，因为他刚刚点燃的4个爆竹是用2000元人民币卷成的。

一位北京"大款"用两万元一桌的宴席招待广东"大款"竟遭到奚落，随后广东"大款"用6万元一桌回请，而北京这位"大款"竟"啪"地打开密码箱，甩出35万元说："今天这桌就照这个数！"

至于某人身上的穿戴价值几十万，某人甩出两万元点一支卡拉OK，30万元一只的哈巴狗被"大款"们眼都不眨地牵上就走这类事，也时有所闻。

尽管这般挥金如土的人并不多，但这类事所投下的阴影却在平民百姓中日益蔓延：

[①] 胡占凡：《拜金主义要不得》，《人民日报》，1993年4月12日。

豪华饭店吃不尽的高档宴席；婚丧嫁娶不完的人流车队；160元一张的"粉色情人节"入场券一抢而光；10万元一件的进口大衣买者如云；100元一个的钥匙链卖得很火；18元一碗的日本面条餐馆竟高朋满座。可以说，拜金主义正越来越大胆地牵动人们的衣襟。在许多人那里，斗富、显阔、纵欲被称为"潇洒人生""过把瘾就死"；大款、大亨、大腕被当作崇拜的偶像，金钱、别墅、宠物被看成辉煌人生的象征。

　　这种种现象已经不仅仅是个怎么花钱的问题，它鲜明反映出一些人的价值观、道德观。这种奢靡之风正在污染着社会环境，污染着社会主义的人际关系。艰苦奋斗、克勤克俭是我们中华民族永远值得骄傲的美德。从"粒粒皆辛苦"的古训到周总理衬衫上的补丁，我们民族的文明史上一直闪烁着这种崇高节操的光彩。如今发展市场经济，我们依然必须清醒，人际关系绝不只是金钱交换，人类文明进步这架天平的两端，失去哪一端，社会都会出现倾斜。金钱我们需要，高尚的道德情操我们更要追求。艰苦的年代如此，发展市场经济的今天同样如此。如果让金钱的光环遮住了比它更美好的精神世界，人类文明将是残缺的，人格将是病态的。

　　还应该看到，奢靡之风给涉世未深的青少年带来的劣性刺激和心理影响是严重的。不少人比吃穿比享受，就是不比工作、不比创造、不比贡献。东北的一位大学生说："过去觉得上大学光荣，现在，落榜的同学成了'大款'，作为大学生我很自卑。"北京一位教师急切地呼唤人们听一听中学生在唱什么："世上只有钞票好，有钱的孩子像块宝。"这位教师实际上是在呼唤人们：青少年是我们的未来，警惕奢靡之风吹落我们未来精神风帆！

　　如果我们把目光从灯红酒绿的宴席移到农舍窑洞，警惕拜金主义的话题就变得更加沉重。改革开放给我们这个11亿人口的大国带来了前所未有的变化，但现在还远非黄金铺地。我们人均还不到400美元，在全世界人均国民生产总值的排名榜上，我们的座次远远排在第96位。光是在我国的中西部地区，就有2700万农民仍在为温饱发愁，河北一个失学的孩子，天天在家扎扫帚，想凑够不过四五十元的学费；对比这些，那种千金散尽、挥霍无度的"潇洒"该有多么不协调。再进一步说，在党和政府千方百计解决这些困难的时候，"大款""大亨""大腕"们如果能从酒店歌厅转过身来，看看失学孩子求助的目光，看看农民们的满面尘土，把财富的支配与为国分忧、为民造福联系起来，向他们伸出手去，这才叫真正的潇洒和幸福。令人高兴的是，许多先富起来的人已经或正在这样做。

　　艰苦奋斗是一面鲜红的旗帜，在我们奔小康、奔"四化"的路上，让这面旗帜高高地飘扬！

　　由上可见，播音员述评型评论文本的完整性与报纸新闻评论写作差异不大，有独立的评论写作者，而实际的传播是通过播音员的口播和听众的收听来完成的，因此，播音员的播报可以融入更多的情感，是对评论作品的二次加工，它需要将优质的文本内容和播音员有感染力的播报有机结合，否则，可能会产生听觉疲劳，降低评论传播的效果预期。

（二）嘉宾现场访谈型

嘉宾现场访谈型评论，通常由广播节目主持人和多位现场评论嘉宾共同完成。具体而言，就是在主持人的统筹安排下，围绕某一特定新闻事实或新闻话题，组织现场嘉宾进行观点陈述和互动交流。相比于播音员述评型，此类评论方式重在多方解读和观点碰撞，是对评论对象深广度的拓展，它有助于听众在交流语境下形成全面认识和价值选判。

以北京人民广播电台的评论节目《新闻天天谈》为例，它是嘉宾现场访谈型评论的代表。该节目以"新闻天天谈，新闻大家谈"为宗旨，针对社会中新近发生的热点事件或热议话题，邀请各界专家学者参与现场讨论和对话。该节目开播以来，围绕"雾霾天气里少年儿童如何防护""怎样正确看待公开场合母乳喂养""12306验证码风波"等新闻热点进行评论，社会反馈积极。如在"展望2016特别节目"中，《新闻天天谈》通过邀请相关专家到现场进行访谈，以独到的分析与观点，提供深度解读，为听众解疑释惑。类似的节目在我国地方广播电台还不在少数，我们可以通过获得中国新闻奖的广播评论类作品的相关资料进行查阅和学习。

（三）听众来论互动型

听众来论互动型评论，主要指在线听众通过电话连线、短信、网络、留言和来稿等方式，对已经播出或正在播出的新闻事实发表自己的观点和看法。与报纸新闻评论相比，广播新闻评论的互动性在此类评论中得到大幅度提升。听众来论的类型包括电话连线、短信、网络和留言的形式，它属于在线评论，即在广播播出的过程中，听众可以通过以上方式直接与广播节目主持人进行互动交流。而来信来稿等方式则属于滞后型评论，即在节目播出后，听众针对节目内容中感兴趣的话题表达自己的观点和看法，经节目组按照一定的要求选择后在后续节目中呈现。在上述诸多互动评论形态中，广播热线互动是广播新闻评论中最常出现的形式。实践表明，广播热线互动对于广播节目及其评论的发展具有不可替代的积极而重要的功用，即广播热线参与让听众可以成为发言的构成和节目的组成部分，能够广开言路，集纳更广泛的社情民意与不同见解，同时，也能够在增强互动中实现有效的沟通，让评论不仅停留于言说，还可以促进其转换为积极有益的行为，从而有助于社会健康舆论生态的构建。

以陕西广播电视台广播评论栏目《今日点击》为例，它是听众来论互动型广播新闻评论的代表。在该节目中，主持人常通过电话连线、微信和在线留言等方式，及时与听众进行现场互动。如在"用爱传递正能量"这期节目中，针对中国人的孝道与责任等话题，主持人与听众进行了多层面的互动探讨。

> 听众朋友，今天我们要和大家说的第一件事，有两个关键词，一个是"上门女婿"，一个是孝顺。虽说时代进步了，社会发展了，但在很多男人心中，当"上门女婿"是一件很不情愿的事。至于说两口子离婚后，男方继续照顾、照顾前丈母娘，这事就会引发更多人的关注。刘旭，在这件事上，刘桃军都遇到了哪些困难？他是怎么克服的？
>
> …………

> 微信听众常先生：刘桃军照顾前丈母娘的事儿让我特别感慨。"亲情"重在"情"字，无血缘关系也可以有亲情；有血缘关系也不一定有亲情。所有的情得到升华后都会成为亲情，它是人间最美的一种情感。
> ············
> 大学生听众小姚：在纷繁复杂物欲横流的当今社会，亲情可以说是最朴素最美丽的情，拥有亲情，就拥有自信、幸福、快乐！不过，我认为亲情不能只呵护和守望，更重要的是教育，全社会都应该重视和加强亲情教育。[①]

（四）场外连线解读型

场外连线解读型评论，是指广播节目主持人通过现场连线的方式，让处于演播室外的专家学者或特约评论员，对新近发生或正在发生的新闻事实进行评述和解读。该种评论方式可以突破评论参与者在时空上的局限，同时也可以增强评论的现场感和权威性。

杭州电台新闻综合频率推出的原创新闻评论节目——《连线快评》，是场外连线解读型广播新闻评论的代表。该节目以"评论热点快人一步，表达观点直言不讳"为宗旨，于全天12个整点推出时长为三分钟的节目内容。《连线快评》既有本台评论员，也邀请杭州报纸记者、职能部门专员、机关干部、高校学者等知识界、文化界、传媒界的精英人士，建立了"新闻89评论员专家智库"[②]。针对新近发生的热点新闻事件，通过电话连线，围绕明确主题展开口语评论。如2015年7月23日，杭州一场暴雨让很多市民进入"看海"模式，交通一度拥堵、接近瘫痪，给市民上班出行带来极大不便。节目立即约请连线防汛、城市规划、工程施工等方面的专家，对大面积内涝的成因、破解方法等展开连续的分析解读，不仅探讨了对策，也积极引导了舆论。[③]

四、广播新闻评论的制播要点

（一）善用有声语言激发评论共鸣

广播是以声音符号传播信息的媒介，这种诉诸听觉的媒介特性决定了广播新闻评论需要借助有声语言来论事说理，以实现评论的社会功能。广播所使用的有声语言主要包括人声、音响和音乐。灵活有效地利用这些有声语言，是提升评论效能的特点所在，也是广播新闻评论制播中的重要环节。广播新闻评论的人声播报以口语化为特色，常用自然流畅与真切动人的语音、语调与风格营造出易听易懂的表达氛围。同时，合理使用语音语调还能够丰富评论播报的层次感与节奏感，如以重音停顿来强化论点与分论点。此外，利用广播"先声夺人"的听觉吸引力，现场环境声和其他音响资料作为新闻评论的

---

① 陕西广播电视台：《用爱传递正能量》，2015年10月13日，参见西部网 http://news.cnwest.com/content/2015-10/13/content_13226689.htm。
② 熊丽：《在用户思维下广播评论节目生命力探究——〈连线快评〉创新创优的思考与实践》，《中国广播》，2016年第4期。
③ 熊丽：《在用户思维下广播评论节目生命力探究——〈连线快评〉创新创优的思考与实践》，《中国广播》，2016年第4期。

背景与论据，常常介入新闻评论的论证过程，能够有效增强评论的现场感和可信度。虽然音乐在新闻评论节目中较少使用，但它不时出现在评论播报间歇以区隔不同内容，可以使评论播报张弛有度。

以第31届中国新闻奖广播评论二等奖获奖作品、无锡市广播电视台的《智能时代，如何让老年人跨越"数字鸿沟"？》为例，该作品关注了老年人在智能时代被抛下这个严肃的社会问题，触觉敏感、分析透彻，通过采访当事人和相关专家，运用了生动多元的声音，提供了丰富权威的视角，不仅使评论更具说服力，也增强了生动性和感染力。作品还通过无锡广电的"智慧无锡"App以及蜻蜓FM、喜马拉雅等音频App进行了网络直播，实现了多平台立体传播。

智能时代，如何让老年人跨越"数字鸿沟"？[①]

一张照片，三个字留言，却引来近20万点赞。无锡火车站"无健康码通道"引发广泛共鸣，管理细节体现着城市的温情。而在热点被引爆的背后，是更深层次的社会问题。请听评论：智能时代，如何让老年人跨越"数字鸿沟"？

10月6号中午，网友"青溪木昀"在微博上晒出一张照片，照片里，一块指示牌上写着："无健康码由此进入。温馨提示，老人机、手机没电、无微信、不会操作、无手机等问题，由此进入。"照片是在无锡火车站出站口拍的，"青溪木昀"给图片配了三个字："无锡。善……"

国庆期间，这条微博很快成为热点。短短几天，有三万多人转发，近20万网友点赞。

"青溪木昀"说，她看到这块牌子时，第一时间就被触动了：

（出录音）"我的第一反应是还比较新奇，我觉得他们做得很好，而且之前我没有看到过，就会觉得那些没有健康码的人会很不方便，就包括老人这些。就是你要关照到他们的需求，不能说大家可能年轻力壮的都可以用，然后你就不去管那些他用不了的。"

触动"青溪木昀"和广大网友的，是很多人都已经意识到的一个问题：虽然智能手机已经十分普及，但我们身边还有许多人，尤其是老年人，因为各种原因，不会或者无法用手机上网。在过去，这最多只是不便，多数情况可以变通。但当疫情袭来，健康码成为出行的必需时，这个问题就绕不开了。

在无锡火车站，志愿者经常遇到类似的求助。对于那些年纪偏大、身边没有家人陪伴的旅客，他们会提供细致的服务，帮助申请健康码或查询行程轨迹。

志愿者戴一昂："会有很多这种情况，老年人不会用的话，我们可以主动地帮他去处理。"

（出录音）戴一昂："老师傅，您的手机停机了，所以您收不到短信。有健康码吗，师傅？健康码有没有？"

（出录音）老人："没，没弄过。"

[①] 赵波、张巡天：《智能时代，如何让老年人跨越"数字鸿沟"？》，2020年10月18日，参见中国记协网 http://www.zgjx.cn/2021-10/29/c_1310275494.htm。

（出录音）戴一昂："我来帮你弄。"

（出录音）无锡火车站新冠疫情防控小组负责人胡志广："在我们整个旅客流量当中，没有手机，以及只有老年手机，或者没有微信的旅客占比还是比较大的，占总量的七分之一到八分之一左右。每天总量会有两千余人左右。"

针对这个绝对数量其实不少的特殊人群，从9月20号起，无锡火车站专门开通"无健康码通道"，树起了这个指示牌。每天有志愿者分三班轮流值守，为没有微信、不能上网的旅客，主要是老年旅客提供一对一的服务，大大提高了出站口的通行效率，也保证了疫情防控的扎实有效。

一个细致的安排，不仅让扫码有困难的人们眉头舒展，也让许多人感到了这座城市的温暖和善意。

（出录音）出站旅客："我是临时到这边出差，发现了在高铁站有这样一个通道，那我觉得其实作为一个非本地人来说，能够感觉到这个地方的温度和温暖。"

（出录音）中共无锡市委党校教授张鸣年："之所以引起全社会的共鸣，很重要的方面我觉得可能过去我们这一方面做的比较少，对特殊群体的人文关怀方面可能注意得不够。正是因为这一点，无锡有温度的这个做法一下子就引爆了人们在内心里面长久储藏着的这种呼声，背后实际上就呼吁我们政府在社会治理的过程当中，要把点点滴滴的这种关怀变成普惠性的政策。"

在"青溪木昀"的微博图文下面，被点赞最多的一条评论说："一座城市的温度，体现在它如何对待那些被遗忘的少数人。"其实，在火车站那块体现温暖的指示牌背后，有一整套针对特殊情况的反应机制，包括如何对待无法提供健康码的特殊人群。正是这种细致、周到的安排，引来了持续的点赞。

（出录音）南京大学新闻传播学院副教授、《焦点访谈》原主编庄永志："无锡这个做法非常难得的就是，他实行了情境化的管理，设想了几种情境：没有手机怎么办？有手机没有智能机怎么办？有智能机不会操作健康码怎么办？有智能机会操作但没有电怎么办？他想得非常精细、人性化。而他的应对也没有十分高科技或者黑科技的做法，好多还是我们其他部门也能实现的，比如志愿者为这些出行的旅客提供方便。关键是去行动！如果江苏有更多的地方，如果全国有更多的省份都实行这样的善治，那么在互联网的时代，我们全国民众就能更加公平地、平等地享受互联网技术带来的红利，实现共享共治。"

……

（二）说理论证强调口语传播的具化生动与交流感

与报纸新闻评论不同，广播新闻评论仅靠声音来传达评论内容，若是遣词造句过于晦涩模糊，便会引发听众的收听障碍。加上广播媒介转瞬即逝的线性传播特征，这进一步对广播语言的准确表达提出了更高要求。因此，广播新闻评论在论证说理中应避免使用抽象晦涩的书面化语言，避免使用文言词汇、行业术语及同音异义词汇，避免使用长难句，以免影响听众的意义接收与收听体验。也就是说，应尽可能将书面化表达转化为上口入耳和准确清晰的口头语言，利用口语的交流感来提升表达的生动性。此外，广播新闻评论在论证说理中应注意将抽象的论题具体化、分散的论点条理化，以明晰的结构、清楚的层次与精炼的口语来帮助听众在有限的时间内把握评论论题与论点，从而有助于听众对评论内容的理解。依托于口语传播的特点，充分发挥广播音响的优势，广播新闻评论还可以采用对话式评论，以聊天或交谈的形式来营造日常生活中的人际交流氛围，调动听众思维，活跃评论气氛。①

上海人民广播电台《今日论坛》播出的广播短评《"上帝"需要"保护神"》，便是将抽象化的评论议题做具体处理的佳作。该评论结构清晰，条理分明，用语生动，针对消费者权益屡遭侵犯的典型事例进行具体而深刻的论述，娓娓道来。

> 都说消费者是"上帝"，但"上帝"的处境也实在可怜：刚买的摩托车还未骑到家，就车轴断裂人摔伤；新买的热水袋第一次使用，就袋口断裂烫伤人；定购的"名牌"家具，是七零八落的冒牌货；老教授冲饮"乐口福"，吃出了数不清的细铁丝……（使用具体事例说明"上帝"现实处境的可怜）在国际消费者权益保障日来临之前，看见这些触目惊心的事实，实在令人难以相信。
>
> 被号称为"上帝"的消费者，为什么会落得如此可怜？问题出在某些厂商根本没有把消费者放在心上，视法律为儿戏。（提出论题）他们嘴上喊"上帝"，只不过是哄骗消费者从口袋里掏钱的一种手段，一旦伪劣商品出手，钞票到手，就死活不管了。因此，"上帝"也需要"保护神"，这就是各地的消费者协会，消费报社，以及有关保护消费者权益的法律与条例。（分析问题）可喜的是，吃尽伪劣商品之苦的消费者正变得聪明起来，已经懂得运用舆论与法律两种武器来捍卫自己的合法权益。（解决问题）我们相信，在国际消费者权益保障日来临之际，受伪劣商品损害的消费者必将摆脱可怜的境遇，而变得扬眉吐气，心情舒畅！②

第四节　电视新闻评论样态

一、电视新闻评论的含义与主要特征

（一）电视新闻评论的含义

关于电视新闻评论，本书选摘代表性的界定，如下所示。

（1）它不同于依靠文字传播的报刊评论，也不同于依靠声音符号传播的广播评论，而是综合运用画面、音响、屏幕文字和解说与论述性语言等多种传播手段，集文字、声音与图像符号于一身的声画合一、视听结合的新闻评论，是一种真正意义上的形象化的

---

① 贾奎林：《新闻评论应用教程》，北京大学出版社，2012年版，第201页。
② 《"上帝"需要"保护神"》，1993年2月26日，转引自贾奎林：《新闻评论应用教程》，北京大学出版社，2012年版，第204～205页。

政论。①

（2）运用电视传播手段做出的评论，是电视传播媒介对当前重大新闻或重要社会问题发表意见，做出分析判断或述评的一种电视报道形式。②

（3）只要是电视媒体对新闻事件和社会问题发表意见，分析判断或述评的电视报道形式就是电视评论。③

有学者将电视新闻评论分为两大类："一类是为电视新闻配发的编前、编后话以及节目主持人、记者的即兴点评，主要以口播形式出现；另一类是电视专题评论，也称电视评论片，将活动图像（含同期声）、背景资料、字幕与夹叙夹议的评论报道词有机结合在一起，成为形象化的评论。"④

综上不难发现，作为一种新闻体裁和报道方式，电视新闻评论沿袭了新闻评论的基本特征（新闻性和政论性），在此基础上强调运用电视语言和传输的可视性呈现来说理和传播观点，进而发挥舆论引导的媒介认知作用。

（二）电视新闻评论的主要特征

电视新闻评论形态与广播新闻评论形态一样，更多以节目、栏目为单位，构成电视新闻传播的重要内容。依托于电视媒介的符号特性及传播规律，其新闻评论形态具有如下特点。

1. 声画兼备与视听结合的综合表意

电视是声画兼备、视听结合的双通道媒介，电视新闻评论作为一种观点信息的媒介传播，其突出的特点就是对文字、声音、图像等表现手法的综合应用。通过这些符号，不仅可以使传播内容更加直观、形象、生动，同时也能够同步增强内容表意，即评论说理的可视化。换言之，"电视新闻评论具有自己鲜明的特色，比如说它可以通过声音和图像双通道传播，具有可视性、参与性、多样性、贴近性等特点。视觉形象的介入，使得电视新闻评论的现场感和交流感更强，具有强烈的视觉冲击力"⑤。

电视新闻评论对观点的呈现与报纸诉诸文字的表意有所差异，它更多是依托声音和图像的有机配合，通过演播室的主持人、现场采访与同期声解说以及必要的字幕标题或背景标注等，展示论述逻辑，让观众在明了事件来龙去脉中理解和领会其中的意义及观点。例如，2015年8月13日央视时事新闻评论栏目《新闻1+1》播出节目《天津："危险"的爆炸！》，在该节目中，通过电视镜头的推拉摇移和景深的应用，让观众零距离感受到天津爆炸现场的惨烈。在对受伤群众和遇难者家属的采访中，电视镜头对目标对象眼睛、嘴角等部位的特写，直观呈现了其惊恐的神情和内心的悲痛。配合相应的背景音乐和受访者的哽咽画面，该突发事件的严重后果所产生的视觉冲击力和震撼力便跃然眼前。从中可见，电视通过多种符号系统丰富了表意途径，其无形的观点和态度、立

---

① 涂光晋：《广播电视评论学》，上海译文出版社，1998年版，第32页。
② 张骏德：《现代广播电视新闻学》，复旦大学出版社，2001年版，第98页。
③ 丁法章：《新闻评论教程》，复旦大学出版社，2003年版，第56页。
④ 张俊德：《新闻报道改革与创新》，中山大学出版社，2008年版，第135页。
⑤ 刘忠智、张中军：《试论电视新闻评论的特征》，《新闻界》，2002年第4期。

场更多是融入画面、声音、同期声等有序组合的逻辑中,它是以综合叙事及夹叙夹议的方式讲述事例,令人会意,也就是说,电视新闻评论是以再现和观看的互动关系来达成对事理的感知、理解和认同。

2. 参与评论的主体多元化

相比于报纸新闻评论较为单一的评论主体,参与电视新闻评论的主体更加多元。电视新闻评论形态的出现,借助于电视传播的多符号互动,为了讲清缘由,使说理顺理成章,不仅需要涉事多方参与讲述,还需要利益关联体参与评论,表达见解,这是对电视说理的技术逻辑的依循,也是力图保持客观、平衡的观点传播的要求使然。具体而言,电视新闻评论中,针对某一个新闻议题或话题,时常邀请相关专家、专业人士以及第三方旁观者发表见解,在释放多种声音和交流对话中避免了"一言堂"的认知局限,扩充信息容量,将评论导向理性共识。

3. 时空转换的现场感与逻辑传递

电视新闻评论节目往往通过现场连线,实现评论对象和内容叙述的时空转换。相比于纸媒,电视新闻评论节目对论据的组织和表达依托于电视镜头画面的即时转换,它能实现同一时间内不同场景的交替呈现,此即评论的依据和论述的逻辑所在。一方面,电视镜头通过不同时间地点的转换来真实再现事件的来龙去脉,这是叙事逻辑和评论基础;另一方面,通过"现场连线",将不同时空的评论嘉宾有效连接,让新闻解读和观点表达联动叙事讲述,彰显评议的语用功能,从而传递电视传播的逻辑和体现电视解读的现场特色。

4. 互动交流的可视化

现代媒介技术的发展使视频、音频的互动走向更深层次的融合。对电视传播而言,一方面,视觉形象及时、直观、生动,在互动交流中可以抓取和定格典型细节,而这些细节可能是体现说服力的重要论据;另一方面,电视新闻评论节目中所搭建的主持人、嘉宾,甚至观众间的"交流场",都以可视的样态出场,增加了评论节目的参与性和互动感知,而且作为可以保留和在此传播的资料,这种互动交流的可视化也要求发言者、参与者谨慎对待,做好自我把关,由此而形成对电视新闻评论节目公信力的一种特殊保障。

二、电视新闻评论的发展简况

1958年5月,我国第一座公共电视台——北京电视台正式开播。1979年,中央电视台成立专题部,1980年7月创办播出《观察与思考》栏目,这是我国首个电视新闻评论栏目,也标志着我国电视新闻评论节目的正式诞生。该节目着眼于公众关注度和社会影响力高的议题,通过固定的板块设置传播观点、引导舆论,其特色是将记者的述评和现场嘉宾的解读融为一体。

20世纪80年代末90年代初,我国各省市公共电视台先后出现了许多有代表性的电视新闻评论栏目,如北京电视台的《荧屏夜话》、上海电视台的《今晚谈》等。该时期的电视新闻评论逐渐从依赖报刊评论内容的形式中脱离,不断探索和开掘电视媒介的声画特色,在实际应用中增强了新闻评论的时效性和开放性。

1993年12月,中央电视台成立我国第一个电视新闻评论部,标志着电视新闻评论从原有的电视新闻节目中正式独立出来。随后,大量较为成熟的评论栏目相继出现,如中央电视台的《焦点访谈》、南京电视台的《社会大广角》、广东卫视的《社会纵横》、凤凰卫视的《时事辩论会》等,其应用形态包括专家述评、电视论辩、调侃闲聊的群体现场交谈等,电视新闻评论迎来高速发展期。

21世纪以来,通过对电视新闻节目的不断探索,全国各地基本上形成了独具特色的新闻评论栏目,也越来越重视对节目品牌的打造和推广。中国电视新闻由报道时代走向了评论时代。[1] 当然,面对激烈的媒体竞争和受众越加自主的选择,电视新闻评论的发展正步入媒体融合的转型进程。

综上所述,电视新闻评论的发展,历经对报刊评论内容的视觉化再现和对自身媒介特色的应用与凸显。经过20多年的发展,它已成为电视新闻节目中不可或缺的重要组成部分,也形成了自身的传播特色和较为稳定的节目形态。本书将在第七章讲解其新近发展的融合形态及走势。

三、电视新闻评论的常用品种

(一) 电视论辩型评论

电视论辩型评论指以辩论会的形式进行的电视新闻评论。"评论在辩论中获得质的嬗变和突破,从而使得传统评论传播的时间模式、内容模式、结构模式以及审美模式都发生了裂变,令人耳目一新。"[2] 电视论辩型评论将传统的辩论方式搬上电视新闻评论的现场,针对某一特定选题,将参与嘉宾分为正反两方,通过现场陈述和对辩,展开对新闻事实的评论。该评论形式观赏性高,灵活度大,受到观众喜爱。有研究者认为,电视新闻辩论以"交锋"和"争鸣"为话语样态,对社会主义民主政治议题的介入是政治参与的一种有效形式,它汇集多种社会背景主体,兼容多元利益立场与价值观念,具有鲜明的政治性、强烈的新闻性、严格的科学性和广泛的参与性。以电视新闻评论为基础的论辩型节目,其发展不仅是社会主义民主政治推进的媒介表征,还为社会主义民主政治构建公共话语空间。[3]

凤凰卫视2006年1月6日首播的《一虎一席谈》,2007年被《新周刊》评为"2006年中国电视榜最佳谈话节目",是电视论辩型评论的典型代表。它以"一虎一席谈,有话大家谈"为节目宗旨,每期针对社会、政治、文化等领域发生的有探讨价值的新闻事实,进行"抗辩式谈话",通过参与嘉宾的思想碰撞,呈现对议题的不同看法和观点。节目自开播以来,播出了诸如"金融风暴如何应对""我山寨怎么了""谈商业化的寺院""降低养老金公平么"等一系列节目。电视论辩型评论节目示例如表6-11所示。

---

[1] 张文平:《电视新闻评论节目的特色与走势》,《赤子》,2014年第5期。
[2] 余建兰:《电视评论节目的涅槃——凤凰卫视〈时事辩论会〉节目解读》,《东南传播》,2007年第11期。
[3] 李晓林:《电视新闻辩论与社会主义民主政治建设》,《今传媒》,2010年第8期。

表 6-11 电视论辩型评论节目示例

所属电视台	节目名称	节目简介
凤凰卫视	一虎一席谈	2006年1月6日开播，胡一虎主持。节目邀请多名嘉宾，就时下政治、军事、经济、文化等各方面的新闻热点展开讨论，嘉宾各抒己见，现场观众亦可自由发表言论。
上海电视台	撞击	2006年2月6日开播，何婕兼任栏目制片人、主持人。节目选择最新的新闻事件、新闻人物进行评论剖析，选题范围覆盖政治、文化、体育和时尚等多个方面。每期节目邀请两位嘉宾，代表正反两个观点互相辩论，主持人则在当中起协调作用。
云南卫视	民生大议	2010年1月8日开播，倪萍主持。节目每期有一位公民作为提议人，提出具有全国性意义的民生大议案，作为节目核心话题，两位社会嘉宾作为附议人组成现场提议阵营，接受评议席七位评议人质疑，评议人由各种身份的社会名流、百姓代表构成。
东方卫视	头脑风暴	2003年年底开播，袁岳主持。节目是国内第一个跨地域、跨媒体、面向全球企业总裁的大型财经深度访谈节目，节目聚焦当今中国财经热点、难点和人们最为关心的财经话题。

（二）电视论坛型评论

电视论坛型评论的特点是不采集新闻，而是由"本台评论员"和"特约评论员"对各媒体提供的新闻事实中最具谈论空间的内容进行评论、分析和解读，相当于平面媒体的"时评"或评论员文章，具有纯粹的评论性，是纯粹的媒体声音。① 电视论坛类评论一般邀请多位评论嘉宾就已选新闻议题各抒己见，表达自己的观点。这类电视新闻评论的形态具有较丰富的评论层次和角度，能够提供多维度的解读，有助于观众辩证观照、全面理解。

中央电视台新闻频道的《央视论坛》栏目是该类新闻评论的代表之一。该节目通过"演播室谈话"的形式，借用论坛的流程和方式，让参与嘉宾针对某一新闻事件，发表自己的看法和观点。开播以来，已完成《医保基金的漏洞》《工资的底线》《住房贷款新规酝酿》以及《有多少产品能够召回》等多期节目。电视论坛型评论节目示例如表6-12所示。

表 6-12 电视论坛型评论节目示例

所属电视台	节目名称	节目简介
中央电视台	央视论坛	2003年5月1日开播，由董倩主持、白岩松担任"本台评论员"，国内社会政治、经济、文化等各个层面的热点新闻、热门话题都在其视野之内。
中央电视台	新闻会客厅	2003年5月1日开播，李小萌、白岩松、沈冰主持。节目关注当日或近期国内发生的重大新闻事件中的人，强调开掘新闻事件中当事人和关联人的亲历、亲为和亲感，突出新闻中人性和新闻性的结合。

---

① 卢宏、牟婕：《论当代电视新闻评论的基本形式》，《山东视听》，2006年第2期。

续表6-12

所属电视台	节目名称	节目简介
吉林卫视	顶尖会面	2012年12月9日开播，周文重主持。节目每期邀请不同的政界名人、商界明星和学界名家现场论道，对一段时间内国际国内政经、外交、民生等热点话题进行共同探讨，发表权威观点，重点突出高度、深度和关注度，旨在从高处传递真知灼见，进行思想启蒙和价值引导。
贵州卫视	论道	2007年5月14日开播，龙永图主持。节目坚持用民生角度解读高端话题，主要关注企业、财经和民生领域，将公共价值作为节目的最高理念，致力于用普适的、主流的价值观与进行思想启蒙和价值引导。

（三）电视读报型评论

电视读报型评论指针对某一新闻事件，由节目主持人将各大报纸的相应报道和评论进行直接口头播报。简言之，这类节目不仅包括对各大报纸评论和观点的转述性播报，还包括主持人的原创性评论。它好似报纸超大容量的信息库，告诉观众最近发生的事情，并对选择的信息进行解读。这类节目更重要的是要传递"对同一新闻有怎样不同的视角、独到的见解和观点"[①]，我们也可以把它视作类似于文摘周报类的"观点摘报"，是报纸新闻评论和电视新闻评论的一种创新性融合。

2003年1月23日，凤凰卫视正式推出《有报天天读》栏目。该栏目一经推出，收视率便直线挺进我国前三。2003年年末被《新周刊》评为2003中国年度新锐榜"年度电视节目"，同时荣获《南方周末》"2003年度致敬之年度电视栏目"。《有报天天读》由老报人杨锦麟任主持人，节目分为天天头条、天天速报、天天浮世绘、天天焦点以及天天点题五个环节，代表性节目有"日媒曝中国海监飞机再次飞临钓鱼岛上空""安理会通过制裁朝鲜案要求其停止导弹发射"以及"菲律宾承认黄岩岛处于中国有效控制之下"等，是电视读报型评论的典范。电视读报型评论节目示例如表6-13所示。

表6-13 电视读报型评论节目示例

所属电视台	节目名称	节目简介
凤凰卫视	有报天天读	2003年3月3日开播，杨锦麟、杜平、李炜等主持。节目荟萃每天国外媒体和海内外华文纸质媒体的讯息精华，以"评说"的方式，将有关国内外大事简明扼要地介绍给观众。[②] 节目宣传语为：搜寻国内外各大报章，荟萃新闻精华，点评时事焦点。
中央电视台	马斌读报	2003年10月20日开播，是CCTV-2资讯节目《第一时间》栏目的子板块，主持人为马斌。节目理念是：相同的新闻，不同的说法。节目内容主要是摘要报纸头条和民生话题，以电视化的视听表达梳理平面媒体多元观点，再以主持人个性化评论展示电视媒体的独家立场。

---

① 芮丽娇：《电视读报节目的生存困境及对策研究》，南京师范大学硕士学位论文，2008年。
② 林林、张玉川：《凤凰卫视的"有报天天读"——兼谈报纸摘要类电视新闻的变革》，《传媒观察》，2004年第2期。

续表6—13

所属电视台	节目名称	节目简介
中国教育电视台	都市话报	一档为北京地区观众打造的实用性资讯栏目，以主持人评说为主，将报纸内容电视化，栏目设有"谁来管一管""大家都有用""这事儿为什么""你该怎么办"和"话报有话"等板块，针对百姓身边发生的现象和事件展开评说，并提供一些解决问题的办法和相关法律法规。

（四）电视脱口秀型评论

电视脱口秀型评论是由电视节目主持人通过即兴口头交流的形式对新近发生的事实进行评论。它发源于美国，如《奥普拉脱口秀》，20世纪90年代引入我国电视行业，如凤凰卫视的《鲁豫有约》等。电视脱口秀型评论具有较强的时效性和幽默感，主持人所评论的新闻事实也多为新近发生的热门事件或话题，选题具有较高的社会关注度和影响力。基于"脱口秀"的表现形式，其节目风格与主持人素质高度关联。

由凤凰卫视出品的《锵锵三人行》是此类新闻评论的重要代表。该节目通过主持人窦文涛与评论嘉宾的即兴交流，对热门新闻事件各抒己见，以幽默诙谐的方式表达观点。开播以来，"香港搜救部门怎样处理遇溺事件""欧洲国家怎样看待中国""楼市价格不正常的原因是什么？"以及"抗日战争中的家国情怀"等多期节目广受好评。该节目2014年获得新周刊中国电视榜榜单"电视节目五星荣誉奖"。此外，需要说明的是，电视新闻评论是运用电视制播表达观点，它有其独特的规律与特色，伴随技术的进步尚处于发展更新的进程中。正如电视新闻评论的应用，还包括电视访谈型评论、电视专题型评论等形态。电视脱口秀型评论节目示例如表6—14所示。

表6—14 电视脱口秀型评论节目示例

所属电视台	节目名称	节目简介
凤凰卫视	锵锵三人行	1998年4月开播，窦文涛主持，主要嘉宾有许子东、梁文道、马家辉等。由主持人和嘉宾一起针对热点新闻和话题进行研究，各抒己见，不追求问题答案，而是俗人闲话，达到融汇信息、制造乐趣和辨析事理的目的。
江苏卫视、深圳卫视	知识就是力量	2018年7月首播，为一档大型知识类脱口秀，由罗振宇主持，在江苏卫视、深圳卫视和爱奇艺平台同步播出。节目聚焦婚恋、交际、职场、亲子等普通人民的生活关切，从经济学、心理学、社会学等各个领域展开评析，为受众提供切实的解决方案。
凤凰卫视	笑逐言开	2014年开播，由尉迟琳嘉主持，其前身为《倾倾百老汇》。2022年凤凰卫视改版，节目也随之升级，紧跟社会热点，在谈笑风生、嬉笑怒骂之中关注社会大小事。还会根据嘉宾特点设计节目主题，呈现出极具个人特色的内容和表现形式。
哈普制作公司	奥普拉脱口秀	1986年12月开播，由美国脱口秀女王奥普拉·温弗瑞制作并主持，是美国历史上收视率最高的脱口秀节目。节目以话题型选题为主，关注性、虐待儿童、减肥困难、缺乏自信等与寻常大众密切相关的现实问题，通过对典型事例的探讨和分析，提供指导性建议。

四、电视新闻评论的制播要点

(一) 善于选用具有评论功能的视听符号

电视是以画面和声音为传播符号的媒介，诉诸观众的视觉与听觉。如果说报纸新闻评论和广播新闻评论注重的是观点的阐述和论证，那么，电视新闻评论强调的则是事实和论据的呈现。[①] 结合电视媒介通过声音、画面营造可视化交流环境的特征，电视新闻评论注重选取具有评论功能的视听符号来实现"耳闻目睹""眼见为实"，这是其评论制播的重要方法之一。

表6-15 《谁制造了"毒跑道"？》声画文本摘要

内容	解说	画面
导语	最近一段时间，校园的塑胶跑道散发刺鼻的怪味儿，成为公众关注的一个热点。2016年6月，北京市第二实验小学白云路分校的学生家长反映说，近期有多名学生出现了流鼻血、头晕等身体不适的状况，学校怀疑这与该校最近铺设的塑胶跑道有关。而且，不只是北京，近一两年的时间里，全国出现的异味跑道、异味操场问题所涉及的城市不在少数，苏州、无锡、长春、上海等地都有出现。好好的塑胶跑道，为什么一下子就成了令人担心的"毒跑道"？	演播室主持人
新闻事件（静态）	这是2016年6月14号，记者在北京市平谷区第六小学的操场拍摄到的画面，全新的塑胶跑道操场已经基本竣工，在阳光的衬托下，鲜红的塑胶跑道显得格外的醒目。体育场规划得井井有条，一个现代化的教学设施即将投入使用。但记者在现场只待了几十分钟，这个操场最大的特征就是空气里弥漫着刺鼻的怪味，这种味道让人感到头晕，而且，即使在操场周边站立，也能感觉到有明显的刺激性气味一阵阵袭来。在整个操场周边，记者见不到一个学生，并且学校在操场边还拉上了醒目的警戒线，禁止学生入内。	空无一人的操场、离开操场的记者和校长、落败的植物叶片

---

① 郝朴宁、覃信刚：《广播电视新闻评论》，重庆大学出版社，2013年版，第45页。

续表6—15

内容	解说	画面
新闻事件（动态）	（现场采访） 　　小学生面对记者的提问，回答得很诚实，学生流鼻血、呕吐的情况，主要出现在一、二、三年级，由于出现了这些症状，在过去的半个多月时间里，一些学生就没有来学校上课了。	被模糊掉的小学生采访镜头、施工合同、病假原因统计表
原因调查	（隐蔽拍摄） 　　画面上这个大个子，就是这家施工单位的张老板，他将记者带到距离沧州市区大约二十公里的一个地方。记者一下车就看到，从马路旁边开始各种散发着臭气的橡胶垃圾随处可见。现场气味刺鼻，记者一行几乎就是在垃圾堆里走路。	施工单位的材料堆积地
评论	节目中这些生产窝点明知道这些废弃物存在有毒成分，却将它们不经任何处理制作成塑胶跑道原料，这样的原料铺设而成的塑胶跑道，又怎么可能不出现异味不污染环境呢？小学生在这样的塑胶跑道上奔跑，后果可想而知。	演播室、评论文本

　　以央视财经频道《经济半小时》制作的《谁制造了"毒跑道"？》[①] 专题为例，在解开"毒跑道"内幕前，该专题用连续多个空镜头拍摄空无一人的操场、未完工的临时围栏和衰败的植物等，展现"毒跑道"对环境和在校学生的恶性影响；随着调查的不断深

[①] 《谁制造了"毒跑道"？》，2016年6月21日，参见央视网 http://tv.cctv.com/2016/06/21/VIDEXUcBcRY6hP6TsYldbN4v160621.shtml。

258

入，该电视专题以堆砌的再回收轮胎、胡乱摆放的施工胶桶等表明塑胶跑道制作方为"三无"厂商。在记者镜头下，人们看到含有有害物质的工业废料如何在未经处理的情况下，被打成塑胶颗粒，最终铺进了校园，而这些声画内容也是节目制作方表达批判态度的符号载体，成为舆论热点事件面前，媒体终结谣言与公众担忧的有力回应。由于使用了隐蔽拍摄等手法，《谁制造了"毒跑道"？》具有很强的现场感，调查翔实，资料全面，以镜头语言展现论点，令人信服，作品引发的社会讨论，推动了教育部出台对有毒跑道立即全部拆除的决定。

因此，作为评论素材的电视新闻声画文本，不仅能够呈现新闻报道的真实性，还可以同步承载对新闻事件的态度与认知，在便于收看的叙议结合中，最大限度地发挥媒体的评论效能，其中，就对具有评论功能的视听符号的选用提出了特定要求，这是电视新闻评论写作分为画面、同期声与文字的缘由。

（二）论述说理注重形象逻辑的可感性

注重说理逻辑也是电视新闻评论追求的基本目标之一，与此同时，声画手段是加强形象逻辑可感性的重要载体，它能更为生动具体地传递观点。

以第32届中国新闻奖评论一等奖获奖作品、中央广播电视总台的《时政现场评 | 跟随总书记的脚步 到塞罕坝看树看人看精神》[①]为例。2021年8月23日，习近平总书记来到河北省塞罕坝机械林场考察。总台时政报道团队派出特约评论员杨禹跟随总书记的脚步，进行现场评论、现场采访和制作，重点阐释和解读习近平总书记考察期间的重要讲话精神。节目创新国内时政现场评论形式，整合使用丰富的历史视频资料和特约评论员资源，跟随镜头转换与特约评论员的评述，从曾经的塞罕坝到如今的塞罕坝（见图6-12），从月亮山望海楼到尚海纪念林，受众仿佛身临其境，感受塞罕坝精神的感召。节目准确、生动、深刻、全面解读了习近平总书记重要指示精神，具有标志性开创意义，产生了良好的社会影响。

图6-12 《时政现场评 | 跟随总书记的脚步 到塞罕坝看树看人看精神》节目画面：塞罕坝林场建设对比

由此可见，电视新闻评论的写作要充分发挥电视图像、声音、文字多种符号的特

---

① 申勇、龚雪辉、杨禹等：《时政现场评 | 跟随总书记的脚步 到塞罕坝看树看人看精神》，2021年8月25日，参见央视新闻客户端 https://content-static.cctvnews.cctv.com/snow-book/index.html?item_id=14799350793107048896&toc_style_id=feeds_default&share_to=wechat&track_id=54c57bd6-3a89-41a2-b434-a679dc886a70。

点，实现声、像的紧密配合与有机统一，并有效利用连线，全面呈现跨地域、跨时空的多方观点，须善于运用有声语言、现场音响、同期声和论述语言，使说理客观、平衡、深入，从而提升电视新闻评论的深度。

第五节 网络新闻评论样态

一、网络新闻评论的含义与主要特征

(一) 网络新闻评论的含义

有关网络新闻评论的内涵，其主要界定如下所示：

(1) 在网络媒介上就新闻事件或当前事态发表的评价性意见。[①]

(2) 网络新闻评论体裁诞生于报刊，在报刊之后每诞生一种新的媒体，新闻评论体裁会与新的媒体的传播方式相结合，并在实践中逐步形成有别于其他媒体的具体表现形态和个性特点。[②]

(3) 网络新闻评论是以互联网为载体，针对新近发生的新闻或变动的事实，利用文字、链接、图片、影音等手段，发表的宣传性、意见性的主体化信息。社会处于转型期，呈现出多样化、文化多元化、价值多元化的客观趋势，而网络评论最能适应并反映出这种趋势。[③]

上述内涵界定的共性是，强调网络平台及其对新闻观点的传播。网络传播平台既包括门户网站等网络媒体，也包括传统媒体创办的网络平台自媒体社交平台；网络新闻评论是以平台传播特点为特性叠加的更广泛的观点信息的传播，也可以理解为网络化的观点传播，它可以代表网络媒体的立场和态度，亦可以代表个体进行观点表达。本书认为，网络新闻评论是网络评论中的一个类别，它对源于新闻的观点信息的呈现更具网络传播的特质，与其说它是网络新闻评论，不如说它是通过网络平台发表和传播对新闻的观点，由此重构网络传播的内容和新闻评论的形态，是体现从"网络＋新闻评论"到网络与新闻评论融合发展进阶的新的公共意见传播的生成。因而，网络新闻评论更强调网络作为公共意见沟通的平台传播特性，在此基础上遵循新闻评论的规律及范式，在网络与评论互动中创新观点的表达，实现对舆论的引导。

(二) 网络新闻评论的主要特征

1. 评论参与的平等开放

随着互联网的不断普及，平民化、低门槛的准入机制让越来越多的普通网民参与到网络新闻评论的内容生产中来。相比于大众媒体的专业评论员、记者、编辑的新闻评论

[①] 金梦玉：《网络新闻实务》，北京广播学院出版社，2001年版，第8页。
[②] 王振业：《新闻评论与电子媒介》，中国广播电视出版社，2004年版，第222页。
[③] 殷俊等：《媒介新闻评论学》，四川大学出版社，2005年版，第439页。

生产,网络新闻评论的主体范围和社会参与大大扩增,传统媒体新闻生产中的"把关人"角色及功能呈削弱之势。

网络新闻评论社会参与的开放性也体现为参与者的平等性、发言的交流性,这是由网络传播的去中心化得以实现,在网络论坛上尤为突出。由于BBS具有强大的实时交互功能,信息交流更加自由,网民不再是被动的接受者,而是可以积极和及时地参与讨论,在表达与分享的互动中形成观点对话、理性聚合。在信息传送上,网络为普通人提供了平等交流、不受空间限制的物质条件,真正实现了信息传播的平等性和对称性。[①]因此,评论参与的个体化携带的社会认知实践的丰富性,也赋予网络新闻评论选题多样化的色彩。

2. 评论发布和反馈的互动时效性

网络传播的快速和实时能使各类信息的发布和传播更具时效性,如近年来"快评""火线评"等评论形态的出现。网民可以在新闻事件发生过程中,通过网络平台了解相关报道和跟进评论,可以及时发表自己的看法,也可以跟其他用户进行互动交流。一般性新闻评论的页面中,都设有供网友进行意见表达的板块,如"我要发言"或"网友评论"等,通过这些板块来实现传受双方的互动交流。一些专业性的新闻网站中,专门设置了网友评论栏目,如人民网的《网友热议》和搜狐评论的《网友快评》等,实现了普通网友对新闻评论的即看即评,让任何个人都可以通过互联网平台随时随地发表自己的看法和见解,极大地提高了观点互动的频率和效果。

由于网络传播的扩散性和互联性,时常形成报道与评论的同步以及交互,"一个声音""一种态度"有时会引发无数的应和或者跟随,传受一体化使评论发布和反馈又构成新一轮评论的开始,此即发布和反馈的一体化循环,导致网络评论的舆情效应比之传统媒体的评论效应更加快捷,这是网络新闻评论的交互性融入评论生产中的特性。

2012年11月8日,中国共产党第十八次代表大会正式召开,人民网进行了现场直播,并开设新闻专题页面做整合传播。其中"快解读"和"热评论"两个板块在短短的一天时间内,共发表十余篇新闻评论,对十八大的政策内容及时解读;同时,在"网友声音"和"微博评论"板块,以间隔十秒的刷新速度呈现网友的最新评论,体现了评论主体间的互动和观点信息的整体时效。

3. 网络评论吸纳和呈现舆论的自主性

网络类似一个互动的容器,对于各类信息和观点可以实现整合重构的再生产、再传播,条件是各类利益主体在其中随着参与度和关联度的增强可以调节自主性和自觉性。换言之,网络中的评论裹挟着不断进入的信息和观点会自然聚合成集中的舆论,体现社情民意,折射社会心态,并具有放大舆情的功能,这是由网络具有助燃舆论生发的传播特性与转化机制所决定,因此,在网络传播中,对评论的吸纳本身与社会参与利益表达的自主性密切相关,网络评论本身已经变化为舆情的主要形态,并且将"新闻性"转化为更广泛的社会影响力。这是网络评论与舆情互动的特色,也是网络新闻评论更凸现评论的自主性的特定规律之所在。正因为如此,网络评论员在写作和表达的同时就在履行

---

① 殷俊等:《媒介新闻评论学》,四川大学出版社,2005年版,第457页。

舆情引导的责任与使命，它体现了两者的关联度和内在规律及效能转化的同一性。

二、网络新闻评论的发展简况

（一）传统媒体新闻评论的电子版

1995年1月，国家教委创办的《神州学人》电子版，作为我国第一份中文电子刊物正式推出。1997年1月，《人民日报》官方网站正式建立，同时推出其所办系列报刊的电子版。随后，《中国日报》等诸多报纸刊物也纷纷创办了自己的网站。网络新闻评论这一新兴评论样式随之伴生，我国网络新闻评论主要表现为传统媒体对新闻评论内容的网络化呈现。如一些传统媒体将报纸、杂志中针对社会热点撰写的评论性文章，在其线上的网站和论坛中进行再现，供普通网民阅读。

（二）门户网站与商业网站的新闻评论发展

从1998年年底起，"门户网站"概念被提出，新浪、搜狐、网易等国内一些商业网站迅速整合，与不断开通的大量新闻网站开始全面涉足新闻传播，以互联网独具特色的连续滚动报道和链接提供了海量的新闻和评论，初步展现了网络媒体的优势。[①] 其时的网络新闻评论不再是传统新闻评论的电子版再现，而是重视新闻评论的原创性，着力通过具有社会性和影响力的原创性评论，来吸引网民的注意力，同时也开始注重新闻评论平台的品牌形象塑造。在评论形式和风格上，网络新闻评论在该时期的网络特性愈加鲜明，以东方网的《今日眉批》、人民网的《人民时评》、搜狐网的《搜狐视线》和新浪网的《新浪评论》等为代表。

（三）自媒体阶段的网络新闻评论

随着网络自媒体的发展，个人评论的网络新闻评论样态产生。博客、微博、微信、贴吧和论坛等自媒体平台的出现，拓展了评论主体范围，由网络媒体进行的评论生产扩大到普通网民。自媒体平台供普通大众分享和表达自己对新闻的看法和态度，极大满足了互联网时代公众的"发声需求"与知情权，其平民化和个性化特征鲜明。同时，网络媒体日益重视网络新闻评论的生产和社会效能，一些省份开始探索专业性的评奖激励机制，并将网络新闻评论作品纳入省新闻奖评选范围。2006年起，中国新闻奖设立网络媒体作品相关奖项，公布了第16届中国新闻奖网络新闻作品获奖作品名单。对网络媒体而言，这一举措不仅仅是一种奖励，更是对经历10多年发展的新闻网站重要地位的确认。[②]

需要说明的是，网络新闻评论伴随网络新闻传播的发展，于21世纪已进入媒介融合发展的新阶段。在前述发展的基础上，逐步形成了独具特色的评论形式和传播生态，与传统媒体的新闻评论样态互动互补，不仅扩展了评论主体与内容，还革新了观点传播的渠道，其形态的网络化、融合化正在构筑新的公共表达平台，成为新闻评论走向深度

[①] 吕凤霞：《国内网络新闻评论初探》，《新闻爱好者》，2005年第1期。
[②] 江坪：《网络新闻喜获最高奖》，《传媒评论》，2006年第10期。

转型的动力机制。为避免相关内容的重复交叉，本书将在第七章对此融合与研究进行专题探讨，在此只对网络新闻评论的通用形态和基本特点进行讲解。

三、网络新闻评论的常用品种

（一）网络专栏式评论

网络专栏评论指以新闻门户网站的言论频道为载体，通过选题、策划、编辑等流程制作的专门用于展示评论内容的专题板块。当下，网络专栏评论分众传播的趋势愈加明显，网络专栏评论通常会在新闻门户网站以聚合的形式出现，即一个主栏目下细分多个子栏目，甚至子栏目下衍生出更细化的类别。如凤凰网的《凤凰网评论》专栏下设《原创》《时评》等子栏目，人民网的《观点》栏目下设《人民网评》《每日新评》等子栏目，新浪网的《新浪评论》栏目下设《社论》《时政》《财经》等子栏目，腾讯网的《今日话题》栏目下设《事实说》《每日时评》等子栏目。

依据不同的写作主体，网络专栏评论可大致划分为四大类：转载整合式评论、外部特约评论员评论、编辑部原创评论、网友投稿评论。

1. 转载整合式评论

转载整合式评论指门户网站从其他媒体平台转载到本网站并进行整合分类的评论文本。转载的评论多来源于主流媒体，也有来自其他媒体与网站的评论，评论内容一般按照时政、社会、财经、文娱等标准进行分类，也有网站会进行精品评论推荐。如《新浪评论》专栏多转载来自包括新华网、《人民日报》、澎湃新闻、《中国青年报》等媒体的评论文章，下设《社论》《时政》《财经》《文娱》等子栏目对转载评论进行归类，方便读者浏览。《搜狐评论》同样转载来自人民网、观察者网、《经济日报》等媒体的评论文章，并将其分类为时政、文化、社会、国际等类别。人民网观点频道中的《每日新评》，筛选数十条来自《燕赵晚报》《法制日报》《光明日报》等各大报纸的评论文章进行展示。转载整合式评论的内容丰富，集纳强，能让网民在第一时间选读不同媒体来源的新闻评论，同时，这类评论由经网站编辑二次审核与筛选，权威性强，参考价值大。

2. 外来特约评论员评论

外部特约评论员评论指媒体网络平台以编辑部为主导，邀约各领域专家、学者或其他媒体资深人士为网站评论专栏供稿的评论。此类评论常以"名家专栏"的形式出现。如中国青年网评论频道《名家专栏》，时常邀请网络舆情分析师王德华、中华儿女报刊社党组书记李而亮、北京大成（武汉）律师事务所律师郭文婧等知名人士为其供稿。再如搜狐评论的《名家专栏》，邀请北京大学法学院教授张千帆、《壹读》杂志执行主编马昌博、科普作家方玄昌等开设个人专栏，以各自领域的专业视角，对热点事件展开讨论和对话，体现专业性和原创性。

除"名家专栏"形式外，媒体网络平台也会以类似"圆桌会议"的形式，邀请专家学者，对某一特定话题展开讨论，形成评论合辑。如"凤凰评论"频道下的"政能亮沙龙专题"，常以某一会议或论坛的召开为契机，特邀专家或与会人员对该话题撰写评论文章，并对观点做整合呈现。"新浪评论"频道下的《蓟门决策》栏目，是以主讲人加若干嘉宾的对话展开法制类话题的探讨。这类评论对特定事件的多方观点进行有效整合，构建深入思考的空间和理性认知的参考。

3. 编辑部原创评论

编辑部原创评论指网络媒体平台通过自己组建的评论员队伍发布的原创评论。此类评论形式不拘泥于某一指定栏目，灵活性较大，可就不同新闻进行评论并独立成篇；也可群策群力，以特定专题组成系列评论。如《新华网评》下的子栏目《多棱镜》与《群音汇》，前者是以专题形式展示某一事件的新华网系列评论，后者是以作者为索引，展示评论员的评论文章合辑。这类评论要求网络媒体平台本身拥有良好的评论员资源，能够针对当下热点或焦点问题，代表媒体及时发言和深入解读。在这一网络新闻评论品种中，媒体平台发展出了独具特色的评论栏目。如腾讯评论频道下的《今日话题》栏目，便是腾讯自身编辑团队根据各类话题展开的评论集合，该评论内容不仅限于新闻事件，也有对日常生活中常见问题的解释、点评或调查报告分析，其选题和呈现具有独创性。

4. 网友投稿评论

网友投稿评论指网友向网络媒体平台投稿，并经审核编辑后公开发布的原创性评论。在主流媒体平台中，专供网友来稿的评论专栏设置较少。人民网观点频道虽设有《网友来论》栏目，但该栏目下多为人民网本身的评论内容，涉及网友原创的稿件不多。隶属于湖南省委重点新闻网站"红网"下的《红辣椒评论》是国内较为活跃的原创性网络评论栏目，该栏目下设《马上评论》《辣言辣语》《谈经论证》等子栏目，作为一个"声音的广场"，该网站接收所有网友的评论来稿，经审核编辑后择优发布，逐渐打造出了自身的品牌与特色。网友投稿评论给网络媒体平台的新闻评论增添了新的亮点，这些评论汇聚民智，反映社情民意，被视作"民间智库"，对舆论监督起到了积极而重要的作用。

（二）留言板跟帖式评论

留言板跟帖式评论指以新闻事件的报道或相关评论为由头，网友在留言区即时表达自身观点或态度的评论形式。新媒体环境下，跟帖式评论常见常变。如门户网站设立的专门留言对话框、微信公众号、微博账号以及新闻客户端推送的文章下也设有专门的留言区（取决于编辑开放留言与否）。具体而言，跟帖式评论不限于文字形式，还包括表情、图片甚至表情包、GIF 动图等。网友的跟帖可以直接体现网民对该新闻事件或观点的看法，因为网民素质、留言审核机制、网络匿名性等因素的客观影响，留言跟帖中不乏大量情绪化的表达，跟帖中理性的分析与评价比例有待提高。

（三）自媒体推送式评论

自媒体推送式评论，是指通过微博、微信、企鹅号、网易号等第三方平台载体，以"用户订阅（关注）—平台推送"为主要模式传播观点的评论形态。目前，自媒体的快速发展提升了意见领袖的舆论影响力。与网友投稿式评论相区别，自媒体推送式评论不依靠其他媒体平台中的特定栏目发布评论，组织者本人可以在第三方平台中申请账号，自行或组织他人进行原创评论写作并推送。因此，自媒体评论由于脱离"组织"，运用灵活而呈现出视角多样、观点多元的评论格局。另外，不容忽视的是，自媒体评论内容缺乏较为严格的"把关",它的"众声喧哗"也可能因评论品质的参差不齐而产生误导。此外,主流媒体也在自媒体平台中开设专门的评论账号进行讯息推送,如国内自媒体评论品牌"吐槽青年:曹林的时政观察"(个人)、"侠客岛"(《人民日报》海外版出品)、"政事儿"(《新京报》出品)等,均试图依托原有媒体的影响力,推动其自媒体平台的互动成长和品牌构建。

(四) 论坛发帖式评论

论坛发帖式评论指网民在网络虚拟社区中对新闻事件表达观点与态度,并以帖子形式呈现观点的新闻评论。与网友投稿评论区别,论坛发帖式评论完全由网民自行组织,"版主"或"楼主"虽是讨论发起者,但在后来的发帖评论中并不起主导作用。如天涯社区的"新闻众评"论坛,下分《草根视点》《深度探讨》等栏目,一些优质评论文章也能获得"10万+"的点击量以及数千的回帖。又如"铁血社区"、人民网"强国论坛"等,都是国内较为活跃的言论集散社区。同时,发帖式评论还存在问答式形态的评论,如网络问答社区"知乎"中,经常出现与新闻事件或观点相关的问答。这样的评论形式和内容一方面能够充分体现网民参与的自发性、时效性和互动性;另一方面,值得关注的是,这类评论更新速度快、帖子数量众多,且网民大多以匿名身份发言,容易滋生谣言或引发信息失准性恐慌,将给社会带来多方面危害和影响,因此,亟待对媒介素养的社会培育和全面提升,助力社会共建网络传播的清朗空间。

思考与练习

1. 请依据新闻评论的应用类型,谈一谈影响新闻评论分类的主要因素。
2. 请结合实例简述社论的应用范围及写作取向。
3. 请结合实例比较分析评论员文章、本报特约评论员文章、观察家评论的写作要领。
4. 请简述编者按语的类型以及划分依据。
5. 请结合实例谈一谈编前按语的应用范畴及写作要点。
6. 请结合实例简述编后按语的主要功能与写作要点。
7. 根据媒体应用实际,例举编者按语在形态上的变化,并分析产生这些变化的原因。
8. 请参照短评的写作要领,选取一则新闻报道,并以某个主流媒体为定位,配写一则600字左右的短评,标题自拟。
9. 请谈一谈你对新闻漫画的作用的理解,相比于文字评论,新闻漫画具有哪些独到的评论功用?
10. 请结合实例分析记者手记作为述评的特定形态,并谈一谈它与记者述评在媒体应用上的差异。
11. 请结合当代杂文发展的态势,阐述其"文艺性政论"的表现及写作特征。
12. 请简述报纸新闻评论对广播、电视新闻评论形态演进的影响。
13. 请从媒介传播符号和特性出发,对比分析广播新闻评论与电视新闻评论的个性。

14. 请连续一周收听中央人民广播电台的新闻评论节目《新闻纵横》，分析该节目的定位以及广播评论的特点。

15. 请谈一谈你对电视新闻评论通常以"述评"为主的传播形态的理解。

16. 请从近3年中国新闻奖电视新闻评论获奖作品中选取一则，并参考本章表6-15的示范，对其进行声画叙事的文本分析。

17. 请结合实例分析互联网对新闻评论写作产生的影响。

18. 以《人民日报》及其官方微博、微信公众号针对同一事件发表的新闻评论为例，试析三者之间的异同及其产生差异的原因。

第七章　融合·演进

内容提要：

21世纪以来，受媒介技术发展和受众信息体验方式变化驱动，新闻评论走向融合演进新阶段。接续传统媒体发表言论、引导舆论的传统，新闻评论本身的体裁特征被赋予网络化与社交化的新特性，其内容和形态日益呈现出媒介融合之势。与之相对应的是，作为一种公共表达的评论实践正在兴起，它推动新闻评论思维与写作技能的深度融合和再构探索。本章系统梳理新闻评论融合演进的形态及特征，结合典型案例，对其内涵边界、写作范式、文化审美进行辩证思考，以期提供其未来发展的学习参照和实践反思。

第一节　新闻评论的融合演进之态

一、传统新闻评论的"触网"与演变

（一）报网融合、台网融合：传统媒体深度"触网"

1996至1997年期间，我国部分传统媒体和通讯社开始最早的融合尝试，把网络版、电子版作为新的内容与传播扩展形态。1996年12月，央视网正式创建并投入试运行；1997年1月1日，人民日报社正式创办人民日报网（后于2000年8月21日更名为"人民网"）；1997年11月7日，新华社建立新华通讯社网站（后于2000年3月更名为"新华网"并改版）。

融合伊始，大多数传统媒体选择的路径是将本媒体的内容完全复制并"移植"上网。以人民网为例，在创办最初阶段，人民网只是《人民日报》的"纸质翻版"，网页上呈现的内容与当日的主报所发布信息完全一致，其新闻评论同样是照搬《人民日报》的社论、评论员文章、短评、编者按及各类专栏评论，表现形式以文字和图片居多。这种"传统媒体＋互联网"，且内容全部转载的模式在融合初期非常普遍，即互联网仅作为传统媒体发布渠道的一个补充。

随着互联网技术的不断发展和媒体转型的推进，这些最早进行报网、台网融合的传统媒体在探索中逐步形成了全方位、立体化的互动传播模式，成为各类意见、观点集纳与发布的平台。在新闻评论领域，央视网开设了《复兴网评》《复兴论坛》《网言网语》

等多个评论子栏目，为专家学者及普通网友提供各类发声渠道，同时，这些评论也成为新闻再生产的重要素材，如"网言网语"在2015年12月31日推出的话题"双11全年最低价？狗血真相！"中，汇聚大量网友评论，并在后续调查报道中作为网民观点集中呈现，形成台网互动；新华网的《新华网评》也颇受网民喜爱，其分割出的《原创评论》《群音会》《多棱镜》《及时点》《画里有话》《理上网来》《图评天下》等特色评论栏目，不仅充分调动了互联网海量集纳信息的特点，网罗了大量由网民生产的优质评论，还以音频、视频、图片、动画等丰富形式充分发挥互联网的传播特色。其中，人民网在新闻评论的意见整合方面尤具特色，它不仅通过"人民日报重要言论库"将《人民日报》上的所有评论进行分类发布及存储，便于读者阅读检索，还开辟了"观点频道""舆情频道""强国论坛""强国社区""强国博客""人民微博"等多个意见交流和言论发布平台，打造出了"人民时评""人民网评""网友拍案""观点周刊""观点1+1"等诸多品牌，让权威人士、专家学者和普通百姓都可以自由发表意见、表达态度、释放情绪（人民网、新华网等网站的评论栏目，见图7-1至图7-6）。

图7-1 人民网观点频道主页

图 7-2 《人民日报》重要言论库主页

图 7-3 新华网评论主页《新华网评》

图7-4 凤凰网评论主页

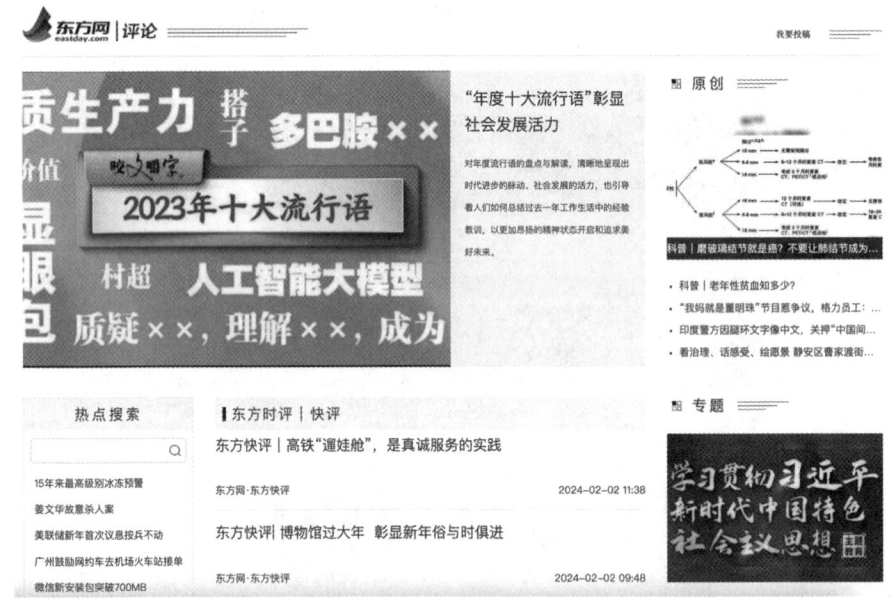

图7-5 东方网评论主页

图 7-6　红网评论主页《红辣椒评论》

2000年4月，国务院新闻办公室成立网络新闻管理局，随后各省、市、自治区陆续设立相应管理机构与各地方重点新闻网站。2000年上半年起，以北京千龙网、上海东方网、天津北方网、广东南方网等为代表的由地方政府、地方媒体联合组建的区域性网络新闻媒体陆续创办，评论板块成为地方主流媒体网站的打造重点。以南方网为例，该网站时评频道开拓了若干子栏目，如《南方观点》《媒体热评》《点评广东》等，逐步累积了众多受众群，提升了影响力。除主流传统媒体外，各类都市报也陆续开启报网融合历程。

纵观传统媒体新闻评论的"触网"之路，其演进历程可分为如下几个阶段：

1. 转载期

线上新闻评论主要以复制移植传统媒体新闻评论为主，由专业记者、评论员、专家等写作，评论内容经由媒体和相关机构专业把关人审核，内容表达与传统新闻评论并无二致，讲求书面化的评论写作规范。

2. 原创整合期

网站对传统新闻媒体的评论转载与汇集，其评论频道开始注重评论的策划与整合，除了邀请各类媒体人、专家、记者撰写原创评论，设置各种专栏、专题、漫画外，还鼓励普通网友投稿，并择优发布。

这一时期的评论创作主体由精英转向大众，评论内容更加广泛，观点更加多元，表达形式更加多样。虽然不拘泥于传统评论写作格式，但仍保留"观点+论据"的基本评论框架，坚持编辑的把关和引导。同时，网络编辑加强了对评论的整合，通过文字、图片、音频、视频、超链接等多种形式制作评论专题，多维度、全方位展开热点话题和议题的评论和解读。如人民网创办的《人民观点周刊》，该周刊模仿新闻周刊的封面板式，每周出刊一期，2013年2月22日刊出最后一期，共298期。《人民观点周刊》由大幅新闻图片和标题新闻组成封面报道，下设《一周人物》《一周事件》《本网评论一周排行》和《一周媒体评论精华》四个栏目，受众在页面右上角输入关键词进行评论检索，可以搜索出人民网刊载过的包含此关键词的所有评论，体现和发挥了互联网集纳、整合及存储评论信息的重要资源库作用。《人民观点周刊》左侧是编辑点题和精品推荐，精品推荐集纳了"网友热评""人民网评""观点1+1""网友拍案"等人民网观点频道的热门栏目，受众点击超链接即可实现内容的跳转。

"网友拍案"栏目来自人民网网友在强国论坛和强国博客发表的感言和观点，关注新闻热点、传递网友心声，其中不乏独辟蹊径的思想和一语破的的言辞。人民网观点频道将其中的精华整理出来，供受众品评、讨论。正如"观点1+1"开栏语所写："国事，家事，天下事，天天都有新鲜事。你评，我评，众人评，百花齐放任君看。观点各有不同，角度各有侧重，只要我们尊重客观、理性公正。"人民网不断增强评论的分类和索引功能，在加强编读互动、报网互动的同时，以在各品牌栏目、论坛、社区、微博传播渠道上进行"多重议程设置"的方式，建立起有效的用户反馈机制，从而不断增强原生议题的关注度，提供不同事件、不同话题下各家媒体、各个评论员甚至网友的新闻评论，以展现观点的多元化。人民网观点频道品牌栏目的打造也在这一时期被显著强化。借由以上一系列有益尝试，人民网成为国内第一个开通时政论坛、第一个推出网站时评、第一个设置舆情监测室、第一个给各级党政领导建立留言板的网站。[①] 如被誉为"网上第一评"的《人民时评》，创办于2001年3月21日，因其选题丰富、事件性强、观点犀利而拥有很高的点击率和反馈率。

3. 互动参与期

该时期内，媒体的上述评论形式继续共存并持续发展，同时越加重视与受众的互动。目前，几乎所有主流媒体都在自己的网站上开设了论坛、网友留言等板块，随着微博、微信的兴起，传统媒体也建立起各类新媒体官方账号。此外，手机新闻客户端方便的留言功能使这些互动更为便捷和频繁。这一时期，新闻评论的生产主体进一步扩大，网民跳出传统的"观点+论据"方式，可以围绕新闻或话题及时发表篇幅灵活的短评，也可以使用一个表情符号、一个"顶"来表达情绪，评论呈现出碎片化、简洁化趋势。一方面，这些无数的"点"的表达也使评论内容更趋多元，网络编辑针对其中的不实之处与负面表达进行把关过滤；另一方面，也对受众（评论生产者）自我把关意识、责任意识以及媒介素养提出了新的要求（如图7-7所示）。

[①] 涂光晋、吴惠凡：《从"党的耳目喉舌"到"公众话语平台"——"人民网"意见表达与整合研究》，《现代传播（中国传媒大学学报）》，2012年第1期。

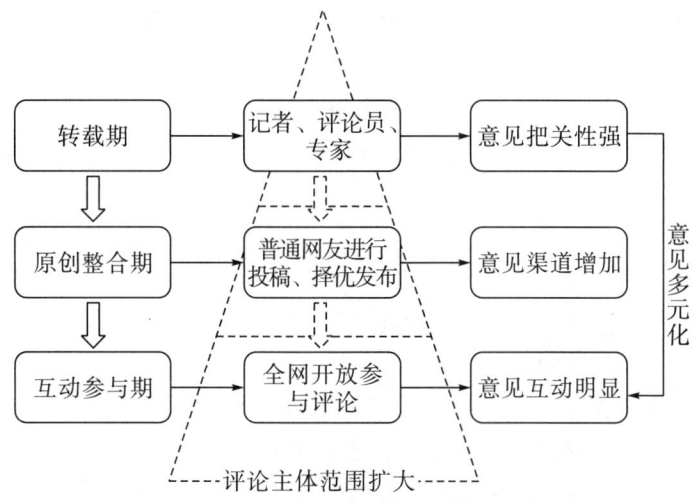

图7-7 传统媒体触网发展路径

（二）整合式新闻评论：专业商业门户的另类探索

2005年9月，国信办、信息产业部联合发布《互联网新闻信息服务管理规定》，非新闻单位设立的互联网新闻信息服务单位不得登载自行采编的新闻信息，包括有关政治、经济、军事、外交等社会公共事务以及有关社会突发事件的报道与评论。商业门户网站，如搜狐、新浪、网易、腾讯等，因为受采访权限制，侧重于日常策划性评论专题，以求构建传播特色，增强影响力。

商业门户网站的新闻评论最初也是以整合大量传统媒体上刊载的评论为主要生产模式，但伴随互联网时代观点作为原创内容竞争的崛起，很多商业门户网站运营方深刻意识到，只有拥有自己独特的评论性品牌栏目，才能吸引、培养大量的忠实受众，因此，它们在转载集纳传统媒体输出评论的同时，也创办了自己的评论栏目。目前，商业门户网站多采用整合式新闻评论专页模式，即在网站页面上单列"一页"，外观呈现为"一篇"评论的样貌，但实际上是多篇新闻报道或评论的有机整合，具备超链接和多媒体特征。这种网络新闻评论既不像网络新闻专题那样显得体量过于宏大，也不像单条文本那样单薄。① 典型代表如腾讯的《今日话题》、网易的《另一面》、新浪的《新观察》等。

为了建立和推广评论品牌，这类新闻专页通常会在其所属的网站主页上设置导读，以"专栏标题＋新闻标题＋图片＋导读"的方式呈现。比如腾讯的《今日话题》，就在腾讯新闻中心页面右上角设置了导读，新浪新闻中心的《新观察》栏目也是如此。进入专页，正文页面上向受众呈现的是一篇逻辑严谨的完整评论，并且占据整个页面，它通常由网站的专业媒体人精心筛选材料、编排并按照评论逻辑写就。腾讯《今日话题》的写作逻辑就是非常标准的三段式模式——提出问题、分析问题、解决问题，通过标题点明今日的讨论话题，导语介绍话题背景，正文之前有提纲挈领的行文框架，帮助受众迅速抓住重点，正文中采用丰富的表现形式和案例来围绕话题进行分析，结尾设有结语进

---

① 夏临：《整合式网络新闻评论专页特点探析——以腾讯〈今日话题〉网易〈另一面〉等为例》，《新闻知识》，2014年第2期。

行评价总结，最后还设有调查、评论与网友进行互动，整体设计清晰简明，便于选择性阅读。

微博、微信的兴起，伴生节点化、碎片化的阅读模式，为受众提供快捷、轻松的信息获取方式。对此，一些商业门户网站也开始推出以浅、准、生动为主要特征的评论专栏。其中最具代表性的就是腾讯旗下的《腾讯新闻哥》，该原创新闻类栏目自经腾讯新闻客户端上线以来，订阅用户已达638.1万，远超腾讯新闻客户端其他栏目。[①]《腾讯新闻哥》坚持以"换个姿势看新闻"为理念，评论里融合大量有趣的图片（表情包）、吐槽、视音频连接等表达形式，让受众在"没那么严肃""没那么负能量"的体验中获得对新闻事件多角度的认知。

无论是整合式专业新闻评论还是"吐槽式"的新闻评论，商业门户网站始终走在探索符合受众口味的新闻评论生产前沿。不论定位和风格如何，这些评论依然经由专业媒体人严格把关和精心编排，遵循互联网传播与接受规律，试图通过内容、平台等有机融合满足变化中的受众信息诉求。

（三）网络评论专栏：自媒体时代观点传播的品牌化演进

传统媒体的新闻评论专栏在互联网时代有了快速新发展。从最初在网站评论频道中设立名家个人评论专栏（如人民网邀请各领域专家学者作为"人民观察家"所开设的专栏等）到Web 2.0时代，伴随博客、微博、微信等社交媒体的兴起与迅猛发展，新闻评论专栏创作者日益从精英走向大众。一些默默无闻的网民，因为积极参与各类评论专栏的写作与互动，其个性化的表达、独到的见解、强烈的社会责任，构成原创而精彩的声音，逐步积累起大量粉丝而成为网络舆情中的意见领袖。

博客发展呈现精英化、专业化的特点。作为博客时代著名的评论作者之一，韩寒在个人新浪博客上发布了许多与新闻时事相关的评论性文章，如他针对地震的《地震思考录》、针对上海高楼大火的《2010年，上海大火》等文，在公众中享有惊人传播效率。微博、微信兴起以后，博客走向没落，很多热门博主纷纷在微博中公开自己的微博或微信公号，表明自己转移"战场"。截至2023年6月，我国即时通信用户规模达10.47亿人，用户使用率为97.1%。[②] 我国最大的社交媒体平台之一——微博，2023年第三季度月活跃用户数达到了6.05亿，同比净增约2100万，[③] 创下历史新高，成为网民获取信息、表达观点、参与讨论的重要渠道。我国最大的即时通信服务软件——微信，拥有庞大的用户基础和高频的使用场景，公众号、视频号、小程序三位一体构成微信平台生态圈。截至2023年9月30日，微信和WeChat的合并月活跃账户数已达13.36亿。[④] 微信公众号及各类网站的个人专栏（如知乎网的知乎专栏），成为网络新闻评论个人专

[①] 刘政序：《从"新闻哥"看新闻客户端原创栏目的构建》，《青年记者》，2015年第20期。

[②] 《第52次中国互联网络发展状况统计报告》，2023年8月28日，参见 https://www.cnnic.net.cn/n4/2023/0828/c88-10829.htmlhttps://www.cnnic.net.cn/n4/2023/0828/c88-10829.html。

[③] 《微博发布三季度财报：日活跃用户同比净增2300万》，2023年11月11日，参见环球网 https://m.huanqiu.com/article/45XuIn00UEz。

[④] 《腾讯公布二零二三年第三季业绩》，2023年11月15日，参见腾讯网 https://static.www.tencent.com/uploads/2023/11/15/e2d2db9b5d85f9904e51082f5e69e7c7.pdf。

栏的主要聚集地，如《中国青年报》曹林的微信公众号"吐槽青年：曹林的时政观察"、财经时事评论员占豪的"占豪"、崔金生的"雾满拦江"、冯仑的"冯仑风马牛"等。

这些由媒体人、各领域专家及普通网友自发开设的自媒体专栏，可以视作传统新闻评论专栏的网络化延续，在形式上，尽管个人评论专栏的个性化色彩浓重，但其写作的"大体"依然遵从传统新闻评论的一般规则；在受众的积累上，新闻网站评论频道的专栏更多是依赖平台本身的流量入口进行传播，而自媒体形式的评论专栏却更多凭借写作者自身的风格和素养吸引受众阅读，事实上，许多自媒体专栏的传播影响力已远远超过评论频道里的个人专栏。如"占豪"的原创文章基本保持在"10 万＋"的阅读量，月阅读量几乎皆 2000 万以上。在 2016 年 G20 杭州峰会期间，占豪向大众解析我国外交的大政方针；在 2017 年周边邻国事件发生后，占豪发布数十篇文章分析边境形势，引导舆论正确理解时局；2018 年至 2019 年，针对"贸易战"等重大事件，占豪发表原创文章两百余篇，总阅读量超 3 亿人次；2019 年，占豪发表军运会专题文章两篇，600 多万人次阅读，点赞人数超 3 万，转发分享人数近 4 万，评论人数超 9000 次，[①]体现了强大的传播势能，在诸多公共性事件的意见输出中扮演了意见领袖的角色，是当下新闻评论网络化的强大社会效能的生动诠释，体现了新闻评论发展的融合传播态势。

二、网络媒体论坛中的新闻评论之态

本书所讨论的网络媒体论坛，包括但不限于传统网络论坛及 BBS，而是更宽泛地将之定义为"网络媒体在互联网中为网友提供的针对事件发表和交换意见的场所，网民彼此交换和传递信息的过程中形成的一种无形的用户交流网"[②]。因此，网络媒体论坛中的新闻评论主要涵盖了由传统论坛及 BBS 发展而来的新型社群空间中的新闻评论。

（一）新闻网站论坛助力评论内容互动

大部分新闻网站的论坛一般独立设于评论频道之外，以与评论频道并列的形式存在，更注重与受众的深度互动，评论方式主要以"发帖＋评论"的方式进行。比较知名的新闻论坛，包括人民网的"强国论坛"、新华网的"发展论坛"等。这些论坛里的评论大多由网民自己主导：一个网友针对某一事件或话题发帖，其他网友在下面跟帖回应，最终形成一个对该话题的自发讨论。以天涯论坛为例，网友"谭祖国"在 2015 年 12 月 28 日发表了一篇题为《农民工进城买房恐怕只能望而心叹》[③]的帖子，就"中央经济工作会议决定 2016 年鼓励 1 亿非城里户口的农民工进城买房"的政策提出了自己的想法，作为进城打工的农民工大军中的一员，该网友用自己的亲身经验算了一笔账，表明农民工凭借自己的工资买房其实仍存在很大的困难，此帖发出后，引发了论坛网友

---

① 《胡占豪委员：讲好中国故事，为展现可信、可爱、可敬的中国形象而努力》，2023 年 1 月 8 日，参见中国人民政治协商会议湖北省委员会官网 https://www.hbzx.gov.cn/54/2023-01-08/62888.html。
② 王明海、徐新军：《网络新闻写作与编辑》，黄河水利出版社，2005 年版，第 251 页。
③ 谭祖国：《农民工进城买房恐怕只能望而心叹》，2015 年 12 月 28 日，参见天涯论坛 http://bbs.tianya.cn/post-free-5347718-1.shtml。

的热烈跟帖讨论，很多网友纷纷发表自己对该政策的看法，有的以一句话评论，有的以大篇幅对农民工生存现状以及政策制定原因进行分析，楼主和跟帖网友之间、跟帖网友与跟帖网友之间持续互动、讨论，形成了一个个人意见充分表达的社会舆论场。

这类新闻网站的论坛在蓬勃发展期内，因为参与人数较多，论坛的管理者只需要审核发帖内容是否有违反法律禁止规定的言论，不太需要做过多编辑、组织、引导等工作。但是随着微博、微信兴起后对论坛参与有所削弱，很多版主开始注重自己发帖、制造话题来吸引更多的受众参与。

(二) 民间网络论坛促进评论客体聚合

除新闻网站论坛外，一些民间网络论坛也成为网民对新闻事件发表评论的热门场所。此类论坛按照内容的不同属性，自动、精确、快速分类聚合分论坛页面，形成了不同种类话题的讨论区。如创办于1999年3月的天涯社区，作为"全球华人网上家园"，下设400多个分论坛，包括"娱乐八卦""天涯杂谈""情感天地""国际观察""时尚资讯"等，每个论坛都聚合一大批固定人群，这些网民针对不同讨论客体，可以各抒己见；另一中文论坛——"猫眼看人"，拥有1420余万注册用户，于论坛首页设置板块导航，下设"经济风云""时局深度""文化散论""健康社会"等不同单元，有效分流不同兴趣用户。各民间网络论坛因具有开放、包容的特点受到众多网民推崇，拥有大量高忠诚度用户。

基于"主题—回复"运作模式，网友围绕不同评论客体聚合板块进行发言，回复有时不直接针对论点，而是在交互性的讨论与话语博弈中逼近真相。各论坛与新闻时事相关的评论帖更是易引发网民追捧和热议，如2015年6月23日新华网（长沙）发表题为《走私"僵尸肉"窜上餐桌，谁之过？》的报道后，舆论出现一石击起千层浪的连环反应，事件冷却后，在天涯论坛以"僵尸肉"为关键字搜索，可得到42321条结果。其中，7月12日，楼主"艺云淡然"的发帖《中媒大规模抹黑"冷冻肉"为"僵尸肉"为哪般？》获得110755次点击和1129条回复，网友"@robins"回帖表示："我看你说抹黑是因为你自己爱吃过期肉吧？"导致各方意见产生激烈交锋，在这一充满对抗与协商的直接交流中，许多疑点被逐一厘清，理性共识逐渐凸显。与此同时，也表明网络舆论的形成及发展轨迹与新闻评论的互动探讨密切相关，不断拓展的评论客体让公众的认知视野走向深广和辩证。

(三) 社区问答论坛推动评论视角转换

近年来，各类新兴独立网站兴起，随之伴生支持兴趣垂直的互动社区。这类社区往往由网民发起一个问题，受邀者或"路人"参与其中来回答问题，表达观点。代表性网站有知乎、果壳等，网友们可以在这些网站上就当今社会的各种热点问题及科学知识提问，其他网友则可以自由参与讨论，发表见解。因回答中能够呈现不同的剖析视角和多元价值观，提供全面深入的认知可能，故而广受青睐。尽管这种回答式的评论并非全为新闻评论性质的内容（事实上有关新闻的问题和评论占比不算多），但大部分影响力大的新闻都会被提出，并能够受到广泛关注而进入讨论领域。因此，这种"提问+回答"式的新闻评论模式能够汇集众多民智，相较于传统的单篇新闻评论，更令人大开眼界，受益更多。

由此，我们将此类社区评论视角多元化的原因归纳为三方面：首先，此类论坛注册用户拥有不同专业、不同年龄、不同地域、不同价值观，其中不乏各行业精英，从源头上确保了信息来源的多样性；其次，参与答题者在追求高质量回答的氛围中，或举例论证，或以数据呈现，或以个人客观经历说明，形成了充分讨论和较严谨的回答互动氛围；最后，基于社群传播的特征，议题的互动在已经存在的一致性认同心理下可以顺利形成具有一定规模的赞同层，而这也正是其能够发挥影响力的前提。如针对2015年10月"青岛大虾事件"，有多位网友在知乎及时提问，随后有8000多名网友持续关注了此问题，并收集了超过2100条回答，最高票回答获得逾7000个赞。在问答中，提问者在提问时逻辑严谨，善于引用主流媒体的报道内容及相关法律条文，梳理事件发展始末，而答题网友包括高校教授、品酒师、公务服务者、税收从业者等，他们根据自身经历经验和知识积累，能够立足自身认知基础提供多角度解读，内容可短至一句话，也可以通过图片、视频、超链接等进行形式不一的长篇回答。基于网站特殊的算法，最佳评论会被赞到最上面，而各种意见汇总也会被全部排列呈现。

随着移动互联网时代的到来，这些独立网站还发布了自己的App，并且常借助微博、微信等新媒体平台进行宣传和引流，近几年已发展为许多优质网站和高质网络评论的源头。

三、自媒体中的新闻评论之态

（一）基于社交网络平台的自媒体

社交网络，即"Social Network Site"（SNS），指帮助人们建立社会性网络的互联网应用服务。在我们和他人的沟通交流中，必然会产生个人化的观点和意见，这就使社交网络天然具备了自媒体的某些属性。基于社交网络的自媒体，构建于虚拟的熟人社区之上，具有显著的互动性和社交性。

腾讯2022年第三季度财报数据显示，微信及WeChat月活用户规模已达13.36亿。在社交应用市场中，坐拥了庞大用户群的微信进一步推出了各类型的"公众号"，进一步促进了社交网络自媒体属性的显现。微信公众号渠道注重提供个性化定制的内容，媒体、企业及个人可以发布原创文章、图文、音频、视频等多种形式的内容，与用户进行深度互动。央视市场研究股份有限公司及其子公司索福瑞共同创办的CTR媒体融合研究院于2023年9月19日发布的《2023中国媒体市场趋势报告》显示，2022年，主流媒体内容生产量稳步增长，自媒体的崛起进一步刺激信息规模的扩大、信源多样化，微信公众号于2022年一年累计发文超3.98亿（篇）。[①] 据统计，2023年上半年，我国主流媒体共开设1700余个微信公众号，累计发布67万篇公众号文章，其中近2万篇阅读量达"10万+"，上半年共有53个公众号平均单季度阅读量均值达到千万级以上。其

---

① CTR洞察：《CTR发布2023中国媒体市场趋势：培塑关系与价值成长并行》，2023年9月21日，参见 https://mp.weixin.qq.com/s/6LT5iV88on5L-wgchL8JDA。

中"人民日报"微信公众号爆款作品占比达 97.8%，在微信渠道传播能力突出。①

根据微信公众号的运营机构的不同属性，可将微信公众号细分为政务类、传统媒体和网络媒体类，企业、社团、商会等组织类和个人类。个人类微信公众号中的主要类型为自媒体，即以原创内容为主的始于个人创办的媒体形式。自媒体因由个人创办，因此其公众号往往带有强烈的个人风格，具备特色化的传播模式。这类微信公众号的运营机构多为个人或具有同类志趣的团队，其风格的可识别性强。② 微信公众号中的自媒体人，大致可分为两类。一是传统媒体从业者出身，如评论员、记者、编辑等，他们中有的从传统媒体中脱离而完全投身于新媒体，如"罗振宇"③；还有人是仍然从事或跨界于传统媒体行业，将公众号作为个人话语空间，如"吴晓波频道"④。二是纯粹的草根用户，这些用户因其知识储备或生活、工作经验在互联网中脱颖而出，也就是我们常说的"民间高手"，如"warfalcon"⑤。

从传播者的角度，我们可将评论分为专业评论、意见领袖评论以及草根评论三类。⑥ 如上所述，第一类自媒体的新闻评论更倾向于专业评论，第二类则倾向于草根评论。当互联网赋予自媒体将个人生产的新闻评论内容置于一个或多个网络节点上时，也同时赋予每个传播主体在不同的话语空间中具备多个身份，所以，我们难以通过传播者的真实身份来判断其评论的类型。在此情况下，第一类和第二类自媒体都有可能成为虚拟社交空间中的意见领袖。

综上，新闻评论社交化在自媒体中呈现出以下主要特征：

1. 完全以自媒体运营者为中心

将微信公众号视作装满自媒体态度和观点的屋子，那么屋子的主人（即写作者）拥有绝对的主权。从评论的选题、写作、排版风格到发布时间，评论者均可以植入其个性化元素，并推送至所有订阅的用户。在这"一对多"输出的过程中，所有订户在接收到推送内容和阅读前都无法干预。订户虽然拥有阅读与否的自由，但在新闻评论自主生产的阶段，其社交化程度极低，仍然是自媒体运营者主导传播。

2. 以个人的评论内容聚合同类人群

微信公众号中群发推送、一对一互动、后台人工回复等功能，都是为了将评论者的观点推送给他人并与之互动。如果他人赞赏这篇新闻评论，可以通过找到公众号从而找到评论员，同时评论员也可以根据获得的回应，筛选想要接触的人。当有足够的人长时

---

① CTR 洞察：《CTR 发布 2023 上半年主流媒体网络传播力榜单》，2023 年 8 月 11 日，参见 https://mp.weixin.qq.com/s/ebOMIPzRrcKwdsvijM4Sxg。

② 黄楚新、马丹：《微信公众号的现状、类型及发展趋势》，《新闻与写作》，2015 年第 7 期。

③ 曾担任 CCTV《经济与法》《对话》栏目制片人。2012 年年底，开始打造知识脱口秀节目《罗辑思维》。半年内，《罗辑思维》由一款互联网自媒体视频产品，逐渐延伸成长为全新的互联网社群品牌。在优酷、喜马拉雅等平台播放超过 10 亿人次。

④ 财经作家吴晓波主编，截至 2018 年 8 月 9 日 14：22，"吴晓波频道"微信公众号活跃粉丝为 591841（数据来源：新榜）。

⑤ IT 行业项目经理、70 后时间管理达人战隼主编，截至 2018 年 8 月 9 日 14：25，"warfalcon"微信公众号活跃粉丝为 430980（数据来源：新榜）。

⑥ 杨娟：《网络与新媒体评论》，北京大学出版社，2015 年版，第 22～42 页。

间共同参与一个公共话题讨论,投入足够多的情感,并在网络空间中构成一个由个人关系组成的网,就会产生网络上的群聚现象。[①] 这就意味着一个人的评论内容可以聚合有共同兴趣或利益关联的人群,以此达到连接和扩散效应。

3. 存在"自媒体—订户"互动机制

微信公众号订阅用户可以通过后台留言和推文评论两种方式与自媒体进行互动。订阅户在推文下的公开评论可以是针对新闻评论内容的二次评论或补充、支持,以及修正,在经过自媒体主人的筛选之后便会出现在原新闻评论的下方,展示给其他订阅户。这样一种"评中评"的互动机制使得新闻评论真正成为一个观点交流的市场(如图7-8所示)。这一机制同时也体现了自媒体中的评论是一个传受双方不断叠加观点内容生产的循环协作,这种互动本身也是一种用户对其生产质量的评论。

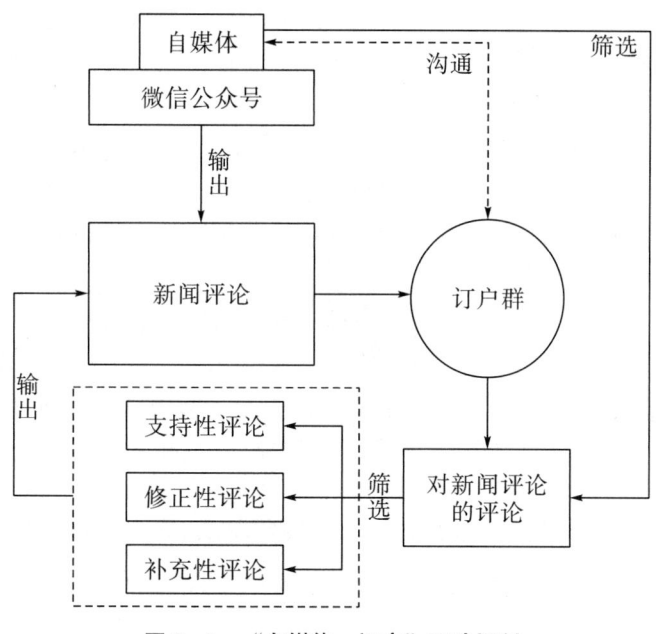

图7-8 "自媒体—订户"互动机制

(二)基于用户生成内容模式的自媒体

互联网时代,信息流通更加自由,以草根阶层崛起为代表的平民话语逐渐走进社会话语体系的中心。每个个体都可以接入互联网大众传播平台,并平等地享有将个人生产的信息置于一个(或多个)网络节点上的自由。用户生成内容,即 UGC(User Generated Content),指用户在互联网或移动互联创造内容的业务或服务的产生模式,包括创造、转载、分享等用户的自主行为。[②]

需要注意的是,在我们讨论基于用户生成内容的自媒体新闻评论时,其实已经将传播者生成的"内容"视为"新闻评论",但用户生成内容模式下,还包括用户生成的转载、分享、点赞等影响新闻评论传播的自主行为。

---

① 邓胜利、胡吉明:《web 2.0 环境下网络社群研究理论综述》,《中国图书馆学报》,2010 年第 5 期。
② 蓝勤华:《用户创造内容(UGC)动机研究》,南京大学硕士学位论文,2011 年。

用户生成内容模式的媒介特性之一就是能够放大个体的行为意义。新闻评论社交化在基于用户生成内容模式的自媒体上，主要呈现出如下特征：

1. 自媒体之间享有完全平等的话语空间

基于社交网络的自媒体，拥有较高的传播门槛，而偏向于 UGC 模式的媒体平台，首先需要确保用户生成内容的流动性。自媒体不需要再通过其他入口就能够直接发布在 UGC 媒体平台上（如新浪微博），和其他自媒体发布的评论内容以同样的基础形态（零转发，零评论，零点赞）出现。也就是说，自媒体在成为传播者的同时，也是其他自媒体的受众。

2. 新闻评论的内容去中心化，议题是有效的聚合因素

拥有字数限制的微博，使得自媒体无法像传统新闻评论一样进行严密论证。因此，我们不难发现，在大多数基于 UGC 模式的媒体平台上，新闻评论并不是以态度鲜明的单独篇章存在，而更多在对新闻事实的某个点的进行意见表达。假设传统新闻评论的地位与所评论的新闻事实属于同一层级，那么，基于 UGC 模式的自媒体生成的新闻评论更像是围绕在新闻事实中心的无数次级的点。这些点呈发散状，使每个接触到自媒体传播的新闻评论的人，经过收集、归纳和整理才能拼凑出自媒体对于该新闻事实的基础态度。这种传播结构导致碎片化观点容易形成，但同时也对议题的提炼提出了聚合性要求，否则，难以形成强效传播。

3. 存在热门置顶、分享转载次数累计排行等二次传播模式

基于 UGC 模式的媒体平台，与其他依赖 UGC 模式的互联网应用最大的不同在于，整个 UGC 内容的运营也直接受到用户行为的影响。如新浪微博中的热门微博，或新闻类 App 中的热门评论置顶，这些 UGC 模式的媒体平台将得到公众认可的、具有普遍价值的新闻评论，以更加聚合有力的方式向内容触达范围外的受众推广，使得一条由自媒体产生的简短观点也具有代表大多数人意见的可能，不仅可以巩固已有受众，还可以据此增加与更多受众的互动交流，实际上构成了一种"意见分发"效应（如图 7-9 所示）。

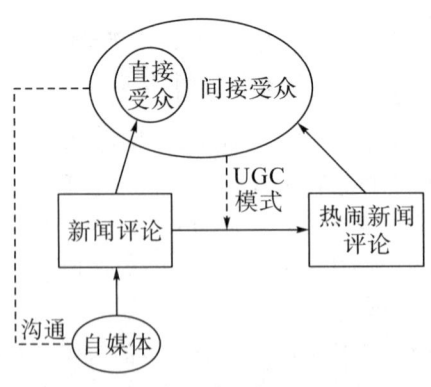

图 7-9　新闻评论二次传播模式

（三）不同偏向传播平台下自媒体新闻评论的比较

除前述以微信公众号和微博为例的自媒体新闻评论外，新闻跟帖也已经成为网络上最常见的新闻评论形式。目前，几乎所有新闻网站、手机新闻客户端的每条新闻下面都

设置有网友留言区,如新浪、腾讯的"我要评论"、网易的"跟帖区"、搜狐的"我来说两句"、人民网的"我要留言"等,它们都提供网友在新闻正文的后面进行评论的技术支持。从形式上看,这些跟帖、回复、转发留言评论通常为三言两语,有的甚至只有表情符号,不像传统新闻评论那样具有完整的论说文结构(也有学者认为其不能算作严格定义上的新闻评论),同时,这些评论必须依托新闻,是依附性强的微型评论形式。从内容上看,这些跟帖评论往往直指问题关键,点到为止,不展开论证,有的也采用简单的隐喻、反讽等修辞手段来表达观点,整体而言字数不多,还伴有流行语或网络热词,想象力丰富,洋溢着活力,但也存在着话题、意见、观点、情绪的迁移现象。在此将不同偏向的自媒体新闻评论做如下比较(如图7—10所示)。

	基于社交网络平台	基于用户生成内容模式
自媒体角色	传播者	传播者/受众
传受关系	传受式关系 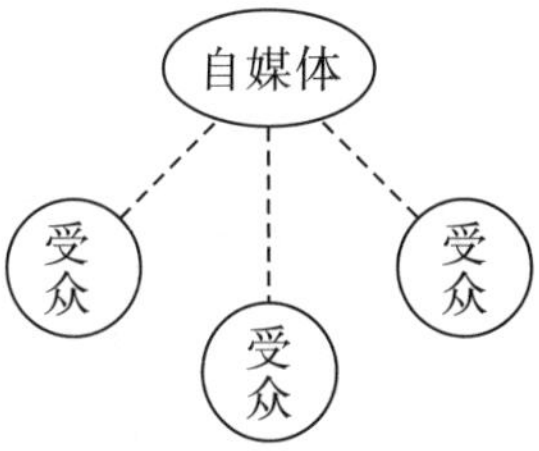	对话式关系 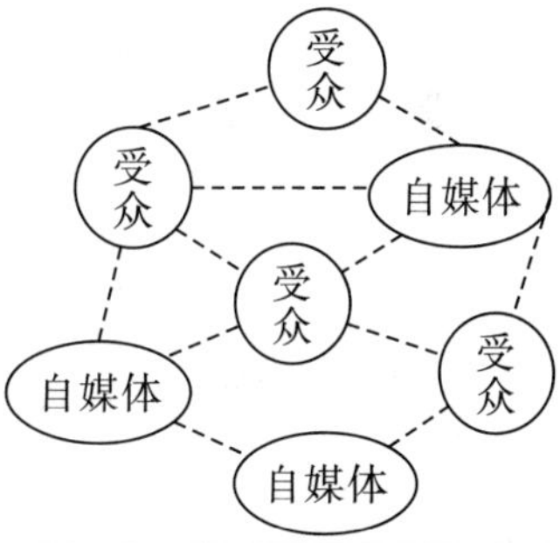
互动形式	一对一互动; 筛选式互动	点赞、分享、转发; 开放式互动
聚合方式	以新闻评论为中心	以新闻话题为中心

图7—10 两种不同偏向的自媒体新闻评论的比较

值得关注的是,这些发布评论的受众之间的互动性也相对更强。如我们常常可以看到一个意见同时被多人回复点评,某人的回复又可能引发一连串的回复,或一个意见引发链条式的一串意见反馈,也就是常见的"盖楼"式评论形态。[①] 如人民网的"我要留言"、网易的"跟贴区"等,一些应用程序、微信公众号等互联网传播平台也纷纷开通了跟帖评论区。《人民日报》微信公众号几乎每条推送的留言区都有网友跟帖评论,除了纯文字的跟帖评论,还有很多网友灵活运用表情、符号等形式进行留言,优质的留言往往能获得众多网友的点赞,媒体还可设置置顶评论,充分反映出网络跟帖评论的融合性特点。这些"盖楼""跟帖"用最简洁的语言,点出新闻的核心价值,从而达到言简意赅的作用,因此在互联网"碎片化"阅读的时代,很多网友甚至会首先阅读跟帖评论,形成一种全新的新闻阅读习惯。

再如《人民日报》微信公众号2021年5月22日推送短视频新闻《今天,一起送别袁隆平》,网友们积极互动评论(如图7—11所示),表达对著名农业科学家、"杂交水

---

① 彭兰:《网络新闻学原理与应用》,新华出版社,2003年版,第423页。

稻之父"袁隆平逝世的哀悼。这些留言不仅令人动容，更体现了新闻报道的价值延伸。

图 7-11　《人民日报》微信公众号的部分跟帖

综上所述，新闻跟帖式评论属于典型的用户生成内容，具有社交化特征。我们不难发现，很多网络跟帖评论金句不断，直指问题核心，语言简洁，内涵深刻。但是不容忽视的是，由于参与其中的传播主体多元，身份特质模糊，表达各有侧重，加上各新闻客户端、网站对这些碎片式评论内容的处理有差异，因此还需注重与加强对"跟帖式"评论的把关，否则将带来程度不同的新闻误读与价值误导。

第二节　新闻评论的融合演进之思

一、新闻评论融合演进的影响因素

（一）媒介融合语境：新闻评论业态转型升级的技术驱动

1. 历时发展的传播技术带来新闻评论的时效演进

媒介融合具有多重内涵和多维表现。目前，人们对媒介融合的探索主要着眼于基于数字技术的网络融合，基于功能多元化的设备融合以及基于产品数字化的产业融合等三个方面。网络技术的发展推动了新媒体的快速发展，也极大地推动了传媒的变革与转型。今天的新闻写作已经更深度地溶解（借鉴、参考与修正）了网络词汇、网络文体甚至网络格式，发布于微博、微信等平台的新媒体文本式样，时常直接被引用于传统媒体的信息传播中。有学者表示，新闻评论的写作是受新媒体影响更深刻、更直接的文本——"围观"即是态度呈现,"跟评"就是立场站位,"转载"体现行动取向。[①] 新媒体舆论场中的群体行动与公共表达生产出了富有创意的新生活力,彰显了新闻评论激活公共话题产生→公共议题形成→公共辩论→公共舆论,并最终完成对公共领域重构的时代力量。

新媒体时代,"速报"驱动一切信息传播,新闻评论自不例外。互联网时代的新闻评论,依托新媒体传播平台大幅度提升了信息传播速度,能够达成评论参与的即时互动。一方面,新闻事件的发生往往同步伴有群体热议的滚雪球式参与,实时更新使每一条参与性评论成为可能。另一方面,针对同一新闻事件,新闻评论的端、网多渠道分发传播,可以呈现多种声音、多样观点,评论的速度在参与的广度中不断扩展,也因此提升了评论从论题到话题,再到议题的公众认知,体现出融合传播的交互特质。这就意味着新闻评论写作的时效要求在新技术驱动下与日俱增且可以实现;同时,在准确传播前提下,那些能够提供独到见解、深度分析的文本更易引发裂变传播。所谓评随事发,论由心出,好的评论文本依赖评论作者的评论敏感和专业素养,而体现评论说理的客观性、原创性和创新性,从而能够进一步代表社情民意,占领舆论引导的主动权。如2018年2月14日,随着央视评论员撰写的《新时代,让"传家宝"焕发新亮色》一文发布,中央电视台打造的《央视快评》栏目正式面世。自栏目创立开始,《央视快评》除重大事件每天刊发两篇评论外,其他时间保持每天1篇评论的更新频率,评论选题的价值可见一斑。每篇均在千字上下,文字饱满有力,文风短小精干,切口小,站位高。例如两会期间,《央视快评》紧跟两会步伐,突出主阵地的高站位,发布了诸如《让"伟大政治创造"画出最大同心圆》《铸牢中华民族共同体意识》《强起来靠创新 创新靠人才》等评论文章,第一时间向民众传递习近平总书记讲话背后所蕴含的深意,将对治国理念的解读与对百姓美好生活梦想的追求有机结合。在央视网上,《央视快评》的文章开头链接了相应报道的短视频,既满足受众对短视频的视觉化信息接收,也让受众第一时间对评论的由头有直观了解。《央视快评》页面的右侧配有适于手机浏览的二维码,易于移动端的传播。同时,《央视快评》的相应内容还将发布于《新闻联播》,大小屏互补形成声势。此外,《央视快评》以"央视新闻"客户端、央视网、CGTN新媒体为主力传播平台,形成全媒体报道的优势,"央视新闻"微信公众号还将对评论内容进行梳理集纳,推出单期重点稿件。通过构建观点传播复合场景,不仅增加了文章传播的频率,而且提升了文本传播的效果。

历时性的技术革新扩大了评论参与主体的广泛性,尤以网络评论的草根性和民主性为代表。与公民共享新闻学(Citizen Participatory Journalism)类同,网络评论凸显出很强的公民共享性。由于评论准入门槛低,信息发布便捷度高,因此,依托热点话题和共同关注,能够激发群众参与的主动性,带动网络评论的发布与分享,从而形成线上和线下的互动及讨论。这种"参与式发声",表现为广大公民、编辑、记者、评论员互动的自下而上的"网评",它改变了过去以专业评论员为主导的自上而下的"传达",更多

[①] 喻季欣、周文辉:《更快、更高、更有立场——新媒体背景下的网络新闻评论写作》,《新闻与写作》,2011年第5期。

体现为互联网去中心化结构设置的对话与交流，对于汇聚民智、寻求共识将起到重要的作用。与此同时，网络传播的超文本形态与评论主体的多元性，也共同促成了网络评论内容的广泛性。比如东方网，它拥有的评论板块包括时政、贴图、情感、体育、上海、自建、娱乐、口水、原创、投资、时尚、校园、版务13个方面，以论坛命名的有就业论坛，情感论坛，高考论坛、和谐论坛等，评论领域包罗万象。与传统媒体有限的空间相比较，网络对新闻评论的内容开掘伴随速度和广度，既可以增强评论的时效性，也可以体现实时变化的民生诉求，为构建新闻评论的"大时效观"提供了可行性路径。

2. 共时语境中媒介互动推动新闻评论的业态融合

20世纪90年代，报纸网络化已经出现，国内各大报纸开始尝试纸质报纸内容电子化，通过建立报纸网站，实现网络化阅读和传播，形成报网互动。2014年8月19日，中央全面深化改革领导小组在第四次会议上通过了《关于推动传统媒体和新兴媒体融合的指导意见》，"媒体融合"首次以国家战略的高度出现在公众视野之中。媒介融合是电信行业、传媒行业、IT行业从内容生产到网络渠道再到终端服务的融合。在此趋势下，传统媒体逐渐通过互联网的力量推进现有媒介的改革，以塑造新型传媒业态。

各大媒体为适应新的传播语境，不断调整自身的传播方式，推动信息传播到服务用户的深刻变革。如报纸、广播、电视、网站等利用新媒体设立官方微博、微信公众号，开发App等，以生产并传播短小精悍的内容为主，通过算法推送不定时地给用户传播信息，其中，短评、快评所占评论比例逐渐提高。媒体也在转型中更加注重用户细分、体验至上的原则，探索文字、图片、表情、动图、数据、图表等融合化的呈现形式，以满足受众的个性化需求。

2014年7月22日，澎湃新闻作为上海报业集团一个重要的新媒体产品正式上线，它依托《东方早报》的采编队伍，搭建起一个专注时政与思想的新媒体平台。作为纸质媒体开始全面转型为线上媒体的产物，澎湃新闻在立足文字、图片报道的基础上，增加了音频、动画、视频、互动媒体技术等报道手段，以实现新闻报道的技术手段融合。2015年，澎湃新闻已迅速成长为中国现象级的新媒体产品。平台上设有《时事》《财经》《生活》《思想》四个栏目，并分设47个子专栏。

《人民日报》评论部专门成立"新媒体评论室"，从2012年《人民日报》法人微博上线第一天起，就为《人民日报》官微撰写微评论，对热点事件及时引导，练就与亿万网民对话的本领。评论部开设的"人民日报评论"微信公众号，就中央精神与读者进行深度互动，截至2016年上半年，其粉丝数已突破50万，成为报社124个公众号排名前十的新媒体生力军。"人民日报评论"微博中，"快评""锐评"等原创评论的影响力逐步增强，为报社"两微一端"等供稿量不断增加。除原创栏目，版面评论的精品也纷纷被客户端、官方微博微信主动抓取，不少重点文章也获得人民网、新华网等传统门户以及今日头条、澎湃新闻等新锐门户的转载。

2015年以来，"媒介融合"和"互联网+"成为传媒业转型发展的生态依托，不同媒体间的优势互补打通了行业间的壁垒，生成了互联网思维，它是新闻评论融合演进的技术驱动和创新语境，是我们预见新闻评论未来深度融合发展的重要动因。

(二) 媒体业务融合：新闻评论业务创新的内部驱动

1. 原创类竞争加剧

融媒体时代，从新闻生产方式的重构到新闻内容的重塑，对新闻评论的内容和形式提出了更高要求，也对专业媒体人的素养提出了新的要求。面对海量信息和高度同质化的分享，专业媒体需要更有效的把关和更高品质的原创。因此，在"平台为王"的互联网时代，更加呼唤"内容优化""内容优质"，尤其是以观点传播为主体的新闻评论，亟须提升原创性内容的竞争力。

近年来，新浪、搜狐、网易、腾讯等门户网站着力于新闻频道的建设，在发挥原有即时与整合传播新闻的优势基础上，注重打造特色栏目，以个性化的传播手段和灵活的信息重组方式，为网民提供新鲜的事实和深刻的观点。在强化网站媒体定位的同时，为舆论引导和监督发挥了重要作用。从新闻传播政策的管理角度看，虽然商业网站目前尚不具备时政新闻的采访权与原创权，但它们可以通过对新闻的再生产和文本重构来实现独家新闻制作，同样可以体现原创性。如新浪网新闻频道的《新知》栏目，主要登载新浪网的原创稿件，以"转载"和简单"整合链接"为主的网络新闻传播形式，通过对新闻事件的脉络梳理、事实重组、疑问解答、民意调查、观点阐述等方式，回应社会关切，它强调解析、解惑、解读的新闻角度，拓展了新闻的价值空间，提供了有效引导的新闻化、信息化路径，成为具有代表性的提升新闻评论原创性的借鉴样本。

2. 采写编评一体化加速

目前，新闻生产进入融合媒体阶段。包括新闻评论在内的产品，其生产的前、后方概念逐渐模糊，新闻报道与新闻评论的时间差日趋归零，线性的传播模式逐渐向交互传播模式演进，新闻评论信息的重复交叉逐步被"中央厨房"的集成化方式所取代。融合作为一种革命性的新闻进化方式，使得新闻从业者个人从"传统的新闻信息管理转向知识管理"[①]。在此过程中，筛选、整合、诠释、评论海量零碎的新闻资讯变得至关重要。它要求新闻评论人具备采、写、编、评一体化的融合媒体素养。即新闻评论员在知识储备、政策理念、理论修养和独立视角之外，还需打造"全能力"，就是能够在第一现场和第一时间为多种媒介提供多样化的高品质评论产品，以彰显评论的核心竞争力。2009年中央电视台新闻频道全新改版，其最大亮点在于引入了特约评论员机制，就是根据最新新闻内容随时插入即时评论。2010年"两会"期间，特约评论员杨禹在人民大会堂会场外进行的现场电视评论，实现了电视和网络平台的同步直播。

2019年7月29日，央视移动端推出《新闻联播》的新媒体衍生品《主播说联播》，该节目时长通常在2分钟内，由受众所熟识的新闻主播出境，联播主持人结合当天重大消息、突发事件或热点新闻，运用高互动性的传播方式、趣味化的口语表达，用通俗、个性化的语言出镜口播进行评述。该节目中一些接地气的金句频上热搜，如"荒唐得令人喷饭"，该金句出自2019年7月25日《新闻联播》播发国际锐评《究竟谁在全球到处欺侮恫吓他人？》，主持人康辉在随后的《主播说联播》中评论道：美国一百多名所谓

---

① 蔡雯：《媒介融合带来新闻编辑部角色变化——从新闻采编到知识管理》，《新闻与写作》，2007年第2期，第16页。

对华强硬派人士声称,"在美国的政治体制中,政治是常态,战争是例外,而中国恰恰相反",这一观点荒唐得令人喷饭。

《主播说联播》表面上是新闻评论内容形态、传播渠道、话语方式的变化,其实质是信息技术、融合政策、社会发展等多元外在力量促使传播关系深层变革,媒体生态运行逻辑发生嬗变。[①]《主播说联播》除了在央视平台推出,还同步在抖音等各大社交平台发布。截至2023年12月,抖音平台相关话题已达15亿次播放。《主播说联播》借助新媒体平台以平民化评论语态、短视频呈现方式及全方位传播矩阵创新新闻评论形式,实现了主流媒体新闻评论"融评"传播与跨屏互动,增强了其在主流舆论方面的影响力。[②]

如2022年12月30日,《主播说联播》特邀九位主播,用九个关键词句和观众一起回顾中国人的一年:

康辉:2022年,我们共同经历了很多大事,又到年底了,和大家一起盘点盘点。不过有个规则,每个人讲之前,要先说出一个大家都耳熟能详的热词或者句子。

我要说的是新征程是充满光荣和梦想的远征。这句话大家一定都非常熟悉,这是习近平总书记和新一届中共中央政治局常委与中外记者见面的时候,总书记讲话中的一句话,听起来让人热血沸腾。今年,党的二十大胜利召开,党的二十届一中全会举行,习近平当选总书记,新一届中共中央领导机构产生。现在,我们正意气风发迈上全面建设社会主义现代化国家的新征程。每个人都可以,也都应该通过自己的努力拼搏,书写不负时代的光荣,成就属于自己的梦想。

李梓萌:我要说的是一起向未来。时隔14年,奥运再来,惊艳依旧!北京冬奥会、冬残奥会给我们留下了太多动人的记忆:开闭幕式上的中国式浪漫、自信拼搏的冰雪健儿、"一户一墩"的参与感……大家一定还记得冬奥会闭幕式上那有爱的一幕:各国运动员们太嗨了,现场广播连续三次提醒大家落座观礼。这就是最好的证明,这场奥运盛会,我们办得成功,办得精彩!

郑丽:我要说的是感觉良好。这不是一个新词,2022年,它又一次次从浩瀚太空传回。今年,中国航天的"宇宙级精彩"加速"定档"和"加更":中国人独立建造和运行的中国空间站已经成形,即将正式建成;六名航天员首次实现"太空会师"并完成在轨交接;等等。这些年,中国航天探索宇宙的脚步迈得更大,走得更远。未来,中国航天还有一项项催人奋进的新计划,星辰大海间会有越来越多的中国航迹。

严於信:今年是共青团成立100周年,我也是一名青年,我要说的热词就是青春的赛道。无数青年朋友们在青春的赛道上奋力奔跑,跑出了当代青年的最好成

---

① 强月新、梁湘毅:《短视频新闻评论话语方式的四种转向——以央视〈主播说联播〉为个案分析》,《现代传播(中国传媒大学学报)》,2021年第4期,第61~67页。

② 王玉迪、刘玉萍:《媒介融合下传统主持传播新样式研究——以短视频〈主播说联播〉为例》,《中国广播电视学刊》,2020年第6期,第87~89页。

绩。苏翊鸣、江梦南、苏正民……我能想到一大串闪闪发光的名字，当然，还有每一个拼搏向上、认真生活的你。我们常说"谁的青春不迷茫"，但青春自有其密码，有责任有担当，青春才会闪光，与各位青年朋友共勉。

郭志坚：我要说的热词是三舰客。大家一定瞬间就想到了，今年，我国第三艘航母福建舰下水，我国航母迈入"三舰客"时代。今年也是建军95周年，人民军队好消息不断。海上有"三舰客"，天上，第五代战机歼-20列装越来越多。能打仗、打胜仗，装备重要，人才更重要。今年，杜富国、钱七虎和聂海胜三位英雄获颁"八一勋章"，从他们身上，我们看到了中国军人的血性与担当。军强，国安。有这样的人民军队，我们将无往而不胜。

宝晓峰：我要说的关键词是乡村振兴。大家一定还记得今年因"村ba"而火出圈的贵州台盘村，借着这股东风，村子走上了培育乡村文化、赛事旅游的振兴路。不只台盘村，在希望的田野上，一个个乡村八仙过海、各显神通，正绘就一幅幅产业兴、百姓富、乡村美的画卷。民族要复兴，乡村必振兴。村村都很行，乡村自然振兴。

潘涛：我要分享的热词是由治及兴。今年是香港回归祖国25周年，庆典日前后，香港街头巷尾到处都挂着国旗区旗，鲜亮的红色抬眼可见，很红火，也很提气。历经风雨后，香港浴火重生，当前正处在从由乱到治走向由治及兴的新阶段。紫荆花盛开，香江永奔流。我们坚信，有伟大祖国的坚定支持，有"一国两制"方针的坚实保障，香港一定能够创造更大辉煌。

刚强：我要分享的热词是何以中国。今年，三星堆考古再"上新"，殷墟考古和甲骨文研究取得新进展。一件件珍贵的文物都在为"何以中国"作答。"腹有诗书气自华"，中华文明如此璀璨夺目，中国道路有如此深厚的文化底蕴，我们有什么理由不自信呢？新征程上，我们每个中华儿女都要增强做中国人的志气、骨气、底气，自信前行！

海霞：我要分享的关键词是人民至上、生命至上，这是我们国家抗疫一以贯之的初心。这三年很不容易，当世纪疫情的风浪打来，我们更加明白了"同舟共济、共克时艰"的分量。三年来，我们每个人都在用自己的方式为抗疫贡献着力量。每一份努力都有意义，我们换来了宝贵的"窗口期"：病毒毒性弱了、药物研发取得了进展、全民广泛接种了疫苗，等等。现在，我国疫情防控进入了新阶段，政策措施在调整，不变的是"人民至上、生命至上"的庄严承诺。大家再一起努力，我们每个人也都要当好自己健康的第一责任人，春天的脚步已经渐行渐近，春暖花开就在前方。

正如习近平总书记在发表二〇二三年新年贺词中所说："点点星火，汇聚成炬，这就是中国力量！"作为一档中央广播电视总台全新传播范式短视频新闻评论节目，《主播说联播》通过创新性的表达，在年末传递了温暖人心的声音，给予全体国人勇毅前行的动力，发挥着营造良好网络生态氛围的作用，也体现了其强大的传播力、引导力、影响力、公信力。

同时，媒介融合推进与加强了媒体新闻生产流程的整合和重组。这就意味着不同媒介平台的媒体可以共享新闻资源与进行合作化的新闻报道。"在高度融合的情况下，来自不同媒介组织的新闻工作团队一起设计、报道、评论、制作一个新闻，决定新闻的哪一部分用何种方式——印刷、广播或数字化媒体播报，使新闻能够形成最大的影响力。"① 其整合的意义在于最大程度展开对事件背后深层原因和意义的剖析，不仅增强了新闻评论的深度、广度和锐度，还使新闻信息资源得到全方位的深度开发。具体而言，记者在为不同媒体报道同一事件时，其内容呈现必须有所差异，所使用的文字、音频、视频等多种手段必须与媒体及其渠道选择适配。评论员除了能够准确判断新闻价值与评论价值，还需要考虑如何在多种载体上，针对不同受众群体分配新闻信息——包括选择不同的报道角度、采用不同的传播方式、运用不同的传播技术，培育不同的增值产品等，这种产品或许是对新闻本身的延续，或许是与新闻相关的论坛构建，还可能是因新闻引发的民生服务。这都是业务融合后对评论思维与技能一体化的新要求。

3. 文本形态多元化创新

如果说网络空间是草根文化的根据地，那么网络言论的自由度就为其语言文本的创新性提供了广阔的舞台。例如，"高富帅""白富美"等网络热词的此起彼伏与广泛流传。网络热词不单是娱乐性话语，更是公众对现实社会中的自我存在进行的形象化隐喻，它折射了社会心态和社会文化走势，其本身就具有"词媒体"的传播和价值表达的作用。这对传统意义上的媒体文本拓新起到了积极的带动作用，如传统媒体的新闻报道和新闻评论中时常引入网络用语或网络热词，这种"文本网络化"有助于传播效果的提升。2010年，《人民日报》的报道《江苏给力"文化强省"》②，使用"给力"这一网络热词形容江苏的文化建设举措，引发热议和广泛关注，也拉近了公众与《人民日报》的距离。在评论领域，网络语言更是得到传统媒体和新媒体的青睐。如《中国青年报》的评论《根植"正能量"》③，分析了去除职业教育"刻板印象"的问题；《南方日报》的评论《依云也是浮云》，④ 则以"浮云"作比，揭示高端矿泉水空打"概念牌"的不诚信手段，巧妙凸显了评论的深意。近年来，越来越多的网络新闻评论开始采用"亲民化"的写作方式，如澎湃新闻2015年10月18日发表的《吐痰》一文，从上海地铁吐痰事件切入，通过贴近性的分析，提出了文明习惯的倡导对策，以小见大，由近及远，务实真切。

文本形态的丰富离不开社交媒体中的个体所传播与分享的多元话题，这是新闻评论文本形态创新的重要来源。一个段落、一句话，甚至一个词语，只要可以立刻表达传者的观点或意见，似乎就可以形成一条新闻评论。这即是许多网络平台所说的"微评"。微评面向社会公众，是所有网民对某一事件进行的感性或者理性的直觉倾诉与意见表达，技术层面的便捷性可以满足人们在第一时间释放情绪、发表见解的需求，也因此成为最原生态、最直接的公众心理反应，为网络言论增添了强烈的社会思辨与论战色彩。

---

① Stephen Quinn, Vincent F. Filak：《媒介融合——跨媒体的写作和制作》，任锦鸾译，人民邮电出版社，2009年版，第20～21页。
② 赵京安：《江苏给力"文化强省"》，《人民日报》，2011年11月10日第1版。
③ 若尘：《根植"正能量"》，《中国青年报》，2012年8月27日第11版。
④ 《依云也是浮云》，《南方日报》，2012年6月12日。

目前,以微博为代表的发声广场是微评观点的聚集地,网评的交锋与碰撞,比之传统媒体的评论更显尖锐和激烈,这些带有锋芒的犀利的个性化评论,以其简单、纯粹的面貌体现了新闻评论作为个体表达权的回归与满足。2011年10月21日,广东2岁女童小悦悦接连被两辆车碾过,经抢救无效离世。各大网站纷纷第一时间发表评论,表达对社会人心冷漠、道德沦丧的激愤和谴责,关于人性冷暖的大讨论引发了全民道德自省。网评在谴责见危不济、见死不救行为的同时,也在更深层地追问社会的"病灶",而这种追问大多是从自问开始。可以说,网评不仅剖析把脉社会道德缺失的病灶,也在呼唤社会正义的回归。这样的评论形态更折射出文本创新之"本",即公众良知的意见共识如何在社交化的评论汇聚中得到充分释放,并走向理性共识。

(三)受众诉求与公共参与:新闻评论融合演进中的表达满足

1. 从"电子报纸"到"网络媒体"——多个频道构建利益表达平台

互联网的发展构建了比传统媒体更加方便、快速的信息接收渠道和意见表达机制,其便捷、高效的技术发展,为受众能够广泛参与公共事务提供了可能。互联网传受一体化的开放、互动、及时,模糊了公共空间与私密空间的感知界线,其"流动空间"(space of flow)取代"地点空间"(space of place),成为"政治表达的聚集地",让人们得以用互动方式直接进行公共参与。[1]

从2000年起,人民网率先在全国网站中开设专门的评论频道——观点频道。它与国内其他门户网站的评论频道有所不同。它依托《人民日报》多年来积累的优势资源,如各类品牌资源、栏目资源、作者资源和作品资源,构建起了"一个以原创评论为主,多个富有个性的栏目为辅"的融合型频道框架,兼有对其他媒体评论的深度整合。最终,"观点"频道形成了四位一体的言论平台——集"报纸评论""电视评论""网络评论"和"漫画"为一体,开掘和凸显了《人民日报》的人才优势、专业优势和品牌优势,从而合力提升了纸媒和网络媒体的公信力、影响力。

在媒介融合朝着纵深化发展的同时,各主流媒体为更好地传递时评新声音、凸显新时代新闻评论特质,加强与新闻评论学界、业界的互动,也对相关评论赛事展开革新。2020年3月24日,红星新闻启动第一季"红星新闻高校评论新秀挑战赛",全国近80所不同的高校、400余名参赛同学围绕"火神山等商标注册申请被驳回""《2019中华遗嘱库白皮书》发布""北京拟立法规定医院建安检制度"等社会公共事件创作视频评论作品,同时邀请学界、业界、平台的跨界专家加盟评审团,线上举办"红星评论训练营"。截至2023年12月,"红星新闻高校评论新秀挑战赛"已举办四个赛季。

---

[1] 杜骏飞:《网络传播概论》,福建人民出版社,2004年版,第40~65页。

图7-12 "红星新闻高校评论新秀挑战赛"第二季、第四季宣传海报

除了红星新闻,其他媒体也在评论大赛中采取"跨媒体叙事"的赛事传播机制。2020年7月至11月,由中央网信办网络传播局指导,湖北省委网信办、共青团湖北省委主办,荆楚网承办的第七届全国大学生评论大赛面向全国在校大学生、研究生,在参赛作品中首次纳入音视频、漫画形式的作品。2021年10月,红网第七届全国大学生"评论之星"选拔赛增设"视评类"作品赛道,首次采纳并单独评审视频形式的评论,在官方大赛中创新性地实践"(短)视频+新闻评论"的形式;同时增设"时评之道"版块,邀请往届优胜评论作者和高校教师为广大评论写作者分享写作经验。

以红星新闻为代表的大学生评论比赛的创新,不仅丰富了新闻评论形式,为媒体探寻储备评论人才的路径,促进媒体全方位传播的深度融合,还涌现出一批顺应融媒时代发展趋势之举的"视评"作品。这些作品包含了"茶话会""脱口秀""圆桌派"等"融评"形式,打破了严肃单一的媒体评论方式,反映出新时代青年学子主动拥抱新技术,掌握在文字、图像、声音等跨媒介叙事中的表达能力,从而展现了评论网络化的潜能和特点。

2. 从"官方声音"到"公共舆论"——多类议题拓展公共话语空间

过去,"受众"往往被定义为信息的被动接受者,譬如拉斯韦尔的"传者-受者"理论,"把传播主要看作是一种劝服性过程"[①]。可见,"受众"在传播路径上始终处于被支配的状态。这种线性模式后来被奥斯古德·施拉姆的"循环模式"修正。他认为,信息传受双方都具有"编码、释码、译码"的能力,两者在信息接收、传送过程中处于平等地位。今天的"网评时代"正是对奥斯古德·施拉姆"循环模式"的实践,它意味着"受众"概念的淡化,"公众"概念的崛起。传媒意识与技术的双重偏移,让过去被动的"受众"不只能够发布信息,还成为很多重大事件的新闻源,并能够利用自媒体渠道,主动实现网络评论的"议程设置"。例如"郭美美事件""房叔""雷政富"等网络反腐热词的出现,均是从微博、贴吧等网络渠道中产生,最后在公共舆论的批评压力下发酵为颇有社会影响的事件。

在前互联网时代,以报纸、广播、电视为主体的传统媒体占据着"信息高地",它们主导着各类议程设置,影响着受众对信息的认知。随着网络技术的快速发展以及公众视野的拓展,新媒体的崛起逐步打破了传统媒体的信息垄断,赋予受众更多的自主权,而且为其提供更多元化的发声渠道。报纸的应对之策便是从"文人中心"偏向"受众中心",如在栏目设置上选择增加互动环节,以服务受众日益增强的表达需要。例如2007年6月,《南方周末》评论版改版,将四版评论单独归为一叠出版,内设《读者来信》《众议院》《周末茶座》等互动栏目,从"讲诉"转为"倾听"。2013年1月4日,《人民日报》增设《新闻评论版》,如其第5版的《致读者》中所言:"创办新闻评论版,既是为了回应期待、服务读者、方便阅读,也是为了更好地传递党心民意、建构理性思想、凝聚社会共识。"[②]当日评论版下设的《大家谈》栏目就"史上最严交规"改革问题征求公众意见,引用"@人民日报微博"的网民讨论,全景式呈现评论观点。此外,各大主流媒体也纷纷开辟官方微博、微信公众号,其微博、微信内容往往独立于报纸,更加重视回应网络民意的诉求。

3. 从"一家之言"到"民意采风"——多元认知汇聚社会共识

相对于传统媒体,网络媒体拥有更显著的互动聚合优势,例如能够支持人与人之间的同步互动,能够兼容不同媒介形态的融合性,能够满足瞬时传播信息的即时性,以及能够扩大信息存储容量的宽泛性等。这些优势让网络媒体在言论的收集、整合或者分类上更为便捷、快速、高效。以央视网《今日观察》栏目为例,该栏目将当前网络言论分为"网站原创言论""网站转发言论"和"网民交互言论"三类传播模块,并作为当天新闻事件栏目评论选题的参考依据。具体运作中,关注主流网络媒体或重要门户网站对该新闻事件的报道及报道要点。该栏目每隔一段时间,都会了解各重要论坛的评论、新闻跟帖、微博热点与各类事件点击率情况,与传统媒体的关注度与互动频率是否一致,国外网站与媒体的关注度与评价如何。如果该事件属于网络主流舆情关注的热点,则可

---

① 丹尼斯·麦奎尔、斯文·文德尔:《大众传播模式论》,祝建华译,上海译文出版社,2008年版,第113~140页。

② 本报编辑部:《致读者》,《人民日报》,2013年1月4日第5版。

能成为当日新闻选题的备项，否则就会被选题弃置。此外，央视网《今日观察》构建了辐射传播的媒体互动平台，与商业门户网站如新浪、搜狐、腾讯等形成了战略合作关系，与人民网、新华网、中国金融网、金融界等网站达成了合作伙伴关系。《今日观察》的每日栏目内容成为各大网站的重点推荐，或以评论员观点作为重要标题出现在各大网站的《媒体言论》《时政新闻版》《每日评论》《观点》《分析综述》等板块中，足见其影响力和认可度。这些涉及新闻评论的栏目或节目的改进优化体现出顺应受众诉求变化的自觉和创新。作为新闻评论融合演进的重要内在动力，对受众利益诉求与表达的满足，无疑是媒体、社会、受众之间关系重构与优化的永恒目标，也是新闻评论"变"与"不变"的调节机制，值得重视也亟待创意实践。

二、新闻评论融合演进中的问题思辨

（一）新闻评论的内涵再思

在互联网的催化下，传统媒体和以社交网络为主体的新媒体竞相发展，构成了当前的"大传播"格局。与传统的评论定义有所不同，网络评论的生产与实况已进入"个人门户"传播模式，每位网民都是一个传播源，评论的主体变得广泛而多元化，意见表达的门槛被降低。同时，参与网络评论更是一种社会身份的标志和寻求方式，即网民在发言、表态中呈现自我以及与世界的关联。评论的边界被打破，正如陈力丹所言："随着信息时代的到来，大众媒介向非群体化发展，完整的、一致的、时效相对缓慢的拷贝信息，被急速的、刺激性更大的、支离破碎的、短暂的拷贝信息所替代。"[1] 对于新闻评论原有的内涵定位而言，这样的剧变也影响着评论主体、客体及其两者关联的变化，如前所述，媒介融合语境、业态转型升级、受众利益表达诉求等均会互动投射到什么是新闻评论的再认识层面。因此，我们根据目前的演进状态来看，至少可以将新闻评论的内涵变化归纳为三大主要特征：

一是新闻评论的网络化将进一步加速评论的信息化，即评论的客体将不断扩增，以新闻为评论对象主体的状况将转变为泛新闻化的信息，换言之，评论对象和内容将更广泛，评论的时效性标准将不以专业媒体的选判标准为中心。

二是新闻评论的社交化将进一步加速评论参与的社会化和公共化，即评论主体的多元性和大众性会使新闻评论实践常态化，尤其是与网络化互动，新闻评论的选题、写作、反馈都会伴随评论主体的个性化和即兴表达而重构评论的形态。

三是新闻评论的功能将在网络化与社交化的基础上深度衍化为具有时代特征和文化特性的公共传播，因而使其具有表达、言说、抒情相结合的情感叙事的作用，原来的说理表意与舆论引导将在感性与理性的有机混合下输出更有温度的价值导向，并且是在"众声喧哗"中走向"合意"的汇流。

如黄旦所言："本来似乎秩序井然中心边缘分明以线性因果逻辑运转的社会，突然

---

[1] 陈力丹：《舆论学——舆论导向研究》，上海交通大学出版社，2012年版，第77页。

间就变成了无边无际的波浪式的涌动。没有中心,或者是互为中心此起彼伏,前呼后拥,同声共享。"① 也就是说,新闻评论的内涵边界虽然在与时俱进地变化,但是它将在"变"与"不变"中实现动态平衡,当其外延被扩展以后,对内涵的反哺反而会回到原初的基本内核。在新的传播格局下,新闻评论的特性更多体现在依赖事实的新闻性、传播的时效性(传统评论受版面和播出时间限制)、论说的理论性、内涵的思想性,以及传播知识的有益性。② 进一步说,就是新闻评论的内涵基座依然是坚持并善于用事实说话,依然是善用事实、善于说理,更善于互动沟通。即通过事实与观点一体化实现主观与客观的认知和谐。

(二) 新闻评论的写作应变

时代变迁与文体创新会塑造新的写作规范。对新闻评论写作而言,应变既是对新闻评论内涵的动态理解做相应的外化呈现,也是将其作为一种话语的社会实践。随着信息技术的发展,媒介对新闻评论的表意提供了多元可能,因此,传统的写作范式受到了冲击,并对此做出了调整。从写作应变的具体表现看,体现出四个方面的特征。

一是选题多元丰富,关注社会民生,重视生活实践。写作中的构思与立论更加注重"视线下移",尤其注重对社会心态的阶段性聚焦和对利益关切点的有机结合,"中观"取径构成写作的视角切入点。

二是写作的互动性增强,文本与反馈同步。正文与"转发""跟帖"等延伸二次写作,述评化加剧评论信息化,观点在循环传播中不断扩增容量和引发关注。如国内三大门户网站新浪、搜狐和网易相继于2010年5月实现了新闻资讯和评论转发至微博的功能,提示用户可将自己甚至他人在网站留言板上发表的言论直接转发至微博。舆情与民意呈现融入评论写作的论据范畴,评论价值中的公共性、公益性得到深度强化。

三是写作修辞的"微"叙事与网络表达体应用将进一步增多。即评论文本的变体将融入更多新媒体的微传播,评论的修辞会转向类似人际沟通的亲民化和协商对话化。比如近年来《人民日报》新闻评论对俗语、流行语及网络用语的大胆使用。《人民日报》评论部主任卢新宁在2009年就曾表示,《人民日报》的新闻评论可以进行"话语体系"和"修辞模式"的重建。"当我们不拘于陈旧呆板的语言表述,努力创新表达方式,就能打破人们对人民日报评论的'刻板印象'。"相关研究显示,《人民日报》官方微博"你好,明天"与"微评论"中发表的新闻评论在"文本"视角上体现出微言大义、口语化表达、立场鲜明、善用修辞等特征以及运用"诉诸理性"与"诉诸情感"相结合的论证方式。③

四是失当、失范表达,甚至是语言暴力,侵扰和危害评论的基本规范和理序。目前,互联网上的言论表达正出现一定的分化。在网络专栏、个人博客上发表评论文章的大多为专家学者、资深媒体评论员和社会精英人士,他们中相当一部分人开始"转战"

---

① 黄旦:《重造新闻学——网络化关系的视角》,《国际新闻界》,2015年第1期。
② 赵振宇:《论新闻评论的根本特性》,《新闻大学》,2006年第1期。
③ 董天策、梁辰曦、夏侯命波:《试论〈人民日报〉官方微博新闻评论的话语方式》,《国际新闻界》,2013年第9期。

微博，在经网站认证的实名微博上频繁发表微言论，并将自己的评论文章或博文链接到自己的微博上，供网友延伸阅读。而更多的网民则是通过网络论坛、留言板以及个人博客、微博等，以匿名方式进行一般性意见表达，但在文字水平、行文逻辑等方面均有所欠缺，集中表现在为以下三方面。

其一，语言偏激，易走极端。一些网民由于自身素质和个人诉求等原因，宣泄、放纵、恶搞成为其意见表达的情感表征，甚至出现了就某个事件展开大规模、群体性话语表达的网络"哄客"[1]，他们通常以匿名和"马甲"的方式上网，对一些个人和事件进行某种绝对化、非理性的道德批判，使很多言论具有明显的攻击性和嘲讽意味。如在武汉"五道杠少年"事件中，网友们在微博上不仅对现行教育和"官本位"现象表达了强烈的批判和声讨，也对这位13岁的少年及其家长以及事件本身给予各种负面想象和无端猜测，导致几张照片、几段文字被附上各种情绪化的价值判断，呈现出一种聚集性传播的态势，甚至出现了新的"语言暴力"。[2] 这种极端化情绪的传播虽然给人热血沸腾的"快感"，但其非理性的表达往往造成对事物认知的误导。

其二，格式随意，规范缺失，评论表意模糊化。传统新闻评论由于报刊、广播、电视等表现手法的要求而遭受种种限制，比如报刊新闻评论要求有规范的文本样式，论点、论据、论证缺一不可；广播新闻评论则要配合同期声，讲究口语化；电视新闻评论需要配合画面，突出现场感。网络空间中的评论与网民发言的随机性、灵活性密切相关。由于参与门槛低，把关弱，网民们的评论写作既无固定模式，也无一律化规约，因此其文本附带的主观性、情感性以及逻辑的片段性等，经常造成意见传播的非完整性，容易简化为价值判断的两极化，缺乏中间层面的理智与辩证性。

其三，论据欠考证，论证易生"浮动意见"误导公共舆论。媒介融合语境下的新闻评论写作，由于论据涌现的海量与快速，对其使用易随意和缺乏必要的核实，时常产生两类推理问题：一是在论证逻辑中的以点概面，主观臆断；二是在事实引述中的断章取义，脱离特定的发生条件。逻辑学告诉我们，推理论证存在着产生谬误的多种可能：由于论证者缺乏逻辑训练和没有严格遵守推理规则，容易导致结论不真。而网络的便利、自由、平等和网民身份的隐蔽性等传播特性，将使各类新闻信息自由流动，由于内容把关的弱化甚至缺失，导致谣言四起，从而影响社会稳定。

以一篇被列为2016年"10大假新闻"的评论为例。2月14日，一篇名为《春节纪事：一个病情加重的东北村庄》的文章在《财经》杂志微信公众号发表。文中描绘东北农村种种现象让人触目惊心，甚至"在家里的老人们生不如死、正遭活罪之时，几个农家妇人在密谋着一场向外省远征的组团'约炮'"。文章一出，部分媒体未经核实，纷纷

---

[1] "哄客"是互联网新兴词汇，由著名文化学者朱大可先生在2005年提出，现被广泛使用。其主要特征是：一是就单个事件展开大规模和群体性的话语表达；二是通常以匿名的和变换注册名（马甲）的方式上网；三是具有浓厚的集体主义道德（民族、区域、家庭）维护意识；四是大多数帖子具有强烈的攻击性，暴力指数较高。广义的哄客，泛指在互联网上发表意见的网民，朱大可分为赞客、笑客和骂客三类；狭义的哄客，则仅指在互联网上起哄、攻击和制造事端的网民。

[2] 涂光晋、吴惠凡：《表达·交流·争论·整合——新媒体时代新闻评论的变化与反思》，《国际新闻界》，2011年第5期。

转载,引起网友们的热议。新华社发文调查后,这些媒体编辑部公开道歉称,发稿把关不严,未经严谨处理的随笔文章对给文中所提到地区的群众带来负面影响,深表歉意。① 该案例反映出在未经核查的假新闻作为评论由头,滋生舆论学的"浮动意见"②,它容易误导公众,引发负面情绪和产生意见误读的多米诺骨牌效应。

（三）新闻评论的文化审美

从文化的角度审视新闻评论,其实是对它所反映的文化语境和人文思考的体验和评价。新闻评论的功能指向本身就带有体现社情民意、引领价值导向的审美特性,因此,我们对其融合演进的考量,也离不开对其功能的社会效能转化的定位。以往我们对评论的审美,更多从评论写作出发,体现为受众对文本所具有的逻辑力量、说理感染力以及社会反响的感知体验,而在融合语境下,新闻评论的审美则转变为社会文化传播大背景中以参与发言、主动表达为载体的公共讨论与真知追问的效能衡量。作为一种意见表达的社会实践,新闻评论在融合演进中生成了一道独特的媒介文化景观,尤其在网络化和社交化的转型中,其凸显了公众利益表达的文化参与,折射了各抒己见的民智聚合。无论是舆论引导还是舆论监督,发言的多元化与互动化、发言的自主与自觉性,作为"评论"的新姿态,均生动刻画了一种海纳百川的媒介民主。"求同存异""和而不同"的表达包容的构建让新闻评论的审美更具真、善、美的时代活力和民生贴近性。

同时,我们不应忽视网络化与社交化对新闻评论带来的审美冲击,如碎片化的情绪宣泄、观点过载的价值迷失、泛娱乐化的历史虚无、低俗化网络体（如"咆哮体""丹丹体""私奔体"的滥用）……传统审美中坚守的道德底线、崇尚的美德礼赞、弘扬的社会正能量似乎遭遇了边界模糊、内涵虚无的价值挑战。如2011年3月15日中央电视台曝光济源双汇瘦肉精事件,食品安全再次引发舆论关注,3月16日《辽沈晚报》以《济源双汇!! 十八道检验!!! 我呸!!!》为题做了突出报道,并配发了一则以"伤不起! 有木有!!!"为主题的"咆哮体"式评论《吃瘦肉精的猪你伤不起啊!》:

> 多亏赶上三·一五!!!! 要是不曝光还得被隐瞒几年啊!!!! 你们不法分子就是群祸害!!! 弄得现在吃啥都不放心啊!!! 苏丹红有木有啊有木有!!! 三聚氰胺有木有!!!! 地沟油有木有!!!! 那什么有木有啊有木有!!!!③

"我呸!!!"式的标题和"咆哮体"式的评论在读者和网友中间引发了争议。曾做过"凡客体"和"羊羔体"亚运报道的《辽沈晚报》坚持认为,这是对新闻评论的一种创新,充分表达了读者对瘦肉精事件的反感和愤怒情绪。反对者则认为,它来源于微博流行的文体和风格,带有极浓的感情色彩,不符合媒体新闻评论客观理性的原则和要求,只是单纯为了"搏眼球",是网络时代新闻评论媚俗、低俗、庸俗的表现。这看似评论语体面貌的变化,却让我们深思:过度的情绪宣泄是否真的有助于舆论监督,是否有利

---

① 传媒圈:《〈新闻记者〉公布2016年10大假新闻》,2017年1月4日,参见传媒圈微信公众号 http://www.mediacircle.cn/?p=40367。

② 刘建明在《舆论传播》一书中也将"浮动意见"称为"浮意",认为是一种不负责任的、随意的意见表达,是舆论传播的一种负功能体现。

③ 钱晓文:《新闻评论"微博化"探析》,《新闻记者》,2012年第2期。

于健康的信息生态的构建？进一步追问，是否真的有益于社会和谐与人的心智成长？

如上所述，媒介融合所搭建的表达空间中，释放了"负面"能量，放大了社会问题以及焦虑心态，它使新闻评论在反映真善美、传播正能量，实现思想引领、价值导航的审美体验中面临挑战。如何找到"真理"的少数与"利益"的最大公约数，如何在日常审美中呈现理性、建构时代共识，它需要我们在传统与现代、经济与社会、科技与人文等较多因素下综合审视时代之美的坐标，探寻新闻评论审美的导向。从这个意义上讲，在媒介融合的演进中，感性与理性、真相与真理、内容与形式、权威与争鸣，亟待多渠道的选盘与整合，新闻评论的社会参与还有待融入媒介素养的理念及实践指导。唯有如此，新闻评论的审美才会在以人为本的创新实践中，凝练出回应时代之需的中国表达。

思考与练习

1. 媒介技术对新闻评论的业务发展造成了哪些转型和改变？请结合报纸新闻评论实例进行分析。
2. 请结合媒介融合的实例谈一谈你对新闻评论网络化的理解。
3. 请结合自媒体发展现状分析自媒体评论生产机制的特点和对观点传播的影响。
4. 试举例谈一谈新闻评论的内涵在媒介融合语境下发生了哪些变化？
5. 试举例谈一谈新闻评论的写作规范在媒介融合语境下发生了哪些变化？
6. 试举例谈一谈你对新闻评论文化审美的理解及其媒介融合语境下的变化。

第八章 示例·贯通

内容提要：

新闻评论作为思辨和表达并重的媒体实践，是一种对世界和人类自身发展变迁的呈现与理解，其写作和作品在传受双向的约定俗成中形成了自有的规律与规范。本教材前述章节的内容主要围绕新闻评论的写作规律和媒体应用展开，旨在讲解其内在原理和表达规则，是新闻评论进入实际写作阶段的学理参照和规范诠释，这是任何一门课程学习的常规路径，也是任何一种实践技能从思维到操作的循序渐进。作为高校新闻专业的必修课和新闻业务核心课程，"新闻评论"旨在培养学生独立思考、辩证分析、理性表达的思维能力和写作能力，不仅是教授与检验新闻专业学生新闻评论写作规律掌握情况的实训平台，也是培养新闻评论员的有效途径，其教学设计既需要遵循知识传播和技能体验的基本规律，又要突出评论素养本身要求的综合性能力培养导向。对此，在写作规律及规范的讲解中需要不断嵌入适配的实务训练，以此落实与转化评论能力培养的实效，因此，本章将结合笔者的教学实践及教改总结，选取学生实训的实例，深入剖析新闻评论写作过程中能力培养的重点与难点，并比较媒体刊发的同类评论作品，以期提供规范写作的示范及创新表达的借鉴，从而探寻新闻评论教学和实务互动的拓新之道。

第一节 评论实训个案简介

一、"博物馆离我们有多远"评论实例来由

信息技术和社会化网络的发展改变了人类社会的连接方式，也重塑了意见表达的现实环境。新兴的信息资源使用与组织模式不断出现，逐渐形成UGC（用户生产内容）与PGC（专业生产内容）博弈并融合的传播态势。在此融媒、互动、多元化的传播环境中，新闻评论在主体、形态、议题以及观点呈现上都得到空前拓展与丰富，意见表达的能力与素养也成为当下顺应新的传播格局的新闻从业人员的必备素质。新闻实务教学如何在融合语境中深化学生对新闻评论的理解与认知，有效提升学生分析社会现象与表达理性观点的能力，成为四川大学"新闻评论"课程革新的着力点。

作为新闻业务的核心课程之一，四川大学文学与新闻学院开设的"新闻评论"课程尤其注重新闻理论与业务实训实践的互动创新。2008年，"新闻评论"课程首次采用分

组完成调查报告的实训方式，以此作为课程体系革新的切入点，综合考察学生的新闻业务能力与研究能力，即通过社会科学方法设计调查主题和完成调查报告，在此基础上报道调查中的新闻，为该新闻配发评论，让学生融会贯通新闻采写编评的业务实践，其调查报告的实训成果与成效显著，不仅获得学界和业界以及师生的认同，还获得四川大学教学改革项目立项以及校级教改成果奖。

该评论实训以社会热点为由，通过设置统一的调查命题，如大学生消费情况、"低头族"现象等，要求学生分组完成社会科学研究方法的学习，从中选择适合的方法展开自我命题的主题调查，形成调查报告，并根据调查报告写作一则600字左右的消息，再为消息配写一则600字左右的短评，可以自我拟定刊发媒体。这一实训涵盖大学本科新闻专业学生的新闻业务，同时旨在综合训练中培养与提升学生的辩证思维能力及综合叙事能力。

实训要求学生做到：（1）学习并能够初步运用社会学相关研究方法，以实证方式独立获取一手资料并运用于新闻报道与新闻评论写作之中；（2）能够按照规范独立写作新闻报道与新闻评论；（3）能够多角度聚焦社会现象，形成客观、理性的原创报道文本与评论文本；（4）能够通过协作性学习树立全媒体思维和评论思维。

本书所选实例为四川大学文学与新闻学院2014级新闻学专业新闻班完成的以"博物馆离我们有多远"为主题的调查报告实训。

二、"博物馆离我们有多远"评论实例简况

在本次实例训练中，2014级新闻班14个小组（共75人）运用问卷调查、内容分析、控制实验及深度访谈等研究方法，分析博物馆在"数字化生存"时代所面临的挑战与应对，全方位探寻博物馆改变传统陈列方式，增加公共参与互动等提升公共文化服务效能的路径。2014级新闻班同学在实地调查的基础上，通过定量、定性研究方法获取原始数据，使用SPSS、Minitab及数据可视化相关软件，多维探析了制约博物馆发展的影响因素，并最终形成了以调查问卷及数据分析、消息和配发评论为一体的调查报告。整体而言，调查报告角度多元，统计数据和访谈资料翔实可靠，有效激发了学生对新闻评论课程学习研究性思考、专业化呈现的兴趣及自觉扩展方法论学习的积极性，为同学们深入理解新闻评论的学理及应用提供了思维创新、学习协作的实训教学经验，探索了提升学生新闻实务综合能力的可能性与可为性。同时，各小组最终提交的新闻评论文本全方位呈现了新闻评论课堂的写作训练过程，具有极强的参考价值和示范意义。

各小组调研主题及评论写作论点如表 8-1 所示：

表 8-1 小组评论实例具体分布表

组别	调查主题	新闻评论论点
1	博物馆所提供的教育功能是否有效实现	不应让社会的浮躁风气成为阻碍人们深度学习和思考的障碍
2	大学生对博物馆实体及其推广方式的接触情况	博物馆推广的根本问题不是缺少形式创新，而是重在文化
3	高校博物馆与大学生的"认知距离"和"情感距离"	高校博物馆定位应把握好科研与科普的关系
4	成都博物馆的网络媒体运营	博物馆的"互联网＋"需体现人性关怀
5	数字化技术对大学生与博物馆距离的影响	让科技成为人与博物馆联系的桥梁
6	游客参观博物馆的情况	游客应增进对博物馆的了解，而不是"凑热闹"式参观
7	大学生与博物馆"距离"的影响因素	博物馆自身质量是吸引大学生最重要的因素，莫让博物馆沦为"陈列柜"
8	高校博物馆的发展现状、成因及对策	高校博物馆需加强宣传工作
9	大学生对博物馆的刻板印象	拉近与博物馆的距离，根本在于转变学生心中消极成见
10	影响高校学生参观博物馆意愿的因素	博物馆要实现从"教化"到"休闲"的转换，迎合市场趋势
11	博物馆文创产品的发展情况	要发展博物馆文创，把博物馆里的文化做出来带回家
12	博物馆如何吸引人	博物馆要吸引人，内容与形式缺一不可
13	体验式活动如何影响大学生参观博物馆的意愿	体验式观展让博物馆走下"神坛"，让大学生走近博物馆
14	学生对博物馆解说服务的选择倾向	博物馆机器讲解终将取代人工讲解

第二节 "博物馆离我们有多远"实训例解

一、"大学生对博物馆实体及其推广方式的接触情况调查——以故宫博物院为例"[①] 之案例框架

本案例通过衡量大学生对博物馆实体及其推广方式的接触情况，反映"我们离博物

---

① 该调查报告由四川大学文学与新闻学院 2014 级新闻学本科生张婧怡、张蕾、张广洁、于晓雪、钟树林、孙济民完成，指导教师为"新闻评论"课程主讲教师、四川大学文学与新闻学院教授操慧。

馆有多远"。案例选取身处媒介融合推广前沿，善用新技术融入文化内涵的故宫博物院及其相关推广产品（包括官方微博、微信公众号微故宫、淘宝旗舰店和纪录片《我在故宫修文物》）为研究对象。该组成员在调查过程中，先以受众视角，测量已有推广产品在大学生中的普及程度；后以各类推广产品的生产者视角，探究响应产品的具体效能，从而为报道与评论增加事实性论据，同时完善论述逻辑（详见图8-1）。

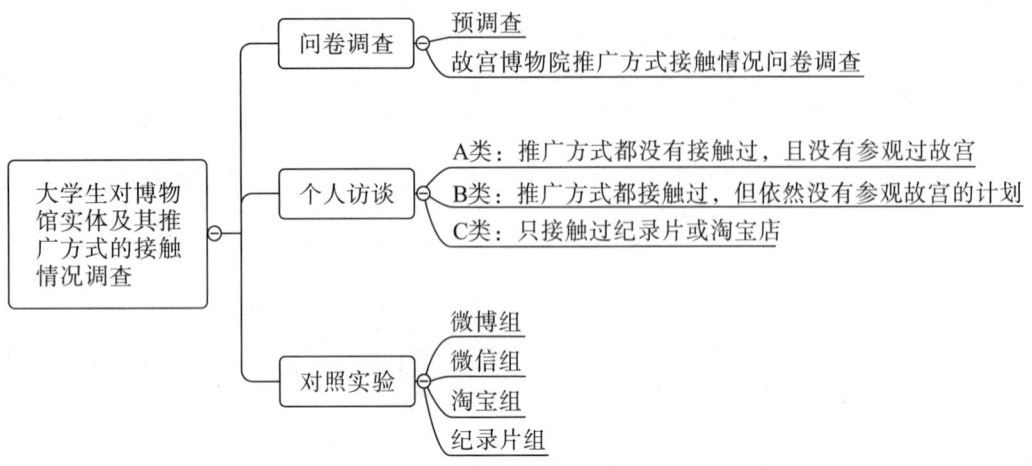

图8-1 "大学生对博物馆实体及其推广方式的接触情况调查——以故宫博物院为例"调查框架

具体而言，在调查初期，小组成员借助预调查结果设计并完善问卷，共回收有效问卷327份。调查中期根据问卷结果，设计访谈问题，将调查对象按照对相关推广产品的接触程度分组，进行深度访谈。综合问卷调查与访谈结果后，得出故宫推广产品的传播现状，对"我们与博物馆的距离"这一核心问题做出回应。后期结合已有调查结论，探究是否因推广产品本身传播效能有限而减弱了传播程度。采用空白被试的对照实验，从受众接触角度观察传播效果。小组成员在调查过程中将问题意识贯穿始终，从而为后期的评论写作收集了充分的数据、事实与观点性资料。

二、"大学生对博物馆实体及其推广方式的接触情况调查——以故宫博物院为例"之调查实录

（一）研究背景、目的与意义

1. 故宫博物院发展现状

故宫博物院馆长单霁翔表示："博物馆有世界上最大规模的观众，但是观众都是从前门走到后门，没有真正融入博物馆。要想有所改变就需要靠文化的力量和经济技术的力量。"

近年来，随着互联网的发展，各个公司、企业、机构都在建造自己的新媒体平台。而作为身处媒介融合推广前沿，又善将新技术融入文化内涵的故宫，在文化推广中可谓方式迭出，如运用微信、微博等社交媒体与用户互动；利用淘宝官方旗舰店发展文创产业；出品9部App作品来构建故宫数字化社区，此外，CCTV在2016年年初播出的系

列纪录片《我在故宫修文物》也影响颇大。可以说，故宫的各类推广方式已经覆盖到社交媒体、电视、电影、网购等方方面面，不仅扩大了自身影响力，更吸引了大部分年轻人的关注。在此之中，作为年轻群体主力军的大学生，对故宫的参观情况及推广方式的接触情况如何，值得我们探究。

2. 研究目的

本研究旨在以故宫博物院为例，调查大学生对博物馆实体及其推广方式的接触情况，据此判断"大学生离博物馆有多远"（所谓"博物馆实体"指实际参观游览的博物馆，而"推广方式"指的是博物馆的各类电子媒介延伸形式，如微博、微信公众号等）。

3. 研究意义

以故宫为例进行博物馆"实体"和"推广方式"的研究，能够一定程度上反映大学生对博物馆的接触情况，从而以全新的视角看待博物馆对一个群体的影响。此次对博物馆的研究不局限于参观实体博物馆，而是在传统参观调查基础上，探究博物馆各类推广方式的传播效果。通过对调查结果的分析及对不同推广方式影响力大小的比较，能为故宫及其他博物馆今后的线上线下结合推广提供依据。

（二）研究方法

1. 问卷调查

本调查主要采用问卷调查法，在全国大学生群体中发放问卷，调查大学生群体对故宫博物院的参观情况及其推广方式（包括官方微博、微信公众号微故宫、淘宝旗舰店和纪录片《我在故宫修文物》）的接触情况。

2. 个人访谈

在问卷调查和分析的基础上，我们将重点针对问卷结果反映出的问题，选取典型，进行深度访谈。

3. 实验法

我们在填写问卷时从微博、微信、淘宝店和纪录片四项都未关注的173人中，挑选出40位没有计划去故宫的同学。将他们编入4组，分别为微博组、微信组、淘宝组、纪录片组，每组10人，进行实验。

（三）调查实施

1. 问卷调查

（1）预调查。

有关故宫的推广方式种类较多，如果某些方式接触的人数过少，将难以调查出有效信息。所以我们通过预调查对各种推广方式进行筛选，针对获得较多关注的媒介进行下一步正式问卷调查。预调查共调查52人，各类故宫数字化延伸形式的接触情况如下表所示。

数字化媒介	人数
故宫 App	1
《我在故宫修文物》纪录片	23
"故宫博物院"官方微博	12
故宫博物院文创旗舰店	9
"微故宫"微信公众号	7
其他	0

在预调查中，我们还询问了"接触了以上几种推广方式后更想去故宫还是认为没必要再去，或是没有变化"。我们希望以此来判断参与预调查的对象在了解各类推广方式后，对故宫在心理上的"接近性"是更近还是更远。

通过预调查，我们发现以下几个问题：

- 在参与预调查的 52 人中，了解故宫 App 的人数太少，仅有 1 人，而且只是听说过，并未下载。并且故宫的 App 种类繁杂，无法统一调查。
- 每个人对"接近性的变化"有不同的判断标准，且很多人完全没有接触过几种推广方式，很难通过问卷直接反映心理变化。

对此我们在拟定问卷和分析结果的时候进行了以下修改：

- 去掉故宫 App 一项的调查。
- 针对四项推广方式都没有接触的人群，我们将通过实验的方式，调查他们在接触各类推广方式前后的变化。

（2）问卷结果展示。①

①您去过故宫博物院吗？[单选题]

选项	小计	比例
A. 去过	101	30.89%
B. 没有去过，但近期有去的计划	73	22.32%
C. 没去过，想去但没有计划	153	46.79%
本题有效填写人次	327	

②参观完后，会做些什么？[多选题]

选项	小计	比例
A. 什么都不做	34	33.33%
B. 传照片到朋友圈等社交平台	48	47.71%

---

① 由于第②⑤⑧题为多选题，单人可选多项，故其选项数目总和与有效填写人次有差异；由于第④⑦⑪题各项数值经四舍五入后存在数值贬损或进位，故其比例总和与 100% 略有差异。

续表

选项	小计	比例
C. 购买纪念品	18	17.74%
D. 查询自己感兴趣的相关资料	53	51.99%
本题有效填写人次	101	

③您是否关注过故宫博物院官方微信？[单选题]

选项	小计	比例
A. 是	37	11.31%
B. 否	290	88.69%
本题有效填写人次	327	

④您阅读该微信推文消息的频率？[单选题]

选项	小计	比例
A. 经常	5	13.51%
B. 有时	16	43.24%
C. 很少	11	29.73%
D. 基本不	5	13.51%
本题有效填写人次	37	

⑤您在阅读推文消息时会做以下哪些活动？[多选题]

选项	小计	比例
A. 转发	6	18.75%
B. 评论、留言	7	21.88%
C. 点赞	13	40.63%
D. 单纯阅读	27	84.38%
本题有效填写人次	32	

⑥您关注过故宫博物院官方微博吗？[单选题]

选项	小计	比例
A. 是	59	18.04%
B. 否	268	81.96%
本题有效填写人次	327	

⑦您阅读该官方微博所发微博的频率？[单选题]

选项	小计	比例
A. 经常	13	22.03%
B. 有时	28	47.46%
C. 很少	15	25.42%
D. 基本不	3	5.08%
本题有效填写人次	59	

⑧您在阅读此类微博时会做以下哪些活动？[多选题]

选项	小计	比例
A. 转发	15	26.79%
B. 评论、留言	11	19.64%
C. 点赞	32	57.14%
D. 单纯阅读	39	69.64%
本题有效填写人次	56	

⑨您是否逛过故宫博物院文创旗舰店？[单选题]

选项	小计	比例
A. 是	72	22.02%
B. 否	255	77.98%
本题有效填写人次	327	

⑩您逛该旗舰店的次数（目前为止）？[单选题]

选项	小计	比例
A. 5次以上	10	13.89%
B. 3~5次	14	19.44%
C. 1~3次	48	66.67%
本题有效填写人次	72	

⑪您在该旗舰店购买的次数（目前为止）？[单选题]

选项	小计	比例
A. 5次以上	4	5.56%
B. 3~5次	2	2.78%
C. 2~3次	6	8.33%
D. 1次	12	16.67%
E. 0次	48	66.67%
本题有效填写人次	72	

⑫您是否观看过《我在故宫修文物》纪录片？[单选题]

选项	小计	比例
A. 是	108	33.03%
B. 否	219	66.97%
本题有效填写人次	327	

⑬您观看过该纪录片的集数？[单选题]

选项	小计	比例
A. 3集（全部）	46	42.59%
B. 2集	9	8.33%
C. 1集	23	21.3%
D. 不足1集	30	27.78%
本题有效填写人次	108	

（3）问卷结果分析。

本次问卷调查共回收有效问卷327份。覆盖了北京、上海、四川、江苏、辽宁、山西、广东、广西等 26 个省市。问卷分析及结论如下：

①故宫博物院离我们有多远？

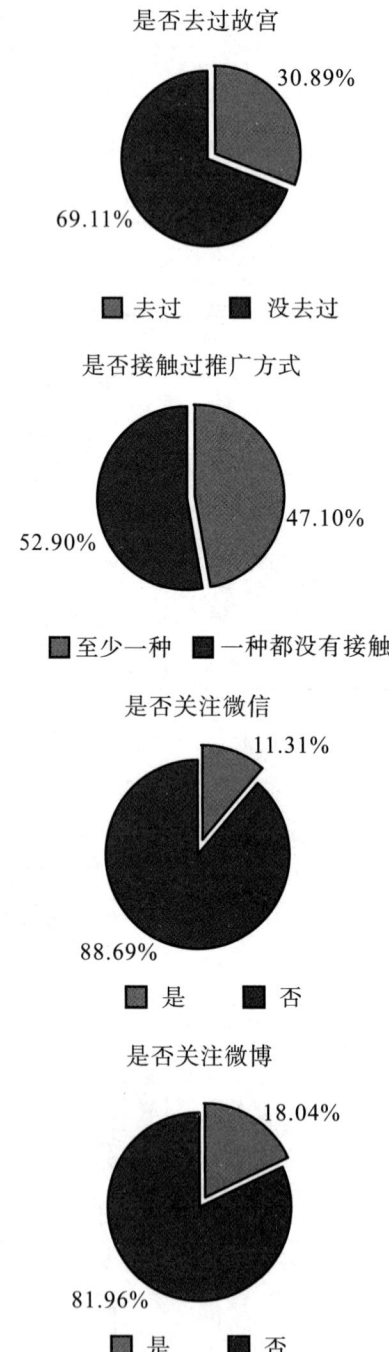

由上图可知，大学生去过故宫的人数仅占三成，说明大学生离博物馆比较远。尽管推广方式的总体接触情况好于实体博物馆，但是单个推广方式的接触率除纪录片以外，均为 20% 左右，接触率很低。

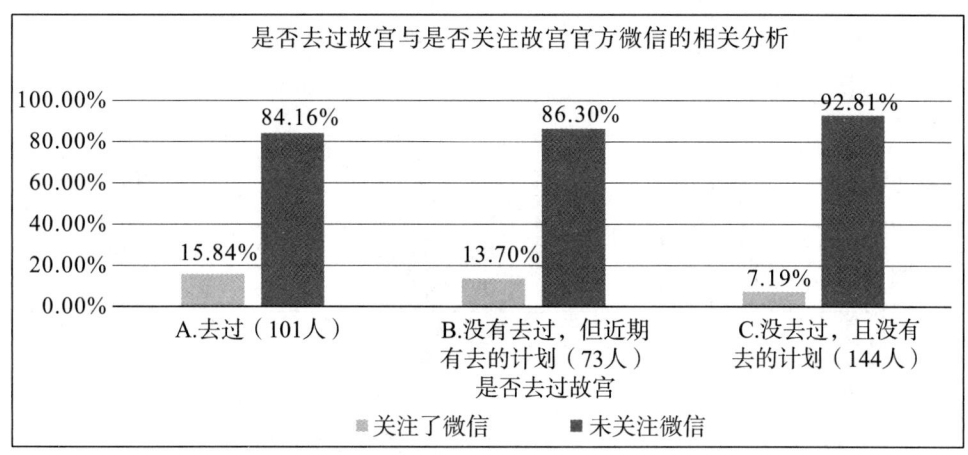

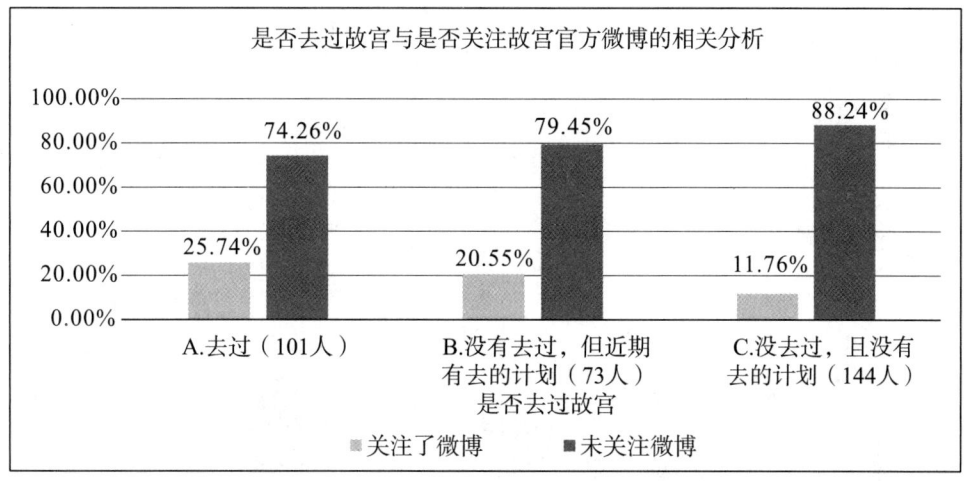

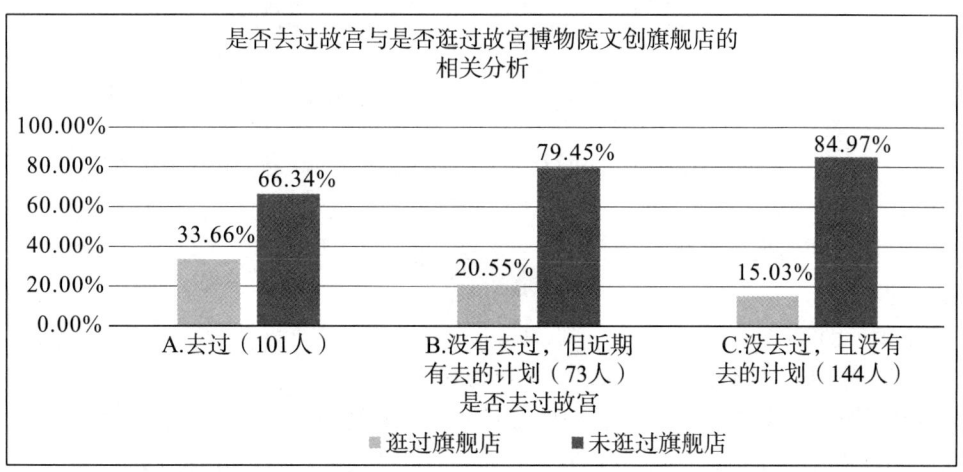

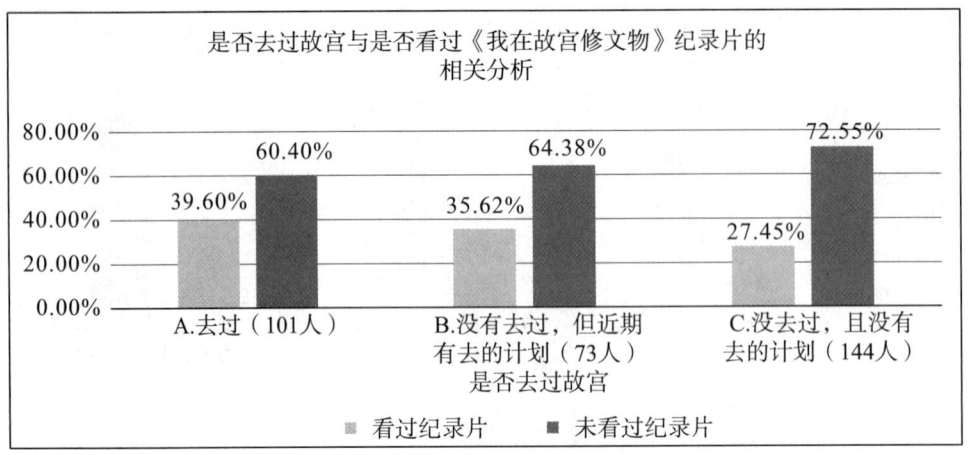

从以上可以看出，在以上四种推广方式的接触情况中，去过实体博物馆的人接触率最高，没有去过但近期有计划的次之，没去过且没有计划的最低。

②大学生对各类推广方式的接触偏好。

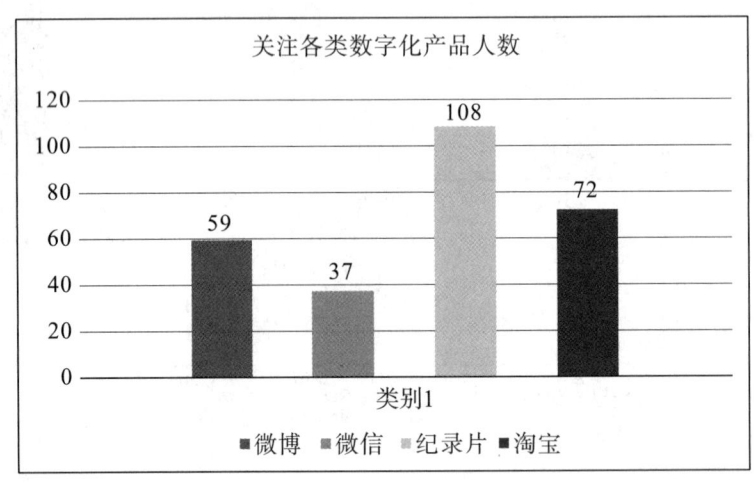

在各种推广方式的接触率上，纪录片最高，微信最低。此外，在接触过纪录片的108人中，看完全部3集纪录片的人数占42.59%，可见纪录片对受众有比较大的吸引力。所以，不同的推广形式的效果是有差异的，纪录片是对博物馆进行宣传的一种相对更有效的手段。

2. 个人访谈

基于以上结论，我们思考了这样几个问题：

• 为什么大学生对博物馆及其推广方式的接触率较低？
• 为什么有人接触过调查的全部推广方式但依然没有参观故宫的计划？
• 微博和微信作为目前最活跃的社交平台，为什么大学生对它的接触率不如纪录片和淘宝店？

根据调查结果，我们将对以下几类被调查者进行访谈：

• 推广方式都没有接触过，且没有参观过故宫（A类）

- 四项推广方式都接触过，但依然没有参观故宫的计划（B类）
- 只接触过纪录片或淘宝店（C类）

访谈人物及回答如下。

（A类）

余同学：首先是因为对博物馆这类东西不感兴趣，其次因为经济因素的限制，不去实体博物馆就不会收集关于它的资料。至于微博、微信、淘宝店的话，开始我自己确实没有关注过，但是后来因为身边的人都跟我说过，也就知道了。我也去看了一下淘宝店，里面的东西主要是一些具有中国特色的装饰品，就实用性来说，性价比不高，其纪念意义、装饰意义对我的影响也不大，所以我肯定就不会考虑购买。至于微博、微信和纪录片，我没有主动去关注，因为觉得应该没什么特别的创新。

詹同学：首先我没有渠道获取信息，虽然我经常刷微博，但我根本不知道它上过热搜。其次，我觉得我对故宫博物院不感兴趣，所以我根本不可能在网上主动关注。貌似是有这样一个纪录片，大家好像觉得很好，但是我不想看，因为我不太喜欢这种文物方面的东西。这个淘宝上的店也没有在淘宝首页打广告，我根本都不知道有这样一个店。

张同学1：我觉得现在大部分人都很八卦，特别是年轻人，再加上层出不穷的娱乐新闻吸引目光，掩盖了这些文化遗产的推广。现代社会，除了少量学考古或有相关兴趣的人，大家平时在现实生活中对这方面的需求不大，接触自然也少，就算旅游也大多是走马观花，这也反映了现在中国文化遗产在人们心中的缺失。

高同学：除去北京周边的城市，其实绝大部分大学生都没有要去参观故宫的打算，可能会觉得故宫没啥可看的，电视上已经看过了。而且像我自己，根本就不知道故宫有类似微信等的推广方式，更不要说去搜索了解了。

谢同学：我四种（推广方式）都没接触过，也不想去。我对博物馆文化不感兴趣，接受采访之后我也去看了微信，还是不想去。微信的照片拍得不好，阴影太重。没有展示出有意思的一面，没有达到让我赏心悦目的程度。

（B类）

费同学：我喜欢文物、古建筑，所以我关注了它的微博和微信。但是我离北京太远了，而且我不喜欢旅游。虽然我关注这些但我也不可能说为了去看一下故宫大老远飞过去，因为除了故宫，其他的景点我并不是很想去，（因为）不喜欢旅游嘛。

曾同学1：这四种推广方式的接触是断断续续的，先在微博上看到推送，觉得挺有趣的，所以看了纪录片，纪录片不太好看吧。后来经同学介绍知道了淘宝店，但是看过以后不太喜欢这种"萌化"的皇帝。本来挺有兴趣，但是我发现太具有历史性的东西不是很适合我，所以故宫也没什么兴趣参观了。

陈同学：接触了这几种推广方式后，我感觉对故宫了解的都差不多了，没必要再去了吧。

（C类）

曾同学2：我认为因为微博和微信的主要功能是社交，其中微博又尤其偏向娱乐性质。不难发现，微博用户对于娱乐新闻的关注度明显高于其他内容，微信则注重"朋友圈"式的生活事件分享。而像故宫博物院这种文化底蕴深厚的对象，公众通常会通过纪录片去了解。至于淘宝店，我认为它在传统文化与现代商品的结合方面做得十分优秀，刺激了公众对故宫进行深入了解的欲望。

姚同学：纪录片的工匠精神很棒，恰巧在院线上映，支持一下；淘宝店个人感觉不是很需要，但看到网友买过精美礼品。微信和微博感觉会让我对故宫接触更深，但是亲眼所见肯定会更加深刻和震撼。

吴同学：之前看到别的公众号推荐的故宫文创淘宝店，我就想着可以送妹子礼物。不过没钱，最后没有买。里面的产品很好看，就是贵，性价比不高。没有关注微博是因为我没有玩微博。我关注了南京博物院的公众号，做得不是特别好，所以没关注故宫的。

张同学2：作为信息的载体，微博和微信需要的是大众的点击量，那么你的信息点也应该是更大众的信息，不否认有人喜欢历史文化，但大多数人喜欢的是一些足够新奇的事物和新颖的观点。

吕同学：纪录片在院线宣传，就算我不喜欢看电影也会知道，这是一个面向全社会化的宣传途径。关注微博的人通常都是追星或者想要了解最新动态的，自然不会关注故宫，而真正喜欢文物的人也不可能是微博的主要用户。

个人访谈内容总结：

• 为什么大学生对博物馆及其推广方式的接触率较低？

绝大多数受访者表示不感兴趣，而且经济条件有限，这是最主要的原因。没有了解推广方式的渠道也重要是原因之一。

• 为什么有人接触过调查的全部推广方式但依然没有参观故宫的计划？

客观原因是距离北京太远。另外也有同学表示看完以后觉得不感兴趣，或者觉得已经了解了不必再去。

• 微博和微信作为目前最活跃的社交平台，为什么大学生对它的接触率不如纪录片和淘宝店？

大多数同学认为纪录片和淘宝店对文化和宣传的融合做得更好，微信和微博的信息量太大，碎片化严重，没有针对性。

3. 实验法

我们从填写问卷时选择微信、微博、淘宝店和纪录片四项都未关注的173人中，挑选出40位没有计划去故宫的同学。将他们编入4组，分别为微信组、微博组、淘宝组、纪录片组，每组10人，进行实验。步骤如下：

• 让实验者对自己去故宫参观的意愿打分（0－5，0分为非常不想去，5分为非常想去）。

• 让各组的实验者关注自己所在组代表的推广方式。微信组阅读微故宫推送5条；微博组阅读微博至少10条；淘宝组浏览销量前10的商品；纪录片组观看纪录片至少10分钟。

• 各实验者对自己去故宫的意愿再次打分（0－5，0分为非常不想去，5分为非常想去）。

实验结果如下：

微信组

序号	接触前得分	接触后得分	得分变化
1	4	4	0
2	3	3	0
3	0	1	+1
4	3	2	−1
5	2	0.5	−1.5
6	4	2	−2
7	1	1	0
8	5	4	−1
9	2	1	−1
10	2	1	−1
均分	2.6	1.95	−0.65

微博组

序号	接触前得分	接触后得分	得分变化
1	3.5	4	0.5
2	3	4	+1
3	2	2	0
4	2	4	+2
5	0	1	+1
6	3.5	4	+0.5
7	0	1	+1
8	3	3.5	−0.5
9	2	5	+3
10	5	5	0
均分	2.4	3.35	+0.95

淘宝组

序号	接触前得分	接触后得分	得分变化
1	3.5	3.5	0
2	0	0	0
3	3	0	−3
4	4	2	−2

续表

序号	接触前得分	接触后得分	得分变化
5	5	3	−2
6	1	0	−1
7	2	2	0
8	1	2	−2
9	3	3	0
10	3	4	+1
均分	2.55	1.95	−0.6

纪录片组

序号	接触前得分	接触后得分	得分变化
1	3	4	+1
2	2	2	0
3	1	2	+1
4	4	4.5	+0.5
5	3	4	+1
6	2	4	+2
7	2	3	+1
8	5	5	0
9	1	3	+2
10	2	2	0
均分	2.5	3.35	+0.85

根据以上实验结果，我们可以得出结论。在四种推广方式中，微博和纪录片对故宫的宣传起到积极作用；淘宝店和微信公众号反而产生了负面影响。

在实验的同时，我们总结了实验对象分数改变的原因，主要集中于以下方面：

- 微信组：推送频率太低；配送图片不美观；排版简单；只有官方活动，距离感太大。
- 微博组：内容固定，易形成习惯；图片精美。
- 淘宝组：性价比太低；实用性不强，只适合做礼品。
- 纪录片组：生活气息浓厚；人民智慧、工匠精神的体现；令人震撼；非物质文化遗产的体现和延续。

（四）问卷设计

大学生离博物馆有多远？

以故宫博物院为例，调查大学生离博物馆有多远

1. 您去过故宫博物院吗？［单选题］［必答题］
   - ○ A. 去过
   - ○ B. 没有去过，但近期有去的计划
   - ○ C. 没去过，想去但没有计划

2. 您参观故宫共花费多长时间？［单选题］［必答题］
   - ○ A. 4 小时以上
   - ○ B. 3~4 小时
   - ○ C. 1~3 小时
   - ○ D. 1 小时内

3. 您参观故宫时候的状态？［单选题］［必答题］
   - ○ A. 闲逛一圈，走马观花
   - ○ B. 只看自己想看的
   - ○ C. 每一件展品都仔细参观

4. 参观完故宫博物院后，你会做些什么？［多选题］［必答题］
   - ○ A. 什么都不做
   - ○ B. 传照片到朋友圈等社交平台
   - ○ C. 购买纪念品
   - ○ D. 查询自己感兴趣的相关资料

5. 您是否关注过故宫博物院官方微信？［单选题］［必答题］
   - ○ A. 是
   - ○ B. 否

6. 您阅读该微信推文消息的频率？［单选题］［必答题］
   - ○ A. 经常
   - ○ B. 有时
   - ○ C. 很少
   - ○ D. 基本不

7. 您在阅读推文消息时会做出以下哪些行为？［多选题］［必答题］
   - ○ A. 转发
   - ○ B. 评论、留言
   - ○ C. 点赞
   - ○ D. 单纯阅读

8. 您关注过故宫博物院官方微博吗？［单选题］［必答题］
   - ○ A. 是
   - ○ B. 否

9. 您阅读该官方微博所发微博的频率？［单选题］［必答题］
　　○ A. 经常
　　○ B. 有时
　　○ C. 很少
　　○ D. 基本不

10. 您在阅读此类微博时会做以下哪些活动？［多选题］［必答题］
　　○ A. 转发
　　○ B. 评论、留言
　　○ C. 点赞
　　○ D. 单纯阅读

11. 您是否逛过故宫博物院文创旗舰店？［单选题］［必答题］
　　○ A. 是
　　○ B. 否

12. 您逛该旗舰店的次数（目前为止）？［单选题］［必答题］
　　○ A. 5次以上
　　○ B. 3~5次
　　○ C. 1~3次

13. 您在该旗舰店购买的次数（目前为止）？［单选题］［必答题］
　　○ A. 5次以上
　　○ B. 3~5次
　　○ C. 2~3次
　　○ D. 1次
　　○ E. 0次

14. 您是否观看过纪录片《我在故宫修文物》？［单选题］［必答题］
　　○ A. 是
　　○ B. 否

15. 您观看纪录片《我在故宫修文物》的集数？［单选题］［必答题］
　　○ A. 3集（全部）
　　○ B. 2集
　　○ C. 1集
　　○ D. 不足1集

三、调查成果的文本呈现

（一）新闻报道

故宫推广方式圈粉"圈住"大学生了吗？

5月18日，北京故宫博物院在微博和微信上同时进行了国际博物馆日的宣传，邀请公众"入宫"。在故宫相关负责人看来，微博、微信以及其他多种推广方式旨在"与年轻人的兴趣点紧密结合，让古老的传统文化时尚起来"。

努力在年轻群体中圈粉的各类推广方式对于大学生的吸引力到底如何？

据近日一份报告显示，在接受调查的327名大学生中，接触过官方微博和微信的均不足20%，接触率相对较高的淘宝旗舰店和《我在故宫修文物》纪录片也仅占22%和33%。大学生对故宫各类推广方式的接触率均偏低。

"我没有渠道获取信息"，四川大学的詹同学表示，"就比如说，我常刷微博，但也从来没看到过故宫上热搜"。

即便是接触过这些推广方式的大学生，对其宣传效果也褒贬不一。对此，四川大学某小组挑选了40位没去过故宫且未接触过任何推广方式的大学生进行了实验，比较接触某一类推广方式前后参观故宫的意愿变化。

实验发现，在四种推广方式中，微博和纪录片对故宫的宣传起到积极的作用。江西理工大学的陈同学表示："本来对文物的保存修缮不是很了解，看过纪录片之后觉得是人民的智慧和非物质文化的延续，很令人震撼。"

而另外，实验结果也反映出淘宝店和微信公众号反而产生了负面影响。"淘宝店里面的东西主要是一些具有中国特色的装饰品，就实用性来说，性价比不高，其纪念意义、装饰意义对我的影响也不大"，东北师范大学的余同学如是说，他还认为，"微信需要的是大众的点击，过于生僻的内容反而会增加距离感"。

（二）新闻评论

推广故宫，重在文化

作为当今最活跃的社交平台之一，故宫微信在大学生群体中没有获得应有的关注量。而以传统媒体为载体的纪录片《我在故宫修文物》的接触率却在几种推广方式中拔得头筹。这或许不仅是渠道选择的问题，更是内容本身的不足。

故宫的微信号"微故宫"多推送官方宣传活动和比较枯燥的文物介绍，这种内容会增大读者与故宫的距离感，很难引起大众的兴趣。而《我在故宫修文物》则立体地表现故宫文物修复人员的"工匠精神"，将文化内涵融入纪录片之中，令人震撼。

可见，博物馆推广的根本问题从来不是缺少形式创新，能否体现形式创新之上的文化内核才是关键。博物馆是一个国家和民族文化的护卫者，它承担着保存和弘扬历史文化的重任。推广方式的多样化是为了让我们更愿意接触和理解博物馆背后的文化价值，而不仅仅是追逐潮流，建设当下火热的媒体平台。

要想让存在了600年的故宫真正"活起来"，传播的不能仅仅是简单的介绍性内容。更应当把故宫的文物、风景、建筑与源远流长的历史结合在一起，与博大精深的文化结合在一起，与有血有肉的生活结合在一起。

一切新的推广手段都只是文化传播的辅助，都有可能会随着时代的变化被迅速替换，只有历史和文化永远都在。

四、个案评析

（一）对调查实训的评析

调研小组同学在活动开展中选取较有代表性的故宫博物院为研究对象，以博物馆各类推广方式的传播效果来衡量"我们"与"博物馆"的距离，除做描述性的统计调查外，还加入实验方式，测量各类推广产品的实际效果。总体而言，思路清晰，研究线路完整，获得结论具有一定的参考价值。但该案例仍有部分研究内容有待提高。

1. 研究对象选择具有局限性。一方面，研究推广产品纷呈的故宫博物院具有一定显著性，但研究者、调查对象与研究对象的地缘差异导致落实相关推广产品的传播推广效果的实现性——亲身前往故宫博物院的可能性降低。如若研究者开展调查时前往北京，调查就近地区大学生的参与现状，则所得结论更具有代表性。建议此类研究多关注本地博物馆。另一方面，研究选取的四类推广方式（微信、微博、纪录片、淘宝店）在媒介特点、传播效能、受众群体等方面存在差异，一定程度上不具备可比性。此外，案例缺少对已有调查、报道和文献的梳理，从而导致后来的研究无法深入。

2. 研究设计欠缺科学性。本案例初期以预调查方式筛选后续研究中主要测量的几类推广方式，预调查结果具有一定的代表性。研究中期通过问卷调查与个人访谈两种方式来收集各类推广方式的现状。问卷调查部分：问卷问题均为描述性的频数统计，而无针对性的原因探究，因此得出结论的随意性较大，参考性较弱。个人访谈部分，借助问卷调查结果对访谈对象分类并无实际意义，同时，封闭式访谈的方式切断了深入调查的可能。此外，调查中对调查对象的介绍不足，虽加入了地理位置的区分，但与最终结论关联不大。研究后期设计实验，实验结果通过测试前后的意愿分数来衡量，使得结果的随意性更强，并无法获取受众对相关推广方式的优劣评价，从而未达成实验的设计构想。总体而言，研究设计最大的缺陷主要在两个方面：一是缺少归因性分析，二是被试对象的个体性差异带来的研究结果偏差。

3. 调查结果分析不够深入，结果呈现不够直观。在结果分析部分：问卷调查结果分析，在未交代被试的前提下，通过问卷结果得出大学生（整体）离（所有）博物馆较远的结论，存在一定的偏差；个人访谈结果分析，由于研究者初期已构想好访谈问题，故而结果收集只有"研究者想听到的答案"，封闭式访谈因受限于问题个数、访谈时间与访谈内容，从而难以通过较多的访谈人数来消弭访谈结果的空泛；实验结果中提及的不同推广方式的传播效果原因分析，因未在实验部分插入相关测试，这一结果的可信度（即来源于实验统计还是研究者个人）降低。而在结果呈现部分：在呈现"是否去过故宫与推广方式接触情况的相关分析"结果时，采用直方图呈现，而未采用更直观、科学的相关性分析；在呈现访谈结果时，以对三个问题的几句回答概括了13位访谈对象的访谈结果。

4. 新闻报道与评论文本未全面反映前述研究的有效信息点。经过较为深入的调查，在具体文本写作时，有同学会选取综述式的写作方式，试图将调查信息点全面呈现；也有同学选择从调查中发现的新奇角度切入，论述发现的具微问题。但前者容易因过于宏概而减弱文本的可读性，易泛泛而论；后者则需要在调查阶段对所发现问题进行更深入的探讨研究，从而获取更多论述支撑。本组同学写作时立足于已有调查发现，限于前述原因导致的不深入、有偏颇等特点，使得后期文本延展不足，所得结论的可参考性不强，应结合明确的媒介定位进行报道与评论写作考量。

（二）对调查成果之报道与评论写作的评析

通过前述调查，小组成员生成了新闻报道与评论文本。

新闻报道以疑问式标题引起读者兴趣，巧设悬念，开篇插入具有时效性的新闻由头，与后文形成反差对比。对于信息点的呈现，小组成员摒弃一味的观点表达，而借助多信源、多角度的回应反映现状。但信源的选择多为服务于主题的对象，而未将案例中的其他情况均衡配置，此外，一些行文用语还需斟酌。如"产生了负面影响"言之过大，"从来没看到过故宫上热搜"与现实情况不符，第二段开头缺少主语等。

新闻评论立论角度选取案例研究中未有提及的"文化"参与，认为故宫在推广时应更注重文化的融入，提倡创新的形式更需搭载文化的内核。但评论中并未给出写作者对"文化"的选取标准以及在具体推广方式中的具体表征，而只是以观点性结论作为论理依据。此外，存在语病问题，如"以传统媒体为载体的纪录片……拔得头筹。这或许不仅是渠道选择的问题，更是内容本身的不足"。前后矛盾，语焉不详。

五、媒体相关报道与实训评论写作的延伸比较

（一）媒体相关报道标题与评论标题概览

对于故宫博物院文创产品的报道与评论在媒体中并不鲜见。本教材特选取与本案例相关的较有代表性的报道与评论，将其标题版次罗列如下（见表8-2和表8-3），读者可从其概貌中体会媒体文本侧重，对照学生作业，理解新闻评论实训的必要性与开创性所在。

表8-2　媒体相关报道标题一览表

报道标题	来源媒体	日期版次
故宫博物院构建"故宫数字社区"	中国文化报	2015年1月19日第8版
故宫礼物一天成交1.6万单	北京日报	2015年8月10日第8版
博物馆"变形计"：从文物宝库到创意试验场	南方日报	2016年3月17日第A19版
博物馆如何搭上"文创快车"？	南方日报	2016年5月20日第GC5版
让故宫文化融入日常生活	中国民族报	2016年5月27日第9版
用青年创意活化传统文化IP	中国文化报	2016年7月8日第1版
故宫博物院开发文创产品的秘诀	中国知识产权报	2016年7月29日第11版
打开历史开放故宫：让传统文化活起来	中国社会科学报	2016年10月10日第4版
让故宫"活"起来	中国旅游报	2016年11月28日第A1版
《我在故宫修文物》为何成"网红"	光明日报	2017年1月9日第5版

续表8—2

报道标题	来源媒体	日期版次
故宫要走进人们的生活	人民政协报	2017年3月4日第6版
数字故宫飞入寻常百姓家	中国环境报	2017年12月13日第11版
故宫"卖萌"意在文化传播	中国旅游报	2018年3月9日第8版

表8—3 媒体相关评论标题一览表

评论标题	来源媒体	日期版次
"互联网+"时代的博物馆自媒体运用分析	中国文物报	2016年8月16日第5版
文创产品应走亲民路线	光明日报	2016年12月26日第2版
促进博物馆实施"互联网+中华文明"	中国文物报	2017年3月7日第3版
把文化带回家	人民政协报	2017年6月5日第9版
文物与科技：当历史遇上未来	人民政协报	2017年12月5日第3版
怎样才能让博物馆有趣起来	无锡日报	2017年12月8日第9版
博物馆IP开发重形式更要重内容	团结报	2018年1月27日第5版
释放优秀传统文化的光与热	中国社会科学报	2018年3月30日第4版

由上表标题可见，媒体现有报道与评论主题呈现较为一致，均是对故宫文创传播方式的关注与对相关形式的宣传推广，但鲜有通过一定调查来反映各类文创方式传播效果的文本。

（二）媒体相关评论的对比分析

故宫博物院的一系列创新探索，一方面源自时代的号召，一方面离不开管理人员观念的与时俱进。本案例从受众和研究者的角度出发，测量各类推广产品的传播效果，并给出个人感知体验，对此，本书特选取故宫博物院院长单霁翔在故宫博物院的演讲稿，从而在博物馆案例实训的内涵思考与外延写作方面，为读者提供参考。

少一点"正襟危坐" 多一些互动体验[①]

■ 文化产品要取得社会效益与经济效益的双赢，不仅需要创意好、品质好，还需要策划好、宣传好，缩短传统文化与现代生活之间的距离。从说教式的灌输转变为感染式的对话，是故宫博物院迈向世界一流博物馆的应有转身。

■ 故宫文化创意产品的设计元素应能够正确体现故宫文化内涵，揭示元素背后的文化故事，使人们易于接受。同时应具有一定的功能性，文化内涵与使用功能的结合，使人们通过使用文化创意产品，更深刻地了解故宫历史。

■ 文化空间的开放性、共享性成为人们衡量故宫博物院管理水准的主要标尺。实

---

① 《少一点"正襟危坐" 多一些互动体验》，《解放日报》，2016年5月17日第15版。

现博物馆的科学管理，最重要的是尊重观众感受。只有如此，观众才会感受到自己是博物馆发展的相关者，博物馆文化也与自己的生活息息相关。

前不久，一部名为《我在故宫修文物》的纪录片，在中央电视台首播，随后在视频网站走红，收获点击量超百万。该片受到关注的原因，是凝结在文物上的一代又一代匠人的匠心，也就是工匠精神。

李克强总理在今年的政府工作报告中，首次提出培育工匠精神，明确指出"鼓励企业开展个性化定制、柔性化生产，培育精益求精的工匠精神，增品种、提品质、创品牌"。这是一个鲜明的信号，更是一个积极的导向。虽然这是针对经济领域改革发展所提出的号召，但同样适用于文化领域，也标志着文化创意产品研发领域进入了以质取胜的新时代。

让收藏在博物馆里的文物"活起来"，传承中华优秀传统文化，一直是博物馆事业的发展方向和奋斗目标。在我看来，文化创意产品的研发，既要有创新精神，又要有工匠精神。要使观众从一件件凝聚工匠精神的文化创意产品中，看到辉煌灿烂的中华文明，引发对传统文化的浓厚兴趣和热情。因此，应该努力做到故宫博物院研发的每一件文化创意产品，都能够体现故宫文化，并优质耐用，这是工匠精神的应有体现。

几年来，故宫博物院通过不断探索与不懈努力，持续推动文化创意产品研发工作。在这里，我谈一点体会。

从灌输到对话

故宫博物院既是一座世界著名的综合博物馆，又是世界文化遗产。故宫博物院每年接待约1500万名观众，如何有针对性地研发出不同结构、不同层次、不同表达的文化创意产品，满足不同群体的差异化诉求，丰富民众的精神和物质生活，一直以来是故宫文化创意产品研发的重要课题。

以往的故宫文化产品注重历史性、知识性、艺术性，但由于缺少趣味性、实用性、互动性而缺乏吸引力，与消费群体特别是年轻人的购买诉求存在较大距离。同时，今日一般性的旅游纪念品，也已很难满足观众不断增长的期望。因此，必须在注重产品文化属性的同时，强调创意性及功能性。通过观众期望与文化创意产品升级的互动，使人们真实感受和正确理解故宫博物院所传递的文化信息。

当今社会是一个高度信息化的社会，文化产品要取得社会效益与经济效益的双赢，不仅要创意好、品质好，还要策划好、宣传好，要缩短传统文化与现代生活之间的距离从说教式的灌输转变为感染式的对话，是故宫博物院迈向世界一流博物馆的应有转身。文化创意产品所具有的实用性和体验性，是其他教育传播手段的有力补充。

这样的"对话"，要基于对社会公众需求的了解。为此，我们做了不少调查，了解和分析人们在日常生活中喜爱哪些文化元素、又以什么方式和手段接受文化信息，以及人们如何度过每日"碎片化"的时间、不同年龄段观众有什么样的差异化文化需求，等等。在此基础上，我们确定了将故宫文化通过文化创意产品的形式进入现代生活中的研发思路。

让文物藏品更好地融入人们日常生活之中，有利于更好地发挥其文化价值。2014

年9月，故宫博物院推出时尚文化创意产品"朝珠耳机"，其研发思路便是功能、时尚与文化的结合。耳机是现代人不可或缺的功能性产品，特别是年轻人购买耳机，不仅为功能的简单实现，更希望通过佩戴耳机体现自己的个性。因此，将耳机的功能性与朝珠这一文化载体相结合，立即引发大众特别是年轻人对故宫文化创意产品的关注，进而在使过程中引发对故宫文化的兴趣。

为生活注入历史厚度

创意研发是文化产品发展的核心要素。为此，不能拘泥于以往临摹复制的文化产品类型，而要既把握传统文化脉络，又注重探索现代表达方式，以求故宫文化创意的多元呈现，从而使故宫文化创意产品兼具历史性、艺术性、知识性和实用性、故事性、趣味性。

与一般的旅游纪念品不同，故宫文化创意产品的设计元素应能够正确体现故宫文化内涵，揭示元素背后的文化故事，使人们易于接受。同时应具有一定的功能性，文化内涵与使用功能的结合，使人们通过使用文化创意产品，更深刻地了解故宫历史，从而达到传承故宫文化的目的。

以"五福五代堂"紫砂茗壶套装为例。这一文创产品就是将"五福"概念转化为实用的紫砂茗壶，将传统文化内涵通过文化创意产品传播出去，为今天人们的生活注入历史厚度。为此，我们选用故宫博物院藏乾隆时期"宜兴窑御题诗松树山石图壶"、嘉庆时期"宜兴窑杨彭年款飞鸿延年壶"、道光时期"宜兴窑汉瓦铭小壶"、咸丰时期"宜兴窑刻诗句圆壶"、清晚期"宜兴窑国良款提梁壶"的御用壶形，提取神韵，简化多余装饰性元素，并以乾隆皇帝御题"五福五代堂"的匾额命名，借意古人对于幸福的理解，对于长寿及家族兴旺的期待，传递出古人生命哲学的最高境界。

又如"脊兽跳棋"，其中三套各十枚的棋子造型，源自故宫太和殿角脊上排列着的十个小兽。故宫太和殿是明清时期等级最高的官式建筑，角脊上的小兽是传统文化中的瑞兽，各有其吉祥寓意，是典型宫廷建筑文化的产物。将此种建筑文化与跳棋相结合设计出的产品，一方面可以让消费者在使用中与产品有一定的互动，增加兴趣；另一方面也希望人们可以了解其中所蕴含的古建筑知识。

借助互联网让文物活起来

在互联网经济快速发展的大环境下，如何通过互联网助力，实现故宫文化的传播，是需要考虑的重要问题。

近年来，故宫博物院加快"数字故宫社区"建设，提升公众文化服务水平，积极利用互联网平台推广文化创意产品，扩大故宫文化传播。在移动终端大行其道的今天，人们随时随地可以通过平板电脑和手机应用获得故宫文化信息，解读某件或某类文物藏品。为此，故宫博物院自主研发并上线了8款应用产品，取得平均下载量上百万的成绩。例如，"韩熙载夜宴图"App运用大量科技手段，共有100个内容注释点、18段专家音视频导读和1篇后记，并有台北"汉唐乐府"表演团体用非物质文化遗产"南音"演绎画中乐舞，从而提供给观众新鲜时尚的交互体验。

2015年上线的"每日故宫"App，从故宫博物院180余万件藏品中精心遴选，每日推出一款珍贵文物，通过网络发送给广大手机用户。越来越多的青少年从App开始，接触并喜爱故宫文化。"皇帝的一天"App是故宫博物院专门为9岁至11岁孩子研发的移动应用。通过趣味性、启发性的内容,结合交互技术实现有效沟通,将中华传统文化知识用更有趣、更便捷的方式传达给孩子,改变了一些影视剧对宫廷文化的误读。

在互联网时代,文化创意产品需要少一点以往的"正襟危坐",多一些互动体验。位于端门的数字博物馆是在传统建筑中建设的全新数字形式展厅,以数字建筑和数字文物的形式,充分突出信息时代的技术优势。这里面,拥有多项互动项目。例如,"数字书法"通过用"数字毛笔"和"数字水墨"仿真书写,让书法藏品贴近现代观众;"数字绘画"通过数字高清影像让观众真切体会到绘画作品"鲜活如生"的特点;"数字多宝阁"精选近百件故宫典藏器物,让人可以"摸"文物;"数字宫廷服饰"通过虚拟试穿的趣味环节,带领观众掌握宫廷服饰选择搭配的简单要领。

实现社会与经济效益双赢

在博物馆发展历史中,博物馆的教育传播功能和公众服务功能成为越来越重要的职责。其中,举办各类展览活动是体现这一职责的重要方面。

2015年适逢建院九十周年,故宫博物院举办多项重点展览。配合"故宫博物院藏老照片展""石渠宝笈特展""普天同庆——清代万寿盛典展""营造之道——紫禁城建筑艺术展""雕塑馆固定陈列"等,研发了"御品听香·听琴图"套装、"福寿康宁"花香酵素皂套装、"梅溪放艇"水晶镇尺等518种随展文化创意产品。这些产品可以帮助观众提前了解展览内容,参观结束后又可以将美好的记忆带回家,从而加深对文物展品的认识以及对展览内涵的理解。

文化创意产品的研发,不应只停留在设计、生产的环节,而应该从创意诞生之初,就要考虑如何实现文化传播的"立体化",让每一件文化创意产品的推出,都能够最大限度地获得社会效益和经济效益的双赢。在"石渠宝笈特展"举办期间,推出仿真书画系列产品,绝大多数为国家一、二级文物复仿制品,涵盖了隋唐以后历代中国书画珍品,包括《清明上河图》《听琴图》《兰亭八柱》《五牛图》等。这些文化产品由故宫书画专家校色,最大程度保留原作神韵风貌。武英殿书画馆设立的随展商店销售额每天超过10万元,创下临时展览文化创意产品的销售纪录。正是因为有了"石渠宝笈特展"的火爆人气,借势营销才赢得销售纪录的刷新。

文化创意产品营销要取得良好的社会效果,不仅要在产品质量上下功夫,还要着重塑造产品、环境、文化内涵为一体的整体文化体验空间。几年来,故宫博物院针对红墙内古建筑区域,开展"去商业化"行动,拆除了昔日占用古建筑的商店临时建筑,还故宫古建筑以尊严。同时,在红墙外的东长房区域,建立与故宫文化环境相协调的文化创意馆。这一转变,体现出故宫文化创意产品营销思路的转变,即将文化创意馆作为观众离开故宫博物院前的"最后一组展厅",丰富观众对于博物馆文化的体验。

近年来,国际博物馆领域在收藏与展览空间之外,呈现增加公共教育空间、公共服务间的趋势,即更加注重休闲区域的作用,将接待观众的过程,不仅看作向观众提供高品位、高质量的陈列展览与传播知识、传播信息的过程,同时还是向公众提供文化休闲与优质服务的过程。这是新时期博物馆服务理念发生的一个重要变化。

今年,故宫博物院将在神武门外东西两侧设立故宫文化服务区。人们在这里接受服务，无须购买门票，也不受闭馆时间的影响。这个服务区以挖掘故宫文化、体验故宫文化、传播故宫文化为核心，向观众提供文化创意产品售卖服务，并将故宫的食文化、书文化、茶文化等融入其中，助力故宫文化传播。

扮好中华文化传播者角色

作为中国最大的综合性博物馆，故宫博物院在传播优秀传统文化方面义不容辞。只有深度挖掘最具中国传统文化内涵的文物藏品，对其意蕴进行提取、归纳和阐释，充分尊重和体现文化渊源和特色，结合考究的工艺、新颖的设计，才能真正打造出具有文化传播功能的优秀文化创意产品。

今天，故宫文化空间的开放性、共享性成为人们衡量故宫博物院管理水准的主要标尺。实现博物馆的科学管理，最重要的是尊重观众感受。只有如此，观众才会感受到自己是博物馆发展的相关者，博物馆文化也与自己的生活息息相关。因此，需充分考虑人们在故宫博物院的行为活动与心理需求，使中外观众的参观过程舒适而充满乐趣。

目前，故宫博物院的多款文化创意产品，如蓝色大凤真丝绉缎披肩、"九环银佩"真丝披肩、《故宫博物院藏品大系》、高仿真书画《清明上河图》和《千里江山图》、"十二美人"精装礼盒、《五牛图》铜牛、《故宫博物院九十周年》特种邮票等，已作为重要国礼赠送美国总统奥巴马及夫人、俄罗斯总统普京、德国总理默克尔、法国总统奥朗德、英国女王伊丽莎白二世等国际友人，从而将中华文化传播到世界各地。

故宫博物院拥有无与伦比的文物藏品和丰富的文化内涵，在文化创意产品研发上有取之不尽、用之不竭的资源宝库。事实上，我们扮演着文化传播者的角色，通过故宫文化讲座、故宫文化创意产品展示及销售等，使故宫文化创意产品传播到世界各地，让更多民众体验到一次非凡的故宫文化之旅。

总之，文化创意产品研发，需要寻找中华传统文化所固有的工匠精神。我们应将工匠精神渗透到文化创意产品研发、制作、营销的各个领域，去除浮躁，去除逐利心理，通过文化创意产品将文物背后的人文情怀、艺术造诣、时代精神播种在公众心中。

评析：演讲开篇点明故宫推行文创的主要出发点在于文化内涵与使用功能的有机结合，并提出真正让纪录片收获高关注度的是凝结在文物上的工匠精神。其后，单霁翔从传播方式、传播内容、传播媒介、环境因素与传播目标五个方面，梳理故宫博物院采取系列变革的成因与结果，从生产者的角度揭示博物馆如何"少一点'正襟危坐' 多一些互动体验"，从而拉近与读者之间的距离。文本中，每一个观点都有实例印证，分析深入细致、例举生动详尽。

将学生作品与此案例对比，前者因调查结果显示调查对象均对推广产品接触少，同时缺少归因性分析，使得评论文本存在两点不足：第一，缺乏对系列文创产品互动性的考察；第二，较为主观地判别系列产品推广不足的原因在于缺乏文化搭载与延伸。

（三）对实训评论写作的启发

1. 评论立论时应有问题意识

善于就虚务实，将笼统、宏观性问题做落地转化。

2. 调查设计时应有布局意识

全面衡量调查对象与调查方法的匹配度，与其对研究问题的适切度，调查初期应深入梳理已有文献资料，积累论据，降低偏差可能性。

3. 调查执行时应有探究意识

善于对获取信息及时归总，并在横向延展的基础上注重纵向挖掘，探明原因，落实建议，增强后续文本的现实参考价值。

4. 做现象分析时应有逻辑意识

注意相关数据与观点资料之间的串联点，从而相互勾连，凝练为高度概括的意见信息。此外，也需格外关注结果中的"异见"信息，挖掘已有问题的多元面向。

5. 文本生成时应有读者意识

首先全盘陈列调查获得信息，以核心问题为出发点，做出已有论据的取舍；其次将观点信息情态化，数据信息可视化，专业信息落地化，做好文本转化；最后反复检查评论文本，精细修改，适当补充，杜绝客观性失误。

第三节　贯通性综合实训的启示

一、作为课程主讲者的评论实践之体验

笔者自 2000 年 9 月至今，一直担任四川大学新闻系本科必修课程"新闻评论"的主讲教师。在该课程 20 多年的教学中，注重评论思维与写作方法的实训，每学期都会在教学设计中加大课堂讨论与动手写作的比重，同时，作为课程的教学主体及改革主导者，笔者也时常接受媒体约稿，参与评论写作。根据媒体评论部和编辑部的要求，笔者通常是围绕一定时期内的重要选题或者社会关注度高的现象、话题，以高校新闻传播研究者和教育工作者的身份、立场来写作，具体标题自拟。在此过程中，笔者不仅可以通过与媒体评论部的沟通交流具体感知新闻评论的发展动态及操作要求，还可以尝试与检验自身对评论写作规律的掌握度。笔者在此选取有代表性的两篇发表的评论作品以示读者，它们既能体现评论参与的学习转化成效，也可以为教学示范提供经验性的剖析案例。

（一）理论评论版作品实例及写作简介

新闻舆论工作的"势"与"能"[①]

随着当今全球化、信息化、网络化时代发展趋势的增强和我国社会转型发展的推进，新闻舆论工作越显重要。党的十八大以来，以习近平同志为核心的党中央高度重视党的新闻舆论工作，多次研究有关问题，作出了重要部署。正如 2016 年 2 月 19 日

---

① 本文作者为本书作者操慧。

习近平总书记在党的新闻舆论工作座谈会上所指出的,"党的新闻舆论工作是党的一项重要工作,是治国理政、定国安邦的大事,要适应国内外形势发展,从党的工作全局出发把握定位,坚持党的领导,坚持正确政治方向,坚持以人民为中心的工作导向,尊重新闻传播规律,创新方法手段,切实提高党的新闻舆论传播力、引导力、影响力、公信力"。这是对新闻舆论工作的定位和诠释,是对国内外复杂形势的积极回应与深刻洞悉,它体现了我们党高瞻远瞩的全局视野和心系百姓利益的民生关切,是对马克思主义新闻观的时代内涵的丰富与拓新。

顾名思义,新闻舆论工作是有关新闻传播和舆论引导的实践,之所以称其为一项工作,是因为它具有工作的特性和必要性、重要性。具体来说,工作是一种劳动生产,包括过程及其结果,而将新闻舆论作为一项工作,是指按照特定规律来传播新闻和引导舆论,是使新闻和舆论遵循自身的合规律性,同时也在此基础上实现人类社会实践的合目的性,从而达到合规律性与合目的性的有机统一。这是马克思主义新闻观在方法论上的内涵演绎。因此,新闻舆论工作与其他社会实践一样,在时代的发展中不断积淀和形成"势",也同时因为人类的不断作为而被汇聚为各种才智的"能",这个"势"与"能"是客观与主观的互动与互构,它体现出新闻舆论的特定效能与新闻舆论工作的重要价值及现实意义。由此我们不难发现,从"势"与"能"的辩证关联中动态把握新闻舆论工作的性质、特点和难点,能够顺应当下新闻舆论工作的新形势,这对于我们提升新闻舆论工作的时度效将大有助益。

当前,新闻舆论工作的特点、重点和难度,由其所处的新形势所致。当今世界,信息技术日新月异,以互联网技术为表征的传播革命正在重构全球政治、经济、文化的信息生态。在此背景下,全球信息传播的速度、广度与深度正深刻嵌入人类实践的各个领域与社会生活的每个层面,形成了政治多极化、经济全球化、文化多元化、社会生活网络化的新格局。社会学家指出,网络化与信息化正成为社会发展变迁的结构性变量,它打破了原有的社会运行秩序,加剧了利益格局的分化,其间,新闻舆论的传播和效能不仅渗入也深刻映照出媒介化参与的发展语境,同时也凸现出一种发展焦虑和发展困境。换言之,就是新闻舆论源于社会实践又影响社会实践;它既能产生正能量,也能释放负能量;它能反映社会心态也能预警社会问题。因之,它备受社会各界的关注,已然成为一种参与博弈并亟待善用的重要的社会力量与公共资源。

目前的新闻实践与舆论生态表明,新闻舆论工作的形势之新主要体现为形势之变。变化的是什么?是新闻舆论工作的环境、客体与主体。环境之变,主要是指信息传播技术日新月异带来的新闻信息化以及由此生发的复杂的舆论生态,尤其是互联网传播的时间优势、传受一体化的社会扩散影响力在很多时候导致政府与主流媒体引导舆论的滞后与被动,新闻舆论工作的环境逐步转入线上与线下、现实与虚拟的叠合。客体之变,主要是指新闻舆论工作的对象扩展为新闻、信息以及由此互动生成的舆情,它们的边界在消融,在特定的时空及利益诉求的倒逼下,往往胶合成复杂的利益表达,它在众声喧哗的表象下伴随着关系格局的调整,导致工作中的新问题、新情况不断涌现,缺乏经验参照,不能作简单化、机械化、平面化的处理,它透射出互联网思维的缺失之困。主体之变主要是指新闻舆论工作者已不再是单个或单一性的新闻业务人员,而是拓展演变为一个跨界的相关职业共同体，主要包括传统媒体和新媒体的从业人员、宣传领域的管理者以及企事业机构的新闻宣传工作者，从广义上说，还包括社交媒体的使用者，甚至是各领域的意见领袖。由此可见，环境、客体及主体边界的扩大和彼此之间关系的增强都体现出形势之变，形势之新。这些变化，在互联网时代还呈现出更加深度融合的影响特征，突出与加剧了新闻舆论本身你中有我、我中有你的复杂性。因此，新闻舆论工作的"势"，不仅代表客观的形态、复杂的现状，而且它也是一种蕴含动能的机制，可以督促我们深入反思传统思维方式与业务方法的不足，激发我们审时度势的文化自觉。对此，党的新闻舆论工作的职责和使命的48字精准诠释了"势中蕴能"的辩证逻辑，即高举旗帜、引领导向，围绕中心、服务大局，团结人民、鼓舞士气，成风化人、凝心聚力，澄清谬误、明辨是非，连接中外、沟通世界。它体现了因势利导的原则、方法和方向。

从社会运行与实践效用来看，新闻舆论工作的"能"是因"势"利导、顺"势"而为的产物，是实践主体的才能与才智的创造性结晶。当我们对新闻舆论之势能够全面看清、准确甄别、前瞻研判时，我们就可以构建新闻传播与舆论引导良性互动的媒介生态，搭建利益疏导的有效平台，构筑社会主义核心价值观认同的长效机制。当然，这样的作为必须把政治方向摆在第一位，牢牢坚持党性原则，牢牢坚持马克思主义新闻观，牢牢坚持正确舆论导向，牢牢坚持正面宣传为主。脱离这一原则和底线，新闻舆论工作的"能"就将偏离正确的方向，远离国情、世情、舆情交织下的"势"的实际，其结果是无法与时俱进，无力化势为能。总结新闻舆论工作中那些失败的案例和深刻的教训，无不启示我们：只有在坚守党的新闻舆论工作的原则、底线、纪律的前提下，才能在因"势"利导、顺"势"而为中展示才华、汇聚明智，从而化危为机，创新进取。

21世纪以来，全球发展格局和舆论生态依然动荡复杂，新闻舆论工作任重道远。从2013年8月19日到2016年2月19日，习近平总书记在此期间对新闻舆论工作发表了系列讲话，深刻阐述了新闻舆论工作作为一项战略传播的重要性，明确了该项工作的建设方向，提出了改进和提升该项工作实效的方法，其中，他对媒体的寄语更彰显出新闻舆论工作与社会和谐发展的深远意义。我们欣喜地看到，我国新闻舆论工作迎难而上，主动作为，尤其在推进媒介融合转型、构建新型主流媒体与现代传播体系的创新实践中成效显著，它增强了我们对新闻舆论工作的势能互促、化势为能的信心。这种信心需要媒体、政府与社会互动共建。具体而言，就是在政府主导和制度规范下，深入践行"走、转、改"，以媒体与高校的有效联动搭建新闻专业教育与媒介素养的公众培育相结合的新平台，将"俯下身、沉下心，察实情、说实话、动真情"的能动型学习和观摩调研延伸至广阔的社会田野，通过"请进来、走出去""在学中干、在干中学"等协作化学习形式，推进跨界优势资源的借鉴与共享，开掘新闻创意，创新舆论引导。这是新闻舆论工作中启蒙民智、汇聚民智、善用民智的可为势能，我们当重视、遵循与开发。

图8-2 2016年5月4日《成都日报》理论评论版

写作简介：这是 2016 年 2 月 19 日习近平总书记主持召开"党的新闻舆论工作座谈会"后，《成都日报》理论评论部的编辑陈仕印约稿本地社科界和高校专家对此次座谈会精神的学习与解读，要求以理论评论文的形式呈现学习体会。笔者在认真学习座谈会精神后，结合自己的职业和专业研究特点，从比较宏观的理论指导的视野选题立论，针对全球传播格局和话语生态的变化，借用物理学术语"势能"，将其拆分为"势"与"能"，从两者互换的能动性着眼，辩证论述了新时期新闻舆论工作的挑战和应对之策，角度具有一定的新意，既符合作为省会城市党委机关报的评论定位，也体现了正确引导舆论的理论阐释力。

（二）晚报调查性报道之专家点评实例及写作简介

期待以"小我"互联"大我"[①]

社交网络是一个神奇的容器，它既可能瞬间弥合现实社交需求中的缝隙，带来情感的联系和交流的互动；也可能放大和展现某种我们不愿直视的"匮乏"，正如类似"主要看气质"这样的网络社交接龙游戏的兴起。

在此类游戏的背后，不仅是"晒"这种个人化表达所折射的普通人的认同渠道稀缺，更是我们的社会在提供精神文化生产满足中的某种脱节和错位。与此同时，精明的商家在网络中植入营销机制的敏感值得我们反思，面对未来还将涌现花样翻新的社交接

---

① 本文作者为本书作者操慧。

龙，我们期待能够以"小我"互联"大我"，让类似"希望小学大眼睛苏明娟"以及"冰桶挑战游戏"等公益传播照亮社交网络的晴朗天空，在互相尊重和理性参与中重构和共建社会互信。

图 8-3　2015 年 12 月 6 日《厦门晚报》"主要看气质"调查报道

写作简介：该文是一篇 288 字的短小点评。2015 年 12 月 6 日，厦门晚报社副总编吴慧泉就该报当日要刊发的调查报道《"主要看气质"为何讨人嫌》请笔者作为传播学研究专家进行点评。因为约稿时间距离当日签发时间只有 2 小时，笔者快速查阅该报道所涉及的话题的背景资料，梳理分析了相关逻辑，在结合网络文化、社会心理以及社交传播的跨界积累的基础上，按照吴慧泉副总编 300 字内的短评要求写出了该点评。因为晚报的调查性报道重在时效性和突出社会民生关切，其内容已经很充实详尽，涵盖了多角度的观点，因此，笔者对该点评的写作重在点睛和深化，即需要以专业和专家角度凸显社交传播现象的文化意义，从而提供理性而独到的发展洞见。基于此理解和定位，笔者快速配写了该点评，与版面内容有机整合，体现了媒体的舆论导向。

有趣的是，该短评作为专家点评同日被新华社客户端刊发的《社交接龙"看气质"：草根娱乐"又刷屏了"》引用（如图 8-4 和图 8-5 所示），成为当日同题报道中的"首发声音"，这是对笔者评论敏感和熟练写作的一次集中锻炼与检验。

图 8-4 2015 年 12 月 6 日新华社客户端有关"主要看气质"调查报道

图 8-5 2015 年 12 月 6 日新华社客户端有关"主要看气质"调查报道对笔者点评的引用

二、作为评论教学者的课堂调查反馈和教学改革之启示

（一）新闻评论课堂调查与反馈

1. 新闻评论接触情况调查[①]简介

本调查在四川大学 2015 级新闻学专业本科生（以下简称"2015 级本科生"）中展开，共设 7 个题项，分别是：

请问你阅读报纸评论吗？具体有哪些报纸？

---

① 该调查始于 2009 年春季学期笔者主讲的新闻学必修课"新闻评论"课，四川大学文学与新闻学院新闻学 2008 级本科生是首次接受调查的对象，其后延续至 2018 年。该调查对象涵盖 2008—2015 级四川大学新闻学本科生及选修该课程的同级其他专业的本科生。该调查报告分析由 2017 级新闻学硕士生田方圆执笔完成。

请问你浏览网站评论吗？具体有哪些网站？
请问你参与论坛发言吗？具体有哪些论坛？
请说出你关注或者有印象的媒体评论栏目。
请列举你喜爱或者有印象的评论员。
请列举吸引你阅读评论的要素。
请按重要性递减的顺序排列评论员应具备的素养。

2. 四川大学 2015 级新闻学专业本科生新闻评论接触情况调查分析

本调查开展于 2018 年春季开设的"新闻评论"课程上，最终共收到有效回答 67 份，调查结果分析如下[①]：

参与调查 2015 级本科生共有 67 位同学，其中，20 位同学没有阅读报纸新闻评论的习惯，占比 29.85%，剩下 47 位同学有阅读报纸评论的习惯，或曾经有阅读报纸评论的习惯，占比 70.15%。对比近 3 年调查数据，2015 级本科生阅读报纸新闻评论的比例高于 2014 级（62%），低于 2013 级（93%）。

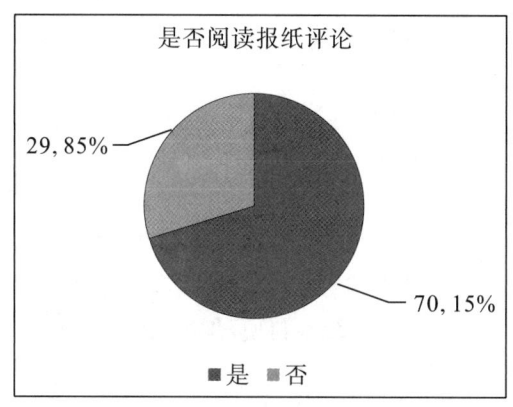

图 8-6 "是否阅读报纸评论"的调查结果

在阅读报纸新闻评论的学生中，《新京报》被提到 27 次，次数最多；其次是《人民日报》，被提到 22 次；《中国青年报》和《南方周末》均被提到 7 次，《南方都市报》被提到 3 次。《光明日报》《华西都市报》《安徽日报》《红河日报》，以及一些杂志，如《南都周刊》《足球周刊》等亦被提到（如图 8-7 所示）。

---

① 因调查在 2018 年春季学期"新闻评论"课上执行，参与调查的 67 位同学中包括 1 位 2017 级法学系本科生、1 位 2016 级法学系本科生、1 位 2016 级计算机系本科生、1 位经济系 2016 级本科生和 3 位 2016 级新闻本科生，在报告中不再另做说明。

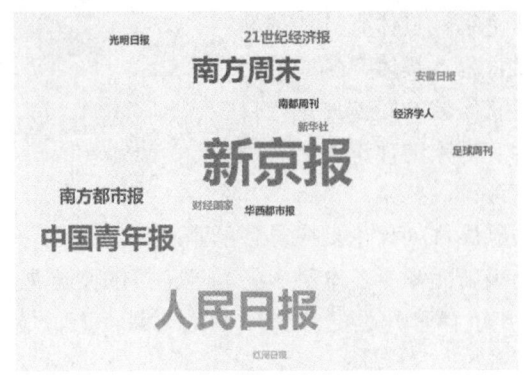

图 8-7 报纸新闻评论接触偏好①

历时来看，近 3 年新闻学本科生报纸接触偏好总体变化不大，但不同年级学生的报纸接触偏好存在较为明显的差异，如表 8-4 所示：

表 8-4　2013—2015 级新闻学本科生报纸新闻评论接触偏好差异

年级	最偏好	第二偏好	第三偏好	第四偏好
2013 级	南方周末	中国青年报	人民日报	新京报
2014 级	人民日报	新京报	南方周末	中国青年报
2015 级	新京报	人民日报	中国青年报 南方周末	南方都市报

表 8-4 显示，2013 级本科生接触较多的是《南方周末》和《中国青年报》，其次是《人民日报》和《新京报》；2014 级本科生对《人民日报》和《新京报》的接触偏好超过了《南方周末》和《中国青年报》；在 2015 级本科生中，情况与上一级类同，但该级同学对《新京报》偏好首次超过了《人民日报》。

相比于阅读报纸新闻评论，浏览网站评论的学生占比较高，超过 80%，且以微博和微信为两大主要阵营，其次是四大门户网站和新华网、人民网、凤凰网，FT 中文网、纽约时报中文网、参考消息网等亦被提到（如图 8-8 所示）。

---

① 该图由课程助教 2017 级新闻学硕士生田方圆同学使用词云图制作软件生成，字号越大表示值越大，后面的词云图呈现同理。

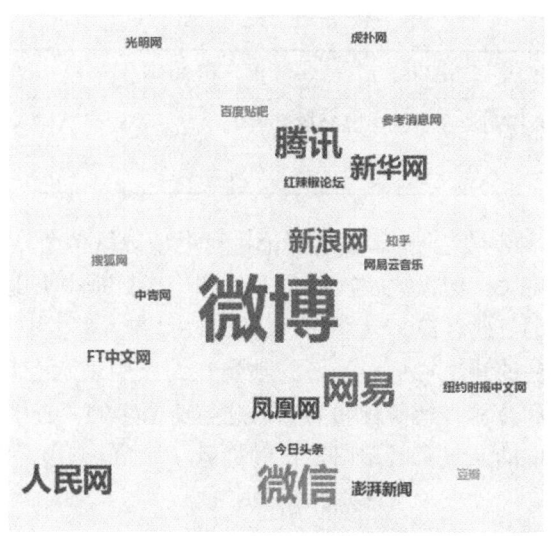

图 8-8　网站评论接触偏好

调查发现，学生们在接触网络评论时，以浏览为主，仅有 54% 的学生表示自己会参加网络论坛的发言。对比近 3 年数据发现，2015 级本科生参与论坛发言的人数占比最高，之前两年这一比例均未超过 30%。2015 级本科生参与发言的论坛主要是知乎、微博、天涯、豆瓣等平台（如图 8-9 所示）。

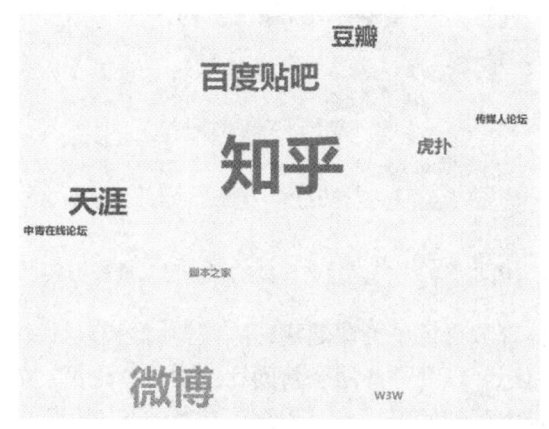

图 8-9　论坛使用偏好

2015 级本科生日常接触的评论栏目中，保持关注/有印象的栏目大致可以分为以下四类（见表 8-5）：

表 8-5　2015 级本科生关注/有印象的评论栏目

类型	代表栏目
微信公众号	团结湖参考、沸腾、侠客岛、新京报评论、新京报书评周刊、吐槽青年、新闻哥、老梁观世、逻辑思维、刺猬公社、咪蒙、六神磊磊读金庸等
电视节目	焦点访谈、锵锵三人行、今日说法、海峡两岸、新闻1+1、南京零距离等

续表8-5

类型	代表栏目
纸质媒体	冰点周刊、今日谈、财经周刊等
网络栏目	风声、人民时评、财新评论、财经郎眼等

可见，2015级本科生关注/有印象的评论栏目类型以微信公众号为主，这与当下大学生的信息接触习惯有关，但被提及次数最多的评论栏目是中央电视台的《焦点访谈》，其次是《人民日报》的《侠客岛》，说明央媒评论栏目在大学生中有较高知名度。

除了存在特别关注的评论栏目，87%的学生在调查中表示有自己喜爱/有印象的评论员，其中，白岩松和曹林分列榜首和第二，这与前两年的调查结果一样，但是值得注意的是，曹林在学生中的人气有赶超白岩松的趋势（如图8-10所示）。

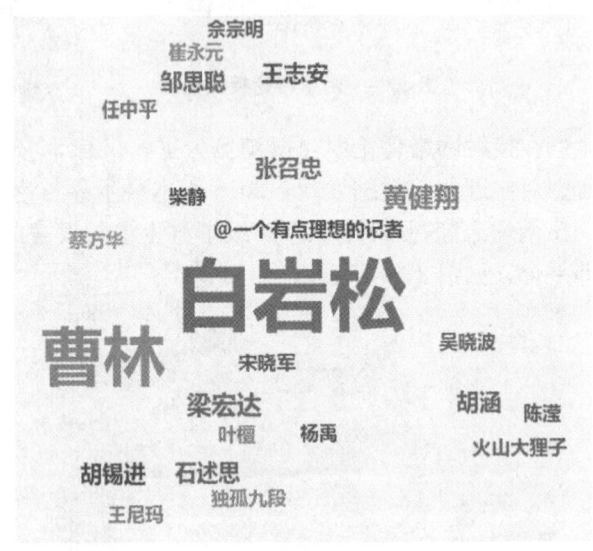

图8-10 "喜爱/有印象的评论员"调查结果

其他被提及的有体育节目评论员黄健翔、陈滢，财经节目评论员叶檀、吴晓波，军事评论员宋晓军、张召忠，以及一些网络新闻评论栏目评论员，如新京报评论的独孤九段、火山大狸子，暴走大事件的王尼玛、团结湖参考的蔡方华等。

调查结果发现，吸引2015级本科生阅读评论的要素主要有：观点、事件本身、评论员、兴趣、篇幅、标题等。其中，有27名学生认为，"观点"是否犀利、鲜明是吸引其阅读新闻评论的重要因素，这部分学生中，有人认为评论观点与自己观点一致或相近时更具吸引力，也有人认为与自己观点相左的评论更能引起阅读兴趣。

同时，有20名学生认为评论的新闻事件本身是决定其是否阅读的重要因素，这一因素中具体包括事件本身的争议性、贴近性、重要性等。还有17位学生认为，评论员自身的知名度和风格会影响他们的选择，除此之外，评论的时效性、评论传播的载体等因素亦有提及（如图8-11所示）。

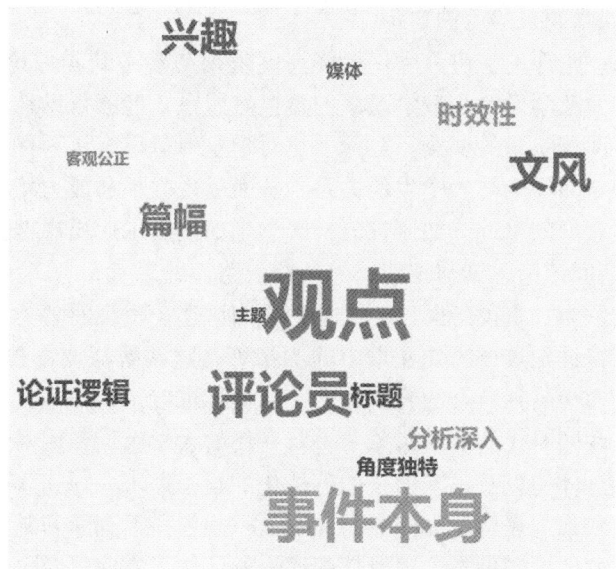

图 8-11 "吸引阅读的评论要素"调查结果

在提及评论员应具备的素养时,学生们观点多样。根据统计和归纳,本调查报告提炼出学生们认为评论员应具备的五大素养,分别是:表达能力、逻辑思维、知识积累、新闻敏感和新闻专业素养,其中,表达能力包括文字评论员的文字表达能力和电视评论员的语言表达能力。其他要素还包括人文关怀、文风个性、政治素养等(如图 8-12 所示)。

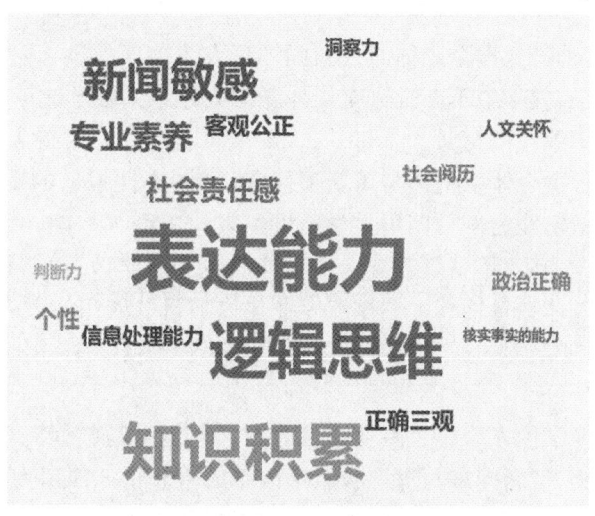

图 8-12 "评论员应具备的素养"调查结果

3. 新闻评论课堂调查的反馈启示

笔者作为新闻评论课的主讲教师，始终高度重视与参考新闻评论课程的学生反馈。课堂调查的反馈作为教学设计和教学改革的直接参照系，能够帮助教学相长和找准教学的着力点。上述对课程认知的调查，实际上是对学生专业思维、写作能力的了解，它能够反映与时俱进的新闻评论与大学生的关系，从而呈现教学和能力培养的问题。对此类调查的分析和反馈意见的整理（如调查分析向学生如实展示后再次搜集教学或课程意见与建议），都是对新闻评论思维与技能培养的有效路径的思考。

它对笔者的启示为：重视新闻评论变迁的原因讲述、重视对各类案例讲解的写作构思层面的还原、重视详细点评写作文本中的不足等，这些看似业务技能上的讲授调整，其实是对新闻评论作为一种社会的公共表达、利益诉求以及写作范式不断创新的原因的现实关切。处于互联网时代的教学对象——新一代的大学生们，面对快速更迭的技术环境、不断优化的信息体验以及不断增长的感性化的娱乐需求，如何学习与思考、如何构建专业素养、如何叙事与表达、如何参与和引领……这一系列学习与实践的互动命题都关涉到他们对未来的适应和创新。这对新闻评论的认知、实践以及创新提出了充满活力和挑战的要求，走向深度融合的综合能力的培养不仅成为新闻评论自身发展的要求，也成为新闻专业素养提升的必由，这是促进新闻评论理解和应用的重要动力，也是本书所试图拓新教材写作的一种尝试。换言之，新闻评论的原理、方法和应用的联动循环，一定是建立在教学互动、教学互协的深入深化之中。从教学的本质来说，脱离学生本位的教学将是脱离时代、脱离社会、脱离人本的无效传播，因为学生主体的变动性与能动性，就是验证知识传播和教学成效的试金石。

（二）新闻评论课教学改革之启示

1. 系列教改推动与探索全媒体时代新闻评论人才培养

笔者在20多年的教学中不断推进全媒体新闻人才系列教学改革，取得了一定成效，也获得了学生与媒体单位的好评。2009—2018年，笔者作为主持人和第一执行人负责开展的新闻业务课程融合体系构建与革新项目有："调查性报道的实训探索与思考——以新闻评论课的创新实践为例"四川大学新世纪教改工程（六期，2013—2015年）、四川省2013（2014）—2016年高等教育人才培养质量和教学改革项目、四川省普通高等院校卓越新闻传播人才教育培养计划试点专业建设项目（四川省教育厅，2013年），其中，《全媒体新闻人才培养的教学与实训融合模式探索》获2016年四川大学教学成果一等奖。

笔者编著的新闻学国家级特色专业系列教材《新闻采写教程》（上、下）[①]，获四川大学优秀教材二等奖，"新闻采写"课程教学改革成果获得"四川大学2010—2011学期四川大学考试改革项目"（一期）二等奖，为探索贯通新闻业务的实训教学模式奠定了良好基础；同时，在部校共建精品课程"新闻评论"中持续开展新闻业务板块的全媒体项目实训，每年形成课程改革成果"本科生调查性报道报告集"；此外，笔者2014年作

---

① 操慧等：《新闻采写教程》（上、下），四川大学出版社，2010年版。该教材为2007年新闻学国家级首批特色专业系列教材之一。

为首批部校共建、高校与媒体互派挂职"千人计划"入选者,被派往四川日报社时政部挂职主任助理一年,全程参与了大量重要时政社会类报道的策划与实际采写编评实践,为课程教学资源拓展、案例采集、前沿捕捉等提供重要的内容补充,还为融合业务的实训教学设计提供了可行性借鉴。

前文介绍的调查报告的综合实训能在教学设计中打通新闻业务的所有环节,并培养学生构建大报道观和融合思维能力,将新闻采写编评等业务技能落实到某一个具有新闻价值的问题或现象的调研中,这样的设计可以帮助学生切实体验业务技能的应用原则。同时,笔者还结合社会科学的研究方法(如质性研究中的访谈、深描、民族志等方法,量化研究中的内容分析、结构方程模型等),指导学生尝试贯通技能要领,跳出问题的浅表层面去全面、深入、独到地研究,再将这些研究发现进行专业表达,这样的联动设计调动了学生主动学习的积极性,激发了他们团队协作的潜能,进而为思维层面和技能层面的创新提供了可能。20多年来,新闻专业学生就业媒体的积极反馈和攻读国内外研究生的回馈显示,这样的系列教学改革是必要和重要的,也是大有成效的。与快速变化的业界实务相比,高校的新闻业务教学始终存在与业界发展的"距离"(或者叫另一种"知沟"),而学界的差异性和比较优势,应当是立足前沿的方法论、学习力与思考力,这样才能使学生毕业后能够适应工作要求,进而有所创新。这在深度推进媒介融合的当下尤显其前瞻性。因此,笔者从2009年起便进行"新闻评论"课程的教学改革,每一年都会依据学生的群体特征和业界新闻评论实务的动态,有侧重地设计思维与技能训练,通过团队合作与课堂展示、讲解,进行理论与实践密切结合的针对性训练,从而为整体提升媒介素养能力及业务创新奠定扎实的专业基础。

2. "新闻评论"课程教改的贯通融合目标

就笔者作为第一执行者负责的教改项目《全媒体新闻人才培养的教学与实训融合模式探索》(2013—2016年)而言,其目标定位为:紧跟全媒体发展趋势,从专业教学革新入手,深入探研全媒体人才培养规律,以新闻专业课程教学改革和实践技能培养体系建设为核心,融合课堂内教学与课堂外实训实践,依托部校共建新闻学院的机制和平台,促进学生树立全媒体思维,掌握全媒体技能,达到"厚基础、去短板、强能力、有特色"的目标,构建"宽口径、广适应、能创新"的融媒体教学体系。

具体到"新闻评论"课的教改目标与重点,可以将目前和未来的相关工作的要点与重点做简要归纳:(1)精选案例与精解过程,注重案例的典型性和新型性,注重案例产生的语境、背景和历史意义;(2)贯通采写过程与调研思考总结,注重以新闻采写或问题调研的方式感知、体验和转化评论敏感、评论价值;(3)适度引入科学研究方法与加大规范写作的实训,注意评论逻辑思维和写作范式的互动认知;(4)以媒介素养识读深化评论写作规律把握及避免思维、表达误区,重视媒体评论作品的专业比较,即开展长效的媒体阅评活动,通过文本对比学习规范;(5)坚持课堂讨论与写作点评的有机结合,设计阶段性话题讨论、议题辩论、每周读书会等形式锻炼口头评论与即兴表达能力,坚持每周一次的课堂命题写作,由教师认真审阅和点评,对逻辑训练和写作经验进行专业小结,强化贯通实训的后续效应,即帮助学生构建自觉学习、善于学习、勤于思辨、乐于创新的自主性融合学习模式,此即回应新闻评论融合演进的能力挑战之必由,也是助力新闻评论人才创新性培养的可为之道。

思考与练习

1. 请在教师指导下，学习一种社会科学研究方法，并谈一谈学习体会。
2. 参考本章实训案例，请围绕"新媒体对公共服务的影响"，分组完成一篇调查报告，要求运用1~2种社会科学研究方法展开调查，呈现调查过程，并根据调研发现写作一篇600字左右的消息，再为消息配写一篇600字内的短评，媒体定位自拟。

附　录

1. 中国新闻奖评论类一等奖获奖作品一览

获奖届次	作品项目	题目	刊播单位
第1届	报纸评论	稳定压倒一切	人民日报
	报纸评论	舍孔雀而取凤尾	新华日报
	广播评论	黄河大桥贪污案引出的问号	河南广播电视新闻中心
	电视评论	粪桶畅销的启示	浙江电视台
第2届	报纸评论	改革开放要有新思路	解放日报
	广播评论	补上市场意识这一课	辽宁人民广播电台
	电视评论	刑场上枪声留下的警示	广东电视台
第3届	报纸评论	千万不可忽视农业	人民日报
	广播评论	扫除形式主义	中央人民广播电台
第4届	报纸评论	加强和改善宏观调控，积极促进改革与发展	人民日报
	报纸评论	为什么要整顿金融秩序	经济日报
	电视评论	拜金主义要不得	中央电视台
	电视评论	农民要减轻自身负担	陕西电视台
第5届	报纸评论	上下一心打好今年改革攻坚战	人民日报
	报纸评论	扬州经验的特殊导向意义	新华日报
	广播评论	反暴利，在南昌为什么难以展开	江西人民广播电台
	电视评论	和平，使沙漠变绿洲	中央电视台
第6届	报纸评论	论孔繁森的时代意义	人民日报
	报纸评论	忠实履行我军神圣使命	解放军报
第7届	报纸评论	为经济建设和社会发展提供强有力的政治保证	人民日报
	报纸评论	旗帜鲜明地同民族分裂主义和非法宗教活动作斗争	新疆日报
	广播评论	市场不相信"出身"	天津人民广播电台
	电视评论	巨额粮款化为水	中央电视台

337

续表

获奖届次	作品项目	题目	刊播单位
第8届	报纸评论	中华民族的百年盛事	人民日报
	报纸评论	一个鲜明主题	光明日报
	报纸评论	察潮流、顺民心、天下定	福建日报
	广播评论	49％大于51％的启示	天津人民广播电台
	电视评论	"罚"要依法	中央电视台
第9届	报纸评论	当前头等大事（特别奖）	人民日报
	报纸评论	迎着老百姓的方向走	河北日报
第10届	报纸评论	祖国万岁（特别奖）	人民日报
	报纸评论	北约野蛮轰炸我驻南使馆	人民日报
	报纸评论	"实力"救不了李登辉	解放军报
	报纸评论	一场严肃的政治斗争	经济日报
	广播评论	粗暴侵犯中国主权的野蛮行径	中国国际广播电台
	电视评论	"吉烟"现象	中央电视台
第11届	报纸评论	全面加强党的建设的伟大纲领	人民日报
	报纸评论	"台独"即意味战争	解放军报
	报纸评论	警惕加重农民负担新动向	安徽日报
	广播评论	两起假货案带给河南的警示	河南人民广播电台
	电视评论	铲苗种烟违法伤农	中央电视台
	电视评论	莫把"脱困"当"脱险"	辽宁电视台
第12届	报纸评论	光荣属于中国共产党和中国人民	人民日报
	报纸评论	中国主权不容侵犯	解放军报
	报纸评论	"真抓"与"假抓"	河北日报
	广播评论	信用是本　道德为先	中央人民广播电台
	电视评论	干部图政绩普九变儿戏	黑龙江电台
	电视评论	河道里建起商品楼	中央电视台
第13届	报纸评论	沿着党的十六大指引的方向奋勇前进	人民日报
	广播评论	政治宣言，举国称颂	中央人民广播电台
	电视评论	冲破贸易壁垒，浙江别无选择	浙江广电集团电视新闻综合频道、温州电视台
第14届	报纸评论	筑起我们新的长城——论抗击非典的伟大精神	人民日报
	报纸评论	微笑，并保持微笑	甘肃日报
	广播评论	"召回"新政策也是进步	上海人民广播电台
	电视评论	用生命撞响的警钟	山西电视台

续表

获奖届次	作品项目	题目	刊播单位
第15届	报纸评论	国有企业改制一定要规范	经济日报
	报纸评论	坚决制止低俗炒作行为	云南日报
	广播评论	治理好污水也是政绩	浙江人民广播电台
	电视评论	欠债咋就不还钱	黑龙江电视台
第16届	报纸评论	在全面建设小康社会中充分发挥先锋模范作用——论保持共产党员先进性（特别奖）	人民日报
	报纸评论	提高自主创新能力　推进经济结构调整（特别奖）	经济日报
	报纸评论	让和谐创业的主旋律更雄浑更响亮	江西日报
	报纸评论	警惕"专家观点"成为"利益俘虏"	新华日报
	广播评论	旗舰遇坚冰——"大显"陷入困境的启示	辽宁人民广播电台
	电视评论	70亿维修基金的困惑	北京电视台
	网络评论	我们怎样表达爱国热情	人民网
第17届	报纸评论	长征，迎着民族复兴的曙光（特别奖）	人民日报
	报纸评论	论新世纪新阶段我军的历史使命——写在《解放军报》创刊50周年之际（特别奖）	解放军报
	报纸评论	构建社会主义和谐社会：从点题到破题	光明日报
	报纸评论	说要做的事就要做	广西日报
	广播评论	决不许亵渎英雄，歪曲历史	浙江广电集团
	电视评论	谁在造假	广西电视台
	网络评论	网上"恶搞"有悖和谐理念	光明网
第18届	报纸评论	走好全国一盘棋	人民日报
	报纸评论	上海要有更宽广的胸襟	解放日报
	广播评论	和平的赛场需要更宽广的民族胸怀	福建广播影视集团广播都市生活频率
	网络评论	谁代表网友给小慧的后妈道歉？	荆楚网
第19届	报纸评论	永恒的经典　历史的丰碑——写在北京第29届奥林匹克运动会闭幕前夕（特别奖）	新华通讯社
	报纸评论	灾难中挺立伟大的中国	人民日报
	报纸评论	万众一心，众志成城，战胜特大地震灾害	四川日报
	广播评论	"田"字新解	山东人民广播电台
	网络评论	国际金融危机暴露美式经济弊端	中国经济网

续表

获奖届次	作品项目	题目	刊播单位
第20届	报纸评论	改变历史的"北京时间"	人民日报
	报纸评论	不是所有弯道都是超越好时机	大众日报
	广播评论	国企频繁制造"地王"为转型升级埋下"地雷"	苏州广播电视总台
	电视评论	温州：望"楼"兴叹	温州广播电视台
	网络评论	Piercing through Rebiya's veil（揭开热比娅的面纱）	中国日报网
第21届	报纸评论	决定现代化命运的重大抉择——论加快经济发展方式转变（特别奖）	人民日报
	报纸评论	谱写自主创新的辉煌篇章	经济日报
	报纸评论	达赖又自打耳光了	西藏日报
	广播评论	善待民工才能够缓解民工荒	浙江广电集团
	电视评论	版权保护——南通家纺市场成功密码	江苏广播电视总台
	网络评论	依法理性表达爱国热情	人民网
第22届	报纸评论	选择，凝聚在信仰的旗帜下——写在中国共产党成立90周年（上）（特别奖）	人民日报
	报纸评论	倾听那些"沉没的声音"	人民日报
	报纸评论	在转变中赢得大发展——九论用领导方式转变加快发展方式转变	河南日报
	广播评论	严禁酒驾带给社会的启示	上海广播电视台
	电视评论	聚焦医患"第三方"	上海广播电视台
	网络评论	"老何说和"说了些什么？	中国宁波网
第23届	文字评论	转变，中国道路的历史性跨越——从十六大到十八大（上）（特别奖）	人民日报
	文字评论	崛起的中国势不可当	经济日报
	文字评论	唯有走在变化之前——从乐凯胶卷停产、泊头火柴破产说开去	河北日报
	广播评论	一张道歉条，触动了我们什么？	扬州广播电视台
	电视评论	"寒山闻钟"新"官"念自揽监督网民意	苏州广播电视台
	网络评论	雷锋，距离我们并不遥远	中国广播网
第24届	文字评论	守护人民政党的生命线（特别奖）	人民日报
	网络评论	限制"公款消费"本质是制约权力寻租（特别奖）	中国经济网
	文字评论	把校舍真正建设成第一避难所	中国教育报
	广播评论	转基因博弈背后的国家利益较量	黑龙江人民广播电台
	电视评论	证难办，脸难看	中央电视台
	网络评论	中国改革"再出发"的总宣言	人民网

续表

获奖届次	作品项目	题目	刊播单位
第25届	文字评论	标注共产党人的精神坐标（特别奖）	人民日报
	文字评论	公共辩论，求真比求胜更重要	人民日报
	文字评论	刹"不为"之风 换"不为"之将	四川日报
	广播评论	"藏粮于土"箭在弦上	黑龙江人民广播电台
	电视评论	"电商"与"店商"谁能争锋？	浙江广播电视集团
第26届	文字评论	凝聚当代中国的价值公约数——论培育和践行社会主义核心价值观（特别奖）	人民日报
	文字评论	漠视生命是最可怕的沉沦	衡阳晚报
	文字评论	中国故事，更精彩的书写还在后面	新华社
	网络评论	政府敢啃"硬骨头"，市场才能有"肉"吃	新华网
第27届	文字评论	以信仰之光照亮奋斗之路（特别奖）	人民日报
	文字评论	供给侧改革需加减法并举	甘肃日报
	文字评论	走向经济治理现代化的中国探索	经济日报
	广播评论	以供给侧改革破解老工业基地"双重转型"之困	黑龙江广播电视台
	电视评论	民企也是国家队	黑龙江广播电视台
	网络评论	每一名党员都要牢固树立"核心意识"	人民网
第28届	文字评论	领航，思想的力量开辟新时代（特别奖）	人民日报
	文字评论	民生实事莫沉迷于"数字突破"	新华日报
	文字评论	新时代呼唤蓬勃的青年精神	中国教育报
	广播评论	带着感情去拆违	上海广播电视台
	电视评论	减产为何却增收？	黑龙江广播电视台
	网络评论	极恶！拿慰安妇头像做表情包，良心何在！	中青在线
第29届	文字评论	对"私营经济离场论"这类蛊惑人心的奇谈怪论应高度警惕——"两个毫不动摇"任何时候都不能偏废	经济日报
	文字评论	新华社评论员：向着更加壮阔的航程——致敬改革开放40周年	新华社
	广播评论	开辟中国大豆"第二战场"	黑龙江广播电视台
	电视评论	何日"凤还巢"？	山东广播电视台
	网络评论	在抓落实中重"绩"留"心"	中国江苏网

续表

获奖届次	作品项目	题目	刊播单位
第30届	文字评论	任何挑战都挡不住中国前进的步伐	人民日报
	文字评论	向群众汇报	天津海河传媒中心天津日报事业部
	广播评论	警惕"指尖上"的形式主义	湖北广播电视台
	电视评论	这个名字，绽放时代的光彩	黑龙江广播电视台
第31届	文字评论	发现不了问题就是最大问题	山西日报
	文字评论	'Cover-up' claims from US are all sound and fury（谎言：美国最新一轮阴谋论的源头）	中国日报网
	文字评论	警惕"精致的形式主义"	新华日报
	广播评论	守住农业"芯片"，端牢中国饭碗	黑龙江广播电视台
第32届	评论	时政现场评丨跟随总书记的脚步到塞罕坝看树看人看精神	央视新闻客户端
		没有共产党就没有中国人民的幸福生活	《求是》杂志
		决不允许"鸡脚杆子上刮油"	湖北日报
		三观岂能跟着五官走	光明日报
		砥柱人间是此峰——写在中国共产党成立100周年之际	南方日报
		到处人脸识别，有必要吗？	上观新闻
第33届	评论	集中精力办好自己的事情	人民日报
		玉渊谭天丨三年：三问三答	央视新闻客户端
		Xinhua Commentary: Wrong, wrong, and wrong again—Some Western media's unprincipled criticism of China's COVID policy（新华评论：错、错、还是错——看看一些西方媒体对中国抗疫的"无原则批评"）	新华社
		对"时时放心不下"来源的追问	学习时报
		致敬重庆 致敬人民	重庆日报

注：中国新闻奖获奖作品链接为 http://www.xinhuanet.com/zgjx/jiang/zgxwj.htm

2. 国内媒体新闻评论专栏一览

媒体类别	刊播媒体	专栏名称
报纸评论专栏	安徽日报	热点透视
	北京青年报	今日社评
	北京日报	新论、文明小议
	法制日报	每周法评
	福建日报	西岸观察、屏山时评、世相圈点
	工人日报	钟鼓篇、有话直说、新闻观察、大众话题、图说
	光明日报	观察、光明论坛、光明时评
	甘肃日报	兰山论语
	河北日报	燕赵论坛
	湖北日报	大家谈、三楚放谈
	湖南日报	双休漫笔
	环球时报英文版	亚洲评论
	解放日报	解放论坛、解放分析、新世说
	解放军报	八一时评、长城瞭、玉渊潭、谈训论战、长城瞭望、兵说兵事、长城论坛
	经济日报	星期话题、市说新语、商贾时评、股市周评、本报观察家、王府井随笔、快论与时评
	今晚报	周锐评
	南方日报	热门话题、南方论坛、直言、网议、画说
	南方周末	方舟评论、众议、视点、观点、法眼、写真观察、每周金融评论、指点财经、IT观察、张望车市
	人民日报	评论员观察、今日谈、人民论坛、钟声、大家谈、纵横、任仲平、人民观察
	深圳特区报	直通车
	深圳商报	你说我说
	四川日报	巴蜀小议
	文汇报	文汇时评、文汇论坛
	新民晚报	岂有此理竟有此事、未晚谈
	新华社	新华国际时评、新华时评
	玉林日报	道德论坛
	羊城晚报	街谈巷议
	中国青年报	冰点时评、求实篇、今日出击
	中国妇女报	天天观点

续表

媒体类别	刊播媒体	专栏名称
报纸评论专栏	浙江日报	今日关注、钱江浪花
	中国劳动保障报	祥琦说法
	中国日报	"To the point"（一针见血）
	中国妇女报	天天观点
	中国纪检监察报	广安观潮、方圆谈
广播评论专栏	河南人民广播电台	政府在线
	河北人民广播电台	阳光热线
	江西电台	政风行风热线
	吉林人民广播电台	记者观察
	江苏广播电台	新闻眼
	辽宁交通广播	新闻麻辣烫
	陕西人民广播电台	今日焦点
	新疆人民广播电台	每日关注
	中央人民广播电台	新闻纵横、新闻观潮
	中国国际广播电台	实时中国、国际纵横、空中茶社、国际观察、中国时事
电视评论专栏	安徽电视台	新闻观察
	北京卫视	身边
	中央电视台	央视财经评论、焦点访谈、新闻调查、海峡两岸、新闻1+1、实话实说、今日说法、名人面对面
	东方卫视	新闻透视、看东方
	东南卫视	东南新闻眼
	凤凰卫视	时事开讲、有报天天读、一虎一席谈
	甘肃电视台	今日聚焦
	甘肃卫视	天天一壶茶
	广东卫视	聚焦中国
	黑龙江电视台	今日话题、新闻夜航
	湖南卫视	播报多看点
	河北卫视	天下故事会
	湖北卫视	今晚六点
	江西卫视	杂志天下
	江苏卫视	江苏新时空
	辽宁卫视	说天下
	深圳电视台	今日视点

续表

媒体类别	刊播媒体	专栏名称
电视评论专栏	长沙电视台	方圆之间
	四川卫视	汇说天下
	陕西卫视	天下奇谭
	山西卫视	英达故事汇
	新疆电视台	今日访谈
	浙江卫视	晚安中国
网络评论专栏	半月谈	为政者说、时政聚焦、经济观察
	大河网	焦点网谈
	东方网	今日眉批
	红网	红辣椒评论、红网论坛
	和讯网	和讯评论
	人民网	人民时评、强国论坛、观点
	陕西卫视网	城市大不同
	新华网	新华时评
	新浪网	新浪评论、新观察、观察家
	央视网	央视网评、观察家、网言网语、图解
	凤凰网	风声、政能亮、政对面、第一解读、高见
	光明网	新燕山夜话、光明谈、观点流、网络文艺评谈、百家争鸣、地评线
	澎湃	马上评、上海书评、艺术评论
	搜狐新闻	网友快评
	腾讯新闻	今日话题、每日时评
	微信公众号平台	侠客岛、政知见、团结湖参考、吐槽青年：曹林的时政观察、刺猬公社、大象公会

3. 历届党报评论融合发展论坛及主题

届次	时间	地点	主题
第1届	2015年7月10日	北京	当评论遇上"互联网+"
第2届	2017年8月19日	深圳	你就是我，我就是你
第3届	2018年8月30日	锡林浩特	全媒体时代，以主流声音传播主流价值
第4届	2019年11月12日	上海	让评论与时代共生长
第5届	2023年9月25日	合肥	为巩固壮大主流思想舆论贡献评论力量

注：党报评论融合发展论坛是由人民日报社主办的论坛。来自全国31家省级党报的主要领导及评论业务负责人齐聚一堂交流经验，共同探讨党报评论融合发展与创新。往届论坛报道的相关资料参见人民网"传媒"频道2015年7月10日《党报评论融合发

展论坛举行》；《人民日报》2017年8月20日第12版《深度融合，党报评论拥抱新蓝海——2017党报评论融合发展论坛综述》；《人民日报》2018年8月31日第5版《提升"四力"，让主流声音更响亮——2018党报评论融合发展论坛综述》；人民网"观点"频道2019年11月13日《与时偕行，打造思想"坐标系"——2019党报评论融合发展论坛综述》；《人民日报》2023年9月26日第6版《二〇二三党报评论融合发展论坛举行》。

参考文献

包国强. 财经新闻评论［M］. 北京：清华大学出版社，2011.
曹林. 时评写作十讲［M］. 北京：北京大学出版社，2019.
程世寿. 当代新闻评论写作［M］. 武汉：华中科技大学出版社，2003.
程雪峰. 现代体育新闻评论学［M］. 长春：吉林大学出版社，2012.
戴成法，陈亦冰. 新闻评论实用教程［M］. 北京：高等教育出版社，2017.
丁法章. 新闻评论学［M］. 上海：复旦大学出版社，1985.
杜涛. 新闻评论思维与表达［M］. 北京：知识产权出版社，2013.
范荣康. 新闻评论学［M］. 北京：人民日报出版社，1998.
符建湘. 新闻评论［M］. 长沙：湖南大学出版社，2007.
符建湘，杨山青. 新闻评论在当代的发展［M］. 长沙：湖南大学出版社，2013.
符万年. 新闻评论写作［M］. 北京：人民日报出版社，2021.
高东. 新闻评论思维与写作［M］. 北京：化学工业出版社，2010.
韩立新. 新闻评论学教程［M］. 郑州：郑州大学出版社，2008.
贾奎林，张雪娜. 新闻评论应用教程［M］. 北京：北京大学出版社，2009.
李安定. 新闻评论写作［M］. 西安：西北大学出版社，2020.
李德民. 评论写作［M］. 北京：中国广播电视出版社，2007.
李德民. 新闻评论探索［M］. 北京：人民日报出版社，1991.
李法宝. 新闻评论：发现与表现［M］. 北京：中国传媒大学出版社，2005.
李法宝. 新闻评论：发现与表现（第 2 版）［M］. 广州：中山大学出版社，2013.
李文明. 新闻评论的电视化传播：《焦点访谈》解读［M］. 成都：四川大学出版社，2003.
廖艳君. 新闻评论［M］. 北京：清华大学出版社，2010.
刘保全. 获奖评论赏析［M］. 北京：人民日报出版社，2010.
刘根生. 新闻评论范文评析［M］. 北京：新华出版社，2001.
刘海明. 新闻评论写作教程［M］. 北京：中国传媒大学出版社，2023.
刘茂华，焦俊波. 新闻评论：原理、方法与案例［M］. 上海：上海交通大学出版社，2017.
柳珊. 当代新闻评论［M］. 上海：复旦大学出版社，2007.
吕智胜. 新闻评论［M］. 北京：北京师范大学出版社，2010.
马少华，刘洪珍. 新闻评论案例教程［M］. 北京：中国人民大学出版社，2008.
马少华，刘洪珍. 新闻评论案例——思维训练与实战分析［M］. 武汉：中南大学出版社，2006.

马少华. 新闻评论教程［M］. 北京：高等教育出版社，2007.

马少华. 新闻评论写作教学——开放的评论课堂［M］. 北京：高等教育出版社，2015.

梅红. 网络新闻评论［M］. 成都：西南交通大学出版社，2022.

米博华. 新闻评论实战教程［M］. 北京：人民日报出版社，2021.

秦珪. 新闻评论写作［M］. 武汉：武汉大学出版社，2009.

田秋生，邓庄，钟剑茜. 当代新闻评论学［M］. 广州：广东高等教育出版社，2007.

涂光晋. 广播电视评论学［M］. 北京：新华出版社，1998.

王明光，黄先义，顾杨丽. 当代新闻评论写作［M］. 重庆：重庆大学出版社，2015.

王兴华. 新闻评论学［M］. 杭州：浙江大学出版社，1998.

王振业. 广播电视新闻评论［M］. 北京：北京广播学院出版社，1997.

王振业，李舒. 广播电视新闻评论［M］. 北京：中国传媒大学出版社，2009.

王振业，李舒. 新闻评论写作教程［M］. 北京：中国广播电视出版社，2009.

魏猛. 新闻评论教程［M］. 北京：中国传媒大学出版社，2020.

薛中军. 新编新闻评论［M］. 上海：上海交通大学出版社，2008.

薛中军. 新闻评论［M］. 上海：上海大学出版社，2003.

杨奇光. 新闻评论：融合表达与思维创新［M］. 北京：中国国际广播出版社，2023.

杨新敏. 当代广播电视新闻评论［M］. 北京：中国广播电视出版社，2005.

杨新敏. 当代新闻评论学［M］. 上海：上海三联书店，2007.

杨新敏. 新闻评论学［M］. 苏州：苏州大学出版社，2007.

张成良，李昌文，常庆. 新闻评论［M］. 济南：山东大学出版社，2022.

赵振宇. 现代新闻评论［M］. 武汉：武汉大学出版社，2009.

赵振宇. 新闻评论研究引论——功能、品格、思维、发现［M］. 北京：中国人民大学出版社，2011.

郑思礼，郑宇. 现代新闻评论——分析与评价［M］. 昆明：云南大学出版社，2009.

仲富兰. 广播电视评论教程［M］. 上海：复旦大学出版社，2007.

仲富兰. 广播评论——功能、选题与语言艺术［M］. 上海：复旦大学出版社，1997.

周建明. 新闻评论写作［M］. 北京：中共中央党校出版社，2005.

周胜林，贾亦凡. 新闻评论写作［M］. 福州：福建人民出版社，2001.

周旭东，唐远清. 新闻评论精要与案例评析［M］. 北京：中国传媒大学出版社，2014.

后 记

寒来暑往,春华秋实。

转眼间,距离我编著出版第一部教材《新闻采写教程(上下)》已经八年。2000年盛夏,在文科楼五楼简朴的新闻学教研室,时任四川大学新闻系新闻学教研室主任的黄晓钟老师鼓励我接手"新闻评论"课程的本科教学任务,在此之前,这门课多由外聘老师担任,我作为刚刚留校的教师,忐忑心境可想而知。也许人生的美妙就在于此,偶然的契机往往带动持久的追寻和激发热爱的耕耘。就这样,我开始了作为新闻专业教学和科研教师的职业生涯,与新闻评论就此结缘。

感谢这样的学缘,它成为我学习教书育人、探索教学与科研互促的动力。从2001年春季学期首次为四川大学新闻系1998级新闻学本科生主讲"新闻评论"课开始,我就已然铺开了"备课工程"。在查阅当时可以找到的所有相关教材及参考资料的过程中,我深刻感受到抽象理论和贴近性案例匮乏的局限。为此,我首先从自建案例库着手,随时搜集我自认为符合课程目标和能够激发学习、研讨兴趣的各类有益案例,甚至包括其他学科的一些相关例证。其间,我利用每次上课途中的车载广播,收听中央人民广播电台的《新闻与报纸摘要》和评论栏目《新闻纵横》,在车上及时了解和更新教学内容,留心一些新闻话题的公众讨论;此外,每次出差开会或者调研,也会自觉关注当地媒体的评论……这些功夫在诗外的"备课"是一种长期的积累性学习,让我受益匪浅,其对我思维方式和教学革新的启迪,成为我构建问题意识和逻辑思辨的一种专业训练,而这正是培养新闻评论能力的关键所在。由于日趋增多的各种工作事务和科研任务,专门钻研教学的时间日显"奢侈",我就更加重视这样的碎片化学习的"路径依赖",力图在有限的时间与精力中提高学习与思考的效率。

2009年春季学期,我首次启动了"新闻评论"课的贯通融合实训改革,尝试围绕一个新闻话题,指导学生运用恰当的社会科学研究方法开展调查,再规范呈现调查结果,最终完成有关调查的消息和短评写作,并附有篇幅及媒体拟定的条件设置。这项综合性实训设定了环环相扣的专业思维与技能训练的目标,旨在贯通新闻学专业本科生的新闻采、写、编、评、摄等业务能力,要求同学们能够在命题范围内自选具体调研主题,自学一至两种社会研究方法,且按照这些方法演绎其调查研究活动。小组完成的调查报告,包括上述的文献综述、研究设计、研究分析及发现、消息写作和评论写作,各小组须在此基础上进行课堂展示和讨论交流,我也要从方法、内容、技能等方面进行点评。这项教改延续到2018年,其具体的构想和执行,以及教学双向反馈与社会评价,我在本书的第八章做了详述。十年间,一批又一批新闻专业的本科生从中接触到了社会科学研究方法，激发了贯通自身专业技能和跨界知识素养实践的兴趣，不少同学通过该项实训及其成果，不仅快速适应了研究生阶段的学习，还在毕业后的工作中深刻体会到实训对其思维拓展和综合能力提升的积极影响，对此表达出高度认同。面对这样的回馈，作为教学者，我深受鼓舞，倍感激励。也因此，每一年的课程设计，我都会注入与选课对象更具贴近性的新动态、新方法与新内容。感谢这种"辛劳"过程，它使我能够同步结合自己主持的国家社科基金项目，更加自觉地加强"学"与"问"、"教"与"学"的融通。课堂内外，我总是耐心地倾听学生们的学习心声，了解他们对社会的洞悉与思考，他们的思想活力和独到视角时常给予我无尽的启发与灵感，让我在互动教学和思想对话的益智中成长，使我更加认真地为自编教材做好准备和储备。将这些协作化学习的感悟记录、整合、提炼为能够服务教学、服务学生的系统教材，既为必要的总结，更为有所创新而再次出发。

2015年6月24日，四川大学教务处网站公示了"2015年度四川大学拟立项建设精品教材书目"，本人设计和完成了大部分初稿的教材《新闻评论教程：原理、方法与应用》获准立项。从立项至今的三年间，我带领我的研究生共同完成了本书的编著。在无数次讨论和修改完善中，我们一次次地回归新闻评论的发展脉络，从其传统和转型中探寻理解、养习与实践新闻评论素养的可行性路径。循环往复的推敲、问计于各类参考文献的比较、请教聆听专家及业界人士的意见以及调查分析学生们的反馈参照，这些工作都使我更加坚定了教学与科研互动、理论与实训互融、思维与技能互长的编著定位。立足新的传播语境与表达生态，如何还原新闻评论的生成逻辑？如何科学设计实训中的思维与能力环节？如何选择与讲解评论作品及案例，帮助学生体会和验证新闻评论的传播规律从而树立大评论与大传播的整合思维？……这些都令我在写作中屡次纠结、屡遇"卡壳"，可以说，这样的"推敲"与探研使我在此过程中经历了弥足珍贵的研究性教学的深刻洗礼，我认为这样的严谨和探寻，不仅是对教学的敬畏、对本书对象的尊重，也是面对新形势下新闻传播教育转向的积极回应。在我看来，教材既是某一课程的相关知识、学理及经验的整合，也是体现科学、务实、创新的学习立场及学习素养的价值导航，概言之，它是一项有关知识传播和学问养习的良心工程。它所内在规定的功能定位和知识传播的社会责任，需要我们作为编著者更加注重规范、动态以及变化的有机结合，除了简明清晰的表述，还需要生动深入的示例，更为稀缺的，是需要体现方法论上的启示和对素养构建的前瞻。基于此，我虽辛劳而乐此不以为倦；虽艰巨而心向往之，值得并需要笃实精进。

三年间，在繁重的本科与研究生教学工作之余，我还带领学生开展过数十次不同类别的采写实践，带队完成了年度新闻系本科生业务集中实习，组织学生参与部校共建的讲座、观摩等活动。2014年，作为教育部、中宣部首批新闻院系与媒体人员互挂"千人计划"入选者，我挂职四川日报社时政社会部主任助理，白天在报社参与新闻实践，晚上和休息日回学校如常上课。当挂职锻炼的收获融入教学改革中时，我意识到学界与业界的合作交流之桥正在形成，它拓宽了我的教学视野，搭建起校园内外专业对话的有效平台，为我多维理解学科发展与业界转型的"变"与"不变"提供了契机，也为我不断转化教学与教育的新构念提供了尝试的可能。因此，我试图在本书的编著中，突出教

后 记

学相长的经验实际，试图在传统教材构架的基础上提供更多鲜活、生动的师生参与性例析，还试图延伸一些着眼于未来，有助于媒介素养提升的研究性资源和方法论借鉴，以此传递我对于新闻评论教学与新闻传播业务实践创新的些许思考。本书所呈现的努力创新的尝试，不仅期待诸位专家的指教，还期待更多同行以及预想中的"读者"的反馈和意见。同时，我也热切期望依托此书的编著出版，能够借力媒介融合的"汇智"，让课堂教学与课外实践也能绽放出具有面向未来、引领社会价值的智慧之花。

由此回望培土浇灌的历程，别具深意，值得感念，因为本书的编著是我 18 年来主讲"新闻评论"课的结晶，也是与我所指导的研究生们协作共建的成果。我负责设计全书的编撰框架、体例和文风，并提供了贯穿全书的课程教案、重要资料及参考文献，以及负责全书的统筹、修改与审稿。本书各章分工如下：第一章，操慧、赵慧杰、夏迪鑫；第二章，操慧、李玮、刘茜、廖存希；第三章，操慧、张鸿腾、成博、曹丹；第四章，操慧、高敏；第五章，操慧、夏迪鑫、粟麟；第六章，操慧、杨静宇、田方圆、杨婷、成博；第七章，操慧、王瑜；第八章，操慧、杨婷、宋巧丽、罗薇。感谢参与上述章节初稿写作的苏旸、刘莹莎、邓晨菲、阚小梅、袁新宇、张蔚哲、朱静霞、张璐纯、林碧锋、钱竹韵、温潇、白雨婕、郭维怡、王晴、庄林、皮景璇，他们为本书的编著打下了良好基础。感谢 2012 级本科生梅圣洁、杨光佳、翟瀍、张研，他们参与了新闻评论网络化发展趋势的探讨和初稿写作。感谢西北民族大学新闻与传播学院的讲师曾培伦博士、副教授卢毅刚博士，他们作为教学同行，对评论员素养及新闻评论的融合化走向的部分写作提供了建设性的建议。感谢李玮参照我的草图为本书绘制的图表；感谢袁新宇、廖存希、翟瀍对业界评论部负责人的访谈，为本书所涉及的媒体定位提供了有益的参照。感谢张蔚哲、高敏、庄林、田方圆对历届中国新闻奖获奖评论作品、普利策新闻奖评论获奖作品、国内主要媒体评论专栏的统计整理，这是极具参考价值的文献。感谢杨婷对参考书目及评论专栏的细致核对与修订，它成为本书延伸的自学指南。感谢与我一起构架本书初步提纲的王瑜以及先后担任该课程本科与二专教学的助教刘莹莎、夏迪鑫、杨静宇、宋巧丽、田方圆、罗薇，她们从学习者的角度提供了宝贵的教学体验及实训建议。感谢一直协助我审校的高敏、夏迪鑫，她们的全程参与提供了温馨而切实的编务保障。本书的参与团队是我指导的硕士和博士，他们的全力投入与分工合作，助力本书顺利完成；同时，他们作为第一读者所提供的富有创见的反馈，也使本书的贴近性和服务性有了具体的落点，体现了与日俱增的优秀的专业素质。感谢四川大学文学与新闻学院新闻系 1998—2015 级新闻班的本科生，他们的课堂参与和作业案例不仅是本书的亮点，也是本教材的创意所在。此外，感谢学院领导、我的导师邱沛篁教授、各位师长与同事的各种鼓励、帮助与指教，感谢父母家人的倾力关爱和专业启迪，感谢四川大学给予我立项出版的机会和支持，感谢四川大学出版社的徐燕老师和编辑宋颖、罗永平，你们的信任、敦促与精细都是我成长中的暖色与美好的策励。

未来已来，时刻准备着，吾当乐学而笃行。

操慧于家中
2018 年 8 月 28 日